PERLES

DE LA

LITTÉRATURE CONTEMPORAINE

FRAGMENTS DES MEILLEURS PROSATEURS DU XIXe SIÈCLE

ACCOMPAGNÉS

DE NOTES BIOGRAPHIQUES ET BIBLIOGRAPHIQUES
SUR LES AUTEURS CITÉS

PAR Mme DE GAULLE

LIBRAIRIE DE J. LEFORT

IMPRIMEUR ÉDITEUR

LILLE | PARIS
RUE CHARLES DE MUYSSART, 24 | RUE DES SAINTS-PÈRES, 30

PERLES

DE LA LITTÉRATURE CONTEMPORAIN

LACORDAIRE

PERLES

DE LA

LITTÉRATURE CONTEMPORAINE

FRAGMENTS DES MEILLEURS PROSATEURS DU XIXe SIÈCLE

ACCOMPAGNÉS

DE NOTES BIOGRAPHIQUES ET BIBLIOGRAPHIQUES
SUR LES AUTEURS CITÉS

PAR M. J. M. DE GAULLE

LIBRAIRIE DE J. LEFORT

IMPRIMEUR ÉDITEUR

LILLE   PARIS
RUE CHARLES DE MUYSSART, 2   RUE DES SAINTS-PÈRES,

Propriété et droit de traduction réservés.

AVANT-PROPOS

L'idée du recueil que nous présentons ici nous a été inspirée par l'un des principaux membres d'un institut religieux dont l'enseignement est répandu dans le monde entier.

En nous exprimant son désir de voir publier un choix de *Perles de la Littérature contemporaine*, ce conseiller judicieux ajouta que chacun des fragments choisis devait être, non pas une fugitive page, mais, autant que possible, un épisode entier, ou du moins quelque chose de complet en soi.

Ceci explique l'étendue, et partant le nombre relativement restreint, de ces morceaux choisis, en regard de ceux des autres cours de littérature. Il nous a été également conseillé d'y joindre une note sur chaque auteur, et c'est ce que nous avons essayé de faire avec un certain développement.

Parmi les noms de ces auteurs, deux ou trois pourraient peut-être sembler déplacés dans ce cercle de chrétiens, pour la plupart recommandables par leur bon esprit non moins que par leur talent : mais si, par hasard, ou plutôt par un effet de cette permission divine qui force parfois l'esprit du mal à dire des vérités, ces plumes suspectes ont émis certaines pages singulièrement belles que le meilleur chrétien n'eût pas désavouées, pourquoi en priverait-on des lecteurs auxquels leurs œuvres doivent du reste demeurer étrangères? Quant à ceux chez qui, malgré leur renommée, il eût été difficile de rencontrer une seule page sérieuse, ainsi que ceux qui, de parti pris, se montrent ouvertement pernicieux, nous avons dû les écarter absolument.

Bien que notre étude ait eu pour principal objet la littérature française, nous n'avons pas cru devoir exclure certains écrivains étrangers, en quelque sorte naturalisés en France, où ils sont devenus tout à fait populaires.

Il nous a fallu, à regret, négliger d'autres littérateurs, dignes, à plusieurs égards, de figurer dans cette réunion. Nous aurions craint de dépasser les bornes prescrites. La poésie n'entrait pas non plus dans notre plan. Peut-être nous sera-t-il donné, dans de subséquents travaux, de réparer ces omissions forcées.

L'étendue du fragment choisi n'a pu toujours être en raison de l'importance de l'écrivain : cela dépend du sujet qu'il traite : il nous a fallu être plus sobre de discours que de récits.

Enfin, ce recueil diffère encore de plusieurs autres, déjà connus, en ce que celui-ci n'embrasse qu'une époque de notre histoire littéraire, celle de notre siècle, si fécond en écrivains et si avide de lectures qu'il importe d'éclairer et de diriger.

J. M. de G.

PERLES

DE LA LITTÉRATURE CONTEMPORAINE

CHATEAUBRIAND

NOTICE BIOGRAPHIQUE

François-Réné vicomte de Chateaubriand naquit en 1768, à Saint-Malo, d'une famille noble et ancienne, connue dès le xe siècle. Consacré à la sainte Vierge dès le berceau, il échappa maintes fois à d'imminents périls tant de l'âme que du corps.

Le jeune Chateaubriand passa son enfance an manoir patrimonial de Combourg, puis fit de rapides études aux colléges de Dol et de Rennes. Il obtint, à dix-sept ans, un brevet de sous-lieutenant au régiment de Navarre, et de capitaine à dix-neuf ans. Durant le séjour qu'il fit à Paris, dans les dernières années du règne de Louis XVI, il se lia avec Laharpe, Fontanes et autres écrivains de l'époque, et débuta dans la littérature par des vers insérés dans l'*Almanach des Muses*, où il fut ravi de se voir imprimé.

A la vue des excès populaires qui préludaient à la révolution, Chateaubriand s'éloigna de France et s'embarqua pour le nouveau monde avec le projet de chercher par terre un passage au nord-ouest. Pendant une année, il parcourut les immenses solitudes et les forêts vierges de l'Amérique septentrionale, vivant avec les sauvages et ébauchant son poëme des *Natchez*. Au milieu de ces courses vagabondes, il rencontra, dans une hutte de Hurons, un lambeau de journal, qui lui apprit l'arrestation de Louis XVI. Il comprit aussitôt que son devoir était de se joindre aux défenseurs du roi et se hâta de revenir en Europe.

Après avoir conclu un mariage arrangé par sa famille, il se rendit à Coblentz et s'enrôla dans les compagnies bretonnes de l'armée des émigrés. Grièvement blessé au siège de Thionville, il fut transporté mourant à Jersey, d'où il se rendit en Angleterre. Là il eut à souffrir de la misère, et fut obligé de chercher une ressource dans l'enseignement du français et dans des traductions pour les libraires.

Vivant dans un grenier, où il souffrit du froid et de la faim, Chateaubriand y acheva son premier travail littéraire, et fit paraître à Londres, en 1797, l'*Essai sur les révolutions anciennes et modernes dans leurs rapports avec la Révolution française*. Dans cette œuvre de sa jeunesse, il exprimait en politique et en religion des idées mauvaises, peu en harmonie avec celles qu'il professa plus tard. Les malheurs de sa famille, décimée pendant la Terreur, et une lettre de sa mère mourante, le ramenèrent à la religion. Il rentra en France en 1800, rédigea pendant quelques années le *Mercure* avec M. de Fontanes, et fit paraître dans ce recueil, en 1801, *Atala ou les Amours de deux sauvages dans le désert*, création originale, œuvre à la fois passionnée et religieuse, qui fut la première d'une école nouvelle et causa une vive sensation. Vers cette même époque, parut *René*, épisode détaché des *Natchez*, roman alors inédit, très-peu moral et très-peu chrétien, rêvé au milieu des forêts américaines, et dont les défauts s'expliquent par la jeunesse de l'écrivain, qui n'aurait pas dû plus tard le publier. La mélancolie blâmable de *René*, dans lequel on croit que l'auteur s'est peint lui-même, est du plus mauvais exemple. Un cœur innocent n'a point de pareils troubles et ne se laisse pas aller à de tels excès de sauvage misanthropie.

L'œuvre capitale de Chateaubriand est le *Génie du Christianisme*, et, l'on peut ajouter, le poëme des *Martyrs*, qui en fut comme la conséquence, et où le poëte essaie de mettre en action les idées émises dans le précédent ouvrage.

L'à-propos du *Génie du Christianisme* n'est pas le moindre de ses mérites : l'apparition de cette œuvre, au moment où le Concordat relevait les autels, semble l'effet d'une mission toute providentielle inspirée par le Ciel au poëte pour les besoins de l'époque. Ce n'était pas tout de rouvrir les églises, il fallait y ramener la foule qui avait désappris la religion. Il ne faut donc pas tout à fait juger cette œuvre avec nos yeux actuels, à présent que tous nos besoins peuvent être satisfaits sous le rapport de l'enseignement religieux.

Chateaubriand n'est pas un Père de l'Eglise, dont il faille toujours peser chaque expression au poids de la plus exacte orthodoxie. C'est un poëte inspiré, émule de Milton et de Klopstock, et les surpassant par l'étendue et l'universalité de son génie ; c'est un homme du monde qui réhabilite, au moyen des plus magnifiques et des plus gracieux tableaux, la religion, tombée dans un injuste dédain, et qui remue les passions du cœur au profit de la vertu, alors que les raisonnements les plus convaincants ne servaient plus de rien à la foule indifférente. Cette foule, ne sachant ni les lire ni les écouter, n'était plus sensible qu'au persifflage de l'école voltairienne qui l'avait pervertie. Fatiguée de dissensions, d'impiétés, d'horreurs, la France avait besoin de foi, d'amour, d'inspirations neuves et pures. Le *Génie du Christianisme* opérait une révolution à la fois littéraire et religieuse.

Les Martyrs sont le sujet d'une épopée où toute la grâce de la poésie antique, ressuscitée par Fénelon, est unie aux plus sublimes tableaux que puisse présenter l'éloquence chrétienne.

L'*Itinéraire de Paris à Jérusalem*, digne des œuvres précédentes de l'auteur, et la seule peut-être qu'on puisse livrer sans restriction aux mains de la jeunesse, est le récit d'un docte et pieux pèlerinage entrepris par Chateaubriand alors que le meurtre du duc d'Enghien l'eût porté à donner sa démission du poste d'ambassadeur que lui avait confié Napoléon.

Retiré dans sa modeste habitation de la Vallée-aux-Loups, à Aunay, près de Sceaux, Chateaubriand, ne s'occupant plus que de littérature, fut nommé membre de l'Académie française, en 1811, mais il ne lui fut permis de prendre possession de son siège qu'à la Restauration. Il rentra alors dans la vie politique, suivit Louis XVIII à

Gand, et fit paraître successivement plusieurs écrits de circonstance dont nous n'avons pas à nous occuper ici.

Des questions d'amour-propre l'ayant fait dévier de sa voie politique, on le vit desservir ce qu'il avait aimé, et se jeter dans les rangs de l'opposition. Sa fidélité se réveilla à la chûte des Bourbons, et son esprit chevaleresque lui fit alors prendre parti pour les vaincus.

Les *Mémoires d'outre-tombe*, que M. de Chateaubriand, pressé par la nécessité, vendit de son vivant, pour être publiés après sa mort, lui font plus de tort que d'honneur : il n'est pas bon pour les grands hommes qu'on les connaisse trop, que l'on entre dans le détail de leur vie intime et le secret de leurs mesquines passions. La vanité, bien plus que l'humilité, semble avoir dicté ces révélations posthumes.

Il y a dans Chateaubriand un mélange de qualités et de défauts. On lui reproche, non sans raison, d'être poseur. Il posa jusques dans la mort, en désignant sa sépulture sur le rocher du Grand-Bé, îlot d'aspect romantique, situé dans la rade de sa ville natale, et sans cesse battu des flots et des vents, image de la vie orageuse qui fut celle de cet homme célèbre.

Sa mort, arrivée le 4 juillet 1848, fut chrétienne, et il regretta quelques-unes de ses pages qu'il n'était plus en son pouvoir de changer.

Parmi ceux de ses écrits qui ne furent pas politiques, il faut désigner ses *Etudes historiques*, — un *Essai sur la littérature anglaise*, — le *Dernier Abencérage*, — la tragédie de *Moïse* (récemment réduite par le R. P. Nampon, de manière à pouvoir être représentée dans les colléges), une traduction du *Paradis perdu* et une *Vie de Rancé*. *Les Natchez*, poëme dont nous avons déjà parlé, et qui mérite plus d'un blâme, est un fruit de la jeunesse de l'auteur, qui, ayant égaré son manuscrit, ne le publia que dans un âge déjà mûr.

Quels que soient les divers torts que l'on ait pu reprocher à M. de Chateaubriand, il n'en est pas moins une de nos illustrations littéraires les plus incontestables, et, selon la parole prononcée à sa mort par M. l'abbé Deguerry, qui reçut ses derniers soupirs, la France compte en lui « un de ses plus nobles enfants. »

Mme de Chateaubriand eut la gloire d'avoir fondé l'hospice Marie-Thérèse pour les prêtres vieux et infirmes.

PRÉPARATIFS D'UNE BATAILLE DES FRANCS ET DES ROMAINS

C'est un jeune guerrier de l'armée de Constance Chlore qui raconte.

Les Francs avaient été surpris par Constance : ils évitèrent d'abord le combat; mais aussitôt qu'ils eurent rassemblé leurs guerriers, ils vinrent audacieusement au devant de nous, et nous offrirent la bataille sur le rivage de la mer. On passa la nuit à se préparer de part et d'autre, et le lendemain, au lever du jour, les armées se trouvèrent en présence.

La Légion de fer et la Foudroyante occupaient le centre de l'armée de Constance.

En avant de la première ligne, paraissaient les Vexillaires, distingués par une peau de lion qui leur couvrait la tête et les épaules. Ils tenaient levés les signes militaires des cohortes, l'aigle, le dragon, le loup, le minotaure : ces signes étaient parfumés et ornés de branches de pin, au défaut de fleurs.

Les Hastati, chargés de lances et de boucliers, formaient la première ligne après les Vexillaires.

Les Princes, armés de l'épée, occupaient le second rang, et les Triarii venaient au troisième. Ceux-ci balançaient le pilum de la main gauche; leurs boucliers étaient suspendus à leurs piques plantées devant eux, et ils tenaient le genou droit en terre, en attendant le signal du combat.

Des intervalles ménagés dans la ligne des légions étaient remplis par les machines de guerre.

A l'aile gauche de ces légions, la cavalerie des alliés déployait son rideau mobile. Sur des coursiers tachetés comme des tigres et prompts comme des aigles, se balançaient avec grâce les cavaliers de Numance, de Sagonte et des bords enchantés du Bétis. Un léger chapeau de plume ombrageait leur front, un petit manteau flottait à leurs épaules, une épée recourbée retentissait à leur côté. La tête penchée sur le cou de leurs chevaux, les rênes entre les dents, deux courts javelots à la main, ils volaient à l'ennemi. Le jeune Viriate entraînait après lui la fureur de ces cavaliers rapides. Des Germains d'une taille gigantesque étaient entremêlés çà et là, comme des tours, dans le brillant escadron. Ces barbares avaient la tête enveloppée d'un bonnet ; ils maniaient d'une main une massue de chêne, et montaient à cru des étalons sauvages. Auprès d'eux, quelques cavaliers numides, n'ayant pour toute arme qu'un arc, pour tout vêtement qu'une chlamyde, frissonnaient sous un ciel rigoureux.

A l'aile opposée de l'armée se tenait immobile la troupe superbe des chevaliers romains : leur casque était d'argent, surmonté d'une louve de vermeil ; leur cuirasse étincelait d'or, et un large baudrier d'azur suspendait à leur flanc une lourde épée ibérienne ; sous leurs selles ornées d'ivoire s'étendait une housse de pourpre, et leurs mains couvertes de gantelets tenaient les rênes de soie qui leur servait à guider de hautes cavales plus noires que la nuit.

Les archers crétois, les vélites romains et les différents corps des Gaulois étaient répandus sur le front de l'armée. L'instinct de la guerre est si naturel chez ces derniers, que, souvent dans la mêlée, les soldats deviennent des généraux, rallient leurs compagnons dispersés, ouvrent un avis salutaire, indiquent le poste qu'il faut prendre. Rien n'égale l'impétuosité de leurs attaques : tandis que le Germain délibère, ils ont franchi les torrents et les monts ; vous les croyez au pied de la citadelle, et ils sont au haut du retranchement emporté. En vain les cavaliers les plus légers voudraient les devancer à la charge, les Gaulois rient de leurs efforts, voltigent à la tête des chevaux, et semblent leur dire : « Vous saisiriez plutôt les vents sur la plaine ou les oiseaux dans les airs. »

Tous ces barbares avaient la tête élevée, les couleurs vives, les yeux bleus, le regard farouche et menaçant ; ils portaient de larges brayes, et leur tunique était chamarrée de morceaux de pourpre ; un ceinturon de cuir pressait à leur côté leur fidèle épée. L'épée du Gaulois ne le quitte jamais : mariée pour ainsi dire à son maître, elle l'accompagne pendant la vie, elle le suit sur le bûcher funèbre et descend avec lui au tombeau. Tel était le sort qu'avaient jadis les épouses dans les Gaules, tel est celui qu'elles ont encore aux rivages de l'Indus.

Enfin, arrêtée comme un nuage menaçant sur le penchant d'une colline, une légion chrétienne, surnommée la Pudique, formait derrière l'armée le corps de réserve à la garde de César. Elle remplaçait auprès de Constance la légion thébaine, égorgée par Maximien. Victor[1], illustre guerrier de Marseille, conduisait aux combats les milices de cette religion qui porte aussi noblement le casque du vétéran que le cilice de l'anachorète.

Cependant l'œil était frappé d'un mouvement universel : on voyait les signaux du porte-étendard qui plantait le jalon des lignes, la course impétueuse du cavalier, les ondulations des soldats qui se nivelaient sous le cep du centurion. On entendait de toutes parts les grêles hennissements des coursiers, le cliquetis des chaînes, les sourds roulements des balistes et des catapultes, les pas réguliers de l'infanterie, la voix des chefs qui répétaient l'ordre, le bruit des piques qui se relevaient et s'abaissaient au commandement des tribuns. Les Romains se formaient en bataille aux éclats de la trompette, de la corne et du lituus; et nous, Crétois, fidèles à la Grèce au milieu de ces peuples barbares, nous prenons nos rangs au son de la lyre.

Mais tout l'appareil de l'armée romaine ne servait qu'à rendre l'armée des ennemis plus formidable, par le contraste d'une sauvage simplicité.

Parés de la dépouille des ours, des veaux marins, des urochs et des sangliers, les Francs se montraient de loin comme un troupeau de bêtes féroces. Une tunique courte et serrée laissait voir toute la hauteur de leur taille et ne leur cachait pas les genoux. Les yeux de ces barbares ont la couleur d'une mer orageuse; leur chevelure blonde, ramenée en avant sur leur poitrine, et teinte d'une liqueur rouge, est semblable à du sang ou à du feu. La plupart ne laissent croître leur barbe qu'au-dessus de la bouche, afin de donner à leurs lèvres plus de ressemblance avec le mufle des dogues et des loups. Les uns chargent leur main droite d'une longue framée, et leur main gauche d'un bouclier qu'ils tournent comme une roue rapide; d'autres, au lieu de ce bouclier, tiennent une espèce de javelot, nommé angon, où s'enfoncent deux fers recourbés; mais tous ont à la ceinture la redoutable francisque, espèce de hache à deux tranchants, dont le manche est recouvert d'un dur acier : arme funeste que le Franc jette en poussant un cri de mort, et qui manque rarement de frapper le but qu'un œil intrépide a marqué.

Ces barbares, fidèles aux usages des anciens Germains, s'étaient formés en coin, leur ordre accoutumé de bataille. Le formidable triangle,

[1] Le martyr.

où l'on ne distinguait qu'une forêt de framées, des peaux de bêtes et des corps demi-nus, s'avançait avec impétuosité, mais d'un mouvement égal, pour percer la ligne romaine. A la pointe de ce triangle étaient placés des braves qui conservaient une barbe longue et hérissée, et qui portaient au bras un anneau de fer. Ils avaient juré de ne quitter ces marques de servitude qu'après avoir sacrifié un Romain. Chaque chef dans ce vaste corps était environné des guerriers de sa famille, afin que, plus ferme dans le choc, il remportât la victoire ou mourût avec ses amis. Chaque tribu se ralliait sous un symbole : la plus noble d'entre elles se distinguait par des abeilles ou trois fers de lance. Le vieux roi des Sicambres, Pharamond, conduisait l'armée entière et laissait une partie du commandement à son petit-fils Mérovée. Les cavaliers francs, en face de la cavalerie romaine, couvraient les deux côtés de leur infanterie : à leurs casques, en forme de gueules ouvertes ombragées de deux ailes de vautour, à leurs corselets de fer, à leurs boucliers blancs, on les eût pris pour des fantômes ou pour ces figures bizarres que l'on aperçoit au milieu des nuages pendant une tempête. Clodion, fils de Pharamond et père de Mérovée, brillait à la tête de ces cavaliers menaçants.

Sur une grève, derrière cet essaim d'ennemis, on apercevait leur camp semblable à un marché de laboureurs et de pêcheurs ; il était rempli de femmes et d'enfants, et retranché avec des bateaux de cuir et des chariots attelés de grands bœufs. Non loin de ce camp champêtre, trois sorcières en lambeaux faisaient sortir de jeunes poulains d'un bois sacré, afin de découvrir par leur course à quel parti Tuiston promettait la victoire. La mer d'un côté, les forêts de l'autre, formaient le cadre de ce grand tableau.

Le soleil du matin, s'échappant des replis d'un nuage d'or, verse tout à coup sa lumière sur les bois, l'Océan et les deux armées. La terre paraît embrasée du feu des casques et des lances ; les instruments guerriers sonnent l'air antique de Jules-César partant pour les Gaules. La rage s'empare de tous les cœurs ; les yeux roulent du sang, la main frémit sur l'épée. Les chevaux se cabrent, creusent l'arène, secouent leur crinière, frappent de leur bouche écumante leur poitrine enflammée, ou lèvent vers le ciel leurs naseaux brûlants, pour respirer les sons belliqueux.

Les Martyrs.

JOSEPH DE MAISTRE

NOTICE BIOGRAPHIQUE

Le comte Joseph-Marie de Maistre, s'il n'était pas Français de naissance, était Français d'origine; il était issu d'une ancienne famille du Languedoc, dont une branche avait été transférée en Piémont au xviie siècle.

Né en 1754, en Savoie, du comte François-Xavier de Maistre, président du sénat de Savoie, Joseph, qui était l'aîné d'une famille de dix enfants, raconte lui-même que le sentiment de son enfance avait été une soumission amoureuse envers ses parents. Il avait une tendre vénération pour sa mère, femme d'une haute distinction, et qui prouve une fois de plus l'influence qu'une mère chrétienne peut exercer sur son fils. Il avait coutume de dire : « Ma mère était un ange à qui Dieu avait prêté un corps; mon bonheur était de deviner ce qu'elle désirait de moi, et j'étais dans ses mains autant que la plus jeune de mes sœurs. » Le caractère de l'homme perçait déjà dans l'enfant : l'amour passionné du devoir, le sentiment de la soumission sous sa forme la plus généreuse, la soumission affectueuse du fils et non l'assujettissement craintif de l'esclave. M. de Maistre transporta à l'Eglise, notre Mère selon la grâce, cette tendre affection qu'il avait eue pour sa mère selon la nature, et, dans tous ses rapports avec les pouvoirs légitimes, on retrouve la trace de cette heureuse alliance : un esprit libre, réglé par un cœur soumis. C'est avec cette nature excellente, fécondée par une éducation forte et une instruction profonde, qu'il entra dans la société du xviiie siècle, qui marchait vers des précipices que des symptômes non équivoques révélaient déjà aux esprits clairvoyants. Le comte Joseph de Maistre avait trente ans lorsqu'il s'écriait dans un discours qu'il prononça en 1784 : « Le siècle se distingue par un esprit destructeur qui n'a rien épargné : lois, coutumes, institutions politiques, il a tout attaqué, tout ébranlé, et le ravage s'étendra jusqu'à des bornes qu'on n'aperçoit point encore. » Ici se manifestait ce don de clairvoyance que Joseph de Maistre devait pousser si loin qu'il est devenu un des caractères distinctifs de son génie. La révolution française ne le surprit donc pas; il l'avait vue venir, il l'attendait. De là, sans doute, le sang-froid avec lequel il la juge dans les *Considérations sur la France*, sang-froid bien remarquable dans un livre écrit en exil, par un homme rudement frappé; car sa liberté, sa vie même avaient été menacées, et il perdait à la fois sa patrie, sa famille et sa fortune dans ce grand naufrage.

Les *Considérations sur la France* sont un ouvrage de circonstance, qui est devenu un ouvrage durable par l'importance des questions sociales qu'il soulève et par le sens profond avec lequel elles sont touchées [1].

Nous n'entrerons pas dans l'analyse de cette œuvre remarquable ni des autres ouvrages de Joseph de Maistre; ce serait nous écarter de notre plan, qui ne consiste qu'à esquisser les traits principaux des écrivains que nous citons. Nous nous bornerons donc à indiquer les titres de ces œuvres, à la réputation desquelles notre faible voix ne saurait rien ajouter. Voici les titres : *Essais sur les principes générateurs des constitutions politiques;* — *Du Papé;* — *De l'Eglise gallicane dans ses rapports avec le Souverain-Pontife;* — *les Soirées de Saint-Pétersbourg;* — *le Roman de la philosophie de Bacon*, etc.

Chargé par son souverain, le roi de Sardaigne, de plusieurs négociations en Russie, le comte Joseph de Maistre passa à Saint-Pétersbourg une grande partie de sa vie. C'est, dit-on, quelque chose d'admirable et de touchant que de lire le récit des expédients auxquels était réduit l'illustre ambassadeur pour représenter dignement à la cour moscovite son roi détrôné, aux intérêts duquel il était profondément dévoué. Il ne revint en Piémont qu'en 1817, époque à laquelle il reçut le titre de ministre d'Etat. Il mourut en 1821. Ses lettres ont été publiées.

[1] Alfred Nettement : *Histoire de la littérature.*

PORTRAIT DE VOLTAIRE

LE COMTE.

Ah ! je vous y attrape, mon cher chevalier, vous citez Voltaire ; je ne suis pas assez sévère pour vous priver du plaisir de rappeler en passant quelques mots heureux tombés de cette plume étincelante ; mais vous le citez comme autorité, et cela n'est pas permis chez moi.

LE CHEVALIER.

Oh ! mon cher ami, vous êtes aussi trop rancuneux avec *François-Marie Arouet;* cependant il n'existe plus : comment peut-on conserver tant de rancunes contre les morts ?

LE COMTE.

Mais ses œuvres ne sont pas mortes; elles vivent, elles nous tuent : il me semble que ma haine est suffisamment justifiée.

LE CHEVALIER.

A la bonne heure ; mais permettez-moi de vous le dire, il ne faut pas que ce sentiment, quoique bien fondé dans son principe, nous rende injuste envers un si beau génie, et ferme nos yeux sur ce talent universel qu'on doit regarder comme une brillante propriété de la France.

LE COMTE.

Beau génie tant qu'il vous plaira, M. le chevalier ; il n'en sera pas moins vrai qu'en louant Voltaire, il ne faut le louer qu'avec une certaine retenue, j'ai presque dit, à contre-cœur. L'admiration effrénée dont trop de gens l'entourent est le signe infaillible d'une âme corrompue. Qu'on ne se fasse point illusion : si quelqu'un, en parcourant sa bibliothèque, se sent attiré vers les *OEuvres de Ferney*, Dieu ne l'aime pas. Souvent on s'est moqué de l'autorité ecclésiastique qui condamnait les livres *in odium auctoris;* en vérité rien n'était plus juste : *Refusez les honneurs du génie à celui qui abuse de ses dons.* Si cette loi était sévèrement observée, on verrait bientôt disparaître les livres empoisonnés ; mais puisqu'il ne dépend pas de nous de la promulguer, gardons-nous au moins de donner dans l'excès, bien plus répréhensible qu'on ne le croit, d'exalter sans mesure les écrivains coupables, et celui-là surtout. Il a prononcé contre lui-même, sans s'en apercevoir, un arrêt terrible, car c'est lui qui a dit : *Un esprit corrompu ne fut jamais sublime*. Rien n'est plus vrai, et pourquoi Voltaire, avec ses cent volumes, ne fut jamais que *joli*; j'excepte la tragédie, où la nature de l'ouvrage le forçait d'exprimer de nobles sentiments étrangers à son caractère; et même encore, sur la scène, qui est son triomphe, il ne trompe pas des yeux exercés. Dans ses meilleures pièces, il ressemble à ses deux grands rivaux, comme le plus habile hypocrite ressemble à un saint. Je n'entends point d'ailleurs contester son mérite dramatique, je m'en tiens à ma première observation : dès que Voltaire parle en son nom, il n'est que *joli*; rien ne peut l'échauffer, pas même la bataille de Fontenoy. *Il est charmant*, dit-on : je le dis aussi, mais j'entends que ce mot soit une critique. Du reste, je ne puis souffrir l'exagération qui le nomme *universel*. Certes, je vois de belles exceptions à cette universalité. Il est nul dans l'ode : et qui pourrait s'en étonner? l'impiété réfléchie avait été chez lui la flamme divine de l'enthousiasme. Il est encore nul même jusqu'au ridicule dans le drame lyrique, son oreille ayant été absolument fermée aux beautés harmoniques comme ses yeux l'étaient à celles de l'art. Dans les genres qui paraissent le plus analogues à son talent naturel, il se traîne : il est médiocre, froid, et souvent (qui le croirait?) lourd et grossier dans la comédie; car le méchant n'est jamais comique. Par la même raison, il n'a pas su faire une épigramme, la moindre gorgée de son fiel ne pouvant couvrir moins de cent vers. S'il essaie la satire, il glisse dans le libelle. Il est insupportable dans l'histoire, en dépit de son art, de son élégance et des grâces de son style; aucune qualité ne pouvant remplacer celles qui lui manquent et qui sont la vie de l'histoire, la gravité, la bonne foi et la dignité. Quant à son poëme *épique*, je n'ai pas le droit d'en parler : car pour juger un livre, il faut l'avoir lu, et pour le lire, il faut être éveillé. Une monotonie assoupissante plane sur la plupart de ses écrits, qui n'ont que deux sujets : la Bible et ses ennemis. Il blasphème ou il insulte. Sa plaisanterie si vantée est cependant loin d'être irréprochable : le rire qu'il excite n'est pas légitime; c'est une grimace. N'avez-vous jamais remarqué que l'anathème divin fût écrit sur son visage? Après tant d'années il est temps encore d'en faire l'expérience. Allez contempler sa figure au palais de l'*Ermitage* : jamais je ne la regarde sans me féliciter de ce qu'elle ne nous a point été transmise par quelque ciseau héritier des Grecs, qui aurait su peut-être y répandre un certain beau idéal. Ici tout est naturel. Il y a autant de vérité dans cette tête qu'il y en aurait dans un plâtre pris sur le cadavre. Voyez ce front abject que la pudeur ne colora jamais, ces deux cratères éteints où semblent bouillonner encore la luxure et la haine; cette bouche — je dis mal peut-être, mais ce n'est pas ma faute — ce *rictus* épouvantable, courant d'une oreille à l'autre, et ces lèvres pincées par la plus cruelle malice comme un ressort prêt à se détendre pour lancer le sarcasme ou le blasphème.... Ne me parlez pas de cet homme, je ne puis en soutenir l'idée. Ah! qu'il nous a fait de mal! Semblable à cet insecte, le fléau des jardins, qui n'adresse ses morsures qu'à la racine des plantes les plus précieuses, Voltaire, avec son *aiguillon*, ne cesse de piquer les deux racines de la société, les femmes et les jeunes gens; il les imbibe de ses poisons qu'il transmet ainsi d'une génération à l'autre. C'est en vain que, pour voiler d'inexprimables attentats, ses stupides admirateurs nous assourdissent de tirades sonores où il a parlé supérieurement des objets les plus vénérés. Ces aveugles volontaires ne voient pas qu'ils achèvent ainsi la condamnation de ce coupable écrivain. Si Fénelon, avec la même plume qui peignit les joies de l'Elysée, avait écrit le livre *du Prince*, il serait mille fois plus vil et plus coupable que Machiavel. Le grand crime de Voltaire est l'abus du talent et la prostitution réfléchie d'un génie créé pour célébrer Dieu et la vertu. Il ne saurait alléguer, comme tant d'autres, la jeunesse, l'inconsidération, l'entraînement des passions, et pour terminer, enfin, la triste faiblesse de notre nature. Rien ne l'absout : sa corruption est d'un genre qui n'appartient qu'à lui ; elle s'enracine dans les dernières fibres de son cœur et se fortifie de toutes les forces de son entendement. Toujours alliée au sacrilége, elle brave Dieu en perdant les hommes. Avec une fureur qui n'a pas d'exemple, cet insolent blasphémateur en vient à se déclarer l'ennemi personnel du Sauveur des hommes; il ose du fond de son néant lui donner un nom ridicule, et cette loi adorable que l'Homme-Dieu apporta sur la terre, il l'appelle *l'infâme*. Abandonné de Dieu qui punit en se retirant, il ne connaît plus de frein. D'autres cyniques étonneront la vertu, Voltaire étonne le vice. Il se plonge dans la fange, il s'y roule, il s'en abreuve; il livre son imagination à l'enthousiasme de l'enfer qui lui prête toutes ses forces pour le traîner jusqu'aux limites du mal. Il invente des prodiges, des monstres qui font pâlir. Paris le couronna,

Sodome l'eût banni. Profanateur effronté de la langue universelle et de ses plus grands noms, le dernier des hommes après ceux qui l'aiment! comment vous peindrais-je ce qu'il me fait éprouver? Quand je vois ce qu'il pouvait faire et ce qu'il a fait, ses inimitables talents ne m'inspirent plus qu'une espèce de rage sainte qui n'a pas de nom. Suspendu entre l'admiration et l'horreur, quelquefois je voudrais lui faire élever une statue... par la main du bourreau.

Les Soirées de Saint-Pétersbourg.

XAVIER DE MAISTRE

NOTICE BIOGRAPHIQUE

Le comte Xavier de Maistre, frère cadet du célèbre Joseph de Maistre, naquit à Chambéry en 1763. Entré au service, comme tous les gentilshommes de son temps, Xavier, chassé de son pays par l'invasion de nos armées et par la réunion de la Savoie à la France, se retira en Russie, où un talent de peintre assez agréable lui procura d'abord quelques ressources; puis il accepta du service dans l'armée russe et parvint au grade de général. Il se distingua en plusieurs occasions, et épousa, en 1812, une des personnes les plus remarquables de la cour de l'empereur Alexandre, M{ille} Zagrutska, dame d'honneur de l'impératrice.

Les événements de 1814, ayant permis à l'exilé de rentrer dans sa patrie, il revint pour un temps à Turin, où il paraît avoir séjourné quelques années, puisque ce fut dans cette capitale qu'il écrivit, en 1820, *le Prisonnier du Caucase*.

Le Voyage autour de ma chambre avait été composé vers 1790; mais on ignore à quelle époque au juste a été écrit *le Lépreux de la cité d'Aoste*, ce chef d'œuvre de sentiment chrétien.

L'Expédition nocturne, nouveau voyage, que nous aimons au moins autant que le premier, auquel il fait suite, date de l'époque où l'exilé était à la veille d'émigrer.

La Jeune Sibérienne est l'histoire vraie d'une héroïne de la piété filiale, dont le dévouement avait déjà fourni le sujet du meilleur de tous les romans de Mme Cottin (*Elisabeth ou les Exilés de Sibérie*),

En rétablissant dans toute leur vérité les faits, dénaturés par la fiction, de Maistre nous a offert un modèle encore plus pur et plus méritoire, en même temps que l'action de la divine Providence se fait bien mieux sentir dans toutes ses aventures.

Cédant à l'attrait d'anciennes et aimables relations, peut-être aussi à de hautes et glorieuses instances, Xavier de Maistre reprit le chemin de la Russie et s'installa définitivement à Saint-Pétersbourg; c'est là qu'entouré du reflet de la gloire de son illustre frère et possédant lui-même au plus haut degré l'influence que donne un esprit aimable joint à une sagesse douce et bienveillante, il mourut le 12 juin 1852, presque nonagénaire.

Il avait fait un voyage à Paris très peu d'années avant sa mort. Il paraît y avoir eu des relations avec la famille d'Eugénie de Guérin, qui en fait mention dans son *Journal*, et avec le Genevois Nopfer, dont il patronna les premières publications.

L'AME ET LA BÊTE

Ce chapitre n'est absolument que pour les métaphysiciens. Il va jeter le plus grand jour sur la nature de l'homme : c'est le prisme avec lequel on pourra analyser et décomposer les facultés de l'homme en séparant la puissance animale des rayons purs de l'intelligence.

Il me serait impossible d'expliquer comment et pourquoi je me brûlais les doigts aux premiers pas que je fis en commençant mon voyage autour de ma chambre, sans expliquer dans le plus grand détail, au lecteur, mon système *de l'âme et de la bête*. Cette découverte métaphysique influe tellement sur mes idées et sur mes actions, qu'il serait très-difficile de comprendre ce livre si je n'en donnais la clef au commencement.

Je me suis aperçu, par diverses observations, que l'homme est composé d'une âme et d'une bête. — Ces deux êtres sont absolument distincts, mais tellement emboîtés l'un dans l'autre, ou l'un sur l'autre, qu'il faut que l'âme ait une certaine supériorité sur la bête pour être en état d'en faire la distinction.

Je tiens d'un vieux professeur (c'est du plus loin qu'il me souvienne) que Platon appelait la matière *l'autre*. C'est fort bien, mais j'aimerais mieux donner ce nom par excellence à la bête qui est jointe à notre âme. C'est réellement cette substance qui est *l'autre,* et qui nous lutine d'une manière si étrange. On s'aperçoit bien en gros que l'homme est double : mais c'est, dit-on, parce qu'il est composé d'une âme et d'un corps ; et l'on accuse ce corps de je ne sais combien de choses ; mais bien mal à propos assurément, puisqu'il est aussi incapable de sentir que de penser. C'est à la bête qu'il faut s'en prendre, à cet être sensible, parfaitement distinct de l'âme, véritable *individu*, qui a son existence séparée, ses goûts, ses inclinations, sa volonté, et qui n'est au-dessus des autres animaux que parce qu'il est mieux élevé et pourvu d'organes plus parfaits.

* * * * *

J'ai fait je ne sais combien d'expériences sur l'union de ces deux créatures hétérogènes. Par exemple, j'ai reconnu clairement que l'âme peut se faire obéir par la bête, et que, par un fâcheux retour, celle-ci oblige très-souvent l'âme d'agir contre son gré. Dans les règles, l'une a le pouvoir législatif, et l'autre le pouvoir exécutif ; mais ces deux pouvoirs se contrarient souvent. — Le grand art d'un homme de génie est de savoir bien élever sa bête, afin qu'elle puisse aller toute seule, tandis que l'âme, délivrée de cette pénible accointance, peut s'élever jusqu'au ciel.

Mais il faut éclaircir ceci par un exemple.

Lorsque vous lisez un livre, monsieur, et qu'une idée plus agréable entre tout à coup dans votre imagination, votre âme s'y attache tout de suite et oublie le livre ; tandis que vos yeux suivent machinalement les mots et les lignes, vous achevez la page sans la comprendre et sans vous souvenir de ce que vous avez lu. — Cela vient de ce que votre âme, ayant ordonné à sa compagne de lui faire la lecture, ne l'a point avertie de la petite absence qu'elle allait faire ; en sorte que *l'autre* continuait sa lecture que votre âme n'écoutait plus.

* * * * *

S'il est utile et agréable d'avoir une âme dégagée de la matière au point de la faire voyager toute seule lorsqu'on le juge à propos, cette faculté a aussi ses inconvénients. C'est à elle, par exemple, que je dois la brûlure dont j'ai parlé dans les chapitres précédents. — Je donne ordinairement à ma bête le soin des apprêts de mon déjeûner ; c'est elle qui fait griller mon pain et le coupe en tranches. Elle fait à merveille le café, et le prend même très-souvent, sans que mon âme s'en mêle, à moins que celle-ci ne s'amuse à la voir travailler ; mais cela est rare et très-difficile à exécuter ; car il est aisé, lorsqu'on fait quelque opération mécanique, de penser à toute autre chose ; mais il est extrêmement difficile de se regarder agir, pour ainsi dire, ou pour m'expliquer, suivant mon système, d'employer mon âme à examiner la marche de sa bête, et de la voir travailler sans y prendre part. — Voilà le plus étonnant tour de force métaphysique que l'homme puisse exécuter.

J'avais couché mes pincettes sur la braise pour faire griller mon pain, et quelque temps après, tandis que mon âme voyageait, voilà qu'une souche enflammée roule sur le foyer : ma pauvre bête porta la main aux pincettes, et je me brûlai les doigts.

J'espère avoir suffisamment développé mes idées dans les chapitres précédents pour donner à penser au lecteur et pour le mettre à même de faire des découvertes dans cette brillante carrière ; il ne pourra qu'être satisfait de lui s'il parvient un jour à savoir faire voyager son âme toute seule ; les plaisirs que cette faculté lui procurera balanceront de reste les quiproquos qui pourront en résulter. Est-il une jouissance plus flatteuse que celle d'étendre ainsi son existence, d'occuper à la fois la terre et les cieux, et de doubler, pour ainsi dire, son être ? — Le désir éternel et jamais satisfait de l'homme n'est-il pas d'augmenter sa puissance et ses facultés, de vouloir être où il n'est pas, de rappeler le passé et de vivre dans l'avenir ? Il veut commander les armées, présider aux académies,.... et s'il possède tout cela, il regrette alors les champs et la tranquillité, et porte envie à la cabane des bergers ; ses projets, ses espérances échouent sans cesse contre les malheurs réels attachés à la nature humaine ; il ne saurait trouver le bonheur. Un quart d'heure de voyage avec moi lui en montrera le chemin.

Eh ! que ne laisse-t-il à l'autre ces misérables soins, cette ambition qui le tourmente ? — Viens, pauvre malheureux ! fais un effort pour rompre ta prison, et, du haut du ciel où je vais te conduire, du milieu des orbes célestes et de l'Empyrée, remarque ta bête lancée dans le monde courir toute seule la carrière de la fortune et des honneurs ; vois avec quelle gravité elle marche parmi les hommes ; la foule s'écarte avec respect, et, crois-moi, personne ne s'apercevra qu'elle est toute seule ; c'est le moindre souci de la cohue au milieu de laquelle elle se promène, de savoir si elle a une âme ou non, si elle pense ou non.

Elle peut même s'élever, sans le secours de son âme, à la plus haute faveur et à la plus grande fortune. — Enfin, je ne m'étonnerais nullement si, à notre retour de l'Empyrée, ton âme, en rentrant chez elle, se trouvait dans la bête d'un grand seigneur.

Voyage autour de ma chambre.

MINUIT

A la fin d'un nouveau voyage, entrepris dans une autre chambre, le même auteur, assis à califourchon sur sa fenêtre, pratiquée dans le toit, considère les astres, et se laisse aller à différentes rêveries que vient interrompre le son d'une cloche.

L'horloge de la cloche de Saint-Philippe sonna lentement minuit. Je comptai l'un après l'autre chaque tintement de la cloche, et le dernier m'arracha un soupir. « Voilà donc, me dis-je, un jour qui vient de se détacher de ma vie, et quoique les vibrations décroissantes du son de l'airain frémissent encore à mon oreille, la partie de mon voyage qui a précédé minuit est déjà tout aussi loin de moi que le voyage d'Ulysse ou de Jason. Dans cet abîme du passé les instants et les siècles ont la même longueur ; et l'avenir a-t-il plus de réalité ? » Ce sont deux néants entre lesquels je me trouve en équilibre comme sur le tranchant d'une lame. En vérité, le temps me paraît quelque chose de si inconcevable, que je serais tenté de croire qu'il n'existe réellement pas, et que ce qu'on nomme ainsi n'est autre chose qu'une..... de la pensée.

Je me réjouissais d'avoir trouvé cette définition du temps, aussi ténébreuse que le temps lui-même, lorsqu'une autre horloge sonna minuit, ce qui me donna un sentiment désagréable. Il me reste toujours un fond d'humeur lorsque je me suis inutilement occupé d'un problème insoluble, et je trouvai fort déplacé ce second avertissement de la cloche à un philosophe comme moi. Mais j'éprouvai décidément un véritable dépit quelques secondes après, lorsque j'entendis une troisième cloche, celle du couvent des Capucins, situé sur l'autre rive du Pô, sonner encore minuit, comme par malice.

Lorsque ma tante appelait une ancienne femme de chambre, un peu revêche, qu'elle affectionnait cependant beaucoup, elle ne se contentait pas, dans son impatience, de sonner une fois, mais elle tirait sans relâche le cordon de la sonnette jusqu'à ce que la suivante parût. « Arrivez-donc, Mlle Branchet ! » Et celle-ci, fâchée de se voir presser ainsi, venait tout doucement, et répondait avec beaucoup d'aigreur : « On y va, madame, on y va. » Tel fut aussi le sentiment d'humeur que j'éprouvai lorsque j'entendis la cloche indiscrète des Capucins sonner minuit pour la troisième fois. » Je le sais, m'écriai-je en étendant les mains du côté de l'horloge ; oui, je le sais, je sais qu'il est minuit ; je ne le sais que trop. »

C'est, il n'en faut pas douter, par un conseil insidieux de l'esprit malin que les hommes ont chargé cette heure de diviser leurs jours. Renfermés dans leurs habitations, ils dorment ou s'amusent, tandis qu'elle coupe un des fils de leur existence ; le lendemain, ils se lèvent gaiement, sans se douter le moins du monde qu'ils ont un jour de plus.

En vain le son prophétique de l'airain leur annonce l'approche de l'éternité, en vain elle leur répète tristement chaque heure qui vient de s'écouler ; ils n'entendent rien, ou, s'ils entendent, ils ne comprennent pas. O minuit! heure terrible!... Je ne suis pas superstitieux, mais cette heure m'inspire toujours une espèce de crainte, et j'ai le pressentiment que si jamais je venais à mourir, ce serait à minuit. Je mourrai donc un jour? Comment! je mourrai? moi qui parle, moi qui me sens et qui me touche, je pourrai mourir? J'ai quelque peine à le croire ; car enfin, que les autres meurent, rien n'est plus naturel ; on voit cela tous les jours ; on les voit passer, on s'y habitue ; mais mourir soi-même! mourir en personne! c'est un peu fort. Et vous, messieurs, qui prenez ces réflexions pour du galimatias, apprenez que telle est la manière de penser de tout le monde, et la vôtre à vous-mêmes. Personne ne songe à mourir. S'il existait une race d'hommes immortels, l'idée de la mort les effraierait plus que nous.

Il y a là dedans quelque chose que je ne m'explique pas. Comment se fait-il que les hommes, sans cesse agités par l'espérance et les chimères de l'avenir, s'inquiètent si peu de ce que cet avenir leur offre de certain et d'inévitable? Ne serait-ce point la nature bienfaisante elle-même qui nous aurait donné cette heureuse insouciance, afin que nous puissions remplir en paix notre destinée? Je crois en effet que l'on peut être fort honnête homme sans ajouter aux maux réels de la vie cette tournure d'esprit qui porte aux réflexions lugubres, et sans se troubler l'imagination par de noirs fantômes. Enfin, je pense qu'il faut se permettre de rire, ou du moins de sourire, toutes les fois que l'occasion innocente s'en présente.

Ainsi finit la méditation que m'avait inspirée l'horloge de Saint-Philippe.

Je l'aurais poussée plus loin, s'il ne m'était survenu quelque scrupule sur la sévérité de la morale que je venais d'établir. Mais ne voulant pas approfondir ce doute, je sifflai l'air des *Folies d'Espagne*, qui a la propriété de changer le cours des idées lorsqu'elles s'acheminent mal. L'effet en fut si prompt que je terminai sur le champ ma promenade à cheval.

Expédition nocturne.

MADAME DE STAËL

NOTICE BIOGRAPHIQUE

Mme de Staël, fille du célèbre Necker, ministre sous Louis XVI, naquit à Paris le 27 avril 1766. Elle épousa en 1786 le baron de Staël-Holstein, ambassadeur de Suède en France. Mme de Staël partageait les espérances illusoires que son père attendait d'une réforme dont les effets, selon lui, devaient sauver la France des dangers qui la menaçaient.

Les excès révolutionnaires excitèrent dans l'âme de Mme Staël une noble indignation; elle publia une énergique mais inutile défense de Marie-Antoinette. Quand le Consulat eut succédé au Directoire, elle prit un moment parti pour le jeune héros dans lequel résidait la force du nouveau gouvernement; elle eut d'abord quelque influence, mais son crédit baissa, et Napoléon l'exila en 1802. Elle visita successivement l'Allemagne, l'Italie, la Suisse, la Russie, la Suède et l'Angleterre, et ne rentra en France qu'à la Restauration. L'amour de la France lui tenait fort au cœur, et nulle splendeur étrangère ne pouvait l'empêcher de regretter « le ruisseau de la rue du Bac. » Elle mourut le 14 juillet 1817. Deux romans, *Delphine*, *Corinne*, et une étude intitulée *De l'Allemagne*, sont les trois ouvrages les plus remarquables de cette femme célèbre; ils sont écrits d'un style ferme, énergique et brillant, mais d'une philosophie sans base et qui peut produire les plus fâcheux résultats. Ses *Considérations sur la révolution française* contiennent beaucoup d'idées erronées.

Cette femme, qui savait peindre si bien l'art de la conversation, possédait elle-même cet art au suprême degré. Nulle femme n'y déployait plus de savoir et d'esprit, nulle n'avait la répartie plus vive et plus heureuse. En voici quelques exemples :

Mme de Staël avait pour amie Mme Recamier, dont l'éclatante beauté éclipsait, en quelque sorte, aux yeux des gens superficiels, ses autres avantages. Un étourdi, se trouvant un jour placé entre ces deux dames, et voulant dire quelque chose d'aimable à l'une et à l'autre, s'écria : « Que je suis favorisé du sort! me voici placé entre l'esprit et la beauté! — Voilà, se hâta de répliquer Mme de Staël, voilà la première fois qu'on s'avise de dire que je suis belle! »

Une autre fois, dans le salon de Mme Staël, la conversation s'engage sur un sujet que la philanthropie anglaise avait mis à l'ordre du jour : l'abolition de la traite des noirs et de l'esclavage.

« La duchesse de Mouchy, femme du grand monde, pleine de tact, de savoir-vivre, défend à petit bruit l'esclavage par les motifs ordinaires : toute propriété est respectable, parce que toutes les propriétés se tiennent ; celle des esclaves doit donc être respectée. Puis vient le motif de l'infériorité des races. Est-il bien sûr qu'un nègre soit un homme comme un autre ? — Mme de Staël est indignée, et par conséquent elle est inspirée et éloquente. Elle plane dans les hauteurs, et elle y entraîne tout le monde avec elle. Elle reconnaît le nègre pour homme, au cœur, à l'intelligence, à la parole qui en est le signe, plus encore à la vertu ; elle proclame l'unité de l'humanité et l'égalité des races, comme celle des hommes devant Dieu. Elle accable son adversaire de la supériorité de son talent comme de celle de sa cause ; elle est impétueuse, inexorable, écrasante de raison, mais aussi de dédain. Mme de Mouchy essaie en vain d'opérer sa retraite, cette retraite se change en déroute. Alors la jeune Mme de Noailles veut venir en aide à sa mère et se jette à la traverse avec une de ces plaisanteries qui déconcertent quelquefois précisément parce qu'elles n'ont pas de sens. « De grâce, s'écrie-t-elle étourdiment, ne me parlez pas de gens qui ont un duc de la Limonade! » — « Pourquoi n'en parlerais-je pas chez des gens qui ont un duc de Bouillon ? » répliqua Mme de Staël en haussant légèrement les épaules, et elle reprend son discours. [1] »

La veuve du baron suédois s'était remariée en 1810 avec un jeune officier, M. de la Rocca; mais cette union demeura secrète comme les mariages morganatiques des princes, et cette femme célèbre continua de porter le nom de son premier mari.

[1] Alfred Nettement.

ÉRUPTION DU VÉSUVE

Le feu du torrent est d'une couleur funèbre; néanmoins, quand il brûle les vignes ou les arbres, on en voit sortir une flamme claire et brillante; mais la lave même est sombre, telle qu'on se représente un fleuve de l'enfer; elle roule lentement comme un sable noir de jour, et rouge la nuit. On entend, quand elle approche, un petit bruit d'étincelles, qui fait d'autant plus de peur qu'il est léger, et que la ruse semble se joindre à la force : le tigre royal arrive aussi secrètement à pas comptés. Cette lave avance, avance sans jamais se hâter et sans perdre un instant; si elle rencontre un mur élevé, un édifice quelconque qui s'oppose à son passage, elle s'arrête, elle amoncèle devant l'obstacle ses torrents noirs et bitumineux, et l'ensevelit enfin sous ses vagues brûlantes. Sa marche n'est point assez rapide pour que les hommes ne puissent pas fuir devant elle; mais elle atteint, comme le temps, les imprudents et les vieillards qui, la voyant venir lourdement et silencieusement, s'imaginent qu'il est aisé de lui échapper. Son éclat est si ardent que, pour la première fois, la terre se réfléchit dans le ciel et lui donne l'apparence d'un éclair continuel; ce ciel, à son tour, se répète dans la mer, et la nature est embrasée par cette triple image de feu.

Le vent se fait entendre et se fait voir par des tourbillons de flammes dans les gouffres d'où sort la lave. On a peur de ce qui se passe au sein de la terre, et l'on sent que d'étranges fureurs la font trembler sous nos pas. Les rochers qui entourent la source de la lave sont couverts de soufre, de bitume dont les couleurs ont quelque chose d'infernal. Un vert liquide, un jaune brun, un rouge sombre, forment comme une dissonance pour les yeux, et tourmentent la vue, comme l'ouïe serait déchirée par ces sons aigus que faisaient entendre les sorcières quand elles appelaient, de nuit, la lune sur la terre.

Tout ce qui entoure le volcan rappelle l'enfer, et les descriptions des poëtes sont sans doute empruntées de ces lieux.

Corinne ou l'Italie.

POMPEÏA

A Rome, on ne trouve guère que les débris des monuments publics, et ces monuments ne retracent que l'histoire politique des siècles écoulés; mais à Pompeïa, c'est la vie privée des anciens qui s'offre à vous telle qu'elle était. Le volcan qui a couvert cette ville de cendres l'a préservée des outrages du temps. Jamais des édifices exposés à l'air ne se seraient ainsi maintenus, et ce souvenir enfoui s'est retrouvé tout entier. Les peintures, les bronzes étaient encore dans leur beauté première, et tout ce qui peut servir aux usages domestiques est conservé d'une manière effrayante. Les amphores sont encore préparées pour le festin du jour suivant; la farine qui allait être pétrie est encore là. Les restes d'une femme sont encore ornés des parures qu'elle portait dans le jour de fête que le volcan a troublé, et ses bras desséchés ne remplissent plus le bracelet de pierreries qui les entoure encore. On ne peut voir nulle part une image aussi frappante de l'interruption subite de la vie. Le sillon des roues est visiblement marqué sur les pavés des rues, et les pierres qui bordent les puits portent la trace des cordes qui les ont creusées peu à peu. On voit encore sur les murs d'un corps de garde les caractères mal formés, les figures grossièrement esquissées que les soldats traçaient pour passer le temps, tandis que ce temps avançait pour les engloutir.

Quand on se place au milieu du carrefour des rues, d'où l'on voit de tous côtés la ville qui subsiste encore presque en entier, il semble qu'on attend quelqu'un, que le maître soit prêt à venir, et l'apparence même de la vie qu'offre ce séjour fait sentir plus tristement son éternel silence. C'est avec des morceaux de lave pétrifiée que sont bâties plusieurs de ces maisons qui ont été ensevelies par d'autres laves. Ainsi, ruines sur ruines, et tombeaux sur tombeaux. Cette histoire du monde où les époques se comptent de débris en débris, cette vie humaine dont la trace se suit à la lueur des volcans qui l'ont consumée, remplit le cœur d'une profonde mélancolie. Qu'il y a longtemps que l'homme existe! Qu'il y a longtemps qu'il vit, qu'il souffre et qu'il périt! Où peut-on retrouver ses sentiments et ses pensées? L'air qu'on respire dans ces ruines en est-il encore empreint, ou sont-elles pour jamais déposées dans le ciel où règne l'immortalité? Quelques feuilles brûlées des manuscrits qui ont été trouvés à

Herculanum et à Pompeïa, et que l'on essaie de dérouler à Portici, sont tout ce qui nous reste pour interpréter les malheureuses victimes que le volcan, la foudre de la terre, a dévorées. Mais en passant près de ces cendres que l'art parvient à ranimer, on tremble de respirer, de peur qu'un souffle n'enlève cette poussière où de nobles idées sont peut-être encore empreintes.

Ibid.

DE L'ESPRIT DE CONVERSATION

En Orient, quand on n'a rien à se dire, on fume du tabac de rose ensemble, et de temps en temps on se salue, les bras croisés sur la poitrine, pour se donner un témoignage d'amitié ; mais, dans l'Occident, on a voulu se parler tout le jour, et le foyer de l'âme s'est souvent dissipé dans ces entretiens où l'amour-propre est sans cesse en mouvement pour faire effet tout de suite, et selon le goût du moment et du cercle où l'on se trouve.

Il me semble reconnu que Paris est la ville du monde où l'esprit et le goût de la conversation sont le plus généralement répandus ; et, ce qu'on appelle le mal du pays, ce regret indéfinissable de la patrie qui est indépendant des amis mêmes qu'on y a laissés, s'applique particulièrement à ce plaisir de causer, que les Français ne retrouvent nulle part au même degré que chez eux. Volney raconte que les Français émigrés voulaient, pendant la révolution, établir une colonie et défricher des terres en Amérique ; mais de temps en temps ils quittaient toutes leurs occupations pour aller, disaient-ils, *causer à la ville* ; et cette ville, la Nouvelle-Orléans, était à six cents lieues de leur demeure. Dans toutes les classes, en France, on sent le besoin de causer ; la parole n'y est pas seulement, comme ailleurs, un moyen de communiquer ses idées, ses sentiments et ses affaires ; mais c'est un instrument dont on aime à jouer et qui ranime les esprits, comme la musique chez quelques peuples, et les liqueurs fortes chez quelques autres.

Le genre de bien-être que fait éprouver une conversation animée ne consiste pas précisément dans le sujet de cette conversation ; les idées ni les connaissances qu'on y peut développer n'en sont pas le principal intérêt : c'est une manière certaine d'agir les uns sur les autres, de se faire plaisir réciproquement et avec rapidité, de parler aussitôt qu'on pense, de jouir à l'instant de soi-même, d'être applaudi sans travail, de manifester son esprit dans toutes les nuances par l'accent, le geste, le regard; enfin de produire à volonté comme une sorte d'électricité qui fait jaillir des étincelles, soulage les uns de l'excès même de leur vivacité, et réveille les autres d'une apathie pénible.

De l'Allemagne.

HUGON DE POLIGNY

NOTICE BIOGRAPHIQUE

Nous ne savons que peu de chose de M. le comte Hugon de Poligny, dont le nom ne se trouve dans aucun des dictionnaires biographiques que nous avons pu consulter.

Issu par ses ancêtres paternels et maternels de la plus ancienne noblesse du duché de Bourgogne, M. de Poligny, ayant reçu une éducation digne de son rang, a consacré son temps et son intelligence aux études les plus sérieuses. Nous ignorons la date de sa naissance, nous savons seulement que son premier ouvrage fut publié en 1823. *Résumé des principales questions politiques agitées depuis la fin du XVIIIe siècle,* tel en était le titre.

La première édition du *Prêtre marié*, épisode de la révolution française, parut en 1833. Il y avait quelque courage à publier un roman chrétien, à l'époque de cette seconde révolution, époque où la religion était si peu en crédit. Les fermentations politiques qui agitaient alors les esprits empêchèrent ce livre d'être remarqué comme l'avaient été trente ans auparavant les œuvres de Chateaubriand, à l'école duquel il semble appartenir. C'est une œuvre grave et éminemment morale; c'est la peinture du malheur et des remords d'un homme qui s'est mis lui-même en dehors de la société en violant les serments les plus sacrés et en profanant le caractère indélébile que lui avait conféré l'auguste sacrement de l'ordre. Faible plutôt que corrompu, ce malheureux s'est vu entraîner par de tristes circonstances contre lesquelles la plupart de ses confrères ont héroïquement lutté et où ils ont trouvé un glorieux martyre qui porte bien haut l'honneur du clergé français. En ces jours désastreux, un prêtre catholique ne pouvait rester neutre. Il fallait choisir entre l'apostasie ou la persécution. Entré dans la voie mauvaise, l'apostat s'y engage de plus en plus, et prêtre sacrilège, il entraîne dans son malheur et rend solidaires de son crime une femme pure, mais ignorante, et d'innocents enfants, qui, dès qu'ils connaissent la vérité, ne peuvent plus l'appeler du nom d'époux et de père, et sont obligés de le fuir, en s'associant à son expiation.

Un biographe distingué, M. Charles Asselineau, place *le Prêtre marié* « dans la grande famille des romans philosophiques. » (Il s'agit ici, comme on sait, de philosophie chrétienne.) Parmi d'autres romans qui appartiennent à cette même catégorie, le même écrivain cité *le Lépreux de la cité d'Aoste*. Cette fraternité doit inspirer confiance aux timides que ce titre excentrique de *Prêtre marié* pourrait encore effaroucher. Barbey d'Aurevilly a traité, depuis, ce sujet délicat, mais d'une façon romanesque, et nous ne le mentionnons ici que pour éviter qu'on ne confonde ces deux ouvrages si différents.

M. de Poligny, sobre d'écrits qu'il prend le temps de mûrir, a encore publié en 1843 *le Monde moderne, ou Tableau des scènes de la vie, des mœurs et des idées;* puis, en 1849 et en 1857, deux ouvrages *sur la Franche-Comté*. Une seconde édition du *Prêtre marié*, dont les exemplaires étaient devenus extrêmement rares, a été publié par le libraire Techener en 1863.

DEUX MESSES PENDANT LA TERREUR

LA MESSE DU PRÊTRE FIDÈLE, LA MESSE DU PRÊTRE APOSTAT.

L'auteur place ce double récit dans la bouche de l'apostat; celui-ci vient d'avoir avec un prêtre orthodoxe un entretien qui l'a vivement ébranlé.

.... J'étais presque pénitent. Je conversai encore quelque temps avec le prêtre; il fallut ensuite nous séparer, pour éviter les soupçons qui pouvaient se fixer sur lui. L'infatigable pasteur, se devant à un immense troupeau dispersé, ne pouvait s'occuper exclusivement de moi. Nous étions à la veille de Pâques; il me dit qu'il devait la célébrer cette nuit même au milieu d'un peuple nombreux, et m'expliqua comment je pourrais assister à la cérémonie qui devait se passer dans l'ombre.

A une demi-lieue de mon village, il existait dans les bois une abbaye antique, dont les moines avaient été dispersés et les propriétés vendues. Un homme des environs avait acheté l'église et les bâtiments; toute cette enceinte demeurait déserte, ainsi que deux maisons voisines dépendantes du monastère, dont l'une était destinée aux fermiers, et l'autre servait d'hôtellerie pour les étrangers qui venaient jadis visiter l'abbaye. Depuis qu'elles avaient passé en des mains profanes, ces deux maisons étaient fort délabrées; les champs mal cultivés par le nouveau propriétaire tombaient en friche; il n'y avait plus ni curieux ni pèlerin qui suivissent cette route fréquentée pendant tant de siècles; une partie des bâtiments de l'abbaye était abattue; le reste, n'étant point entretenu, paraissait abandonné aux ravages du temps. La masse solide de l'église abbatiale était seule intacte, on avait respecté ce saint édifice; la porte en était soigneusement fermée; l'intérieur n'avait éprouvé aucune dégradation : les autels, les tableaux, les statues conservaient tout leur éclat; seulement l'orgue se taisait, et les cierges étaient éteints, comme si les religieux venant de cesser leur office sommeillaient dans leurs cellules. Cette conservation était due à un reste de respect que gardait le nouveau propriétaire pour une église qu'il avait vue florissante. Sa fille, douée d'une piété vive et sincère, faisait tous ses efforts pour l'entretenir dans ces dispositions. Quiconque a vécu dans ces temps extraordinaires sait que les extrêmes se touchaient sans cesse; il ne faut donc pas s'étonner si, de l'aveu même de celui qui avait acheté l'abbaye et consommé son abolition, le culte secret de la vraie religion se rétablissait presque immédiatement dans l'église dont il était devenu le maître.

D'après ce qui était convenu entre le prêtre et moi, je partis vers neuf heures du soir pour l'abbaye; je rencontrai un grand nombre d'hommes, de femmes et d'enfants, allant isolément ou par petites bandes vers le même but; cette marche se faisait en silence, à peine les pas du villageois retentissaient-ils sur le sol qu'ils foulaient avec rapidité. La lune dans son plein brillait au firmament, annonçant la pâque au peuple fidèle : de grandes ombres et de longs rayons de couleur blanchâtre décoraient le faîte, les tours, les portiques et les arceaux de la basilique ; à mesure qu'on approchait, la foule silencieuse, débouchant par tous les sentiers, devenait plus épaisse ; la porte principale de l'église était close, on ne pénétrait que par de basses et étroites ouvertures latérales. Tous ces chrétiens entassés, se rangeaient pourtant sans bruit et dans un ordre parfait, les femmes et les enfants occupaient avec les vieillards le centre de l'assemblée et les tribunes, tandis que les plus forts et les plus hardis se plaçaient aux portes et sur les côtés, comme un bataillon qui veille. Non-seulement on semblait se tenir prêt dans l'église à tout événement, mais au dehors une centaine de courageux jeunes gens, distribués à des postes avancés, devaient se relever alternativement pendant la nuit sainte, surveiller les approches de l'abbaye, examiner tout ce qui se présenterait, et repousser au besoin les attaques.

Je passai avec les membres de la famille chez laquelle j'avais vu le prêtre qui devait officier. Comme dans une ruche dont l'essaim entier compose un miel exquis avec le suc des fleurs qu'il a recueilli, un bourdonnement solennel et religieux s'échappait de l'église ; ses fenêtres étaient garnies de lambris et d'étoffe, pour intercepter la lueur des flambeaux qui brûlaient dans l'intérieur ; une illumination brillante faisait ressortir les antiques ornements de cette église somptueuse, et éclairait la multitude la plus recueillie, la plus heureuse, la plus ravie qu'on pût voir. Enfin, les chants de triomphe de l'office pascal commencent ; l'orgue immense, jadis touché par des mains savantes, obéit sans trop de résistance aux efforts d'un jeune musicien encore peu expérimenté, et l'*alleluia*, parti du fond de tous les cœurs, résonne sous les voûtes du temple.

Je vis alors s'accomplir presque tous les actes les plus importants de la liturgie catholique ; l'exacte régularité qui pouvait manquer dans les formes du culte était suppléée par l'appareil d'une piété extraordinaire, un sentiment de nécessité pressante, un avant-coureur du martyre. Mille détails rappelaient fidèlement la primitive Eglise ; les cérémonies, qui, dans l'ordre habituel du service divin, ne sont plus que commémoratives, s'observaient alors comme il y a dix-huit siècles ; les circonstances avaient ramené à leur antique institution, et deux âges séparés par un prodigieux intervalle paraissaient se toucher. J'assistai au baptême des adultes ; les sacrements suivant le cours des années de ceux qui les recevaient, des confessions furent entendues, des mariages furent bénis, la confirmation même fut administrée, ainsi que la discipline l'autorise dans les cas extraordinaires.

Lorsque cette dispensation fut terminée, la messe commença ; on apporta, dans une corbeille enveloppée d'un voile blanc, le pain azyme, préparé par les mains de quelques jeunes villageoises, et offert à l'autel comme l'auraient présenté les Agathe et les Perpétue dans les catacombes. Le prêtre, épuisé de fatigue, prêcha encore après l'évangile ; l'assemblée chanta en chœur des cantiques vulgaires pendant la communion, qui fut générale. Il était quatre heures et demie du matin quand je quittai l'église, d'où la foule semblait s'écouler avec peine. Je ne revis plus le prêtre, il avait hâte d'achever sa course évangélique ; en effet, le temps pressait, dix-huit mois après il périssait sur un échafaud.

De tous ceux qui assistaient à cette pâque incomparable, j'étais celui qui par la nature de ses études et de ses réflexions pouvait en comprendre plus intimement le grand caractère ; une seule nuit m'avait fait passer en revue toute la majesté de la religion dans ses plus grandes vicissitudes ; les émotions qui arrivaient à mon âme semblaient devoir se multiplier par le moyen des connaissances acquises ; je pouvais comparer les temps anciens et modernes, généraliser mes idées ; mais, ô néant de la science! il n'y avait pas un de ces villageois qui ne fût plus chrétien !

Tout ce que je rapportai de cette expérience fut un dégoût immense pour l'espèce de ministère que j'exerçais. Quelques heures après il me fallut célébrer la messe de ma paroisse. Quelle messe! quelle assemblée! quelle lamentable fête après ce que j'avais vu!... En vain la cloche retentissait; mon église aux trois quarts vide, je retardai de commencer; mais personne n'arrivant plus, et les assistants commençant à murmurer, je me traînai enfin, découragé, abattu, de la sacristie à l'autel. Comme c'est ici la dernière messe que je célébrai, il faut vous retracer ce qui se passa entre le Ciel et moi.

Vous connaissez l'ordre magnifique des prières et des cérémonies que, depuis les premiers siècles, l'Eglise a jointes à la *fraction du pain*. Chaque jour, dès l'aube matinale, il se répète mille fois dans les deux hémisphères, en deçà et au delà des tropiques, sous le ciel où brille l'étoile polaire, sous le ciel où étincelle la croix du sud. Mais les merveilles de la religion, comme celles de la nature, sont rarement contemplées par des yeux attentifs. Ce qui est admirable dans le développement général du christianisme, c'est la manière dont une religion qui s'étend à tout le ciel et à toute la terre, à l'éternité comme au temps, se trouve néanmoins comprise tout entière dans chaque partie de son culte, dans chaque point de ses pratiques, dans chaque mot de prières qu'elle propose aux fidèles. Elle se porte ainsi avec abondance au secours de toutes les misères, et pénètre en entier dans nos plus douloureux secrets avec ses témoignages et ses espérances. Cette religion se trouve renfermée dans la messe à un degré infini. Hélas! je ne pouvais plus trouver dans cet acte auguste rien qui me fût applicable comme simple fidèle, à plus forte raison comme prêtre célébrant; je ne me rapprochais de nos tabernacles que pour mieux voir l'abîme qui m'en séparait. Non-seulement tout ce que j'allais réciter, tout ce que j'allais faire, était stérile, mais le remède se changeait en poison mortel, et mon ministère corrompu se tournait contre moi-même.

Je commençai donc ce dialogue qui sert d'introduction au mystère, et que David a rempli de toute la grâce de l'innocence et de la poésie; je commençai parce que j'avais devant moi un autel, et derrière moi une assistance distraite et exigeante, à qui il fallait cependant un rite d'habitude. Surchargé, en montant vers la table sainte, de tout le poids de la confession dont j'avais récité la formule, vainement l'Eglise mit dans ma bouche cette exclamation qu'elle a voulu conserver en langue grecque, comme pour mieux marquer l'universel besoin de la miséricorde divine pour tout le genre humain, je me trouvais devenu un être d'exception, un je ne sais quoi à part de la chrétienté entière.

Que dire du chant d'allégresse qui suit immédiatement? Je ne savais pas mieux glorifier Dieu que me repentir de mes fautes; pasteur infidèle d'un troupeau que j'avais égaré, en vain j'essayais de prier pour lui et pour moi; et, quand selon ma charge sacerdotale, je voulus lui relire le fragment des lettres des apôtres et de l'histoire du Christ, ma langue ne prononça plus que des lettres mortes, l'Esprit qui a dicté les Epîtres et les Evangiles s'était retiré de moi : l'homme restait seul dans la solitude effrayante des fautes qu'il avait commises et de celles qu'il allait faire, perdant sa liberté, depuis le choix funeste qu'il avait fait, esclave du mal, nouvelle puissance qui grandissait au fond de son cœur, ne sachant plus réparer ses erreurs que par de nouveaux crimes.

Après la récitation du symbole, tous les préliminaires du sacrifice sont terminés, l'action sainte se serre et se précipite. Il me fallut verser le vin et l'eau dans le calice et offrir ces éléments avec le pain; ma voix se fit entendre comme à l'ordinaire, en récitant la préface, dernière prière où le prêtre semble encore communiquer avec la terre. Mais voici le temps où un progrès de merveilles doit s'accomplir dans le silence, bientôt je fus seul avec moi-même; à l'expiration du chant sacré de l'*Hosanna*, qui semble se perdre dans l'immensité de l'Eternel, je vis devant moi la matière du sacrifice; que pouvait-elle deviner? Elle n'avait point été bénite par le prêtre, elle ne pouvait être acceptée par le Ciel; j'abolissais le sacrifice autant qu'il était en moi; le sacrificateur se renonçait lui-même, comment la victime pouvait-elle paraître? O moment terrible! toutes les parties du sacrifice se tiennent d'une façon admirable; mais il y a une distance infinie entre tout ce qui précède et le canon; la foi seule peut le franchir. Le sacerdoce, alors, devient plus que royal; il est pour ainsi dire divin, par une participation ineffable. La révérence due au sacrement est si grande, on est tenu envers Dieu lui-même d'une obligation si étroite, qu'il ne faut rien interrompre, rien différer, rien suspendre; le ministre ne s'appartient plus à lui-même; chose extraordinaire, il découvrirait tout à coup dans sa conscience une souillure profonde, qu'il est obligé de continuer et de tout accomplir avec la garantie d'un acte intérieur de repentir.

La bénigne prière qui ouvre ce période auguste et commence par ces mots : *Te igitur, clementissime Pater* (nous vous prions donc en toute humilité, Père très-miséricordieux), me parut menaçante, j'hésitais à la prononcer; j'avançai cependant au hasard. Vous êtes-vous trouvé quelquefois devant ces chefs-d'œuvre d'un Michel-Ange, d'un Raphaël, où sous les murs du Vatican se trouve assemblée toute la gloire de l'histoire sacrée et des mystères chrétiens? Autant la puissance de la religion est supérieure à celle de l'art, autant le cercle prodigieux qui enveloppe le prêtre après qu'il a fait la commémoration des vivants est élevé au-dessus de toutes les comparaisons humaines. Quand placé au dernier rang de l'assemblée des fidèles, tout le corps incliné vers la terre, j'ose suivre de très-loin le prêtre dans cette action sublime, je me souviens d'avoir porté à l'autel un cœur pur; mais je n'oublie pas non plus qu'une dernière fois j'y étais monté, et qu'arrivé à ce point du sacrifice, je n'avais pu soutenir la majesté de la dernière prière, où tout le christianisme est invoqué dans la personne de la Vierge, des apôtres, des martyrs et des saints, pour assister à l'oblation qui va se faire.

Déjà je tenais l'hostie entre mes mains, déjà ma bouche s'entr'ouvrait pour prononcer les paroles de l'institution divine : mes lèvres contractées se serrèrent tout à coup, les moments s'écoulaient, je fléchis machinalement le genou, j'élevai devant le peuple ce qui n'était que du pain.... Lorsque je fus obligé de passer à la consécration de la coupe, mon crime et mes douleurs m'auraient étouffé, si ma faiblesse n'avait pas repoussé d'aussi violentes atteintes; je roulais d'abîme en abîme; j'étais sourd, j'étais aveugle, j'étais muet; la coupe ne cessa pas de contenir du vin.... Peut-être, me suis-je dit souvent, peut-être plus d'un prêtre coupable, ou près de renoncer à son caractère, aura-t-il fait comme moi, et, par une fausse pudeur, choisi, entre toutes sortes de sacriléges, celui qui aura paru le moins criminel à sa conscience troublée... Mais jetons un voile sur tous ces mystères d'iniquité : il ne m'est pas permis de m'occuper des autres.

Voilà comment finit mon sacerdoce, c'est ainsi que je me dépouillai moi-même de mon caractère au milieu de l'acte le plus saint de la religion. J'aurais voulu sur-le-champ descendre de l'autel, répandre le pain et le vin sur le pavé du temple, jeter loin de moi les vêtements sacrés et m'enfoncer comme un homme éperdu dans le labyrinthe du siècle; mais après avoir abjuré mes devoirs, je fus obligé d'être la victime d'un reste de bienséance, et j'endurai toute cette partie du sacrifice qui n'est qu'un chant d'action de grâces. Ah! Dieu! que ces nobles accents déchiraient ma poitrine! Ces souhaits de paix, de charité, de bonheur céleste retombaient comme des carreaux brûlants sur celui qui était condamné à les faire entendre en dépit de lui-même!

Quelques heures après, un agent public arriva avec l'ordre de fermer l'église; toutes les apparences de culte public cessèrent presque au moment de mon apostasie.

Le Prêtre marié.

ALEXANDRE GUIRAUD

NOTICE BIOGRAPHIQUE

Le baron Alexandre Guiraud, né à Limoux le jour de Noël 1788, reçut à la campagne une éducation privée, sous l'œil de son père, avec le secours d'un précepteur. On lui apprit le catéchisme dans un temps où la religion était proscrite, et on le faisait prier, pendant la terreur, pour le jeune et infortuné Dauphin, dont le malheureux sort devait exciter les sympathies, particulièrement celle de tout enfant bien né. Alexandre Guiraud fut jusqu'au dernier jour fidèle à ces honorables affections et à ses pieuses croyances. La lecture de Virgile, des tragédies de Racine, et du *Génie du Christianisme* de Chateaubriand, l'impressionnèrent vivement, et ses œuvres témoignent qu'il s'est inspiré de ces belles études. Dans son roman intitulé *Césaire*, qu'on pourrait appeler un poëme, quoiqu'il soit écrit en prose, on retrouve en quelque sorte le *Génie du Christianisme* mis en action, et nous avons entendu des personnes compétentes dire que dans cette œuvre Guiraud avait surpassé son maître. Césaire est l'histoire d'un prêtre représenté dans toutes les fonctions de son ministère. Voulant peindre son héros au naturel, l'auteur ne l'a pas fait exempt de toute faiblesse, faiblesses à peine indiquées, jamais consenties, grossies à la loupe des scrupules d'un cœur vertueux, toujours vaincues par de grands et nobles sacrifices, et finalement par un acte de dévouement héroïque. Tout en convenant que ce livre ne doit pas être mis indifféremment dans les mains de tout le monde, nous nous étonnons du peu de publicité qu'il a eu, ainsi que les autres ouvrages qui ont ouvert à M. Guiraud les portes de l'Académie française, où il a été reçu le 18 juillet 1826. Entre ces ouvrages, nous mentionnerons *Flavien ou Rome au désert*, autre roman religieux, ou poëme en prose, dont le titre indique assez le sujet, et qui préludait à la nouvelle école qui nous a donné Fabiola. Guiraud s'est fait remarquer aussi par un talent dramatique qui a produit plusieurs tragédies; mais, de toutes ses œuvres, la plus populaire est son *Petit Savoyard*, petit poëme parfait dans sa briéveté et devenu classique à juste titre. Le baron Guiraud est mort le 24 février 1847, et a été remplacé à l'Académie par M. J.-J. Ampère, qui a prononcé son éloge. Son caractère aussi aimable qu'honorable, sa charité pratique aussi humble que généreuse, ne démentent pas l'esprit chrétien qui règne dans ses écrits, que nous voudrions voir plus connus de la génération actuelle.

LA DERNIÈRE NUIT D'UN CONDAMNÉ

La scène se passe en Espagne.

LA CHAPELLE.

Le prisonnier est en chapelle, dans une salle tendue de noir, devant un prie-Dieu couvert d'une étoffe noire, en face d'un autel surmonté d'un grand crucifix, et où brûlent deux longs cierges de cire jaune; il y est seul et pâle... Il se tient debout et les bras croisés, et il regarde autour de lui, comme étonné de se trouver là... Il n'a fait aucun mouvement quand le jeune vicaire est entré.

— Vous êtes seul? a dit celui-ci.

— Oui, seul.... On a commué la peine des autres; excepté de l'un d'eux pourtant, à qui Dieu a fait grâce à défaut du roi. Il est tombé raide mort en entrant ici.

— A côté de vous?

— Oui, mon père, là.... On vient de l'emporter.

— Prions pour le repos de son âme, dit Césaire en s'agenouillant.

Le condamné s'agenouilla aussi, mais sans prononcer une seule prière; ses lèvres étaient immobiles. Peut-être priait-il du cœur.

— Et vous, mon ami, dit Césaire en se relevant, dans quelles dispositions vous retrouvé-je?

— Dans celles d'un homme qui sera livré aux moines cette nuit, et au bourreau demain matin.

— Sachez donc profiter également de la compassion des uns et de la barbarie de l'autre. Vous le pouvez en vous préparant cette nuit au combat de demain. C'est dans ce dessein que les religieux de la Merci vont venir réciter des prières auprès de vous et pour vous. Où sont les parents et les amis qui se dévoueraient à vous rendre un tel service? Considérez, en effet, sans prévention, et distinguez ce que Dieu et le monde font à votre égard.

La justice humaine vous a condamné, il n'y a donc plus pour vous de pitié humaine : une natte pour vous étendre, une corde pour l'attacher, un âne pour la traîner, voilà tout ce qu'elle vous doit, car vous êtes retranché du nombre de ceux qui s'entr'aident; mais, là où le monde vous manque, Dieu vous reprend comme un bien qui lui a appartenu. Des religieux, des êtres demeurés en fraternité avec vous par leur âme, car leurs traits sont voilés pour vour marquer que toute fraternité terrestre est rompue, se présentent pour que l'assistance de Dieu vous accompagne jusqu'au dernier moment. Deux prieront pour vous toute la nuit; quatre autres viendront vous chercher demain, pour que votre supplice ne commence pas par cet abandon absolu qui décourage et punit plus que la mort. La loi, qui ne les reconnaît pas pour des hommes, puisque leur vêtement en cache toutes les formes, la loi, qui vous interdit tout secours humain, leur permet cependant, comme à des envoyés du ciel, de vous prendre avant que ce qu'elle a prescrit soit achevé, et de soutenir, en vous portant sur leurs bras, cette dignité d'homme qu'elle a effacée de votre corps, mais qu'elle n'a pu aucunement altérer en votre âme. Ne faites donc plus à vos derniers amis un crime de leur pitié, et rendez grâces à cette religion qui ne reconnaît ni faute, ni honte, ni supplice qui puisse retrancher un de ses membres de la communauté et de la fraternité de ses prières.

— Ces prières empêcheront-elles que je sois montré en spectacle à la populace impitoyable et curieuse, et qu'un misérable mette la main sur moi, des mains sanglantes et honteuses, pendant que les petits enfants se répéteront l'un à l'autre mon nom avec mépris?

— Oui, si votre ferveur, en s'associant à elles, vous en applique le mérite, elles empêcheront que les humiliations dont votre tête sera chargée pénètrent jusqu'à votre cœur; elles vous rendront précieuse la grâce que Dieu vous fait en vous châtiant dans le temps et non pas dans l'éternité; et lorsque, tombé sur l'échafaud, votre âme se sera épurée de toute l'ignominie qui s'attachera à votre corps, elles vous feront monter sans rougir en présence d'un Dieu supplicié comme vous. Et remarquez ici, je vous en conjure, combien la religion qui vous réclame porte à vos yeux une marque toute céleste. Certes, de toutes les douleurs qui peuvent atteindre l'homme durant son passage, celle que vous subissez en ce moment est la plus forte, et je ne sais si toutes les religions qui ont précédé le chistianisme ont eu seulement des paroles consolantes pour une telle situation; mais Lui, qui avait mission d'appeler et de réconcilier à Dieu tout ce qu'il y avait de coupable sur la terre, n'a pas cru suffisant d'étendre jusqu'à l'échafaud cette bienveillance compatissante dont il environne toutes nos souffrances. Il a choisi la plus horrible de toutes (le supplice injuste et ignominieux), pour en faire la base de tous ses dogmes, le texte de tous ses enseignements. Il a élevé comme signe extérieur de son culte, un instrument de mort honteuse, une croix, afin que le vrai chrétien, de quelque malheur qu'il soit atteint, ne puisse lever les yeux sans rencontre de tous côtés une image qui consacre le souvenir d'un malheur plus grand que le sien. Que votre infortune se résigne donc, comme toutes les autres, devant celle de votre Dieu : allez avec courage par un chemin où il est passé, et glorifiez-vous des insultes qui vous poursuivent, quand même on vous forcerait à boire comme lui, jusqu'à la lie, un calice de vinaigre et de fiel.

Le prisonnier ne répondit rien; il écoutait attentivement, et il devait se faire une sorte de travail en lui-même, car sa physionomie était devenue tout à coup rêveuse et méditative.

Le bruit de deux clochettes d'argent, qu'on entendit alors, et qui ressemblait à celui qui précède le saint Viatique quand on le porte aux agonisants à l'entrée de la nuit, attira l'attention du prisonnier; et il vit entrer, d'un pas lent et grave, les deux moines assistants, qui, tenant une bougie à la main, et couverts de leurs capuchons blancs, allèrent se placer debout des deux côtés de l'autel, et, après s'être inclinés l'un vis-à-vis de l'autre, commencèrent à psalmodier d'un ton sourd et lugubre l'office des morts.

Le condamné était à genoux sur les marches du prie-Dieu, la tête cachée dans ses mains. Le jeune vicaire, à genoux aussi sur les dalles de pierre et les yeux levés vers le ciel. . . . . .

Et tous deux s'abandonnaient à leurs pensées pendant que les moines récitaient les psaumes.

L'OFFICE DES MORTS.

LES MOINES.

Psaume 114.

« J'aime le Seigneur, parce qu'il entend le cri de ma prière.

« Il a incliné son oreille vers moi, et je l'invoquerai durant mes jours.

» Les douleurs de la mort m'avaient entouré, et les périls du tombeau m'avaient saisi tout faible.

» Je n'ai vu que tribulation et douleur, et j'ai invoqué le nom du Seigneur.

» O mon Dieu, délivre mon âme ! Le Seigneur est miséricordieux et juste, et notre Dieu se laisse attendrir.

» Il est le gardien des petits.... Je me suis humilié, et il m'a délivré. »

LE CONDAMNÉ *en lui-même*.

Je crois qu'ils chantent l'office des morts... Ce sera bon demain... Oui, demain, à cette même heure, que serai-je? où serai-je? dans la terre, comme un ver... encore, les vers me rongeront.... Quand on aura mutilé mon corps, qu'on l'aura jeté dans un tombereau, et de là dans une fosse, sans prêtres et sans parents, il ne restera plus rien de moi. Excepté les femmes du peuple, qui, le soir, sur le seuil de leur porte, se raconteront les détails de mon supplice, personne ne s'informera de Francisco, pas même mes camarades, qui diront que j'ai eu tort de me laisser prendre... Tant mieux... je rentrerai dans le néant. Pourquoi en ai-je été tiré? A quoi bon passer comme cela sur la terre, pour en sortir violemment et n'y rien laisser?

LES MOINES.

Psaume 127.

« Heureux ceux qui craignent le Seigneur et qui marchent dans ses voies !...

» Tu mangeras du travail de tes mains, et, déjà heureux, il te sera bien donné ;

» Ta femme sera comme une vigne abondante dans l'enceinte retirée de ta maison;

» Et tes enfants, comme de nouveaux plants d'oliviers, autour de ta table.

» Ainsi sera béni l'homme qui craint le Seigneur.

» Que le Dieu de Sion te bénisse ; et que tu voies la prospérité de Jérusalem durant tous les jours de ta vie,

» Et les enfants de tes enfants, et la paix dans Israël ! »

LE PRÊTRE *en prière*.

Voilà une âme qui va vous revenir, ô mon Dieu : voulez-vous que toute défigurée par ses iniquités, vos saints anges la méconnaissent? Jetez un regard sur elle, ô mon Dieu, avant qu'elle sorte de ce corps fragile, de cette enveloppe qu'on va briser ; et que son repentir manifeste votre présence ! Nous sommes tous coupables envers vous, ô Dieu de pureté, et nul de nous ne peut savoir en quel rang les péchés des hommes apparaissent devant votre justice. Mais ceux de ce malheureux arrivent à votre tribunal tout lavés de son sang, et vous ne les rejetterez pas sur sa tête, si ses remords la protègent; descendez donc maintenant dans son ame, non pour la consoler, mais pour la secouer jusque dans ses racines trop fortement attachées à la terre. Qu'il sente votre main sur lui, dût-elle lui sembler pesante, et faites-lui mériter vos miséricordes avant qu'il ne lui soit plus temps de les obtenir !

LE CONDAMNÉ.

D'où vient que j'ai peur de la mort, moi qui l'ai bravée si souvent? Il est vrai qu'alors je ne l'attendais pas... elle m'aurait saisi au passage, elle serait tombée sur moi invisible et instantanée, et je lui aurais peut-être souri;... mais l'attendre ici avec des moines, la voir venir lentement et dans toute sa laideur, et demeurer douze heures face à face avec elle, c'est là qu'est le supplice, et le mien sera complet... Et puis, quand on donne sa vie à un brave, qui souvent l'a bien payée, on le fait sans rancune et presque sans regret. Mais la rendre à un infâme, à un homme qu'on ferait pâlir jusqu'au cœur si on le regardait seul à seul, et la lui céder sans défense, sans contestation, comme un agneau qu'un boucher tient par les cornes et qui baisse la tête sous le couteau ! Voilà qui est horrible... voilà qui est impossible... et pourtant inévitable.

UN MOINE.

Leçon de Job.

« Mes jours sont passés, toutes mes pensées se sont évanouies après avoir déchiré mon cœur. Elles ont changé de la nuit au jour : et, de nouveau, après les ténèbres j'attends la lumière. — Mais quand j'attendrais jusqu'au matin, ce tombeau est ma maison, et je trouverai mon lit dans ces ténèbres. J'ai dit à la pourriture, Vous êtes mon père; et aux vers, Vous êtes ma mère et ma sœur. Où est en effet mon espérance?... Et qui prend pitié de ma longue patience et de mes tourments...? »

LE PRÊTRE.

Que ceux qui souffrent vous bénissent, ô mon Dieu! nos tourments d'ici-bas sont vos premières grâces, car les châtiments de ce monde sont plus légers et plus courts que ceux de l'éternité. Heureux donc celui qui expie avant de rendre compte et qui se trouve déjà puni avant d'être jugé! O mon Dieu! votre miséricorde frappe aussi quelquefois, et c'est ainsi qu'elle se manifeste le plus souvent en cette terre d'épreuves. Je ne sais, mais il me semble qu'elle est descendue sur ce malheureux, et qu'il subit déjà dans son âme cette peine intime et poignante qui prépare le remords. Mes yeux le voient pâlir et trembler par intervalles; est-ce vous, ô mon Dieu, qui le troublez? Vous le savez, Dieu de justice, vous qui lisez dans les cœurs, comme nous sur le visage, et s'il en est ainsi, que ces tortures de la pensée vous paraissent suffisantes, car elles doivent être horribles, et il est déjà tout entier dans son supplice!

LE CONDAMNÉ.

Quoi! un autre homme viendra, et me dira : « Donne-moi tes mains, » et je les lui donnerai! « Baisse la tête, que je te coupe les cheveux, » et je la baisserai! « Ote ta cravate et assieds-toi, afin que je t'étrangle, » et je ne me jetterai pas sur lui; et, avant de succomber, je n'épuiserai pas cette vie qui m'appartient, cette force que je sens en moi tout entière, tout ce sang qui brûle et bouillonne dans mes veines, à terrasser cet homme, à le déchirer avec mes ongles et mes dents, quand il viendra me saisir, et à le précipiter enfin du haut de son échafaud, avec toute l'énergie d'un désespoir qui éclate avant de finir!... C'est bien..., mais cet homme abattu, il s'en relèvera dix autres, il en arrivera mille. Ils s'élanceront tous contre moi... Je suis condamné... je ne suis plus le semblable de personne; c'est à qui se détournera de moi si je supplie; à qui m'écrasera si je résiste... Justice de Dieu!

LES DEUX MOINES.
Psaume 41.

« Pourquoi es-tu triste, ô mon âme, et pourquoi me troubles-tu? Espère dans le Seigneur, car je confesserai son saint nom, et il sera mon Dieu, et il réjouira mon regard.

» Mon âme a été bouleversée en moi-même; aussi me ressouviendrai-je de toi, ô mon Dieu, des bords du Jourdain, de la terre d'Hémon et de ses montagnes.

» L'abîme appelle l'abîme : et vous avez déchaîné sur moi les flots de votre colère;

» Et toutes les tempêtes élevées et menaçantes ont passé sur moi.

» Pourquoi es-tu triste, ô mon âme, et pourquoi me troubles-tu? »

LE CONDAMNÉ.

Il n'y a donc aucun moyen de m'échapper!... aucun. Quand même je sortirais de cette chapelle, où irais-je? Il y a partout des verrous et des baïonnettes... Voilà pourtant trois hommes auprès de moi qui s'intéressent à mon sort!... Ils s'intéressent à mon âme. Mais moi, Francisco, je leur suis indifférent... Ils prient pour moi, et ils me condamneraient peut-être s'ils me jugeaient. Si ces hommes me veulent du bien, au lieu de penser à mon salut, qu'ils pensent à me délivrer, à me retirer d'ici, de cette prison qui mène à l'échafaud!... Si je pouvais un moment respirer le grand air, sentir le vent de mer se jouer dans mes cheveux, prendre mon élan en toute liberté, je crois que je franchirais les fossés de la citadelle! Quelle est la balle qui m'atteindrait, libre et courant, et bondissant comme un étalon de Cerdagne qui retourne à ses hautes prairies!... Que j'aimerais à vivre maintenant, si je le pouvais!...

LES MOINES.
Psaume 120.

« J'ai levé les yeux sur la montagne, d'où me viendra mon secours!

» Mon secours viendra du Seigneur qui a fait le ciel et la terre.

» Il ne souffrira pas que ton pied trébuche; et il ne dormira pas, lui qui te garde.

» Le Seigneur est celui qui te garde; il est ton protecteur, et ta main droite est dans sa main;

» Le soleil ne te brûlera pas durant le jour, ni la lune durant la nuit.

» Le Seigneur te délivrera de tout mal; qu'il prenne ton âme en sa garde ! »

LE PRÊTRE.

Oui, le secours ne peut venir que d'en haut pour tous les hommes ; c'est à nous à le mériter en l'implorant du fond du cœur : mais que de fois nous le repoussons, et qu'il en coûte à notre faiblesse d'accepter toutes les conditions auxquelles il se donne! La main du Seigneur n'est pas toujours douce et caressante; et, quand elle nous tire à lui, il y a plus d'un déchirement à souffrir. Soyez sans pitié en ces moments solennels, ô mon Dieu ; fermez l'oreille aux cris de l'homme qui murmure en nous, et n'écoutez que le chrétien dont les yeux, dont la voix, dont les mains jointes vous invoquent. Le chrétien s'échappe de son propre cœur quand il le sent abandonné aux passions immondes, et se réfugie, avec son effroi et sa pensée, sous l'œil de Dieu, qui épure, comme la flamme, tout ce qu'il regarde... Regardez ici, Dieu jaloux, et purifiez ce lieu saint avec tout ce qu'il renferme. Pénétrez dans les cœurs en les forçant, s'il le faut, car ils finiront par bénir vos violences. Et vous ne devez pas abandonner celui qui s'abandonne lui-même.

UN MOINE.

Leçon de Job.

« Tes mains m'ont formé, ô mon Dieu, et m'ont entouré de soins ; et voilà que tout à coup tu me précipites. Souviens-toi, je t'en supplie, que tu m'as façonné comme un vase, et que tu vas me réduire en poussière. N'as-tu pas épaissi mon sang comme du lait, et durci mon corps comme un fromage? Tu l'as vêtu de chair et de peau ; tu l'as tissu d'os et de nerfs ; tu m'as donné la vie en ta miséricorde, et tu as visité mon esprit pour le garder... Exauce-moi maintenant, et ne te souviens pas de mes iniquités. »

LE CONDAMNÉ.

Ils récitent les leçons de Job; je les reconnais : Je les ai chantées plus d'une fois dans la cathédrale de Girone... Elle est belle, cette église de Saint-Félix... que je ne verrai plus... et quand j'étais assis dans une des stalles du chœur, regardant les sculptures et écoutant les sons de l'orgue, étais-je donc bien malheureux?... Ces leçons de Job m'ont toujours fait une vive impression. Je ne suis pas le premier qui souffre. Tout ce qui est écrit est comme une plainte qui se perpétue. Dès que l'homme descend en lui-même, il n'y trouve que confusion et douleur. C'est la première fois qu'il m'arrive de sonder mon cœur, et j'en suis tout bouleversé.

Quand on est heureux et libre, on marche, on agit, on chante, on vit enfin... et l'on n'écrit pas. Mais lorsqu'on est en chapelle, ou sur un fumier comme Job, demeuré seul à seul avec son âme, si l'on veut exprimer ce qu'on éprouve, on ne peut le faire que par des gémissements... ou des malédictions.

UN MOINE.

Leçon de Job.

« Pourquoi m'as-tu retiré du ventre de ma mère? Plût à Dieu que j'y fusse consumé, pour qu'aucun œil ne me vît! J'aurais été comme si je n'avais pas été, porté du sein maternel au tombeau. Est-ce que le peu de mes jours ne finira pas bientôt? Laisse-moi donc un moment, ô mon Dieu, afin que j'exhale ma douleur, avant que j'aille, pour n'en plus revenir, à cette terre ténébreuse et noircie d'une vapeur mortelle, terre de misère et d'obscurité, où l'ombre de la mort, et aucun ordre, mais une éternelle horreur, habitent à jamais. »

LE CONDAMNÉ.

Oui, pourquoi ma mère m'a-t-elle enfanté?... Et pourquoi l'ai-je abandonnée?... J'ai abandonné jusqu'à sa mémoire, car je ne me suis pas seulement informé de quel mal elle était morte (je le savais!) — Si les soins ne lui avaient pas manqué (ce sont les miens qu'il lui fallait); — si elle ne m'avait pas demandé avant de mourir!... Je n'ai pas osé m'enquérir de tout cela... Je l'aurais fait plus tard. A vingt-deux ans, on a tant d'avenir devant soi! Oui, un espace de temps immense, qui s'arrête tout à coup... devant un abîme. On a sous les yeux un long sentier qui se développe sinueux et infini; et pendant qu'on y passe, la tête levée, un rocher se détache d'en haut et vous écrase sur place. Voilà l'avenir... Il n'y en a plus pour moi... Est-ce donc à si peu que tendait tout mon passé? Que de fatigues inutiles!... Mais à quoi bon me plaindre? Tout s'explique, si j'ai été maudit dans la dernière pensée de ma mère; si, quand ses yeux se sont fermés, elle a étendu sa main hors du lit en prononçant mon nom, et si elle l'a retirée en se détournant... Oh! si j'avais été là, comme je me serais précipité sur cette main décharnée et tremblante, comme je l'aurais couverte de baisers et de larmes! C'est moi qui, attaché jour et nuit à son chevet, l'aurais soulevée pour la faire respirer, l'aurais soutenue dans ses moments de faiblesse, l'aurais encouragée quand elle aurait entr'ouvert ses yeux effrayés; c'est moi qu'elle aurait béni en recevant le Viatique... et j'aurais maintenant quelqu'un là haut pour m'accueillir et me protéger... Il y a donc quelque chose là haut?... Je ne le sais pas, mais j'en ai peur.

LES MOINES.

Psaume 7.

« Dieu est un juge juste, fort et patient : s'irrite-t-il donc pour toujours ?

» Si vous ne vous convertissez, il fera briller son glaive ; il a tendu son arc et il le tient prêt.

» Il a préparé des traits mortels et forgé des flèches brûlantes.

» Le pécheur a porté en lui-même des desseins injustes, il a conçu douloureusement et enfanté l'iniquité ;

» Il a ouvert l'abîme et l'a creusé, et il est tombé dans la fosse qu'il a faite.

» Le mal qu'il a fait s'est retourné contre lui, et son injustice est retombée sur sa tête. »

LE CONDAMNÉ.

Si un de ces suisses qui nous dévorent, un de ces déserteurs français qui viennent boire nos vins et se moquer de nous, m'avaient visé juste lorsque je passais sur la crête d'une montagne ou que je me glissais dans le fond d'une vallée, je serais tombé sans mot dire ; je me serais traîné tout sanglant sur le bord d'un ravin, pour que la première pluie fît rouler mon corps et l'ensevelît sous la vase ou dans le creux de quelque rocher. J'aurais regardé le ciel sans amertume, parce que je n'aurais eu autour de moi ni prêtres ni foule, et mes souffrances auraient fini sans témoins... Sans autres témoins que les yeux de ma mère, éteints et enfoncés, et le visage défiguré de ce paysan de Gracia, qui serait venu se placer près du mien, entre mes yeux et le ciel, parce qu'ils me suivent tous deux comme deux espions, qu'ils rôdaient toute la nuit dans mon cachot, qu'ils sont maintenant dans cette chapelle, tantôt autour de ce prie-Dieu, tantôt devant l'autel ; que demain ils m'accompagneront au bastion, me montreront du doigt à la populace, se placeront près du bourreau, entoureront le fauteuil de chêne et souriront peut-être quand mon visage se contractera et pâlira comme le leur ; parce que je ferais de vains efforts pour les éviter, que je les traîne partout après moi, que je les vois en ce moment, que je les verrai encore quand je ne verrai plus rien, et qu'ils monteront avec moi, sans bruit et sans repos, et toujours à mes côtés, jusqu'au tribunal de Dieu qui me les envoie et qui m'attend... Grâce !... Grâce !...

LES MOINES.

Psaume 138.

« Où irai-je, loin de ton esprit ? où fuirai-je de ta face ?

» Si je monte dans le ciel, tu es-là. Si je descends aux enfers, te voilà encore ;

» Si je prends des ailes dès le matin pour m'établir aux mers les plus reculées,

» C'est ta main qui m'y conduit, et ta droite qui me soutient, et j'ai dit : Je me cacherai dans les ténèbres. Mais les ténèbres s'illuminent autour de mes plaisirs

» Parce que les ténèbres n'ont pas d'obscurité pour toi, que la nuit s'éclaire comme le jour, et que ses ombres sont devant toi comme la lumière. »

Pendant que les moines continuaient leur psalmodie, une sorte de sommeil fiévreux avait appesanti la tête du condamné, et elle s'était appuyée contre le prie-Dieu, tenant encore à moitié ouverts des yeux qui ne voyaient pas et qui semblaient pourtant regarder avec effroi. Césaire, qui ne perdait de vue aucun de ses mouvements, éleva ses deux mains vers le ciel avec une inexprimable pitié ; et ses lèvres disaient tout bas :

O mon Dieu, si je n'obtiens pas son pardon, c'est que je ne l'aurai pas mérité ; ce n'est pas lui toutefois que tu dois punir d'avoir donné sa confiance à ton indigne ministre ; la faute n'en est pas à lui si ton esprit ne vit pas au cœur de ton prêtre et ne purifie pas soudain les cœurs où pénètre sa parole. Je reçois ce châtiment, ô mon Dieu, avec résignation, mais avec douleur, et j'ose à peine regarder ce malheureux dont tu sembles détourner ton visage à cause de moi. Je suis pourtant ici-bas l'interprète de ta volonté suprême, et le pouvoir de lier et de délier a été remis en mes mains, tout impures qu'elles sont. M'en retires-tu l'exercice, ô Dieu redoutable ?... Ah ! s'il en est ainsi, le plus malheureux dans cette chapelle n'est pas celui qui va mourir... Oh ! du moins saisis-toi, sans mon secours, de cette âme flottante que mes paroles n'ont pu qu'ébranler ; et que cette tête abattue se sente relever par ta main invisible !... Encore quelques heures, et c'en sera fait... Immobile pour toi le temps marche vite pour l'homme... Le malheureux ! il ne repose pas... Il dort. Et toi seul sais, ô mon Dieu, si les esprits malfaisants veillent en foule autour de lui... Et quand même il reposerait dans une paix momentanée, ne faut-il pas qu'il se réveille ? Il s'est étendu sur sa blessure pour en amortir la douleur ; mais le trait qui y est attaché se sera enfoncé plus avant, et chacune de ses agitations aura irrité sa plaie, et si tu ne l'assistes pas à son réveil, j'ai peur qu'il ne te maudisse.

UN MOINE.
Leçon de Job.

« L'homme né de la femme vit peu de temps et est rempli de misères ; il naît et tombe comme une fleur ; il s'évanouit comme une ombre et ne demeure jamais dans le même état. Tel qu'il est, Dieu puissant, juges-tu digne de toi de tenir les yeux ouverts sur lui et de l'amener devant toi en jugement? Qui peut rendre pur ce qui est né d'une source impure, si ce n'est toi, ô mon Dieu, et toi seul? Les jours de l'homme sont courts : c'est toi qui sais le nombre de ses mois, tu en as établi le terme, et il ne peut être dépassé... Retire-toi un peu de lui, afin qu'il repose, jusqu'à ce que lui vienne, comme au mercenaire, la fin désirée de sa journée. »

Un moment de silence a suivi la leçon de Job, et tout le corps de Francisco a tressailli ; sa tête s'est relevée, et est retombée sur ses mains comme saisie d'épouvante. Bientôt, la redressant de nouveau, il a regardé devant lui avec des yeux moins égarés. Il se disait en ce moment :

La nuit doit être avancée, et ce serait l'heure de dormir... Je dormirai demain et longtemps. Cette nuit il faut veiller, pour vivre tout le temps qui me reste... Ces deux moines, qui sont là debout comme deux statues de mausolée, veillent bien à cause de moi !... Et pourtant le sommeil me ferait tant de bien ! Mon front brûle ; je me suis éveillé en sursaut, comme si tout l'enfer était après moi. Quand j'étais libre, c'était l'heure où nous nous couchions, tantôt sous un olivier, tantôt dans quelque masure ; je m'endormais aux cris des grillons, je m'éveillais au chant des oiseaux... Je vivais comme les plantes, d'air et de soleil... Je verrai encore ce soleil... Non, il ne pénètrera pas jusqu'ici... Je ne le verrai qu'en allant mourir, et il sera triste... et encore au milieu des soldats et du peuple, à côté du prêtre et en face du bourreau, je ne verrai rien... je ne sentirai rien.

LES MOINES.
Psaume 39.

« Il est écrit de moi, en tête du livre, que je ferais ta volonté ; je l'ai voulu, ô mon Dieu, et je garde ta loi au fond de mon cœur.

» J'ai reconnu ta justice dans une grande assemblée, et voilà que je ne fermerai pas mes lèvres ; tu le sais, ô mon Dieu ! je n'ai pas tenu cachée ta justice dans mon cœur, et j'ai dit tout haut ta vérité et ta miséricorde.

» Toi donc, Seigneur, n'éloigne pas de moi ta pitié, car ta miséricorde et ta vérité m'ont toujours soutenu ;

» Car des maux innombrables m'environnent, et mes iniquités m'enveloppent au point que je ne puis les voir.

» Elles se sont multipliées par-dessus les cheveux de ma tête, jusque là que mon cœur m'a manqué :

» Qu'il te plaise, ô mon Dieu, de me ressaisir ; regarde vers moi pour me délivrer. »

LE CONDAMNÉ.

Oui, délivrez-moi, car je mourrai bien jeune... sans exécuter aucun projet, car c'est à peine si j'ai eu le temps d'en former... Je ne puis me faire à l'idée que tout va finir ; et comment le concevoir, en effet, tant que je sens mon pouls battre comme à l'ordinaire, et qu'à part ma tête, qui se perd quelquefois, je me reconnais dans tout mon corps fort et dispos, comme si nous partions d'une halte ? Ma vie se débattra violemment avant de succomber... Il faudra encore quelques efforts à celui qui la prendra... Ce n'est pas que je veuille la disputer : non, je suis résolu à me laisser faire. Je ne veux pas donner un spectacle de plus à la curiosité des Catalans. C'est leur cause que je défendais pourtant... Eh bien ! ils seront deux mille sur cette place, et pas un ne dira : Francisco est des nôtres, ne le laissons pas mourir... Je veux mourir, moi, plutôt que de vivre parmi des lâches.

LES MOINES.

Psaume 141.

« J'ai regardé à droite et à gauche, pour voir si quelqu'un me secourrait, et je n'ai trouvé personne qui me reconnût.

» Je ne pouvais plus m'enfuir, et nul ne se mettait en peine de me conserver la vie.

» Dans cet état, j'ai crié vers vous, Seigneur ; je vous ai dit : Vous êtes mon espérance, vous êtes mon partage dans la terre des vivants.

» Entendez ma supplication, car ma langueur et mon humiliation sont entières.

» Délivrez-moi, Seigneur, de ceux qui me persécutent, car ils sont devenus plus forts que moi. »

LE CONDAMNÉ.

O ma pauvre Thérésita! toi qui aimais ton malheureux frère comme si tu avais pressenti, tout enfant, qu'on ne te laisserait plus rien à aimer sur cette terre, ma pauvre sœur! Si dans ton couvent de Pedralbas il y a un office de nuit où l'on vous fasse chanter, ta douce voix doit s'attendrir insensiblement et à ton insu... Et un frisson doit te prendre au cœur... C'est que ton frère, ce Francisco, le seul être de ton affection qui te reste, est enfermé comme toi dans une chapelle, qu'il entend chanter aussi... qu'il entend chanter sur lui, comme s'il était déjà couché dans la bière, et que demain il ne sera plus en aucun lieu d'ici-bas, excepté dans tes prières. Oh! pour me consoler avant de mourir, pour soutenir mon cœur qui s'en va, puisses-tu m'envoyer, un moment, ton bon ange! Car tu en as un, toi... Et tu aurais été le mien si on t'avait laissée près de moi... Oui, je regrette ma sœur, comme si j'avais dû la revoir... Hélas! je ne laisse pas d'autre affection en ce monde!... — Pepita était sortie de mon cœur parmi toutes les agitations de ma vie aventureuse... Et j'avais oublié que je lui avais promis d'aller danser avec elle à la Saint-Jean prochaine, avec un uniforme et des galons d'argent, et de lui faire voir Barcelone, où elle n'est jamais venue, cette ville de plaisirs et de fêtes... que Dieu puisse exterminer!...

UN MOINE.

Leçon de Job.

« Mes chairs sont consumées, et ma peau, desséchée, s'est collée à mes os ; ayez au moins pitié de moi, ô vous, mes amis, car la main de Dieu m'a touché. Pourquoi me poursuivez-vous, comme Dieu même, et vous saturez-vous de ma douleur? Qui me procurera quelqu'un pour écrire mes discours? Qui les gravera dans un livre avec une plume de fer sur une lame de plomb, ou les tracera sur la pierre!... Car je sais que mon Rédempteur est vivant, qu'au dernier jour je ressusciterai de la terre, que je serais encore recouvert de ma peau, que je verrai mon Dieu dans ma chair, et que ce sera moi qui le verrai de mes yeux, et non pas un autre. Cette espérance est déposée dans mon sein.

LE CONDAMNÉ.

Si nous devions ressusciter en effet, s'il y a une autre vie à recommencer, que je serais confus de m'être tant agité dans celle-ci! Je le saurai bientôt... C'est la première fois que j'y pense, et il me prend un étourdissement subit qui fait tout vaciller autour de moi. Comme le chant de ces moines me tient éveillé et attentif!... Autrefois je dormais à l'office... Sont-ce bien des moines qui chantent?... Ces voix sourdes et monotones et lentes d'où viennent-elles? Que me veulent ces psalmodies sépulcrales qui m'ont pénétré insensiblement jusqu'à la moelle des os !... Oui, il se remue en moi quelque chose d'amer et d'expansif qui circule dans tous mes membres, gonfle mes veines, étreint mon cœur en passant, et va fermenter dans ma tête, qui semble grandir, s'étendre et se détacher de mon corps... Il vient à mon oreille des bruits étranges, comme si je nageais dans un nuage chargé de tonnerres. Des éblouissements sans nombre se multipliant devant mes yeux avec une incroyable diversité, une sorte d'anéantissement dans mes forces physiques, une sorte d'activité vague et agaçante dans mes facultés morales, des révélations à peine entrevues, des élans à peine formés, des espérances mêlées de terreur, toute une autre manière de sentir et d'exister, un oubli presque absolu de ce qui reste, plus de clartés enfin sur l'avenir que sur le passé, n'est-ce pas déjà la mort, telle qu'on peut la connaître tout vivant? Vienne maintenant la main du bourreau s'appuyer sur mon épaule, ou visser un collier de fer autour de mon cou, et tout sera achevé... et je saurai si j'aurais mieux fait de garder mon manteau d'étudiant.

UN MOINE.

« Et j'ai ouï une voix du ciel qui me disait : Heureux ceux qui meurent dans le Seigneur !

UN AUTRE MOINE.

« L'œil n'a jamais vu, l'oreille n'a jamais entendu, et le cœur de l'homme n'a jamais pu concevoir ce que Dieu prépare à ceux qui l'aiment. »

LE PRÊTRE.

Et à ceux qui l'offensent !... Je n'ai jamais envisagé sans horreur les châtiments dont il menace les prévaricateurs de sa sainte loi; et sans m'arrêter à ce feu éternel qui ne finira pas même par purifier ceux que son pied y rejette, il est des punitions que je prévois, que je ressens presque d'avance, et toujours avec un nouveau frémissement. Tout mon sang s'arrête dans mon cœur, quand je pense que ce cœur sera mis à nu, avec toutes ses difformités, sous ton œil redoutable, ô mon Dieu, et que tu le montreras ainsi découvert comme mon visage, à tes anges, à tes saints, à mes proches, à mes amis, et même à mes ennemis. Dieu terrible, est-ce que les larmes du repentir n'auront rien effacé? est-ce que les macérations de la chair n'auront cicatrisé aucune plaie? Et les marques honteuses du péché soulèveront-elles, pour se produire, toutes ces miséricordes promises que nos remords ont étendues sur elles? Sans aucune pitié de notre confusion, tu retireras donc du plus profond de notre âme, pour les étaler à notre vue mutuelle, nos plus secrets désirs, nos pensées les plus intimes. Tu nous diras : Vous voilà; reconnaissez-vous et jugez-vous. Et les regards de ceux qui m'ont connu me pénètreront tout entier et fouilleront librement dans ce cœur qui cherche tant à s'envelopper ; et moi-même, à mon tour, je pourrai lire dans le cœur des autres, y découvrir ce qu'il y a de plus secret!... J'en tressaille d'avance.

LE MOINES ET LE PRÊTRE.

De profundis.

« Du plus profond de l'abîme j'ai crié vers toi, ô mon Dieu ! ô mon Dieu, écoute ma voix.

» Que tes oreilles deviennent attentives au cri de ma prière.

» Si tu regardais aux iniquités, ô mon Dieu, qui soutiendrait tes regards !

» Mais parce qu'il y a auprès de toi miséricorde, et à cause de ta loi sainte, je me suis rattaché à toi, ô mon Dieu !

LE CONDAMNÉ.

Pourquoi n'achèverais-je pas le *De profundis* avec eux?

TOUS ENSEMBLE.

« Mon âme s'est confiée à sa parole ; mon âme a espéré dans le Seigneur.

» De la garde du matin jusqu'à la nuit, qu'Israël espère au Seigneur.

» Parce qu'en lui est la clémence et une ample rédemption.

» Et que lui-même rachètera un jour Israël de toutes ses iniquités.

» Gloire au Père, au Fils et au Saint-Esprit, comme il était dès le principe, et maintenant, et toujours, et dans la suite des siècles. »

LE PRÊTRE, *debout devant l'autel.*

« Ayez pitié de lui, ô mon Dieu !

LES MOINES.

» Car ceux qui le voient aujourd'hui ne le verront plus.

LE PRÊTRE.

» Des portes de l'enfer,

LES MOINES.

» Seigneur, délivrez son âme.

LE PRÊTRE.

» Donnez-lui le repos éternel,

LES MOINES.

» Et que votre lumière luise éternellement sur lui !...

LE PRÊTRE.

Oraison.

» Nous vous prions, Seigneur, de délivrer l'âme de Francisco, votre serviteur, afin qu'étant mort au monde il ne vive plus que pour vous, et qu'il obtienne de votre miséricorde le pardon des offenses que l'infirmité de la chair lui a fait contracter. Par Jésus-Christ Notre-Seigneur, etc. »

L'office terminé, les deux moines se réunirent devant l'autel, firent une génuflexion, et, tenant les mains jointes et la tête inclinée, ils se retirèrent.

Césaire.

La belle scène qui suit la récitation de l'office des morts, et qui se passe entre le prêtre et le condamné, mériterait bien d'être ici rapportée ; elle eût servi de conclusion à un épisode que nous regrettons de laisser incomplet. Mais nous ne pouvons lui donner une étendue disproportionnée avec celle des autres morceaux de ce recueil, et, si le lecteur a été assez intéressé par ce fragment pour désirer connaître tout ce qui se rattache à ces personnages, nous ne pouvons que le renvoyer au roman ou plutôt au poëme si chrétien de M. Guiraud, ouvrage devenu fort rare, mais qu'on pourra trouver néanmoins au tome III des œuvres complètes de l'auteur, publiées par l'éditeur Amyot en 1845.

LAMARTINE

NOTICE BIOGRAPHIQUE

Alphonse-Louis-Marie Prat de Lamartine, né à Mâcon en 1790, porta d'abord comme son père le nom de Prat, jusqu'à ce qu'il prît, à la mort de son oncle, le nom de Lamartine, qui était celui de la branche aînée de sa famille. Son père avait été major de cavalerie sous l'ancienne monarchie, et sa mère était la petite-fille de Mme des Roys, sous-gouvernante des princes de la famille d'Orléans. Ses parents eurent à souffrir du régime de la Terreur. Son père subit le sort de la plupart des honnêtes gens de ce temps-là, dont les moins persécutés étaient en prison avec le glaive de la guillotine suspendu sur leurs têtes. Celui-ci évita ce dernier malheur; mais les angoisses et les larmes ne manquèrent pas autour du berceau du poëte.

Cette famille, appauvrie, se retira ensuite dans sa propriété de Milly, où le jeune Alphonse fut élevé au sein d'une sérénité domestique qu'il se plaît à décrire dans les *Confidences*, dont nous citons quelques pages qui nous dispensent de raconter l'histoire de son adolescence. On peut y voir tout ce que cet homme célèbre doit à l'influence d'une mère chrétienne d'abord, puis à celle de maîtres sages et instruits.

Lorsqu'on a reçu une semblable éducation, quand on s'est imprégné, dans la double atmosphère de la famille et d'une institution chrétienne, de tous les principes qui constituent l'honnête homme et le chrétien, on ne devient pas pour cela infaillible, et l'on peut, hélas! suivant la triste propension de la fragilité humaine, commettre quelques fautes et se laisser entraîner dans quelque erreur; mais du moins on

LAMARTINE

ne tombe jamais jusque dans la fange, et l'on se relève par l'effort d'une âme généreuse et le souvenir de ses impressions d'autrefois.

Les *Confidences* de Lamartine ne sont pas toutes aussi édifiantes que celles que nous allons citer. On ne saurait autoriser qu'avec de grandes réserves la lecture de ce livre et de plusieurs autres ouvrages de l'auteur, d'abord irréprochable, des *Méditations* et des *Harmonies*. Plusieurs de ses ouvrages[1], tels que le *Voyage en Orient*, *Jocelyn*, la *Chute d'un ange*, ont été condamnés comme contenant des erreurs. *Les Girondins* offrent des effets dramatiques plutôt que des vérités historiques. Les épreuves de l'adversité ont dû modifier la confiance que le poëte avait en lui-même, et nous n'avons entendu faire aucun reproche à ses derniers écrits, où se révèle toujours le talent. Son caractère est resté digne d'estime ; il a fait quelque bien, il a empêché beaucoup de mal, et sa générosité a été pour beaucoup dans les embarras financiers qu'il s'est attirés. Enfin, il faut reconnaître en lui un homme bon et bienveillant, en même temps qu'une des plus grandes gloires littéraires de ce siècle et l'une de nos plus honnêtes illustrations nationales.

En esquissant l'histoire de Lamartine, il nous est difficile, on le voit, entraîné que nous le sommes par les digressions qu'elle inspire, de suivre un ordre chronologique. Tâchons d'y revenir cependant, ou plutôt d'en mentionner les dates les plus remarquables. Ce fut en 1820 que le poëte, encore inconnu, fit paraître son premier recueil, intitulé *Méditations poétiques*. Ce livre, accueilli par une admiration universelle, rappela, par le succès comme par l'inspiration religieuse, *le Génie du Christianisme*. Quarante-cinq mille exemplaires s'en répandirent en moins de quatre ans. Le mérite qu'il révélait ouvrit à l'auteur la carrière diplomatique et lui procura un riche mariage. Les *Nouvelles Méditations* parurent en 1823 ; elles furent suivies de deux petits poëmes : *la Mort de Socrate* et *le Dernier Chant de Chil-Harold*.

En 1825, M. de Lamartine écrivit *le Chant du sacre*, qui lui valut la croix de la Légion d'honneur. *Les Harmonies poétiques et religieuses* parurent en 1829, et cette même année le poëte vint occuper à l'Académie française un fauteuil qui lui était bien dû.

Retiré pour un temps de la vie publique, M. de Lamartine entreprit, en 1832, un voyage en Orient. Au mois de mai, il s'embarqua à Marseille, avec sa femme et sa fille Julia, sur un vaisseau qu'il avait équipé et armé lui-même. Il emportait une bibliothèque, tout un arsenal, une collection de présents princiers pour les chefs des pays qu'il devait visiter. Le poëte, *l'émir français*, comme l'appelaient les Arabes, voyageait en souverain, achetant des maisons pour y descendre, et ayant à son service des caravanes de chevaux à lui. Tantôt il luttait d'improvisations poétiques avec un des premiers bardes de l'Asie ; un autre jour il était accueilli chaleureusement par la célèbre visionnaire lady Stanhope, retirée dans les montagnes du Liban, et qui lui annonçait, en termes incroyablement prophétiques, un grand cataclysme européen et le rôle de sauveur qui lui était réservé. L'amour-propre de Lamartine parut agréablement flatté de cette prédiction, et il soutint que cette femme n'était pas folle.

Ce voyage, qui dura seize mois, fut signalé par une grande douleur, la mort de Julia, qui succomba à Beyrouth, et dont le corps fut ramené tristement en France sur ce même vaisseau qui l'avait vu rayonnante de jeunesse et de santé.

La relation de ce *Voyage en Orient*, quoique contenant certainement des beautés, fut la première étape de la décadence littéraire de Lamartine.

A son retour, il rentra dans la vie politique, en acceptant le rôle de député. Nous ne le suivrons pas sur ce terrain ; mais nous devons dire qu'étant chef du gouvernement provisoire durant les premiers mois de la république de 1848, s'il fit preuve d'impuissance politique, il montra une grande honnêteté, et sut s'opposer avec énergie à ceux qui voulaient arborer un symbole sanguinaire, en disant « que le drapeau tricolore avait fait glorieusement le tour de l'Europe, tandis que le drapeau rouge n'avait fait que le tour du Champ de Mars, déshonoré dans la boue et dans le sang. »

N'ayant su borner ni ses dépenses ni ses générosités, l'illustre poëte s'est trouvé dans une position financière fort embarrassée dans ses dernières années. Le désir de satisfaire ses créanciers, tout en conservant un domaine qui lui était cher, l'entraîna à solliciter de tous côtés des souscriptions à ses œuvres. On a trouvé peu de dignité dans ces insistances qui réclamaient comme une sorte d'aumône déguisée. A cette occasion bien des épigrammes ont circulé ; et, pour n'en répéter qu'une des plus innocentes, un plaisant a dit que « la lyre de Lamartine s'était changée en *tire-lire*. » Les Anglais se sont montrés d'abord plus généreux que les Français envers cette infortune si peu résignée ;

mais enfin le gouvernement français, ne pouvant se montrer indifférent à l'égard de cette grande gloire nationale, a voté au poëte presque octogénaire une rente viagère de vingt-cinq mille francs, dont le capital (cinq cent mille), après lui, devait appartenir à ses créanciers.

Lamartine est mort le 1ᵉʳ mars 1869, avec les consolations et les sacrements de la religion catholique ; le Ciel avait entendu son vœu jadis exprimé :

O Dieu de mon berceau, sois celui de ma tombe !

UNE ÉDUCATION

Mon éducation était toute dans les yeux plus ou moins sereins et dans le sourire plus ou moins ouvert de ma mère. Les rênes de mon cœur étaient dans le sien. Elle ne me demandait que d'être vrai et bon. Je n'avais aucune peine à l'être : mon père me donnait l'exemple de la sincérité jusqu'au scrupule ; ma mère, de la bonté jusqu'au dévouement le plus héroïque. Mon âme, qui ne respirait que la bonté, ne pouvait plus produire autre chose. Je n'avais jamais à lutter ni avec moi-même ni avec personne. Tout m'attirait, rien ne me contraignait. Le peu qu'on m'enseignait m'était présenté comme une récompense. Mes maîtres n'étaient que mon père et ma mère ; je les voyais lire et je voulais lire ; je les voyais écrire, et je leur demandais de m'aider à former mes lettres. Tout cela se faisait en jouant, aux moments perdus, sur les genoux, dans le jardin, au coin du feu du salon, avec des sourires, des badinages, des caresses. J'y prenais goût ; je provoquais moi-même les courtes et amusantes leçons. J'ai ainsi tout su, un peu plus tard il est vrai, mais sans me souvenir comment j'ai appris, et sans qu'un sourcil se soit froncé pour me faire apprendre. J'avançais sans me sentir marcher. Ma pensée, toujours en communication avec celle de ma mère, se développait pour ainsi dire dans la sienne. Les autres mères ne portent que neuf mois leur enfant dans leur sein : je puis dire que la mienne m'a porté douze ans dans le sien, et que j'ai vécu de sa vie morale comme j'avais vécu de sa vie physique dans ses flancs, jusqu'au moment où j'en fus arraché pour aller vivre de la vie putride ou tout au moins glaciale des colléges.

Je n'eus donc ni maître d'écriture, ni maître de lecture, ni maître de langues. Un voisin de mon père, homme de talent retiré du monde, où il avait beaucoup vécu, venait nous voir une fois par semaine ; il me donnait d'une très-belle main des exemples d'écriture que je copiais seul et que je lui remettais à corriger à son retour. Le goût de la lecture m'avait pris de bonne heure. On avait peine à me trouver assez de livres appropriés à mon âge pour alimenter ma curiosité. Ces livres d'enfant ne me suffisaient déjà plus ; je regardais avec envie les volumes rangés sur quelques planches dans un petit cabinet du salon. Mais ma mère modérait chez moi cette impatience de connaître ; elle ne me livrait que peu à peu les livres et avec intelligence. La Bible abrégée et épurée ; les Fables de Lafontaine, qui me paraissaient à la fois puériles, fausses et cruelles, et que je ne pus jamais apprendre par cœur ; les ouvrages de Mme de Genlis ; ceux de Berquin ; des morceaux de Fénelon et de Bernardin de Saint-Pierre, qui me ravissaient dès ce temps-là ; la *Jérusalem délivrée*, *Robinson* ; quelques tragédies de Voltaire, surtout *Mérope*, lue par mon père à la veillée : c'est là que je puisais, comme la plante dans le sol, les premiers sucs nourriciers de ma jeune intelligence. Mais je puisais surtout dans l'âme de ma mère ; je lisais à travers ses yeux, je sentais à travers ses impressions, j'aimais à travers son amour. Elle me traduisait tout : nature, sentiments, sensations, pensées. Sans elle, je n'aurais rien su épeler de la création que j'avais sous les yeux ; mais elle me mettait le doigt sur toute chose. Son âme était si lumineuse, si colorée et si chaude, qu'elle ne laissait de ténèbres ni de froid sur rien. En me faisant peu à peu tout comprendre, elle me faisait en même temps tout aimer. En un mot l'instruction insensible que je recevais n'était point une leçon, c'était l'action même de vivre, de penser et de sentir que j'accomplissais sous ses yeux, avec elle, comme elle et par elle. C'est ainsi que mon cœur se formait en moi sur un modèle que je n'avais pas même la peine de regarder, tant il était confondu avec mon propre cœur.

. . . .

Toutes nos leçons de religion se bornaient pour elle à être religieuse devant nous et avec nous. La perpétuelle effusion d'amour, d'adoration et de reconnaissance qui s'échappait de son âme, était sa seule et naturelle prédication. La prière, mais la prière rapide, lyrique, ailée, était associée aux moindres actes de notre journée. Elle s'y mêlait si à propos, qu'elle était toujours un plaisir et un rafraîchissement au lieu d'être une obligation et une fatigue. Notre vie était entre les mains de cette femme un *Sursùm corda* perpétuel. Elle s'élevait aussi naturellement à la pensée de Dieu que la plante s'élève à l'air et à la lumière.... Au lieu de nous commander une dévotion chagrine qui arrache les enfants à leurs jeux ou à leur sommeil pour les forcer à prier Dieu, et souvent à travers leur répugnance et leurs larmes, elle faisait pour nous une fête de l'âme de ces courtes invocations auxquelles elle nous conviait en souriant. Elle ne mêlait pas la prière à nos larmes, mais à tous les petits événements heureux qui nous survenaient pendant la journée. Ainsi, quand nous étions réveillés dans nos petits lits, que le soleil si gai du matin étincelait sur nos fenêtres, que les oiseaux chantaient sur nos rosiers ou dans leurs cages, que les pas des serviteurs résonnaient depuis longtemps dans la maison, et que nous l'attendions elle-même impatiemment pour nous lever, elle montait, elle entrait, le visage toujours rayonnant de bonté, de tendresse et de douce joie; elle nous embrassait dans nos lits; elle nous aidait à nous habiller; elle écoutait ce joyeux petit ramage d'enfants dont l'imagination rafraîchie gazouille au réveil comme un nid d'hirondelles gazouille sur le toit quand la mère approche; puis elle nous disait : « A qui devons-nous ce bonheur dont nous allons jouir ensemble? C'est à Dieu, c'est à notre Père céleste. Sans lui, ce beau soleil ne se serait pas levé; ces arbres auraient perdu leurs feuilles; les gais oiseaux seraient morts de faim et de froid sur la terre nue; et vous, mes pauvres enfants, vous n'auriez ni lit, ni maison, ni jardin, ni mère, pour vous abriter et vous nourrir, vous réjouir toute votre saison! Il est bien juste de le remercier pour tout ce qu'il nous donne avec ce jour, de le prier de nous donner beaucoup d'autres jours pareils. » Alors elle se mettait à genoux devant notre lit, elle joignait nos petites mains, et souvent en les baisant dans les siennes, elle faisait lentement et à demi-voix la courte prière du matin, que nous répétions avec ses inflexions et ses paroles.

Le soir, elle n'attendait pas que nos yeux, appesantis par le sommeil, fussent à demi-fermés pour nous faire balbutier, comme en rêve, les paroles qui retardaient péniblement pour nous l'heure du repos; elle réunissait au salon, après le souper, les domestiques et même les paysans des hameaux les plus voisins et les plus amis de la maison. Elle prenait un livre de pieuses instructions chrétiennes pour le peuple; elle en lisait quelques courts passages à son rustique auditoire. Cette lecture était suivie de la prière, qu'elle lisait elle-même à haute voix, ou que mes jeunes sœurs disaient à sa place quand elles furent plus âgées. J'entends d'ici le refrain de ces litanies monotones qui roulait sourdement sous les poutres et qui ressemblait au flux et au reflux régulier des vagues du cœur venant battre les bords de la vie et les oreilles de Dieu.

L'un de nous était toujours chargé de dire à son tour une petite prière pour les voyageurs, pour les pauvres, pour les malades, pour quelque besoin particulier du village ou de la maison. En nous donnant ainsi un petit rôle dans l'acte sérieux de la prière, elle nous y intéressait en nous y associant, et nous empêchait de la prendre en froide habitude, en vaine cérémonie, ou même en dégoût. Outre ces deux prières presque publiques, le reste de notre journée avait encore de fréquentes et irrégulières élévations de nos âmes d'enfants vers Dieu. Mais ces prières, nées de la circonstance dans le cœur et sur les lèvres de notre mère, n'étaient que des inspirations du moment, elles n'avaient rien de régulier ni de fatigant pour nous. Au contraire, elles complétaient et consacraient, pour ainsi dire, chacune de nos impressions et de nos jouissances.

Ainsi, quand un frugal repas, mais délicieux pour nous, était servi sur la table, notre mère, avant de s'asseoir et de rompre le pain, nous faisait un petit signe que nous comprenions. Nous suspendions une demi-minute l'impatience de notre appétit, pour prier Dieu de bénir la nourriture qu'il nous donnait. Après le repas et avant d'aller jouer, nous lui rendions grâces en quelques mots. Si nous partions pour une promenade lointaine et vivement désirée, par une belle matinée d'été, notre mère, en partant, nous faisait faire tout bas, et sans qu'on s'en aperçût, une courte invocation intérieure à Dieu, pour qu'il bénît cette grande joie et nous préservât de tout accident. Si la course nous conduisait devant quelque spectacle sublime ou gracieux de la nature, nouveau pour nous, dans quelque grande et sombre forêt de sapins où la solennité des ténèbres, les jaillissements de clarté à travers les rameaux ébranlaient nos jeunes imaginations, devant une belle nappe d'eau roulant en cascade et nous éblouissant d'écume, de mouvement, de bruit; si un beau soleil couchant groupait sur la montagne des nuages d'une forme et d'un éclat inusités, et faisait en pénétrant sous l'horizon de magnifiques adieux à ce petit coin du globe qu'il venait d'illuminer, notre mère manquait rarement de profiter de la grandeur ou de la nouveauté de nos impressions, pour nous faire élever notre âme à l'Auteur de toutes ces merveilles, et pour nous mettre en communication avec lui par quelques soupirs lyriques de sa perpétuelle adoration.

Combien de fois, les soirs d'été, en se promenant avec nous dans la campagne, où nous ramassions des fleurs, des insectes, des cailloux brillants dans le lit d'un ruisseau de Milly, ne nous faisait-elle pas asseoir à côté d'elle, au pied d'un saule, et, le cœur débordant de son pieux enthousiasme, ne nous entretenait-elle pas un moment du sens religieux et caché de cette belle création qui ravissait nos yeux et nos cœurs! Je ne sais pas si ces explications de la nature, des éléments, de la vertu des plantes, de la destination des insectes étaient bien selon la science. Elle les prenait dans Pluche, Buffon, Bernardin de Saint-Pierre; mais, s'il n'en sortait pas des systèmes irréprochables de la nature, il en sortait un immense sentiment de la Providence et une religieuse bénédiction de nos esprits à cet océan infini des sagesses et des miséricordes de Dieu.

Quand nous étions bien attendris par ces sublimes commentaires, et que nos yeux commençaient à se mouiller d'admiration, elle ne laissait pas s'évaporer ces douces larmes au souffle des distractions légères et des pensées mobiles; elle se hâtait de tourner tout cet enthousiasme de la contemplation en tendresse. Quelques versets des Psaumes qu'elle savait par cœur, appropriés aux impressions de la scène, tombaient avec componction de ses lèvres. Ils donnaient un sens pieux à toute la terre, et une parole divine à tous nos sentiments.

En rentrant, elle nous faisait presque toujours passer devant les pauvres maisons des malades ou des indigents du village. Elle s'approchait de leurs lits, elle leur donnait quelques conseils et quelques remèdes. Elle puisait ses ordonnances dans Tissot ou dans Bochon, ces deux médecins populaires. Elle faisait de la médecine son étude assidue pour l'appliquer aux indigents. Elle avait des vrais médecins le génie instinctif, le coup d'œil prompt, la main heureuse. Nous l'aidions dans ses visites quotidiennes. L'un portait la charpie et l'huile aromatique pour les blessés ; l'autre, les bandes de linge pour les compresses. Nous apprenions ainsi à n'avoir aucune de ces répugnances qui rendent plus tard l'homme faible devant la maladie, inutile à ceux qui souffrent, timide devant la mort. Elle ne nous écartait pas des plus affreux spectacles de la misère, de la douleur et même de l'agonie. Je l'ai vue souvent debout, assise ou à genoux, au chevet de ces grabats des chaumières, ou dans les étables où les paysans couchent quand ils sont vieux et cassés, essuyer de ses mains la sueur froide des pauvres mourants, les retourner sous leurs couvertures, leur réciter les prières du dernier moment, et attendre patiemment des heures entières que leur âme eût passé à Dieu, au son de sa douce voix.

Elle faisait de nous aussi les ministres de ses aumônes. Nous étions sans cesse occupés, moi surtout, comme le plus grand, à porter au loin, dans les maisons isolées de la montagne, tantôt un peu de pain blanc pour les femmes en couche, tantôt une bouteille de vin vieux et des morceaux de sucre, tantôt un peu de bouillon pour les vieillards épuisés faute de nourriture. Ces petits messages étaient même pour nous des plaisirs et des récompenses. Les paysans nous connaissaient à deux ou trois lieues à la ronde. Ils ne nous voyaient jamais passer sans nous appeler par nos noms d'enfants qui leur étaient familiers, sans nous prier d'entrer chez eux, d'y accepter un morceau de pain, de lard ou de fromage. Nous étions, pour tout le canton, les fils de la *dame*, les envoyés de bonnes nouvelles, les anges de secours pour toutes les misères abandonnées des gens de la campagne. Là où nous entrions, entrait une providence, une espérance, une consolation, un rayon de joie et de charité. Ces douces habitudes d'intimité avec tous les malheureux et d'entrée familière dans toutes les demeures des habitants du pays, avaient fait pour nous une véritable famille de tout ce peuple des champs. Depuis les vieillards jusqu'aux petits enfants, nous connaissions tout ce petit monde par son nom. Le matin, les marches de pierre de la porte d'entrée de Milly et le corridor étaient toujours assiégés de malades ou de parents des malades qui venaient chercher des consolations auprès de notre mère. Après nous c'était à cela qu'elle consacrait ses matinées. Elle était toujours occupée à faire quelques préparations médicinales pour les pauvres, à piler des herbes, à faire des tisanes, à peser des drogues dans de petites balances, souvent même à panser les blessures et les plaies les plus dégoûtantes. Elle nous employait, nous l'aidions selon nos forces à tout cela. D'autres cherchent l'or dans ces alambics; ma mère n'y cherchait que le soulagement des infirmités des misérables, et plaçait ainsi bien plus haut et bien plus sûrement dans le ciel l'unique trésor qu'elle eût jamais désiré ici-bas : les bénédictions des pauvres et la volonté de Dieu.

. . . .

Cependant j'avançais en âge, j'avais dix ans. Il fallait bien commencer à m'apprendre quelque chose de ce que savent les hommes. Ma mère n'instruisait que mon cœur et ne formait que mes sentiments. Il s'agissait d'apprendre le latin. Le vieux curé d'un village voisin (car la cure de Milly était vendue, et l'église fermée) tenait une petite école pour les enfants de quelques paysans aisés. On m'y envoyait le matin. Je portais sur mon dos dans un sac un morceau de pain et quelques fruits pour déjeuner avec mes petits camarades. Je portais de plus sous mon bras, comme les autres, un petit fagot de bois ou de ceps de vigne pour alimenter le feu du pauvre curé. Le village de Bussières, où il desservait une petite église, est situé à un quart de lieue du hameau de Milly, au fond d'une charmante vallée dominée d'un côté par des vignes et par des noyers sur des pelouses, s'étendant de l'autre sur de jolis prés qu'arrose un ruisseau et qu'entrecoupent de petits bois de chênes et des groupes de vieux chataigniers. La cure, avec son jardin, sa cour et son puits, était cachée au nord derrière les murs de l'église, et tout ensevelie dans l'ombre du large clocher.

Au midi seulement, une galerie extérieure de quelques pas de long, et dont le toit était supporté par des piliers de bois avec leur écorce, ouvrait sur la cuisine et sur une salle dont le vieillard avait fait notre salle d'étude. J'entends d'ici le bruit de nos petits sabots retentissant sur les marches de pierre qui montaient de la cour dans cette galerie. Nous venions de Milly cinq à six enfants tous les jours quelque temps qu'il fît. Plus la température était pluvieuse ou froide, plus le chemin était pour nous amusant à faire, et plus nous le prolongions. Entre Bussières et Milly, il y a une colline rapide dont la pente, par un sentier de pierres roulées, se précipite sur la vallée du presbytère. Ce sentier, en hiver, était un lit épais de neige ou un glacis de verglas, sur lequel nous nous laissions rouler ou glisser comme font les bergers des Alpes. En bas, les prés ou le ruisseau débordé étaient souvent des lacs de glace interrompus seulement par le tronc noir des saules. Nous avions trouvé le moyen d'avoir des patins et, à force de chute, nous avions appris à nous en servir. C'est là que je pris une véritable passion pour cet exercice du Nord, où je devins très-habile plus tard. Se sentir emporté avec la rapidité de la flèche et avec les gracieuses ondulations de l'oiseau dans l'air, sur une surface plane, brillante, sonore, perfide ; s'imprimer à soi-même, par un simple balancement du corps et, pour ainsi dire, par le seul gouvernail de la volonté, toutes les courbes, toutes les inflexions de la barque sur la mer ou de l'aigle planant dans le bleu du ciel, c'était pour moi et ce serait encore, si je ne respectais pas mes années, une telle ivresse des sens, un si voluptueux étourdissement de la pensée, que je ne puis y penser sans émotion.... Combien de fois n'ai-je pas fait des vœux pour que l'hiver, avec son brillant soleil froid, étincelant sur les glaces bleues des prairies sans bornes de la Saône, fût éternel comme mes plaisirs !

On conçoit qu'en telle compagnie et par une telle route nous arrivions souvent un peu tard. Le vieux curé ne nous en recevait pas plus mal. Accablé d'âge et d'infirmités, homme du monde autrefois, élégant et riche avant la révolution, tombé dans le dénuement depuis, il avait peu de goût pour la société d'enfants étourdis et bruyants qu'il s'était chargé d'enseigner. Tout ce qu'il voulait de nous, c'était la légère rétribution que la générosité de nos parents ajoutait sans doute au mince casuel de son église. Du reste il se déchargeait de notre éducation sur un jeune et brillant vicaire qui vivait avec lui dans sa cure et qui le traitait en père plus qu'en supérieur.

. . . . , ...

Notre instruction ne pouvait pas s'étendre rapidement. Aussi se borna-t-elle, pendant l'année tout entière, à nous apprendre deux ou trois déclinaisons de mots latins dont nous ne comprenions même que la désinence. Le reste consistait à patiner l'hiver, à nager l'été dans les écluses des moulins, et à courir les noces et les fêtes des villages voisins, où l'on nous donnait les gâteaux d'usage dans ces circonstances et où nous tirions les innombrables coups de pistolet qui sont partout le signe de réjouissance.

Je parlais le patois comme ma langue naturelle, et personne ne savait par cœur mieux que moi les chansons traditionnelles si naïves que l'on chante, la nuit, dans nos campagnes, sous la fenêtre de la chambre ou à la porte de l'étable où couche la fiancée.

Mais cette vie entièrement paysannesque, et cette ignorance absolue de ce que les autres enfants savent à cet âge, n'empêchait pas que, sous le rapport des sentiments et des idées, mon éducation familière, surveillée par ma mère, ne fît de moi un des esprits les plus justes, un des cœurs les plus aimants, un des enfants les plus dociles que l'on pût désirer. Ma vie était composée de liberté, d'exercices vigoureux et de plaisirs simples, mais non de déréglements dangereux. On savait très-bien, à mon insu, me choisir mes camarades et mes amis parmi les enfants des familles les plus honnêtes et les plus irréprochables du village. Quelques-uns des plus âgés avaient jusqu'à un certain point la responsabilité de moi. Je ne recevais ni mauvais exemples ni mauvais conseils parmi eux. Le respect et l'amour que tout ce peuple avait pour mon père et pour ma mère rejaillissaient sur moi; tout le pays m'était comme une famille dont j'étais, pour ainsi dire, l'enfant commun et de prédilection.

Je n'aurais jamais songé à désirer une autre vie que celle-là. Ma mère, qui craignait pour moi le danger des éducations publiques, aurait voulu prolonger éternellement aussi cette heureuse enfance. Mais mon père et ses frères voyaient avec inquiétude que j'allais toucher à ma douzième année dans quelques mois, bientôt à l'adolescence, et que l'âge viril me surprendrait dans une trop grande infériorité d'instruction et de discipline avec les hommes de mon âge et de ma condition. Ils s'en alarmaient tout haut. J'entendais, à ce sujet, des représentations vives à ma pauvre mère. Elle pleurait souvent. L'orage passait et se brisait contre l'imperturbabilité de sa tendresse et contre l'énergie de sa volonté si flexible et pourtant si constante. Mais l'orage revenait tous les jours.

L'aîné de mes oncles était un homme d'autrefois; il était bon, mais il n'était nullement tendre. Elevé dans la rude et stricte école de la vie militaire, il ne concevait que l'éducation commune. Il voulait que l'homme fût formé par le contact des hommes; il craignait que cette tendresse de ma mère, interposée toujours entre l'enfant et les réalités de la vie, n'énervât trop la virilité du caractère. De plus, il était fort instruit, savant même et écrivain. Il voyait bien que je n'apprendrais jamais rien dans la maison de mon père qu'à bien vivre et à vivre heureux. Il voulait davantage.

Mon père, plus indulgent par sa nature et plus influencé par les idées maternelles, ne se serait pas décidé de lui-même à m'exiler de

Milly; mais la persistance de mes oncles l'emporta. Mon arrêt fut porté, non sans bien des temporisations et bien des larmes.

On chercha longtemps un collége où les principes religieux, si chers à ma mère, fussent associés à un enseignement fort et à un régime paternel. On crut avoir trouvé tout cela dans une maison d'éducation célèbre alors à Lyon. Ma mère m'y conduisit elle-même. J'y entrai comme le condamné à mort entre dans son dernier cachot. Les faux sourires, les hypocrites caresses des maîtres de cette pension qui voulaient imiter le cœur d'un père pour de l'argent, ne m'en imposèrent pas. Je compris tout ce que cette tendresse de commande avait de vénal. Mon cœur se brisa pour la première fois de ma vie, et quand la grille de fer se referma entre ma mère et moi, je sentis que j'entrais dans un autre monde et que la lune de miel de mes premières années était écoulée sans retour.

Représentez-vous un oiseau doux, mais libre et sauvage, en possession du nid, des forêts, du ciel, en rapport avec toutes les voluptés de la nature, de l'espace et de la liberté, pris tout à coup au piége de fer de l'oiseleur, et forcé de replier ses ailes et de déchirer ses pattes dans les barreaux de la cage étroite où on vient de l'enfermer avec d'autres oiseaux de races différentes, et dont le plumage et les cris discordants lui sont inconnus; vous aurez une idée imparfaite de ce que j'éprouvai pendant les premiers mois de ma captivité.

L'éducation maternelle m'avait fait une âme toute d'expansion, de sincérité et d'amour. Je ne savais pas ce que c'était que craindre, je ne savais qu'aimer. Je ne connaissais que la douce et naturelle persuasion qui découlait pour moi des lèvres, des yeux, des moindres gestes de ma mère. Elle n'était pas mon maître, elle était plus; elle était ma volonté. Ce régime sain de la maison paternelle, où la seule loi était de s'aimer, où la seule crainte était de déplaire, où la seule punition était un front attristé, avait fait de moi un enfant très-développé pour tout ce qui était sentiment, très-impressionnable aux moindres rudesses, aux moindres froissements de cœur. Je tombais de ce nid rembourré de duvet, et tout chaud de la tendresse d'une incomparable famille, sur la terre froide et dure d'une école tumultueuse, peuplée de deux cents enfants inconnus; railleurs, méchants, vicieux, gouvernés par des maîtres brusques, violents et intéressés, dont le langage mielleux mais fade ne déguisa pas un seul jour à mes yeux l'indifférence.

Je les pris en horreur. Je vis en eux des geôliers. Je passais les heures de récréation à regarder seul et triste, à travers les barreaux d'une longue grille qui fermait la cour, le ciel et la cime boisée des montagnes du Beaujolais, et à soupirer après les images de bonheur et de liberté que j'y avais laissées. Les jeux de mes camarades m'attristaient; leur physionomie même me repoussait. Tout respirait un air de malice, de fourberie et de corruption qui soulevait mon cœur. L'impression fut si vive et si triste que les idées de suicide dont je n'avais jamais entendu parler m'assaillirent avec force. Je me souviens d'avoir passé des jours et des nuits à chercher par quel moyen je pourrais m'arracher une vie que je ne pouvais pas supporter. Cet état de mon âme ne cessa pas un seul moment tout le temps que je restai dans cette maison.

Après quelques mois de ce supplice, je résolus de m'échapper. Je calculai longtemps et habilement mes moyens d'évasion. Enfin, à l'heure où la porte d'un parloir s'ouvrait pour les parents qui venaient visiter leurs enfants, j'eus soin de me tenir dans ce parloir. Je fis semblant d'avoir jeté dans la rue la balle avec laquelle je jouais. Je me précipitai dehors comme pour la rattraper. Je refermai violemment la porte, et je m'élançai à toutes jambes à travers les petites ruelles bordées de murs et de jardins qui sillonnaient le faubourg de la Croix-Rousse, à Lyon. Je parvins bientôt à faire perdre mes traces au gardien qui me poursuivais, et quand j'eus gagné les bois qui couvraient les collines de la Saône, entre Neuville et Lyon, je ralentis le pas et je m'assis au pied d'un arbre, pour prendre haleine et réfléchir.

Je n'avais pour toute ressource que trois francs en petite monnaie dans ma poche. Je savais bien que je serais mal reçu par mon père; mais je me disais : « Ma fuite aura toujours cela de bon, qu'on ne pourra pas me renvoyer dans le même collége. » Et puis, je ne comptais pas me présenter à mon père. Mon plan consistait à aller à Milly demander asile à un de ces braves paysans dont j'étais si connu et si aimé, soit même à la loge du gros chien de garde de la cour de la maison, où j'avais si souvent passé des heures avec lui couché sur la paille; de là, j'aurais fait prévenir ma mère que j'étais arrivé, elle aurait adouci mon père, on m'aurait reçu et pardonné, et j'aurais repris ma douce vie auprès d'eux.

Il n'en fut point ainsi. M'étant remis en marche, et étant arrivé dans une petite ville à six lieues de Lyon, j'entrai dans une auberge et je demandai à dîner. Mais à peine étais-je assis devant l'omelette et le fromage qu'une bonne femme m'avait préparés, que la porte s'ouvrit, et que je vis entrer le directeur de la maison d'éducation, escorté d'un gendarme. On me reprit, on me lia les mains, on me ramena à travers la honte que me donnait la curiosité des villageois. On m'enferma seul dans une espèce de cachot. J'y passai deux mois sans communication avec qui que ce fût, excepté pourtant avec le directeur, qui me demanda en vain un acte de repentir. Lassé à la fin de ma fermeté, on me renvoya à mes parents. Je fus mal reçu de tout le monde, excepté de ma pauvre mère. Elle obtint qu'on ne me renverrait plus à Lyon. Un collége dirigé par les Jésuites (c'était à Belley, sur la frontière de Savoie) était alors en grande renommée, non-seulement en France, mais encore en Italie, en Allemagne et en Suisse. Ma mère m'y conduisit.

En y entrant, je sentis en peu de jours la différence prodigieuse qu'il y a entre une éducation vénale rendue à de malheureux enfants pour l'amour de l'or, par des industriels enseignants, et une éducation donnée au nom de Dieu et inspirée par un religieux dévouement dont le ciel seul est la récompense. Je ne retrouvai pas là ma mère; mais j'y retrouvai Dieu, la pureté, la prière, la charité, une douce et paternelle surveillance, le ton bienveillant de la famille, des enfants aimés et aimants, aux physionomies heureuses. J'étais aigri et endurci; je me laissai attendrir et séduire. Je me pliai de moi-même à un joug que d'excellents maîtres savaient rendre doux et léger. Tout leur art consistait à nous intéresser nous-mêmes aux succès de la maison et à nous conduire par notre propre volonté et notre propre enthousiasme. Un esprit divin semblait animer du même souffle les maîtres et les disciples. Toutes nos âmes avaient retrouvé leurs ailes et volaient d'un élan naturel vers le bien et vers le beau. Les plus rebelles eux-mêmes étaient soulevés et entraînés par le mouvement général. C'est là que j'ai vu ce que l'on pouvait faire des hommes, non en les contraignant, mais en les inspirant. Le sentiment religieux qui animait nos maîtres nous animait tous. Ils avaient l'art de rendre ce sentiment aimable et sensible, et de créer en nous la passion de Dieu. Avec un tel levier placé dans nos propres cœurs ils soulevaient tout. Quant à eux, ils ne faisaient pas semblant de nous aimer, ils nous aimaient véritablement, comme les saints aiment leur devoir, comme les ouvriers aiment leurs œuvres, comme les superbes aiment leur orgueil. Ils commencèrent par me rendre heureux; ils ne tardèrent pas à me rendre sage. La piété se ranima dans mon âme.

Elle devint le mobile de mon ardeur au travail. Je formai des amitiés intimes avec des enfants de mon âge aussi purs et aussi heureux que moi. Ces amitiés nous refaisaient pour ainsi dire une famille. Arrivé trop tard dans les dernières classes, puisque j'avais déjà passé douze ans, je marchai vite aux premières. En trois ans j'avais tout appris. Je revenais chaque année chargé des premiers prix de ma classe. J'en avais du bonheur pour ma mère, je n'en avais aucun orgueil pour moi. Mes camarades et mes rivaux me pardonnaient mes succès, parce qu'ils semblaient naturels et que je ne les sentais pas moi-même. Il ne manquait à mon bonheur que ma mère et la liberté.

. . . .

Je vivrais mille ans, que je n'oublierais pas certaines heures du soir où, m'échappant pendant la récréation des élèves jouant dans la cour, j'entrais par une petite porte secrète dans l'église déjà assombrie par la nuit et à peine éclairée au fond du chœur par la lampe suspendue du sanctuaire; je me cachais sous l'ombre plus épaisse d'un pilier: je m'enveloppais tout entier dans mon manteau comme dans un linceul, j'appuyais mon front contre le marbre froid d'une balustrade, et, plongé, pendant des minutes que je ne comptais plus, dans une muette mais intarissable adoration, je ne sentais plus la terre sous mes pieds, et je m'abîmais en Dieu, comme l'atome flottant dans la chaleur d'un jour d'été s'élève, se noie, se perd dans l'atmosphère, et, devenu transparent comme l'éther, paraît aussi aérien que l'air lui-même et aussi lumineux que la lumière.

Cette sérénité chaude de mon âme, découlant pour moi de la piété, ne s'éteignit pas en moi pendant les quatre années que j'employai encore à achever mes études. Cependant j'aspirais ardemment à les terminer pour rentrer dans la maison paternelle et dans la liberté de la vie des champs. Cette aspiration incessante vers la famille et vers la nature était même au fond un stimulant plus puissant que l'émulation. Au terme de chaque cours d'étude accompli, je voyais en idée s'ouvrir la porte de ma prison. C'est ce qui me faisait presser le pas et devancer mes émules. Je ne devais les couronnes dont j'étais récompensé et littéralement surchargé à la fin de l'année, qu'à la passion de sortir plus vite de cet exil où l'on condamne l'enfance. Quand je n'aurais plus rien à apprendre au collége, il faudrait bien me rappeler à la maison.

Ce jour arriva enfin. Ce fut un des plus beaux de mon existence.

Je fis des adieux reconnaissants aux excellents maîtres qui avaient su vivifier mon âme en formant mon intelligence, et qui avaient fait pour ainsi dire rejaillir leur amour de Dieu en amour et en zèle pour l'âme de ses enfants. Les PP. Desbrosses, Varlet, Béquet, Wrintz, surtout, mes amis plus que mes professeurs, restèrent toujours dans ma mémoire comme des modèles de sainteté, de vigilance, de paternité; de tendresse et de grâce pour leurs élèves. Leurs noms feront toujours pour moi partie de cette famille de l'âme, à laquelle on ne doit pas le sang et la chair, mais l'intelligence, le goût, les mœurs et le sentiment.

Les Confidences.

CHARLES NODIER

NOTICE BIOGRAPHIQUE

Charles Nodier est réputé l'un des plus charmants esprits de la première moitié de notre siècle ; il s'est exercé dans tous les genres : la poésie, le roman, la philologie, la bibliographie, l'histoire naturelle, le journalisme ; mais il s'est surtout distingué dans les contes, le roman, la nouvelle. Doué d'une fécondité prodigieuse, Nodier, outre les nombreux volumes qu'il a publiés, a écrit dans tous les recueils littéraires de son temps, et il avait fini par ne plus se rappeler lui-même le titre et le nombre de ses productions. Après avoir dit dans un de ses livres que nous en étions arrivés au cinquième âge du monde, *l'âge du papier*, il s'était chargé, mieux que personne, de justifier cet axiome. Ce qui distingue son talent, c'est un bon sens exquis, une mélancolie douce tempérée par la vieille malice gauloise, une sensibilité vive et sincère, un style élégant et pur. Ses œuvres littéraires, longtemps dispersées, ont été recueillies dans la *Bibliothèque Charpentier*.

Nous recommanderons aux jeunes amateurs de contes de fées : *Trésor des fèves et Fleur des pois* — et *Le Génie Bonhomme*, dont il a été fait de charmantes éditions illustrées.

Né à Besançon en 1780, Nodier est mort à Paris en 1844, étant bibliothécaire de l'Arsenal depuis 1824, et depuis 1833 membre de l'Académie française.

DE LA PROSE FRANÇAISE

Parce que M. Jourdain a fait pendant quarante ans de la prose sans le savoir, il y a des gens qui s'imaginent que, pour écrire de la prose, il ne faut que la capacité de M. Jourdain plus ou moins développée.

Vous en trouverez qui ne pardonnent pas à je ne sais quel homme d'esprit d'avoir dit d'une tirade poétique : « Cela est beau comme de la prose ; » et si cet homme a dit une chose fort sensée en sa vie, c'est peut-être celle-là.

« Comment, monsieur! et la mesure du vers, et l'harmonie de la cadence, et la souplesse de l'hémistiche, et la riche redondance de la rime, et la pompeuse périodicité de la phrase?... »

J'en conviens, monsieur ; mais l'art de se passer de tout cela, d'être poëte à propos avec le rhythme méconnu de la prose, de savoir saisir la pensée, de l'amener toute vivante au jour, sans artifice, sans parure, sans ressorts matériels et mécaniques, de la faire palpiter devant vous dans sa nudité naïve, de se jouer avec elle des conventions serviles de votre grammaire et de votre rhétorique, c'est quelque chose aussi !

La prose est dans l'institution du langage ce qu'est le peuple dans celle de la société : tout, parce qu'elle en est l'élément essentiel; rien, parce qu'elle n'en est pas l'expression symétrique, le simulacre orné. La poésie a les honneurs du patriciat. Quand elle dégénère, elle en a la nullité.

L'usage a donné chez nous à la prose une épithète qui se sépare peu de son nom : *la vile prose*. En français, le mot *prosateur* est nouveau, et se prend à peine en bonne part. Les Latins n'en avaient point pour désigner l'homme qui écrit en prose. C'est par exception seulement qu'ils lui accordaient ces qualités véhémentes qui remuent la multitude. *Eloquentiæ prosæ* passa pour une hardiesse dans *Velleius Paterculus*.

Cependant on convient que la prose de Montaigne est plus vive, plus nerveuse, plus riche d'expressions énergiques et de tours hardis que la meilleure versification gnomique. On se souvient plus volontiers d'une de ses périodes que des vers étranglés de Publius Syrus et du sage Pibrac.

On convient que la prose d'Amyot est plus large, plus abondante, plus fluide ; on convient que la prose de Rabelais a une allure plus dégagée et plus originale, une prise plus âpre et plus mordante que la versification des meilleurs poëtes de leur temps.

Nous avions au dix-septième siècle, dans Pascal, dans Labruyère, dans Molière surtout, cette prose coupée, mobile, incisive, inépuisable en mouvements, en formes et en couleurs, qui n'a rien à envier à la poésie de ses surprises et de ses séductions, et qui la surpasse par l'élan et la soudaineté.

Nous avions cette prose pompeuse, et noble, et sonore, qui dérobe le mètre et l'harmonie au vers. Elle marche, elle court, elle vole ; elle se répand mollement comme un fleuve entre ses rives ; elle tombe comme un torrent du haut de ses cataractes ; elle a des mélodies pour la joie et pour les larmes ; elle est tendre comme le bruit des flûtes dans les concerts de Calypso, majestueuse comme les paroles de Moïse sur les hauteurs du Sinaï ; elle exprime jusqu'aux « derniers accents d'une voix qui tombe et d'une ardeur qui s'éteint. »

Au dix-huitième siècle se préparait une révolution immense dans la société ; il arriva ce qui arrive toujours, une révolution immense dans le langage. L'habitude des impressions transmises, que les générations traduisent avec plus ou moins de pureté, les unes pour les autres, abâtardit la poésie, dont elle prodiguait inconsidérément les richesses inutiles. L'acquisition des idées nouvelles que le développement des études philosophiques faisait surgir de toutes parts émancipa la prose. La poésie conserva son vêtement, comme ces cadavres des souverains de l'Egypte qu'on apportait à la fin des festins dans leurs habits royaux ; pour être rois encore, il ne leur manquait qu'une âme. La puissance de la pensée passa dans la prose, comme toutes les puissances d'action avaient passé dans le peuple. On s'aperçut alors que ce qui restait de la poésie antique était un rhythme, et que ce qui s'annonçait de la prose nouvelle était une langue.

Cette transition n'a pas été promulguée en rhétorique, mais elle est patente et sensible. On a pu la connaître au moins par ses effets. La poésie, avide de la pensée qui lui échappait, cherche depuis quelque temps à se donner la vérité, le nerf et l'indépendance de la prose. La prose, assurée de sa destinée, mais ambitieuse comme toutes les dominations qui commencent, usurpe de jour en jour jusqu'aux ornements factices de la poésie. Poussez l'esprit de cette conquête ou de cet envahissement réciproque à sa dernière expression, Villemain et Ballanche deviendront métriques, et Victor Hugo ne le sera plus. Nous sommes donc arrivés à une époque de lutte, dans les formes extérieures de nos perception comme dans leurs applications les plus sérieuses à la théorie des gouver nements et au bonheur du genre humain. Cet état de confusion orageus n'aura qu'un temps. Les eaux se retireront comme après le déluge ; le arts de l'imagination rentreront dans leur lit naturel ; les sciences sociale reprendront leur pente accoutumée ; on ne retrouvera pas tout, mais or aura peu perdu. Pour ne parler ici que littérature, c'en est fait san doute du poëme didactique et de la prose d'épopée. Il n'y a pas grand mal à cela.

Ce n'est pas louer médiocrement, selon moi, les hommes supérieur du temps qui court, que de dire qu'ils n'ont pas un style fixé, mais qu'ils ont le leur. Nous vivons, tous tant que nous sommes, dans des jours d'adolescence nouvelle. Nos prédécesseurs immédiats ont été très imparfaits, et ce n'est pas leur faute, car leur imperfection relative résultait de la nature même des choses. Après la trivialité de la révolution, qui fut obligée de se faire peuple pour être une puissance, le pédantisme classique de l'ancien régime, et puis la fatuité solennelle d'un langage déclamatoire tout badigeonné d'images et tout boursouflé de mots, de la dialectique à faire honte, et de l'éloquence à faire pitié. Le génie de la parole traversa l'assemblée constituante et la convention avec la rapidité d'un éclair. Il y brilla comme ces feux météoriques qu'on voit étinceler au haut des mâts dans un vaisseau tourmenté par la tempête. Quand le danger est passé, on ne se souvient que de l'orage. Foy, Benjamin Constant et quelques autres ont admirablement manié la prose oratoire. Ils ne le céderaient peut-être en rien à Vergniaud, si on les avait vus à sa place, au milieu de cette polémique à coups de proscription, qui avait pour *ultima ratio* le suicide ou la guillotine. Ce n'était pas Phocion alors qui tenait la hache des discours de Démosthènes, c'était le bourreau. L'époque actuelle est déshéritée des principaux éléments de l'éloquence ; elle manque de passions nobles et de vrais malheurs. Dans les formes d'un gouvernement représentatif sagement pondéré, la discussion de la tribune ne s'élèverait guère au-dessus de la discussion du barreau : car elle ne vivrait, comme l'autre, que de questions de fait et de légalité. Pour que ces ferments de la pensée qui font l'homme éloquent se retrouvent, il faut que nos sottes dissensions intérieures aient amené Philippe [1] à nos portes. *Deus non omen avertat !*

Bulletin du bibliophile.

---

[1] Allusion à Philippe, roi de Macédoine, et à Démosthènes.

WALTER SCOTT

NOTICE BIOGRAPHIQUE

Popularisé en France par les traductions de MM. Defauconpret et d'autres qui, depuis, leur ont fait concurrence, Walter Scott devait trouver place dans ce recueil de littérature française. Né à Edimbourg en 1771 (année féconde en grands hommes), d'un petit gentilhomme exerçant une charge dans la magistrature, le jeune Walter Scott ne donna point dans ses études des signes du talent brillant qui devait l'illustrer plus tard. Maladif et boiteux, il eût été étouffé à Sparte dès le berceau. Ses parents, plus sages, l'envoyèrent respirer l'air vif des montagnes d'Ecosse, où, tout en se roulant sur l'herbe, il fortifiait son tempérament et recueillait les légendes du pays, qu'il se plaisait ensuite à raconter aux petits camarades rassemblés autour de lui. Devenu homme, il suivit la carrière du droit, et devint shérif du comté de Selkirk, puis greffier des assises à Edimbourg. Des poésies furent ses premiers ouvrages ; mais il ne tarda pas à abandonner les vers pour la prose, et *Waverley* fut son premier roman. Le succès qu'obtint cette œuvre engagea l'auteur à persévérer dans ce genre, où il ne s'était d'abord hazardé que sous le voile du pseudonyme. Sa réputation devint bientôt européenne. Ses ouvrages ne sont pas tous de la même force ; mais tous présentent au fond les mêmes qualités : l'exactitude et l'impartialité historique, un art admirable pour tracer les caractères et faire parler les personnages, un talent descriptif des plus attachants, un mélange d'idéal héroïque et de détails familiers et comiques habilement fondus, une extrême variété, des incidents dramatiques, des scènes sublimes, la chasteté dans les peintures et dans les caractères, le culte d'une race respectable et proscrite, tout concourt à faire des romans de Walter Scott une suite d'études aussi intéressantes que saines et instructives. Aussi peut-on les laisser sans crainte aux mains de la jeunesse, chez qui elles ne peuvent qu'aider au développement des plus nobles instincts. On a cependant reproché à Walter Scott des longueurs et certaines trivialités. Le premier défaut tient au goût anglais, et les meilleurs traducteurs se sont appliqués à l'atténuer en abrégeant au besoin. Quant à la trivialité, elle résulte souvent de la vérité avec laquelle il peint et fait parler divers personnages.

Les principaux ouvrages de sir Walter Scott sont : *Ivanhoë*, — *les Fiancés*, — *Richard en Palestine*, — *Quentin Durward*, — *le Monastère*, — *l'Abbé*, — *les Puritains*, — *Péveril du Pic*, — *Une Légende du Montrose*, — *la Fiancée de Lammermoor*, — *la Prison d'Edimbourg*, — *Charles le Téméraire*, — *Kénilworth*, — *la Jolie Fille de Perth*, — *l'Antiquaire*, — *Rob-Roy*, — *Woodstock*, — *Culloden*, — *Redgauntlet*, etc. Du moins tels sont ceux des romans qui offrent le plus d'intérêt ; ils valent tout un cours d'histoire, nonobstant quelques préventions protestantes dont l'auteur, malgré son impartialité, n'a pu tout à fait se défendre ; elles sont quelquefois relevées dans des notes que M. Defauconpret a jointes à sa traduction. On a faussement attribué à Walter Scott certains ouvrages dont on peut aisément reconnaître qu'il n'est pas l'auteur, ils manquent de verve en même temps que de vraie moralité.

Le succès des ouvrages de Walter Scott ayant augmenté considérablement sa fortune, l'auteur put acheter la propriété d'Abbotsford sur la Tweed, dont il fit un séjour délicieux ; mais en 1826 une banqueroute le ruina complètement. Il se remit alors courageusement au travail et fit paraître une *Vie de Napoléon*, qui n'eut pas autant de succès que ses romans.

Il succomba au bout de quelques années à l'excès du travail qu'il s'était imposé pour payer ses créanciers, et mourut en 1832 à l'âge de soixante-et-un ans.

On peut dire que ses romans, où l'histoire sert de cadre à une fiction qui ne l'altère en aucune façon, ont fondé une école nouvelle. Plusieurs s'en sont heureusement inspirés, mais personne n'a encore surpassé ni même égalé le maître.

LA CLAIRIÈRE, GURTH ET WAMBA

Les derniers rayons du soleil frappaient sur une belle et verte clairière de la forêt dont nous avons parlé; des centaines de vieux chênes au tronc peu élevé, mais qui avaient peut-être vu la marche triomphale des armées romaines, étendaient leurs rameaux noueux et touffus sur une pelouse délicieuse ; en quelques endroits, ils étaient mêlés de bouleaux, de houx, et de bois taillis de toute espèce, dont les branches étaient entrelacées de manière à intercepter entièrement les rayons du soleil couchant. Ailleurs, ces arbres, s'écartant les uns des autres, formaient de ces longues avenues dans les détours desquelles la vue aime à s'égarer, tandis que l'imagination les considère comme des sentiers conduisant à des sites encore plus sauvages et plus solitaires. Ici les rayons pourprés du soleil jetaient une lumière plus pâle et comme brisée sur les branches et sur les troncs monstres des arbres. Là ils éclairaient d'un vif éclat les différentes clairières sur lesquelles ils pouvaient tomber sans obstacle. Un grand espace ouvert semblait avoir été consacré autrefois aux rites du culte des druides ; car, sur le sommet d'une petite colline, si régulière qu'elle paraissait l'ouvrage de la main des hommes, on voyait les restes d'un cercle de pierres énormes, brutes et non taillées. Sept restaient debout ; les autres avaient été déplacées probablement par le zèle de quelques-uns des premiers néophytes du christianisme ; les unes n'avaient été roulées qu'à la distance de quelques pas, d'autres étaient renversées sur le penchant de la colline ; une seule des plus larges, précipitée jusqu'au bas, avait arrêté dans son cours un petit ruisseau : forcée de surmonter cet obstacle, l'onde faisait entendre un doux murmure qui lui manquait auparavant.

Deux figures humaines faisaient partie de ce paysage ; leur extérieur et leurs vêtements avaient ce caractère sauvage et rustique, auquel on reconnaissait, dans ces temps reculés, les habitants de la partie boisée du West-Riding de l'Yorkshire. Le plus âgé avait un aspect dur et grossier; l'habit qui le couvrait était de la forme la plus simple possible : c'était une sorte de jaquette serrée à manches, faite de la peau tannée de quelque animal, à laquelle on avait primitivement laissé le poil ; mais ce poil était alors usé en tant d'endroits, qu'il aurait été difficile de juger à quelle créature il avait appartenu. Ce vêtement descendait du cou au

genou et tenait lieu de tous ceux qui sont destinés à couvrir le corp
il n'avait qu'une seule ouverture par le haut, de largeur suffisante pour
passer la tête, de sorte qu'il était évident qu'on le mettait de la mên
manière qu'on met aujourd'hui une chemise, ou plus anciennement u
haubert. Des sandales attachées avec des courroies de cuir de sangli
protégeaient ses pieds ; deux bandes d'un cuir plus mince s'élevaient et s
croisaient jusqu'à mi-jambe, et laissaient le genou à nu, comme dans
costume des montagnards écossais. Elle était assujettie autour du corp
par une ceinture de cuir serrée par le moyen d'une boucle de cuivre.
cette ceinture étaient suspendus, d'un côté, une sorte de petit sac, d
l'autre une corne de bélier dont on avait fait un instrument à vent garn
d'un bec ; on y voyait aussi attaché un de ces longs couteaux de chasse,
lame large, pointue, et à deux tranchants, garni d'une poignée de corne
On fabriquait cette arme dans le voisinage, et on l'appelait dès lors couteau
de Sheffield. La tête de l'homme que nous décrivons était nue[1], et se
cheveux arrangés en tresses très-serrées ; le soleil les avait rendus d'un
roux foncé, couleur de rouille, qui contrastait avec sa barbe d'une nuance
jaunâtre comme l'ambre. Je n'ai plus à parler que d'une seule partie de
son ajustement, et elle était trop remarquable pour qu'on puisse l'oublier
c'était un collier de cuivre, semblable à celui d'un chien, qu'il portai
autour du cou ; ce collier, sans ouverture, mais attaché à demeure, était
assez lâche pour ne gêner ni sa respiration ni ses mouvements ; il aurait
été cependant impossible de l'enlever sans avoir recours à la lime. On y
lisait l'inscription suivante : « Gurth, fils de Beowulph, est l'esclave né de
Cedric de Rotherwood. »

Près de ce gardien de pourceaux, car telle était l'occupation de Gurth,
était assis, sur une des pierres druidiques, un homme qui paraissait plus
jeune d'environ dix ans, et dont l'habillement, quoique de même forme
que celui de son compagnon, était plus riche et de forme plus fantastique.
Sa jaquette était d'un pourpre brillant, et sur le fond on avait essayé de
peindre des ornements grotesques de diverses couleurs. Il portait aussi
un manteau court qui ne lui descendait guère qu'à mi-cuisse. Ce manteau
était d'étoffe cramoisie, sali par plus d'une tache, et bordé d'une bande
d'un jaune vif ; il pouvait le porter à volonté sur l'une ou l'autre épaule,
ou s'en envelopper tout entier ; et la largeur, contrastant avec son peu de
longueur, formait une draperie d'un genre bizarre. Ses bras étaient ornés
de minces bracelets d'argent, et son cou entouré d'un collier de même
métal, sur lequel étaient gravés ces mots : « Wamba, fils de Witless, est

l'esclave de Cedric de Rotherwood. » Les sandales de ce personnage étaient semblables à celles de Gurth ; mais ses jambes, au lieu d'être couvertes de deux bandes de cuir entrelacées, portaient des espèces de guêtres dont l'une était rouge et l'autre jaune. Il avait sur la tête un bonnet garni de clochettes, pareilles à celles qu'on attache au cou des faucons, et on les entendait sonner à chaque mouvement qu'il faisait, c'est-à-dire presque continuellement, attendu qu'il changeait de position à chaque minute. Ce bonnet, bordé d'un bandeau de cuir découpé en forme de couronne, se terminait en pointe, et retombait presque sur l'épaule, comme un de nos anciens bonnets de nuit, ou comme le bonnet de police d'un hussard de nos jours : c'était à cette partie de l'ajustement de tête que les clochettes étaient attachées. Cette particularité, la forme du bonnet, et l'expression moitié folle et moitié malicieuse de la physionomie de Wamba, indiquaient suffisamment qu'il appartenait à cette race de *clowns* ou bouffons domestiques que les grands entretenaient pour charmer l'ennui des heures qu'ils étaient obligés de passer dans leurs châteaux. Il avait, comme son compagnon, un sac attaché à sa ceinture ; mais on ne lui voyait ni corne ni couteau de chasse, peut-être parce qu'on aurait cru imprudent de confier des armes à cette classe d'hommes. Le couteau était remplacé par un sabre de bois, semblable à la batte avec laquelle Arlequin opère ses prodiges sur nos théâtres modernes.

L'air et la contenance de ces deux hommes formaient un contraste non moins frappant que leur costume. Le front de Gurth paraissait chargé d'ennuis ; il avait la tête baissée, avec une apparence d'abattement qu'on aurait pu prendre pour de l'apathie, si le feu qu'on voyait briller dans ses regards, quand il levait les yeux, n'eût indiqué que, malgré cet air de sombre découragement, son cœur sentait l'oppression à laquelle il était condamné. La physionomie de Wamba n'annonçait qu'une curiosité vague, une sorte de besoin de changer d'attitude à chaque instant, et la satisfaction que lui inspirait le poste qu'il occupait et le costume dont il était revêtu.

Ils conversaient en anglo-saxon.

— Que la malédiction de saint Withold tombe sur ce misérable troupeau ! dit Gurth après avoir sonné plusieurs fois de sa corne pour rassembler ses pourceaux épars, qui, tous en répondant à ce signal par des sons également mélodieux, ne se pressaient pas de quitter le somptueux banquet de glands et de faînes qui les engraissait, ni les rives bourbeuses d'un ruisseau où plusieurs, à demi plongés dans la fange restaient étendus à leur aise, sans écouter la voix de leur gardien... S[i] le loup à deux pieds ne m'en attrape pas quelques-uns ce soir, je n[e] m'appelle pas Gurth. Ici, Frangs, ici ! cria-t-il à un chien d'une grand[e] taille, au poil rude, moitié mâtin, moitié levrier, qui courait çà et l[à] comme pour aider son maître à rassembler son troupeau recalcitrant, mais qui dans le fait, soit qu'il fût mal dressé, soit qu'il ne comprît pas les signaux de son maître, soit qu'il n'écoutât qu'une ardeur aveugle, chassait les pourceaux devant lui de différents côtés, et augmentait ainsi le désordre au lieu d'y remédier.

— Que le diable lui fasse sauter les dents, continua Gurth ! et que le père de tout mal confonde le garde-chasse qui arrache les griffes de devant à nos chiens et les rend par là incapables de faire leur devoir ! Wamba, allons, lève-toi, et, si tu es un homme, donne-moi un peu d'aide. Tourne derrière la montagne pour prendre le vent sur mes bêtes, et alors tu les chasseras devant toi comme d'innocents agneaux.

— Vraiment ! répondit Wamba sans changer de posture : j'ai consulté mes jambes sur cette affaire, et elles sont d'avis l'une et l'autre qu'exposer mes brillants habits dans ces trous pleins de fange serait un acte de déloyauté contre ma personne souveraine et ma garde-robe royale. Je te conseille donc, Gurth, de rappeler Frangs et d'abandonner ton troupeau à sa destinée ; et soit qu'ils rencontrent une troupe de soldats, une bande d'*outlaws*[1], ou une compagnie de pèlerins, les animaux confiés à tes soins ne peuvent manquer d'être changés demain matin en Normands, ce qui ne sera pas un petit soulagement pour toi.

— Mes pourceaux changés en Normands? dit Gurth. Explique-moi cela, Wamba ; je n'ai ni le cerveau assez subtil, ni le cœur assez content, pour deviner des énigmes.

— Comment appelles-tu ces animaux à quatre pieds qui courent en grognant?

— Des pourceaux, fou, des pourceaux ; il n'y a pas de fou qui ne sache cela !

— Et pourceau (*pig*) est du bon saxon. Mais quand le pourceau est égorgé, écorché, coupé par quartiers et pendu par les talons à un croc comme un traître, comment l'appelles-tu en saxon ?

— Du porc, répondit le porcher.

— Je suis charmé, dit Wamba, qu'il n'y ait pas de fou qui ne sache

[1] Réfractaires hors la loi.

cela ; et *porc*, je crois, est du bon franco-normand : ainsi donc, tant que la bête est vivante et confiée à la garde d'un esclave saxon, elle garde son nom saxon ; mais elle devient normande et s'appelle porc, quand on la porte à la salle à manger du château pour y servir au festin des nobles. — Que penses-tu de cela, mon ami Gurth ? Eh !...

— C'est la vérité toute pure, ami Wamba, bien qu'elle ait passé par ta caboche de fou.

— Eh bien, je n'ai pas tout dit, reprit Wamba sur le même ton ; il y a encore le vieux alderman le Bœuf, qui garde son nom saxon *Ox*, tant qu'il est conduit au pâturage par des serfs et des esclaves comme toi, mais qui devient *Beef*, un vif et brave Français, lorsqu'il se présente devant les honorables mâchoires destinées à le consommer. Le veau, *Mynheer calve*, devient de la même façon *monsieur de veau* : il est Saxon tant qu'il a besoin des soins du vacher, et acquiert un nom normand dès qu'il devient matière à bombance.

— Par saint Dunstan ! répondit Gurth, c'est une triste vérité. Il ne nous reste guère que l'air que nous respirons, et je crois que les Normands ne nous l'ont laissé qu'après avoir bien hésité, et uniquement pour nous mettre en état de supporter les fardeaux dont ils chargent nos épaules. Les viandes les plus belles et les plus grasses sont pour leur table, et nos plus braves jeunes gens vont recruter leurs armées en pays étranger pour y laisser leurs os : de sorte qu'il ne reste ici presque personne qui ait le pouvoir ou la volonté de protéger le malheureux Saxon. Que le Ciel bénisse notre maître Cedric ! Il s'est conduit en homme en restant sur la brèche. Mais voilà Réginald Front-de-Bœuf qui arrive dans le pays en personne, et bientôt nous verrons que Cedric s'est donné tant de peines bien inutilement. — Ici, ici, cria-t-il à son chien. Bien ! Fangs, bien ! mon garçon, tu as fait ton devoir. Voilà enfin tout le troupeau réuni, et tu les mènes comme il faut, mon garçon !...

Et ce nouvel Eumée marchait à grands pas dans l'avenue, chassant devant lui, à l'aide de Fangs, son troupeau à la voix discordante.

MADAME TARBÉ DES SABLONS

NOTICE BIOGRAPHIQUE

Les divers recueils biographiques ne nous disent rien de Mme Tarbé des Sablons, bien qu'ils contiennent des notices sur plusieurs membres de sa famille ayant occupé des postes importants dans la magistrature et l'administration, où ils n'ont laissé que des souvenirs singulièrement honorables. Tout ce que nous avons pu savoir de Mme Tarbé des Sablons, c'est qu'après avoir brillé dans le monde, où son mérite personnel et la position de sa famille devaient la faire remarquer, elle a passé plus de trente ans clouée sur un lit de douleurs, d'où elle dictait à sa femme de chambre de délicieuses nouvelles qu'elle a d'abord publiées sous le voile de l'anonyme, et qui ont été accueillies avec une faveur bien méritée. Jusqu'alors le roman religieux n'était guère connu qu'à l'état d'épopée lyrique ; Mme Tarbé créa le roman intime chrétien, et sa parfaite connaissance du monde de son temps sût y répandre une grande vérité et un grand charme. La curiosité fut vivement excitée à l'apparition d'*Eudolie ou la Jeune Malade*, et de *Zoé*, nouvelles qui avaient été précédées de la *Marquise de Valcour* et de *Sidonie*, et furent suivies d'*Onésie* et de *Roseline*, tous ouvrages aussi charmants que solides. La curiosité publique, et peut-être des exigences d'éditeur, parvinrent enfin à lever le voile dont la modestie avait longtemps environné l'auteur ; et Mme Tarbé des Sablons, ne pouvant plus se dissimuler, consentit à signer ses nouvelles éditions et ses productions subséquentes : *Sara*, — *Isabelle*, — *Clotilde*, —

Nouvelles religieuses, — *Souffrances et consolations*, — *Souvenirs et Regrets*, — un *Mois de Marie*. Les nouvelles intitulées *Alfred et Casimir, scènes et causeries de famille*, — et *Enguerrand ou le Duel*, prouvent que l'aimable écrivain a consacré aussi quelques-unes de ses études à la jeunesse masculine.

Les premiers ouvrages de Mme Tarbé ont plus d'originalité et de naturel que les derniers; cela doit tenir en grande partie à ce qu'ils ont été le fruit d'un âge moins avancé, où l'esprit était encore en possession de toute la vivacité de la jeunesse. Les derniers paraissent avoir été faits dans le but de pouvoir pénétrer dans les maisons d'éducation aussi bien que dans les salons du monde, et à ce point de vue ils ne sont pas exempts de réticences. Tous sont cependant très-purs et empreints de la plus saine morale évangélique.

Nous voudrions pouvoir ressusciter ces livres de l'injuste oubli dans lesquels ils sont tombés, et qui ne peut s'expliquer que par l'action de la réclame, ayant sans cesse pour objet une surabondance de productions nouvelles dont la plupart ne valent pas celles-ci. Mme Tarbé des Sablons a la gloire d'avoir été chef de cette nombreuse école; on ne devrait pas l'oublier.

Nous aurions voulu pouvoir ajouter à cette note biographique quelques détails sur la vie de l'auteur, vie qui s'est prolongée jusqu'en 1855; mais nous sommes à cet égard dans la plus grande pénurie. Nous avons su, cependant, que, durant ses longues années d'infirmité, Mme Tarbé des Sablons, demeurant rue d'Enfer, jouissait du moins d'une vue magnifique qui s'étendait sur le jardin du Luxembourg, et qu'elle avait la consolation bien plus grande encore de posséder dans sa chambre une chapelle où un prêtre venait de temps en temps célébrer les saints mystères. Ce pieux office fut souvent rempli par l'abbé Affre, le futur martyr, qui habitait la même maison avant d'être élevé au siège archiépiscopal.

Il est si difficile de se procurer aujourd'hui les œuvres de Mme Tarbé, que nous croyons rendre un bon service en indiquant la librairie Lecoffre, comme celle où on peut encore les trouver.

UNE CONVERSION

Coupable et malheureuse, mais superbe et non repentante, une femme dont la coquetterie a causé bien des maux est venue ensevelir ses chagrins dans une retraite pittoresque et sauvage au sein des Pyrénées. Là, ne demandant des consolations qu'à une impuissante philosophie, elle tombe dans le désespoir au point de vouloir mettre fin à ses jours. Cherchant à ramener la brebis égarée, son pasteur l'arrache à ce péril et parvient à émouvoir ce cœur rebelle en multipliant à son égard les preuves de la plus affectueuse charité. Peu à peu dans leurs entretiens, il dissipe les ténèbres de son esprit et provoque des confidences d'abord incomplètes. Longtemps l'orgueil résiste et retient les aveux; mais enfin il est vaincu, et Mme de Vézeli, cédant aux instances du vénérable curé, lui promet de venir, à l'aube du jour suivant, se prosterner au tribunal de la pénitence. A cet exposé sommaire, nous allons ajouter quelques pages littéralement transcrites.

Triste et non abattue, silencieuse et non sévère, Mme de Vézeli, pour la première fois, ne cherche pas à dérober à ses domestiques les pleurs qui coulaient sur ses joues. Jeanne, en apportant le repas du soir, vit que sa maîtresse ne mangeait pas, et elle osa lui demander si elle était malade. « Non, ma chère, » répondit Mme de Vézeli. Jamais elle n'avait appelé Jeanne, ma chère; aussi la pauvre fille fut-émue jusqu'aux larmes, de ce ton de bonté si nouveau pour elle. « Pourquoi pleurez-vous, Jeanne? — C'est de voir madame si bonne pour moi; madame m'a répondu avec un air si... — Si doux, n'est-ce pas? Pauvre Jeanne! Je n'ai pas toujours été douce avec vous; j'en suis fâchée, et j'espère qu'à l'avenir vous n'aurez plus à vous plaindre de moi. »

Oh! pour le coup, Jeanne, suffoquée de sanglots, s'enfuit auprès de sa compagne, qui, en la voyant ainsi, ne douta pas qu'on ne vînt de la gronder. « Me gronder? dit Jeanne; me gronder? Madame est un ange; elle est si douce! si bonne! » Béatrix ne comprenait rien à ce discours; et comme elle avait un caractère très-résolu, elle se hasarda à aller dire à Mme de Vézeli que Jeanne pleurait à chaudes larmes et qu'elle ne pouvait tirer un mot d'explication. Mme de Vézeli ne put s'empêcher de sourire, et dit à Béatrix : « Mon enfant, Jeanne pleure de surprise de m'avoir trouvé plus de bonté qu'elle ne m'en croyait;

je lui ai dit que je me repentais de vous avoir rendu, en beaucoup d'occasions, la vie fort amère, et que je voulais, à compter de ce jour, vous traiter comme le méritent deux bonnes filles telles que vous. »

Quoique peu sensible, Béatrix éprouva à son tour un attendrissement qui lui fit comprendre les larmes de Jeanne; en allant la retrouver, elle essuyait ses yeux, et se disait : « A présent, madame peut devenir pauvre comme Job, elle est bien sûre d'avoir toujours une cuisinière à ses ordres. »

Mme de Vézeli sentait le besoin d'être seule, mais ce n'était plus de la misanthropie; un charme qu'elle ne savait pas encore définir embellissait à ses yeux la solitude; et ses larmes, si amères lorsque le chagrin les arrachait à l'orgueil, ses larmes, coulant sans effort, semblaient emporter dans leur cours ce fonds d'aigreur qui doublait tous ses maux. Au lieu de penser à ses peines, elle songeait à ses fautes; au lieu d'accuser le sort, elle bénissait la Providence qui envoyait à son aide l'ange conciliateur. Oubliant ses longs tourments et son exil dans ces lieux sauvages, elle arrêta sa pensée avec confusion, mais avec douceur, sur l'avenir enchanteur que l'on promettait à son repentir.

Sondant, non sans frémir, les replis de sa conscience, elle y trouva que l'attachement qu'elle avait eu pour le comte de Verceil était tel que le mari le moins jaloux était en droit de s'en offenser, et s'avoua, d'après les différentes circonstances de sa liaison, qu'il ne pouvait en résulter que des suites aussi déshonorantes que funestes; suites qu'elle ne prévoyait pas au temps de son erreur. Et cet attachement criminel, n'était-ce pas elle qui l'avait provoqué, entretenu? Arrêté par un amour vertueux, par des principes d'honneur et de probité, Raoul ne chercha ni à séduire ni à être séduit; il succomba à des attaques multipliées : mais sans doute ses remords ont vengé Emma, et un juste mépris est le seul souvenir qui lui reste d'une femme dangereuse et coupable. Quelle réflexion! et comment l'orgueilleuse Mme de Vézeli peut-elle en supporter l'humiliation? C'est comme un trait aigu qui déchire son cœur. Son front rougissant s'incline vers la terre; la honte suspend un moment le cours de ses pensées, et ce n'est qu'avec effort qu'elle revient sur les actions de sa jeunesse. Partout elle découvre l'orgueil, la fureur de briller et de subjuguer tout ce qui l'approche : ce qu'elle appelait sensibilité ne lui paraît plus que l'irritation de l'amour-propre et le résultat d'un froid égoïsme tout à fait étranger aux passions qu'il cherche à faire naître. Quelle coquetterie dans les conversations! conversations qui, sous le voile du badinage ou d'une sensibilité feinte et exagérée, entraînent l'esprit au delà des bornes que la raison prescrit, et les sens dans un égarement dont la sagesse rougirait, si la sagesse habitait un cœur livré aux enchantements de la vanité. Quelle recherche dans ces parures indécentes, que des vues moins chastes encore que la parure rendent si dangereuses! quelle basse envie dans tout ce qui porte ombrage! quelle joie barbare et impie que celle qui, dans une nouvelle conquête, ne compte qu'un malheureux de plus! Les vains détours de la coquetterie se dévoilent aux rayons de la vérité : Zoé prétendait qu'elle ne voulait que plaire, maintenant elle reconnaît qu'elle a voulu séduire; elle se croyait innocente des sentiments criminels qu'elle fit naître par une adroite séduction, maintenant elle en sent la responsabilité, et s'effraie d'avoir provoqué tant de pensées, tant de désirs coupables. « Ah! s'écrie-t-elle, que de victimes j'ai faites! quel châtiment je mérite! car la loi punira-t-elle celui qui est empoisonné ou celui qui a versé le poison? »

Sans doute, ce n'était pas de sang-froid que Mme de Vézeli formait ses plans de séductions; elle était entraînée par une sorte d'aveuglement : et cependant, qu'est-ce que la vertu, sinon la sentinelle vigilante qui doit nous tenir en garde contre les surprises de l'ennemi?

Au milieu de tant de souvenirs, se retraçait à son esprit la douce image d'Emma; Zoé la voyait pâle et languissante; et, s'accusant des larmes qu'elle lui avait fait répandre, « Sans moi, dit-elle, elle n'eût connu que d'heureux jours; ma présence est venue, comme le vent du midi, dessécher cette fleur si fraîche et si pure : elle devait me haïr; elle se borna à ne plus m'aimer; ah! peut-être me plaint-elle encore. Et c'est cet ange de bonté que j'ai eu la perfidie d'accuser d'insensibilité! Emma! si tu connaissais mes regrets, tu me pardonnerais sans doute; pour moi, je ne me pardonnerai jamais. »

Avec quelle horreur Mme de Vézeli ne revint-elle pas sur le duel du chevalier d'Olban et du malheureux Colville, ce fils unique qu'elle croyait avoir ravi à sa mère! Elle voit enfin que c'est sa légèreté qui a dirigé l'arme meurtrière, et le remords d'un homicide vient se joindre à ses autres remords. Elle tombe défaillante, en invoquant la miséricorde de Dieu; et l'affreux éloignement où elle vit de son fils ne lui paraît plus qu'une juste punition, à laquelle elle se résigne, en sentant toutefois qu'elle en mourra.

Qui n'eût été ému de compassion, en voyant Mme de Vézeli prosternée et tremblant devant son juge? Ses larmes, sa pâleur, les soupirs ou plutôt les cris qui lui échappent, tout chez elle annonce l'agonie du désespoir, et le désespoir dans une âme passionnée enfante souvent les plus noirs projets. Ah! qu'on se rassure; l'affliction qui naît au sein de la piété n'est jamais sans quelque lueur d'espérance : les eaux du torrent bouillonneraient en vain près de Zoé, en vain le découragement lui crierait : « Cesse de souffrir. » Elle repousserait ses lâches conseils; et, forte du sentiment que la foi imprime dans son âme, elle répondrait : « Je sais souffrir, depuis que je sais aimer mon Dieu. »

C'est pendant le calme de la nuit que Mme de Vézeli se livrait à ces pieuses pensées; l'humble recherche de ses égarements avait besoin des ténèbres : à présent que la vérité l'accable de son lourd fardeau, elle presse le retour de l'aurore, pour se décharger du poids de ses fautes dans le sein de la religion. La cloche se fait entendre, et ce son, qui si souvent frappa son oreille sans éveiller en elle le moindre sentiment de piété, ce son l'émeut, la trouble. C'est le signal qu'elle a désiré. Pourquoi donc hésite-t-elle? Pourquoi ce tremblement? S'accuser est terrible sans doute; mais se plaindre est si doux! Le récit de nos fautes est presque toujours celui de nos douleurs.

Le désordre de ses vêtements n'occupe pas un instant Mme de Vézeli; elle jette un voile sur sa tête, et s'avance d'un pas tremblant vers la modeste maison du Seigneur. Le curé l'attendait, il était seul; et cette solitude, et ce jour incertain qui se jouait dans les vitraux de l'église, et le silence du pasteur, qui lui fit signe de s'agenouiller, tout porta dans l'âme de Zoé une émotion tendre et respectueuse qui lui fit sentir la présence du Seigneur : c'est à lui qu'elle va révéler ses faiblesses; c'est de lui qu'elle va recevoir le pardon. La voilà, cette femme superbe, qui si longtemps voulut régner en souveraine; la voilà confuse, prosternée aux pieds d'un homme humble, pauvre, ignoré : elle s'accuse avec candeur, et s'étonne elle-même des subites clartés qui lui montrent des plaies qu'elle ne connaissait pas encore : l'humilité lui découvre en un moment ce que des siècles d'orgueil n'auraient pu lui apprendre, et c'est en se reconnaissant coupable que Zoé rouvre son âme à la vertu.

En voyant ses regrets et son repentir, le curé n'a plus qu'à mêler ses pleurs avec ses pleurs, ses soupirs avec ses soupirs, et rappeler les divines miséricordes : la menace des châtiments est superflue pour celui qui commence à aimer Dieu et à détester ses égarements.

Lorsque la confession fut achevée, le curé offrit le saint sacrifice; Mme de Vézeli y assista avec une touchante ferveur. Des sensations si douces succédèrent à des émotions si terribles que, ravie et hors d'elle, elle s'écriait : « O mon Dieu, si vous donnez de semblables joies aux pécheurs, quelles sont donc les délices que vous réservez à vos bien-aimés ! »

Dès ce moment elle commença une nouvelle existence : prier et faire du bien étaient les seules occupations de sa journée. Elle apprit, à l'école de la religion, qu'il ne suffit pas de donner, qu'il faut encore joindre à ses dons cette charité tendre et active, qui, associant le riche aux souffrances de l'indigent, lui prête cet accent de l'âme, qui ranime le pauvre, endort ses douleurs et dissipe ses inquiétudes.

Là où est la piété sincère, l'orgueil disparaît; aussi Mme de Vézeli, qui, jusque-là, avait essayé de bannir de son esprit jusqu'au nom de son époux, et n'avait fait aucune tentative pour recouvrer son estime et sa bienveillance, ne balança-t-elle pas à faire tous ses efforts pour découvrir le lieu de sa résidence : elle lui écrivit une lettre qu'elle chargea un homme d'affaires de lui faire passer. Cette lettre respirait le repentir, la religion, l'amour maternel : elle ne demandait pour toute grâce au marquis que son pardon, et la faveur de voir son cher Ernest, ne fût-ce que pour une heure. Cette lettre fut longtemps à parcourir différents pays, et ne parvint à M. de Vézeli qu'après les événements dont nous allons rendre compte.

Un fléau terrible, la guerre, vint, presque aussitôt après la conversion de Mme de Vézeli, fournir des aliments à sa bienfaisance. L'homme que le Ciel avait imposé à la France voulait alors s'emparer de l'Espagne. Les Français, malgré leur valeur, ne purent triompher d'un pays où la population entière s'était levée pour défendre l'honneur national et résister à une usurpation basée sur la violation de toutes les lois. Nos militaires, malades ou blessés, repassaient les Pyrénées, lorsqu'ils en trouvaient la force et les moyens; et, se répandant dans le pays, ils allaient implorer des secours qu'un cœur français ne refuse jamais à la valeur et à la détresse. Le village de Bérilès en accueillit plusieurs; le château fut métamorphosé en hôpital, et Mme de Vézeli en sœur de charité. Son zèle, sa piété lui donnaient des droits à ce nom vénéré, et bientôt elle fut connue, respectée et chérie dans tous les environs. « Ah! qu'on est bien à Bérilès! répétaient les militaires qui s'en retournaient guéris et reconnaissants; le curé ferait un saint d'un démon, et les soins de Mme de Velda [1] sont si doux qu'on regrette presque de guérir. »

Le Curé de Bérilès.

[1] Nom d'emprunt sous lequel se cachait la marquise de Vézeli.

LA MENNAIS

NOTICE BIOGRAPHIQUE

Le célèbre abbé Hugues-Félicité Robert de la Mennais naquit en juin 1782, à Saint-Malo. Son nom de famille était *Robert*. Son nom de *la Mennais* vient d'une petite propriété située dans la basse Bretagne. Son père avait été anobli en 1780, en récompense d'abondantes distributions faites au peuple de Saint-Malo dans un moment de détresse. A la mort de sa mère, qu'il perdit à l'âge de sept ans, Hugues-Félicité fut confié, avec son frère aîné, aux soins d'un ecclésiastique que la Révolution contraignit bientôt à se réfugier en Angleterre. Vers la même époque, onze navires appartenant à M. de la Mennais père furent pris, et avec eux disparut toute sa fortune. Occupé de réparer ce désastre, M. de la Mennais négligea l'éducation de ses fils, qui se trouvaient livrés à eux-mêmes. Jean, l'aîné, qui savait un peu de latin, se chargea de faire connaître à son jeune frère les premiers éléments de cette langue ; mais déjà impatient de tout joug, celui-ci ne voulait subir aucune direction, et il se mit à étudier tout seul. Son intelligence était tellement active qu'il put bientôt lire Tacite. Les affaires de son père ne se rétablissant pas, le jeune Félicité de la Mennais alla habiter la campagne d'un de ses oncles, qui chercha en vain à lui imposer un système d'enseignement. Voyant ses efforts infructueux, il eut l'imprudence d'enfermer son neveu dans une bibliothèque divisée en deux compartiments, dont l'un contenait les livres qu'il croyait dangereux. Avec une nature comme la sienne, il n'est pas étonnant que le jeune Félicité se soit dirigé du côté défendu.

Quoi qu'il en soit, ses sentiments religieux ne paraissent pas en avoir été alors sérieusement ébranlés; car en 1808, il publia, sans le signer, un livre intitulé : *Réflexions sur l'état de l'Eglise en France pendant le XVIIIe siècle et sur la situation actuelle*, où il faisait un grand éloge des Jésuites et anathématisait la philosophie incrédule. M. de la Mennais, ne se sentant aucun goût pour la carrière commerciale, que son père aurait voulu lui faire prendre, était alors professeur de mathématiques au lycée de Saint-Malo. L'année suivante, il fit paraître le *Guide spirituel*, traduit de Louis de Blois. Vers ce temps, il entra au petit séminaire de Saint-Malo, dont son frère était supérieur, et reçut la tonsure. En 1815, Félicité entra au séminaire Saint-Sulpice, où il ne fit qu'un court séjour. En 1816, il partit pour Rennes, afin de s'y faire ordonner prêtre. En 1817, il fit paraître son premier volume de l'*Essai sur l'indifférence en matière de religion*. Ce livre fut à la fois un événement religieux et un événement littéraire. L'enthousiasme pour l'auteur, jusque-là inconnu, fut porté à son comble; on alla jusqu'à l'appeler un second Bossuet. En peu d'années huit éditions de l'ouvrage furent épuisées. Le succès était mérité ; car depuis longtemps on n'avait vu tant d'éloquence et de puissante dialectique au service de la vérité. Les années suivantes, la Mennais fut un des collaborateurs du *Conservateur* et du *Drapeau blanc*. En 1820, il fit paraître le deuxième volume, impatiemment attendu de son *Essai sur l'indifférence*. Mais, hélas! ce volume ne répondit pas aux espérances qu'on en avait conçues, car l'auteur commençait à y dévier de la ligne qu'il avait d'abord suivie. Cependant, malgré les écarts de sa théorie philosophique, M. de la Mennais était encore considéré comme le plus éloquent champion de la cause catholique en France, et lorsqu'il se rendit à Rome, peu de temps après avoir terminé son ouvrage, il y fut accueilli avec beaucoup de faveur par le pape Léon XII. De retour en France, il publia un volume de mélanges composé de ses divers articles de journaux. En 1826, il fit paraître un nouvel ouvrage intitulé : *De la religion dans ses rapports avec l'ordre politique et civil*, où il se montrait aussi ardent royaliste qu'ultramontain décidé. Conduit devant la justice pour avoir attaqué la fameuse déclaration de 1682, il fut défendu par M. Berryer et condamné seulement à trente francs d'amende. Il prononça devant le tribunal la déclaration de foi suivante : « Je dois à ma conscience et au caractère sacré dont je suis revêtu, de déclarer au tribunal que je demeure inébranlablement attaché au chef légal de l'Eglise, que sa foi est ma foi, que sa doctrine est ma doctrine, et que, *jusqu'à mon dernier soupir*, je continuerai à les professer et à les défendre. »

Hélas! la Mennais ne devait pas tarder à trahir ce serment. Il entra d'abord en lutte avec l'archevêque de Paris, Mgr de Quélen, à propos d'un nouvel ouvrage : *Progrès de la révolution et de la guerre contre l'Eglise*, où ce prélat trouvait des propositions condamnables. Après la révolution de 1830, M. de la Mennais fonda le journal *l'Avenir*, avec MM. Lacordaire et de Montalembert. La verve éloquente et les sentiments religieux exprimés par ces écrivains valurent d'abord à cette publication un grand succès ; mais les évêques ne tardèrent pas à s'alarmer de quelques-unes des doctrines qui y étaient professées.

Ces messieurs partirent pour Rome et se soumirent au jugement du Saint-Siége ; mais, de la part de M. de la Mennais, cette soumission ne fut pas sincère, ou du moins fut de courte durée, et la publication des *Paroles d'un Croyant* vint apprendre à l'Eglise de France qu'elle ne devait plus compter l'auteur de l'*Essai* au nombre de ses enfants.

Ce jugement fut confirmé par celui du Saint-Siége, et M. de la Mennais, malgré les tentatives réitérées de son digne frère, après s'être enfoncé de plus en plus dans l'abîme de l'erreur, et avoir publié d'autres mauvais ouvrages, mourut dans l'impénitence finale, aussi déchu de talent que de principes. Sa mort eut lieu en novembre 1854,

(D'après Feller.)

L'ÉTABLISSEMENT DU CHRISTIANISME

Armé d'une croix de bois, on le vit tout à coup s'avancer au milieu des joies enivrantes et des religions dissolues d'un monde vieilli dans la corruption. Aux fêtes brillantes du paganisme, aux gracieuses images d'une mythologie enchanteresse, à la commode licence de la morale philosophique, à toutes les séductions des arts et des plaisirs, il oppose les pompes de la douleur, de graves et lugubres cérémonies, les pleurs de la pénitence, des menaces terribles, de redoutables mystères, le faste effrayant de la pauvreté, le sac, la cendre et tous les symboles d'un dépouillement absolu et d'une consternation profonde ; car c'est là tout ce que l'univers païen aperçut d'abord dans le christianisme. Aussitôt les passions s'élancent avec fureur contre l'ennemi qui se présente pour leur disputer l'empire. Les peuples, à grands flots, se précipitent sous leurs bannières, l'avarice y conduit les prêtres des idoles ; l'orgueil y amène les sages, et la politique les empereurs. Alors commence une guerre effroyable ; ni l'âge ni le sexe ne sont épargnés ; les places publiques, les routes, les champs même, et jusqu'aux lieux les plus déserts, se couvrent d'instruments de torture, de chevalets, de bûchers, d'échafauds ; les jeux se mêlent au carnage ; de toutes parts on s'empresse pour jouir de l'agonie et de la mort des innocents qu'on égorge ; et ce cri barbare, *Les chrétiens aux lions* ! fait tressaillir de joie une multitude ivre de sang. Mais, dans ces épouvantables holocaustes que l'on se hâte d'offrir à des divinités expirantes, il faut que chacune ait ses victimes choisies ; et une cruauté ingénieuse invente de nouveaux supplices pour la pudeur. Enfin, les bourreaux fatigués s'arrêtent, la hache s'échappe de leurs mains. Je ne sais quelle vertu céleste émanée de la croix commence à les toucher eux-mêmes. A l'exemple des nations entières subjuguées avant eux, ils tombent aux pieds du christianisme, qui, en échange du repentir, leur promet l'immortalité et déjà leur prodigue l'espérance. Signe sacré de paix et de salut, son glorieux étendart flotte au loin sur les débris du fanatisme écroulé. Les Césars jaloux avaient conjuré sa ruine, et le voilà assis sur le trône des Césars. Comment a-t-il vaincu tant de puissance ? En présentant son sein au glaive, et aux chaînes ses mains désarmées. Comment a-t-il triomphé de tant de rage ? En se livrant sans résistance à ses persécuteurs...

Introduction à l'Essai sur l'indifférence.

LA SOCIÉTÉ MODERNE

Le siècle le plus malade n'est pas celui qui se passionne pour l'erreur, mais le siècle qui néglige, qui dédaigne la vérité. Il y a encore de la force, et par conséquent de l'espoir, là où l'on aperçoit de violents transports ; mais lorsque tout mouvement est éteint, lorsque le pouls a cessé de battre, que le froid a gagné le cœur, qu'attendre alors, qu'une prochaine et inévitable dissolution ?

En vain on essaierait de le dissimuler : la société en Europe s'avance rapidement vers ce terme fatal. Les bruits qui grondent dans son sein, les secousses qui l'ébranlent, ne sont pas le plus effrayant symptôme qu'elle offre à l'observateur : mais cette indifférence léthargique où nous la voyons tomber, ce profond assoupissement, qui l'en tirera? Qui soufflera sur ces ossements arides pour les ranimer? Le bien, le mal, l'arbre qui donne la vie et celui qui produit la mort, nourris par le même sol, croissent au milieu des peuples, qui, sans lever la tête, passent, étendent la main, et saisissent leurs fruits au hazard. Religion, morale, honneur, devoirs, les principes les plus sacrés comme les plus nobles sentiments, ne sont plus qu'une espèce de rêve, de brillants et légers fantômes qui se jouent un moment dans le lointain de la pensée pour disparaître bientôt sans retour. Non, jamais rien de semblable ne s'était vu, n'aurait pu même s'imaginer. Il a fallu de longs et persévérants efforts, une lutte infatigable de l'homme contre sa conscience et sa raison, pour parvenir à cette brutale insouciance. Arrêtez un moment vos regards sur ce roi de la création : quel avilissement incompréhensible ! Son esprit affaissé n'est à l'aise que dans les ténèbres. Ignorer est sa joie, sa paix, sa félicité; il a perdu jusqu'au désir de connaître ce qui l'intéresse le plus. Contemplant avec un égal dégoût la vérité et l'erreur, il affecte de croire qu'on ne les saurait discerner, afin de les confondre dans un commun mépris ; dernier excès de dépravation intellectuelle où il lui soit donné d'arriver.

Or, quand on vient à considérer ce prodigieux égarement, on éprouve je ne sais quelle indicible pitié pour la nature humaine : car se peut-il concevoir de condition plus misérable que celle d'un être également ignorant de ses devoirs et de ses destinées, et un plus étrange renversement de la raison, que de mettre son bonheur et son orgueil dans cette ignorance même, qui devrait bien plutôt être le sujet d'un inconsolable gémissement?

Essai sur l'indifférence.

ALEXIS-FRANÇOIS RIO

NOTICE BIOGRAPHIQUE

Alexis-François Rio est né à l'île d'Arz, près des côtes du Morbihan, en 1797. L'épisode ci-joint nous initie à l'histoire de sa famille et à celle de son enfance; car, ainsi qu'il est aisé de le deviner, c'est de lui et des siens qu'il est ici question. Avec deux de ses camarades, à dix-sept ans ce jeune héros recevait la croix de la Légion d'honneur. Le gouvernement de la Restauration voulait ainsi honorer, en leurs personnes, cette héroïque bande d'adolescents qui avaient, dans la défense spontanée du trône et de l'autel, déployé un courage viril inspiré par de fortes convictions et une piété sincère. L'histoire de cette lutte, pleine du plus touchant intérêt et des plus émouvantes péripéties, a été racontée par M. Rio, qui, dans ce récit, s'efface lui-même au profit de la gloire commune.

Après avoir repris place humblement sur les bancs de ce même collége, le jeune chevalier de la Légion d'honneur, ayant terminé ses études, y fut employé comme professeur. Nommé au bout de trois ans professeur de seconde à Tours, il passa encore par quelques autres colléges de province, et devint, bien jeune encore, professeur d'histoire à Paris, au collége Louis-le-Grand.

Lié avec MM. de Montalembert et de la Mennais, il se sépara de ce dernier aussitôt que sa doctrine cessa d'être orthodoxe.

Brizeux, qui a chanté les *Ecoliers de Vannes*, donne à Rio l'épithète d'*éloquent*. Il l'était effectivement dès le temps où il haranguait cette petite troupe, il le fut toute sa vie, et l'est encore dans un âge avancé dont les infirmités dues à d'opiniâtres travaux n'ont pas fait vieillir son cœur. L'éloquence avec laquelle il raconta dans le pays de Galles (Grande-Bretagne) l'histoire de cette petite chouannerie qu'il n'avait pas encore écrite, y excita le plus vif enthousiasme. Il sut, par la chaleur de ses discours, renouer les liens fraternels qui avaient jadis existé entre les habitants du pays de Galles et ceux de l'Armorique, issus d'une même origine celtique ; il contracta lui-même une alliance avec cette nation sœur, en épousant une galloise catholique, de la noble race des Herbert comtes de Pembroke.

Outre l'histoire de la petite chouannerie, on doit à M. Rio un *Essai sur l'histoire de l'esprit humain dans l'antiquité*. — Quatre volumes d'une magnifique *Etude sur l'art chrétien*, qui lui a conquis des sympathies européennes. Il a publié encore, sous ce titre *Quatre Martyrs*, de sublimes biographies très-peu connues, aussi instructives qu'émouvantes et édifiantes. — *Shakespeare*, et enfin plusieurs articles dans l'ancienne *Université catholique* et dans le *Correspondant*.

LA MÈRE BRETONNE

Vicit iter durum pietas.
VIRGILE.

Entre tous les engagements que nous avions pris les uns vis-à-vis des autres, le plus sacré sans contredit était celui de ne faire part du complot à personne, pas même à nos parents, et le jour du départ arriva sans qu'un seul conspirateur eût manqué à sa parole. Mais ce jour-là, il y en eut un qui crut pouvoir sans inconvénient déposer son secret avec son dernier adieu dans le sein maternel. Il s'y prenait assez tard pour être sûr qu'on ne chercherait même pas à ébranler sa résolution. Et puis, il avait une mère en qui le caractère était aussi fort que le cœur.

Elle avait puisé cette force dans une série d'épreuves qui avaient commencé pour ainsi dire avec son enfance ; car du jour où la persécution éclata contre les prêtres, il fallut s'associer à leurs périls pour apprendre son catéchisme et faire sa première communion. Puis, avec le progrès de la terreur, il y eut à chaque nouveau sacrement un nouveau danger de mort ; et les mères de famille les bravaient l'un après l'autre, et quand il n'y avait plus de prêtres dans les villes, elles envoyaient leurs enfants faire leur apprentissage de chrétiens dans les campagnes.

Aux approches de la fête de la Pentecôte, qui depuis longtemps ne se célébrait plus dans les églises, une pieuse femme de l'île d'Arz, qui demeurait alors au Port-Louis, fit conduire la plus jeune de ses filles au bourg d'Er-Deven, chez une parente dont la maison servait souvent aux cérémonies clandestines du culte persécuté. On appelait cela donner l'hospitalité au bon Dieu ; on séjournait là comme dans un sanctuaire, et l'enfance y devenait sérieuse et forte comme l'âge mûr?

La pauvre jeune fille y prolongea son séjour au-delà de la permission maternelle. Une flotte anglaise fut signalée au loin sur l'Océan. Les campagnes se levèrent en masse pour aller chercher des armes. La presqu'île de Quiberon, qui touche à la paroisse d'Er-Deven, prit l'aspect d'un camp et devint bientôt un champ de bataille. Mais, auparavant, les républicains balayèrent, pillèrent et brûlèrent les villages d'alentour où il n'y avait plus que des femmes et des enfants avec quelques vieillards décrépits, et tout cela courut pêle-mêle chercher un asile dans l'intérieur des lignes que les émigrés et les chouans avaient élevées à l'entrée de la péninsule.

Mais le jour où ces lignes furent forcées par le général Hoche, l'épouvante de cette multitude sans défense doubla le désordre parmi les vaincus. Des femmes et des enfants furent foulés par les chevaux ou suffoqués dans l'étroit passage qui donnait entrée dans la presqu'île. Ce fut là que la jeune fille dont je raconte la triste histoire perdit sa tante à qui elle s'était vainement accrochée. Pas une âme ne fut émue de pitié pour elle à la vue de sa jeunesse et de sa beauté. Elle courait en aveugle sans savoir où, et sa course ne changeait de direction que quand elle voyait un chemin obstrué par des cadavres. Cette vue lui faisait plus de peur que le sifflement des balles à ses oreilles. Elle passa devant les grenadiers d'Humbert, qui avaient déjà mis leurs fusils en joue, et qui ne tirèrent que quand elle eut dépassé leur front. Elle vit alors que tout le monde fuyait vers la mer, doublement terrible à voir dans ce moment-là ; car, outre qu'elle était agitée par la tempête, on apercevait à sa surface houleuse des malheureux qui criaient vainement *au secours*, des barques qui sombraient sous leur charge, d'autres, assaillies par des nageurs auxquels on coupait les poignets à coups de sabre pour les forcer à lâcher prise.

Ce spectacle fit à la pauvre fille encore plus d'horreur que les cadavres. Elle s'agenouilla un instant sur la grève, fit une courte prière à Dieu pour demander la contrition avant de mourir, et alla se placer à l'entrée d'une espèce de hangar où s'était réfugié tout ce qui était trop faible ou trop vieux pour se sauver. Maintenant que son sacrifice était fait, elle put prier sans distraction ; mais la contrition ne venait pas à son gré. Cependant les décharges des bleus annonçaient leur approche ; encore quelques minutes, et elle aurait à comparaître devant son juge ! Pour se donner quelques chances de plus, elle perce la foule, marche sur les uns, saute lestement par dessus les autres, et, à genoux dans un coin, la tête contre le mur pour ne pas voir le massacre qui finira par elle, elle demande avec un redoublement de ferveur la grâce qui doit couronner toutes les autres. Bientôt les républicains se précipitèrent avec des juremments et des menaces, brandissant leurs sabres nus et se faisant livrer argent et bijoux. Quand ce fut le tour de la pauvre fille de l'île d'Arz, qui se croyait toujours à l'article de la mort, ils lui arrachèrent brutalement son chapelet, qu'elle tenait fortement serré dans ses mains jointes, et la croix d'argent qu'elle portait suspendue à son cou. Un soldat ivre, qui vint après les premiers spoliateurs, fut si courroucé de trouver tout le butin enlevé, qu'il tira son sabre pour se dédommager par un meurtre ; et déjà il avait courbé sous son rude poignet la tête de sa victime, quand un officier, accouru en toute hâte pour prévenir ou arrêter le massacre, arriva juste à temps pour la sauver. Un seul fait suffira pour donner une idée de l'impression que cette terrible journée avait produite sur elle, et de l'altération qu'avaient subie ses traits, c'est que sa mère, en la revoyant, ne la reconnut pas d'abord.

Et cependant cette épreuve n'était rien en comparaison de celles qui suivirent. Elle se maria, bien jeune encore, au fils d'une des victimes massacrées au champ des martyrs, après la capitulation de Quiberon. C'était en 1796, au moment où Georges Cadoudal faisait promulguer la terrible loi qui défendait le mariage à la jeunesse bretonne, appelée, selon lui, à d'autres devoirs plus pressants et plus sacrés que celui-là. Et ses plus farouches émissaires disaient, en passant par les villages, qu'une bonne cartouche était le cadeau de noces réservé à chaque nouveau marié. Aucun de ces propos n'était parvenu aux oreilles de la pauvre fille ni à celles de sa mère, de sorte que le mariage fut conclu comme tous les mariages de ce temps-là, c'est-à-dire sous les plus funèbres auspices. Les deux époux durent exposer la vie du prêtre et risquer leur propre liberté, pour obtenir clandestinement et de nuit la bénédiction nuptiale, bénédiction qui fut suivie de calamités si affreuses, que des âmes moins pures et moins résignées auraient pu la prendre pour une malédiction.

Un dernier appel fut fait à tous les Bretons qui étaient en état de porter les armes, et cet appel était conçu en termes très-menaçants pour ceux qui, ayant bravé le formidable pouvoir du général en chef, ne profiteraient pas de cette occasion pour se faire pardonner leur premier tort. Ce n'était pas avec Georges Cadoudal qu'on pouvait se jouer impunément d'une défense ou d'une menace. Aussi beaucoup d'hommes récemment mariés accoururent sous ses drapeaux, et lui prouvèrent que les douceurs de la vie conjugale n'avaient pas amolli leur courage. Mais ils s'aperçurent bientôt qu'ils avaient donné aux républicains une trop forte prise sur eux, car les femmes qui ne dénonçaient pas leurs maris avaient à subir des tortures qui faisaient parfois faillir la résolution des plus fermes. Si l'épouse se montrait inflexible, on attaquait la mère, dans l'espoir qu'une dénonciation échapperait de sa bouche avec le cri de la nature. Ce fut ainsi que les autorités révolutionnaires s'y prirent pour épouvanter la pauvre femme dont je raconte ici les malheurs. On lui demanda si son mari était allé rejoindre les chouans, elle refusa de répondre. Une seconde, une troisième sommation n'ayant pas produit plus d'effet, les gendarmes dégaînèrent leurs sabres avec fracas et en appuyèrent alternativement la pointe sur l'enfant qu'elle portait dans ses bras et sur celui qu'elle portait dans son sein. Son angoisse, que les mères seules comprendront, lui coupa la respiration et la parole. Sa maison fut mise au pillage, et elle fut laissée par ses persécuteurs dans un affreux dénument.

Le malheureux, que la république atteignait ainsi dans ce qu'il avait de plus cher, se sentit le cœur brisé quand il apprit tous ces détails ; et au lieu de tourner ses pensées du côté de la vengeance par la victoire, il eut la faiblesse d'aller aggraver par sa présence les tourments dont son absence avait été la première cause. Il vint pour consoler sa compagne, et il la désespéra, car son arrêt de mort était prononcé d'avance, et la remise en vigueur des lois révolutionnaires ne lui laissait aucun espoir, s'il était découvert. D'un autre côté, sa désertion avait été dénoncée à son chef de division Vincent Hervé, impitoyable exécuteur du code militaire de Cadoudal ; et des chouans qui connaissaient le déserteur et son asile présumé, furent envoyés à sa poursuite, avec ordre de le fusiller sur le lieu même.

Pressé entre ces deux sentences capitales, le pauvre proscrit, sentant que le sol tremblait partout sous ses pas, tourna les yeux vers un élément tout nouveau pour lui, et se fit inscrire sur le rôle d'équipage d'un navire morbihannais, qui appareillait pour la Manche. Bien que cet embarquement fût une délivrance, les adieux furent tristes de part et d'autre, mais surtout de la part de celle qui restait avec deux enfants à peu près orphelins, et avec les noirs pressentiments que mettait dans son cerveau déjà malade le souvenir de son père englouti deux ans auparavant, par une sombre nuit de février, dans cette même mer sur laquelle son mari allait maintenant s'aventurer.

A peine fut-il parti que la pacification définitive eut lieu, et les semaines et les mois s'écoulèrent sans que la malheureuse femme reçût aucune nouvelle. Enfin le navire qui portait son consolateur et son appui fut signalé à la pointe de l'île aux Moines, voguant à pleines voiles, avec son pavillon tricolore, qui n'eût pas été arboré si l'équipage n'eût pas été au complet. Cette joyeuse annonce ayant dissipé toutes les craintes, la femme du chouan amnistié court avec les autres vers le rivage, et, dans l'exubérance de sa joie, elle ne remarqua pas que les figures des matelots étaient sinistres ; ses yeux ne cherchaient qu'un seul objet et ne le trouvaient pas. Quand elle fut montée à bord, ce qui s'offrit d'abord à elle fut une forme d'homme presque courbée en deux et appuyée contre le mât du milieu ; deux béquilles neuves étaient à côté de lui, et une sale couverture toute trempée d'eau de mer l'enveloppait de la tête aux pieds. Une figure pâle et maigre, que la souffrance avait rendue méconnaissable, se dégagea lentement de dessous cette espèce de linceul. La voix fut ce qu'elle reconnut d'abord ; elle jeta un cri et tomba évanouie sur le pont.

Quand elle eut repris connaissance, on lui donna la douloureuse explication du spectacle déchirant qu'elle avait sous les yeux. A peine arrivé dans la Manche, le navire avait été assailli par une si violente tempête, que par moments les voiles se confondaient avec l'écume des vagues ; il fallut les amener. Une seule restait à la grande hune, et les cordages s'étaient entortillés aux vergues. L'équipage ne pouvait être sauvé que par un grand acte de dévouement. Pas un matelot ne voulut monter au mât. Le pauvre chouan, malgré son inexpérience, ou à cause de son inexpérience, se dévoua ; il arriva jusqu'à la hauteur indiquée, coupa la corde et, pour descendre plus sûrement et plus vite, se laissa glisser ; mais ses mains écorchées et brûlantes ayant lâché prise, il tomba de très-haut sur les ferrures du pont, et fut relevé avec tous ses membres broyés par la chûte. Le lendemain, on avait relâché à Cherbourg, pour le déposer dans l'hospice de cette ville, en lui promettant de le reprendre au retour ; car il tenait à mourir au milieu des siens. Grâce aux soins tout fraternels qui lui avaient été prodigués par un soldat républicain en qui il avait trouvé un garde-malade et un consolateur, il s'était assez bien remis pour supporter la traversée jusqu'au Morbihan. Le contre-coup des vagues, en secouant violemment son hamac, lui avait fait éprouver parfois des douleurs atroces ; mais il lui semblait que la vue du clocher de son île les avait calmées.

La mort ne tarda pas à l'en délivrer tout à fait ; mais, avant de fermer les yeux, il eut le loisir de mesurer la profondeur de l'abîme de misère où sa famille allait être plongée ; car la paix récemment conclue ne restituait rien à ceux qui avaient été ruinés par les confiscations révolutionnaires.

Alors commencèrent les épreuves du veuvage et les indicibles angoisses de la maternité. La terre et la mer avaient été si fatales à la pauvre femme, qu'elle ne put plus se fier à aucun de ces deux éléments ; elle plaça désormais toute sa confiance dans le ciel ; et elle lui adressa les plus ferventes prières pour obtenir que son fils fût appelé au ministère des autels. Bientôt arriva l'Empire avec sa conscription annuelle qui dévorait génération après génération, et contre laquelle il n'y avait qu'un seul refuge, l'Eglise ; et, bien que cette Eglise pût redevenir d'un jour à l'autre tragiquement militante, la pauvre mère n'en persévérait pas moins dans son vœu. Mais, pour qu'il fût exaucé, il fallait qu'elle entourât l'enfant des précautions les plus minutieuses, et qu'au milieu de cette population énergique, turbulente et passionnée pour la mer, elle ne laissât arriver à son imagination et à son cœur que des impressions analogues à l'objet qu'elle avait en vue. Pour cela, elle faisait raconter à des marins blanchis dans les prisons ou dans le dur métier du cabotage, tous les genres de privations et de souffrances qu'ils avaient endurés, et elle ajoutait ensuite à leurs récits ses propres commentaires, qui roulaient le plus souvent sur les dangers auxquels étaient exposées des âmes si peu préparées à comparaître devant leur Juge. Mais de quel poids pouvaient être dans l'esprit d'un enfant des considérations tirées d'un ordre d'idées qui souvent dépassent la portée de l'âge mûr ! et, quant à la peinture des dangers et des catastrophes de la vie maritime, loin d'inspirer un effroi salutaire, elle montait la tête au petit auditeur ; car pour l'enfance placée dans des conditions favorables au développement de ses meilleurs instincts, ce qu'il y a de plus aventureux est aussi ce qu'il y a de plus beau.

Voilà donc l'enfant de la pauvre veuve, qui, à force d'entendre parler des productions rares et merveilleuses des pays lointains, se résout à faire, avec son frère encore plus jeune que lui, un voyage de long cours, et pour cela, ils se mettent très-sérieusement à déblayer et à radouber un vieux bateau pourri qu'une tempête équinoxiale avait jeté bien avant sur la grève. L'œuvre fut poursuivie avec une patience et une discrétion incroyables. Comme l'île, toujours battue par les vents d'ouest, est entièrement dépouillée d'arbres, les gouttières en bambou furent arrachées du toit de la maison maternelle par escalade nocturne, et mises en réserve de mâts et de vergues; des draps, soustraits tout aussi frauduleusement, furent changés en voiles; des provisions de bouche furent cachées en lieu sûr, en attendant le jour du départ, et quand la grande marée de la pleine lune eut enfin fait flotter la chétive embarcation qui avait coûté tant de sueurs et de veilles, sans compter les vols et les mensonges, les deux petits argonautes s'y lancèrent pleins d'orgueil et de confiance. Mais à peine eurent-ils hissé leur misaine, que le bateau, radoubé par une méthode toute nouvelle, commença à faire eau de toutes parts, sans que leurs quatre bras, bien qu'activement employés, pussent l'empêcher de couler à fond. Heureusement, un brave marin, qui avait observé de loin leur manœuvre et leur danger, accourut à temps pour les sauver. On se figure sans peine toutes les terreurs qui frappèrent et durent obséder longtemps après l'imagination maternelle.

Il y avait dans la paroisse un prêtre revenu d'Espagne, homme de Dieu et du pauvre, et ne se lassant jamais d'ouvrir son cœur et sa main aux souffrances de ses ouailles; compâtissant par nature, lors même qu'il n'eût pas été charitable par devoir, il lui arriva souvent de trouver, à l'heure de son repas, sa bourse et son buffet vides, par suite des aumônes de la veille. Après avoir été le consolateur de la mère dans toutes ses peines, il se fit l'explorateur et le régulateur de la vocation du fils, et se l'attacha par un lien dont la force et la douceur ne peuvent être comprises que par ceux qui ont respiré de près le parfum de nos sanctuaires, ou qui se sont bien pénétrés des exquises beautés du poëme de M. Brizeux. Il l'éleva à la dignité d'enfant de chœur, qui était depuis longtemps l'objet de sa petite ambition, et le nouveau dignitaire se passionna tellement pour les fonctions de sa charge, que, non content de les remplir au maître-autel de l'église paroissiale, il avait en outre sa chapelle particulière où il répétait toutes les cérémonies du culte, non pas pour mieux apprendre son rôle, mais pour prolonger des jouissances qui finissaient trop tôt à son gré. Messes, sermons, baptêmes, enterrements, mariages, rien n'était exclu de sa liturgie enfantine. Tout en réprimant ses innocentes profanations, la mère était dans la joie de son âme. Aux approches de la Fête-Dieu, elle lui préparait un beau surplis en toile fine, et allait avec lui dans les jardins et dans les champs effeuiller les coquelicots et les roses, qu'elle lui apprenait à jeter avec une grâce respectueuse devant les reposoirs du Saint-Sacrement. Bientôt il n'y eût plus qu'une voix dans le pays sur la vocation du petit lévite, et la crédule mère, qui regardait déjà son vœu comme exaucé, finit par accepter toutes les félicitations qui lui étaient adressées à ce sujet. Le saint prêtre, dont ce changement était l'ouvrage, en fut presque aussi heureux qu'elle. Pour ne pas laisser à de si bonnes dispositions le temps de se refroidir, il conseilla d'envoyer l'enfant au collége de Vannes pour commencer son cours d'études classiques, et celui-ci partit comblé de tous les genres de bénédictions.

C'était un peu avant l'époque où les levées annuelles pour la conscription montaient quelquefois à plus d'un million d'hommes, alors que la mort naturelle était celle qu'on trouvait sur le champ de bataille. Dans ces jours de deuil et de désespoir, quand le départ des conscrits faisait couler autant de pleurs qu'on en eût pu verser à leurs funérailles, une vocation ecclésiastique bien prononcée dans une famille, était, humainement et religieusement parlant, la plus douce consolation que le Ciel pût lui envoyer; mais aussi rien ne navrait un cœur de mère et surtout un cœur de mère pauvre, veuve et pieuse, comme le pas rétrograde de son fils au moment de mettre le pied dans le sanctuaire. L'enfant dont je parle eut la franchise ou la dureté de détromper la sienne longtemps avant l'époque où il serait forcé d'opter entre le service de l'Eglise et celui des camps. On eut beau recourir aux larmes, aux prières et aux allocutions les plus pathétiques, il fut sourd à tout, excepté à la voix intérieure qui l'entraînait invinciblement d'un autre côté. La mère eut des soupçons et voulut les éclaircir. Hélas! le cœur de son fils s'était ouvert prématurément à des émotions trop difficiles à déraciner, et les illusions qui dorent les premiers jours de la jeunesse avaient commencé pour lui dès son adolescence . . . .

A dater de ce jour, chaque année qui s'écoulait ajouta aux angoisses de la mère, dont l'imagination anticipait de loin sur l'arrêt de mort qui, sous forme de conscription militaire ou maritime, attendait son fils au jour fatal. Vers la fin de l'Empire, la crise devint de plus en plus douloureuse. Puis tout à coup les nuages qui assombrissaient les imaginations se dissipèrent, et une joie presque délirante éclata dans tous les hameaux de la Bretagne, mais nulle part plus que dans les îles du Morbihan, qui avaient un bon tiers de leur population mâle enfermé dans les prisons d'Angleterre.

Plus il y avait eu de bonheur en avril 1814, plus il y eut de consternation en mars 1815. C'était toujours cette conscription qui apparaissait comme un fantôme, ou plutôt comme un vampire à qui il fallait toujours du sang. Cependant on osait espérer que la Providence ne laisserait pas à l'usurpateur le temps d'en verser beaucoup, et les parents dont les fils avaient encore plusieurs années devant eux avant d'atteindre l'âge voulu, n'étaient pas trop tourmentés sur leur sort.

La pauvre mère, dont j'ai à raconter la dernière épreuve, appartenait à cette catégorie privilégiée. Mais elle s'aperçut bientôt avec effroi qu'il n'y avait pas de privilége pour elle, excepté celui de la souffrance. Dès le commencement d'avril, elle vit que quelque chose de mystérieux se tramait autour d'elle, et que son fils était initié bien avant dans ce mystère. Elle le voyait entrer et sortir à des heures indues avec des camarades soucieux et sombres comme lui. Souvent il passait les nuits à courir les campagnes, et rentrait au point du jour dans un état d'épuisement qui donnait beaucoup à penser. L'œil maternel était ouvert sur tous ces mouvements extraordinaires, et il y avait parfois des interrogations dans le regard, mais la bouche était close. Une seule fois la mère avait questionné son second fils[1], quand elle l'avait surpris coulant des balles et fabriquant des cartouches dans le grenier. N'ayant pu en tirer aucun éclaircissement, elle avait pris le parti de ne rien dire, et d'attendre patiemment le coup qui devait lui faire comprendre cette douloureuse exclamation du prophète : *Heureuses les entrailles qui sont restées stériles!*

Au moment du départ, son fils, qui tenait plus à recevoir sa bénédiction qu'à lui faire ses adieux, l'aborda en balbutiant quelques mots d'excuse sur le silence que jusqu'alors il s'était obligé par serment à garder même envers elle, et il lui révéla tout le complot, y compris

[1] Ce second fils, en embrassant, vingt ans après l'état ecclésiastique, procura enfin à sa pieuse mère la consolation après laquelle elle avait si longtemps et si vainement soupirés.

le dénouement, c'est-à-dire la prise d'armes qui allait avoir lieu dans quelques heures. Puis il avoua le rôle qu'il avait joué dans les opérations préliminaires. Cet aveu répondait d'avance à toutes les objections. Aussi la mère bretonne, qui était là dans le plus rude et le plus beau moment de sa vie, n'en fit-elle aucune. Il n'y eut ni lamentations, ni pleurs, ni étreintes maternelles, ni rien de ce qui aurait pu trop attendrir. « Oh! mon Dieu! s'écria-t-elle d'un ton triste mais résigné, il est donc vrai que le sacrifice le plus douloureux me restait encore à faire! » Et en achevant ces paroles, elle s'éloigna bien vite et alla se dédommager, par une abondante effusion de larmes, de la violence qu'elle s'était faite.

Et pendant les deux mois qui suivirent, elle passa bien des nuits à pleurer et à prier, et elle se laissa dominer par les plus noirs pressentiments, en se rappelant combien les guerres civiles lui avaient été fatales.

Et la pauvre veuve disait tous les jours à qui cherchait à la consoler, que cette dernière épreuve était la plus rude de toutes.

Elle le disait surtout quand elle entendait parler d'enfants tués dans les rues de Redon ou mitraillés à Muzillac, ou bien de prisonniers imberbes qu'on allait traduire devant une commission militaire.

Et toutes les mères qui connaissaient l'histoire de ses longues souffrances, convenaient avec elle que cette dernière épreuve était la plus rude de toutes.

La petite Chouannerie.

AUGUSTIN THIERRY

NOTICE BIOGRAPHIQUE

Augustin Thierry est né à Blois le 10 mai 1795. Dans une des notices qui servent d'introduction à ses diverses œuvres, il a lui-même indiqué comment, pour la première fois, sa vocation d'écrivain lui apparut. C'était en 1810 (il avait alors environ quinze ans). Il était sur les bancs du collége de Blois, et il ne savait de l'histoire que ce qu'on en apprenait alors dans les colléges : des noms et des dates, sans aucun détail qui pût vivifier la physionomie de ce récit glacé, et donner l'intelligence du mouvement de nos destinées nationales. La grande épopée en prose de Chateaubriand, *les Martyrs*, qui met en relief l'état du monde romain dans les premiers siècles du Christianisme et montre, avec leurs véritables couleurs, les barbares se précipitant de tous côtés sur cet édifice chancelant, fut introduite dans le collége où étudiait le futur historien. Ce fut un événement pour ces jeunes intelligences. Le génie de Chateaubriand ressuscitait devant elles le monde qu'on ne leur avait montré que dans un linceul. Elles découvraient le passé, qui n'est guère moins caché pour la plupart des hommes que l'avenir. Le livre passa de main en main, et chacun le lut à son tour. Le tour de lecture d'Augustin Thierry se rencontra avec un jour de promenade; il prétexta un mal de pied pour ne pas accompagner ses camarades, et demeura seul dans la salle d'étude, seul, avec Chateaubriand pour compagnon, et ce monde du cinquième siècle, évoqué tout entier par son épopée. L'émotion de cette jeune âme en présence de ce grand spectacle fut profonde. Cette

AUGUSTIN THIERRY

lecture lui imprima une de ces commotions qui durent toute une vie. Quand le jeune lecteur arriva au chant de guerre des Francs, son émotion fut au comble. Les barbares, dont ses études universitaires ne lui avaient donné aucune idée, venaient de lui apparaître. C'est une date dans l'histoire de cette intelligence. La notion et le goût de la vérité historique commençaient pour elle [1].

C'est à ces impressions, qui ont fermenté dans son âme, que nous devons le goût de M. Augustin Thierry pour les études historiques et l'éclosion du talent avec lequel il sut les traduire.

Ce fut en 1825 qu'il publia son *Histoire de la conquête de l'Angleterre par les Normands*, et en 1827 ses *Lettres sur l'histoire de France*.

La science historique et le mérite littéraire justement reconnus dans les œuvres de cet écrivain n'empêchent pas qu'on n'ait à y reprendre certains défauts. Il en est deux qui lui ont été principalement reprochés :

« D'abord le besoin qu'il éprouve de se poser en chef d'école l'entraîne à attribuer une valeur exagérée à la restauration de certains noms ou de certaines désinences dans les noms des rois de la première et de la seconde race. Il eut même à ce sujet une polémique assez vive avec Nodier, qui, malgré quelques erreurs de détails, avait raison sur le fond de la question. Qu'il eût été plus conforme à la vérité des étymologies tudesques d'écrire, à l'origine, *Chlodowig* au lieu de Clovis, *Chlotilde* au lieu de Clotilde, *Hilpérik* au lieu de Chilpéric, *Lother* ou *Chloter* au lieu de Clotaire, et même *Karle le Grand* au lieu de Charlemagne : cela est vrai. Jean du Tillet, greffier du parlement, qui écrivait, au XVIe siècle, le *Recueil des rois de France*, en avait fait la remarque avant M. Thierry, et il avait essayé, d'après l'orthographe germanique, une restitution des noms des premiers rois de France. Chantervau, Lefebvre et Voltaire, cités par M. Thierry, ont reconnu ce qu'il y avait de peu conforme aux étymologies dans l'orthographe usuelle des noms des rois des deux premières races. Mais que prouvent ces souvenirs et les arguments apportés par M. Thierry ? Que les hommes érudits doivent connaître l'étymologie germanique des noms des rois des deux premières races, et qu'il est même bon d'indiquer dans les histoires, à côté de leur orthographe usuelle, leur orthographe rationnelle, pour l'instruction des lecteurs. Mais changer

[1] Alfred Nettement : *Histoire de la littérature*.

aujourd'hui les noms de Clovis, Charles-Martel ou Charlemagne, dans la langue française en Chlodowig, Karle Marteau et Karle le Grand, c'est là une prétention inadmissible. En fait de langage, Horace, cet esprit plein de sens et de goût, l'a dit : « Le maître, c'est l'usage. » Une nation ne désapprend point, pour complaire aux scrupules étymologiques des savants, les noms glorieux répétés par tous les échos de la littérature, et elle ne rebaptise point ses grands hommes. On continuera donc à dire Clovis et non Chlodowig, Charlemagne et non Karle le Grand, les Carlovingiens et non les Karolingiens, et nous ajouterons que l'histoire n'y perdra pas grand'chose. Montrez-nous Clovis et Charlemagne tels qu'ils sont, et laissez-leur leurs noms. »

Ces paroles sont de M. Alfred Nettement : nous avons entendu encore d'autres historiens non moins compétents être entièrement de son avis.

Un autre reproche, plus grave, fait à M. Augustin Thierry : sous l'empire des préjugés religieux et politiques de son temps, il a manqué d'impartialité en retraçant l'histoire de ces temps reculés. Il ne reconnaît pas assez l'influence bienfaisante que la religion exerça dès les premiers temps de notre histoire, malgré les imperfections et même les vices de plusieurs de ses ministres.

Le succès de l'*Histoire de la conquête de l'Angleterre par les Normands* avait été grand, d'autant plus grand qu'à ses beautés se trouvaient mêlés des défauts en harmonie avec les défauts contemporains. Ce succès, toutefois, avait été chèrement payé : tant de veilles, tant de fatigues avaient épuisé la santé de l'auteur, et l'ouvrage n'avait pas encore paru que M. Thierry était devenu presque aveugle. Cette cécité naissante ne fit qu'augmenter; mais la Providence lui réservait d'avantageuses compensations. A mesure que les yeux du corps s'éteignaient, les ténèbres qui environnaient son âme s'éclaircissaient peu à peu. Dieu visite l'homme dans la souffrance : Augustin Thierry, mort en sincère chrétien, avait pu introduire quelques corrections dans de nouvelles éditions de ses œuvres.

Le concours d'un secrétaire intelligent, M. Armand Carrel, bien jeune alors, lui permit de publier en 1837 les *Récits des temps mérovingiens*, récits curieux et dramatiques, auxquels on regrette que l'auteur n'ait pu donner une plus longue suite. Cet ouvrage a valu à M. Augustin Thierry le grand prix Gobert (neuf mille francs de rente) dont il jouit pendant plusieurs années et jusqu'à sa mort, comme l'auteur du travail le plus éloquent sur l'histoire de France. L'Académie française en lui décernant ce prix voulait, tout en récompensant son mérite, consoler aussi son infortune.

UNE RÉSIDENCE MÉROVINGIENNE

A quelques lieues de Soissons, sur les bords d'une rivière, se trouve la petite ville de Braine. C'était, au vi° siècle, une de ces immenses fermes où les rois des Franks tenaient leur cour, et qu'ils préféraient aux plus belles villes de la Gaule. L'habitation royale n'avait rien de l'aspect militaire des châteaux du moyen-âge : c'était un vaste bâtiment, entouré de portiques d'architecture romaine, quelquefois construit en bois poli avec soin, et orné de sculptures qui ne manquaient pas d'élégance. Autour du principal corps de logis se trouvaient disposés par ordre les logements des officiers du palais, soit Barbares, soit Romains d'origine, et ceux des chefs de bande qui, selon la coutume germanique, s'étaient unis avec leurs guerriers dans la truste du roi, c'est-à-dire dans un engagement spécial de vasselage et de fidélité. D'autres maisons de moindre apparence étaient occupées par un grand nombre de familles qui exerçaient, hommes et femmes, toutes sortes de métiers, depuis l'orfévrerie et la fabrique des armes jusqu'à l'état de tisserand et de corroyeur, depuis la broderie en soie et en or jusqu'à la plus grossière préparation de la laine et du lin.

La plupart de ces familles étaient gauloises, nées sur la portion du sol que le roi s'était adjugée comme part de conquête, ou transportées violemment de quelques villes voisines pour coloniser le domaine royal; mais, si l'on en juge par la physionomie des noms propres, il y avait aussi parmi elles des Germains et d'autres barbares dont les pères étaient venus en Gaule, comme ouvriers ou gens de service, à la suite des bandes conquérantes. D'ailleurs, quelle que fût leur origine ou leur genre d'industrie, ces familles étaient placées au même rang, et désignées par le même nom, par celui de *lites* en langue tudesque, et en langue latine par celui de *fiscalins*, c'est-à-dire attachés au fisc. Des bâtiments d'exploitation agricole, des haras, des étables, des bergeries et des granges, les masures des cultivateurs et les cabanes des serfs du domaine complétaient le village royal, qui ressemblait parfaitement, quoique sur une plus grande échelle, aux villages de l'ancienne Germanie. Dans le site même de ces résidences, il y avait quelque chose qui rappelait le souvenir des paysages d'outre-Rhin ; la plupart d'entre elles se trouvaient sur la lisière et quelques-unes au centre des grandes forêts mutilées depuis par la civilisation, et dont nous admirons encore les restes.

Braine fut le séjour favori de Chlother, le dernier des fils de Chlodowig, même après que la mort de ses trois frères lui eût donné la royauté dans toute l'étendue de la Gaule. C'était là qu'il faisait garder, au fond d'un appartement secret, les grands coffres à triple serrure qui contenaient ses richesses en or monnayé, en vases et en bijoux précieux ; là aussi qu'il accomplissait les principaux actes de sa puissance royale. Il y convoquait en synode les évêques des villes gauloises, recevait les ambassadeurs des rois étrangers, et présidait les grandes assemblées de la nation franche, suivies de ces festins traditionnels parmi la race teutonique, où des sangliers et des daims entiers étaient servis tout embrochées, et où des tonneaux défoncés occupaient les quatre coins de la salle. Tant qu'il n'était pas appelé au loin par la guerre contre les Saxons, les Bretons ou les Gothts de la Septimanie, Chlother employait son temps à se promener d'un domaine à l'autre. Il allait de Braine à Attigny, d'Attigny à Compiègne, de Compiègne à Verberic, consommant à tour de rôle, dans ses fermes royales, les provisions en nature qui s'y trouvaient amassées, se livrant, avec ses *leudes* de race franche, aux exercices de la chasse, de la pêche et de la natation.

Récits des temps mérovingiens.

LACORDAIRE

NOTICE BIOGRAPHIQUE

Jean-Baptiste-Henri Lacordaire naquit à Recey-sur-Ource (Côte-d'Or), le 12 mars 1802. La mort de son père, qui était médecin, le laissa de bonne heure, avec ses trois frères, à la charge de sa mère, qui s'attacha à leur donner une éducation chrétienne. Néanmoins le jeune Henri, en faisant au collège de Dijon de brillantes études, y contracta des idées voltairiennes, trop communes aux jeunes gens de cette génération. A dix-sept ans, il suivit à Dijon les cours de la faculté de droit; puis il vint à Paris, où il travailla pendant dix-huit mois chez un avocat à la cour de cassation, et débuta au barreau comme stagiaire.

Ses débuts dans cette carrière furent éclatants; mais il ne tarda pas à l'abandonner. Doué d'une éloquence naturelle, d'un esprit puissant et enthousiaste, il se trouvait trop resserré au milieu de dossiers de procédure, et n'ayant pas encore rencontré-là sa vocation, il attendait une occasion de déployer plus librement les rares qualités dont il était doué. Cette occasion lui fut donnée par l'apparition de *l'Essai sur l'indifférence* de M. de Lamennais, dont la lecture détermina la vocation de l'illustre prédicateur. Sincèrement converti, il entra au séminaire Saint-Sulpice en 1824, et fut ordonné prêtre en 1827; il fut successivement aumônier des colléges de Juilly et d'Henri IV. On sait la part qu'il prit, avec Lamennais et M. de Montalembert, à la rédaction du journal *l'Avenir*. Sa soumission au Saint-Siége, qui avait condamné la doctrine de ce journal, fut sincère; et, dès ce moment, séparé de son ancien maître, qui était entré dans une voie mauvaise, l'abbé Lacordaire se livra à des prédications, qui eurent un éclat extraordinaire. Notre-Dame en fut le principal théâtre, mais l'illustre orateur se fit encore entendre à Lyon, à Grenoble et à Nancy. Ce fut dans cette dernière ville qu'il prononça l'oraison funèbre du général Drouot, *le sage de la grande armée*, que l'on regarde comme un de ses plus beaux morceaux d'éloquence, et dont nous citons ici quelques traits.

En 1840, l'abbé Lacordaire rétablit en France l'ordre des Frères Prêcheurs, et publia ensuite une *Vie de saint Dominique*, fondateur de cet ordre célèbre. En 1848, on le vit siéger en habit de dominicain à la chambre des représentants; en 1861, il fut élu membre de l'Académie française. Il mourut en 1862. L'abbé Perreyve, son ami, a publié sa vie et ses œuvres inédites.

LA RETRAITE D'UN HÉROS CHRÉTIEN

Rien n'est plus difficile, même aux hommes supérieurs, que de supporter le repos. Quand l'âme et le corps se sont habitués au travail solennel des grands évènements, ils ne peuvent plus souffrir la simple et pacifique succession des jours. Cette paix froide leur est un tombeau. Ils regrettent le bruit, l'agitation, les alternatives des revers avec les succès, et toute cette tragédie de choses humaines où ils avaient jadis leur part et leur action. L'histoire ne compte qu'un très-petit nombre d'hommes qui aient passé de la vie publique à la vie privée en conservant avec la tranquille possession d'eux-mêmes la plénitude de leur grandeur. La plupart se consument dans un ennui vulgaire; d'autres demandent aux passions des sens l'oubli d'eux-mêmes et de leur dignité; les plus élevés succombent au poison mystérieux du chagrin. A regarder les vicissitudes qui avaient enlevé le jeune Drouot de la boutique de son père pour le porter au pied d'un trône et aux côtés d'un conquérant, il semble que nul plus que lui n'aurait dû éprouver, dans l'affaissement subit de sa destinée, le désespoir des souvenirs et l'impuissance de vivre avec soi. Qui avait vu davantage et plus vite? Qui avait passé en moins de temps par plus de contrastes et d'émotions? Il est vrai, mais cette âme était plus grande encore que les événements dont la Providence lui avait donné le spectacle; elle revenait, fortifiée et non pas abattue, donner elle-même au monde un spectacle capable de l'instruire et de le consoler....

Vous avez vu pendant trente années le général Drouot, descendu des hautes charges, oublier lui seul ce qu'il avait été, n'en parler jamais qu'avec l'alarme d'une exquise pudeur, ne se souvenir enfin du passé que pour élever les services des autres et honorer la mémoire du héros dont il était le serviteur et l'ami. Vous l'avez vu, content d'une maison dans un faubourg de votre ville, réduire ses besoins avec l'austérité d'un spartiate et le calcul d'un chrétien qui aime les pauvres avec la pauvreté. Vous l'avez vu, pénétré d'une foi sincère, rapporter à Dieu tout le cours de sa vie, et donner de la vérité de sa religion une preuve que les camps eux-mêmes n'avaient point affaiblie. Vous l'avez vu se suffire à lui-même dans une solitude presque constante, non par éloignement des hommes, mais par une certaine force intérieure qui lui faisait de la retraite un besoin et comme un devoir. Vous l'avez vu pendant vingt ans assiégé d'infirmités douloureuses, totalement aveugle les quatorze dernières années de sa vie, et néanmoins toujours calme et serein, ne parlant de son sort que pour le bénir et s'estimer plus heureux qu'aux jours de sa jeunesse et de sa prospérité. On n'approchait de sa maison que comme d'un sanctuaire, pour y chercher les plus saintes leçons de la vie; on n'y entendait jamais que des actions de grâces et des louanges pour Dieu. Un parfum d'honneur, de sincérité, de justice, de droiture, de piété et de joie, s'en exhalait à toute heure, et y appelait une gloire que le temps ne diminuait pas. . . . . .

Si le général vécut trente années dans le silence et la retraite; si, à l'âge de quarante-deux ans à peine accompli, il disparut de la scène du monde, c'est qu'il le voulut fermement par un acte de souveraine élection. Pourquoi le voulut-il, et quel était le mystérieux aliment de cette vie, auparavant si agitée, tout à coup si calme? C'est, messieurs, le secret que je dois vous dire, sous peine de ne vous avoir montré que le dehors de ce grand homme, et de trahir à la fois, avec votre admiration, votre juste et sainte curiosité. Ouvrons donc, il en est temps, ouvrons ce cœur dont nous venons de suivre pendant un demi-siècle les actes magnanimes et jamais démentis ; pénétrons jusqu'au sanctuaire, et cherchons y la flamme où s'alluma toute cette généreuse vie. Vous l'avez devinée ou pressentie, un triple amour en était l'incorruptible et immortel foyer : l'amour des lettres, l'amour des hommes, l'amour de Dieu.

. . . .

Sans doute, messieurs, la nature du général Drouot était une nature admirablement douée. Mais si droite, si bonne, si grande qu'elle fût de son fonds, elle n'aurait point atteint le degré de perfection où elle est parvenue, sans un principe supérieur aux pensées et aux affections de la terre. Lui-même a confessé hautement qu'il devait tout à Dieu, non pas au Dieu abstrait de la raison, mais au Dieu des chrétiens, manifesté dans toute l'histoire par un commerce positif avec le genre humain. La vie entière de l'homme est une révélation de ce Dieu bon et puissant, qui n'a voulu nous donner d'autre fin que lui-même, et qui nous attire incessamment au propre centre de sa lumière et de sa félicité. Nous n'entendons pas tous du premier coup cette voix supérieure qui parle à notre conscience et l'appelle par tous les événements dont nous sommes les témoins ou les auteurs. Longtemps nous lui résistons ; longtemps nous prenons l'ombre des choses pour leur corps, et l'éternelle réalité pour une chimère. Quelquefois la mort seule déchire le bandeau qui couvre nos yeux, et nous fait apparaître, au dernier moment de notre liberté, les rivages que nous avons fuis. Le général Drouot avait été plus heureux.... Il avait sucé, avec le lait de sa mère, une foi qui avait été confirmée par la forte éducation du travail et de la pauvreté. Cette foi ne chancela pas un seul jour et ne se cacha pas une seule fois. Sous la tente du soldat comme dans l'orgueil des palais, Drouot fut publiquement chrétien. Il lisait la Bible appuyé sur un canon ; il la relisait aux Tuileries, dans l'embrasure d'une fenêtre. Cette lecture fortifiait son âme contre les dangers de la guerre et contre les faiblesses des cours....

Ne vous persuadez pas, messieurs, que la foi du général Drouot fut une foi qui ne s'élevât point jusqu'aux pratiques vulgaires de la religion. Il croyait à tout et il accomplissait tout. . . .

. . . .

O mon Dieu, Dieu de Charlemagne et de Godefroy de Bouillon, Dieu des grands capitaines qui ont fondé ou défendu l'Europe, nous vous remercions d'avoir montré à notre âge, et surtout à la France, un exemplaire incontesté de l'homme, du soldat et du citoyen, tels qu'ils se forment sous l'inspiration de votre grâce et dans l'imitation de votre Fils! Nous acceptons ce gage de vos desseins sur nous; nous y saluons moins une relique qu'un avant-coureur de vos dons, et une certitude de vous voir, jusqu'au dernier jour du monde, fécond et admirable dans vos serviteurs.

Oraison funèbre du général Drouot.

MONTALEMBERT

NOTICE BIOGRAPHIQUE

Charles-Forbes de Tryon, comte de Montalembert, naquit à Londres le 29 mai 1810. Il descendait d'une ancienne famille du Poitou, dont un membre entre autres s'était distingué sous Louis XII et sous François Ier. Son père, émigré de l'armée de Condé, fut pair de France et ambassadeur de Charles X à Stockholm. Sa mère était anglaise.

Catholique ardent, M. de Montalembert avait embrassé les idées généreuses d'abord adoptées par l'abbé de Lamennais; mais, comme lui, aventuré dans une voie jugée dangereuse, il alla faire sa soumission à Rome, en compagnie des deux autres célèbres écrivains de l'*Avenir*. Dès lors il ne quitta plus les voies de la plus sévère orthodoxie, et il se livra sur le moyen-âge à des études dont l'influence a été pour lui décisive. Sa fameuse *Vie de sainte Elisabeth de Hongrie* est de 1836. En 1843, à l'occasion des discussions de la chambre de pairs sur les rapports de l'Eglise et de l'Etat, il publia son *Manifeste catholique*. En 1844, il combattit le projet de M. Villemain sur l'enseignement secondaire, et prononça trois remarquables discours sur la liberté de l'Eglise, la liberté de l'enseignement et la liberté des ordres monastiques. Dans ce dernier, il prenait la défense de la Compagnie de Jésus, tant calomniée, et concluait par ces mémorables paroles : « Nous sommes les fils des croisés, nous ne reculerons pas devant les fils de Voltaire. »

Nous n'avons pas à parler des autres luttes et travaux politiques qu'eut à soutenir le comte de Montalembert.

L'*Histoire des Moines d'Occident*, à laquelle il s'est consacré depuis plusieurs années, suffirait seule pour immortaliser cet écrivain : on peut juger, par le fragment que nous en donnons, de l'intérêt de ce grand ouvrage. La revue catholique *le Correspondant* a compté M. de Montalembert pour un de ses plus illustres rédacteurs.

M. de Montalembert est mort, à la suite d'une longue et douloureuse maladie, le 15 mars 1870.

SAINT COLUMBA, APOTRE DE L'ÉCOSSE

Qui n'a pas vu les îles et les golfes de la côte occidentale de l'Ecosse, qui n'a pas vogué sur cette sombre mer des Hébrides, ne saurait guère s'en représenter l'image. Rien de moins séduisant, au premier abord, que cette âpre et solennelle nature. Le pittoresque y est sans charme, et la grandeur sans grâce. On parcourt tristement un archipel d'îlots déserts et dénudés, semés, comme autant de volcans éteints, sur des eaux mornes et ternes, mêlées parfois de courants rapides et de gouffres tournoyants. Sauf les jours si rares où le soleil, ce pâle soleil du Nord, vient raviver ces parages, l'œil erre sur une vaste surface d'eau noirâtre, entrecoupée çà et là par la crête blanchissante des vagues, ou par la ligne écumeuse de la houle qui se brise contre des rescifs ou contre d'immenses falaises, et dont on entend bruire au loin le mugissement lugubre. A travers les brumes et les pluies incessantes de ce rude climat, c'est à peine si l'on aperçoit les sommets des chaînes de montagnes, dont les versants abrupts et déboisés baignent leur base dans ces froides ondes toujours agitées par le choc des courants contraires et les tourbillons de vent qui jaillissent des lacs ou des étroits défilés de l'intérieur. La mélancolie du paysage n'est relevée que par la configuration particulière de ces côtes déjà remarquées par les anciens auteurs, par Tacite surtout, et qui ne se retrouve qu'en Grèce et en Scandinavie. Comme dans les fiords de la Norwége, la mer creuse et découpe les bords des îles et du continent voisin en une foule d'anses et de golfes d'une profondeur étrange et aussi étroits que profonds. Ces golfes prennent les formes les plus variées, en pénétrant par mille replis tortueux jusque dans le centre des terres, comme pour se confondre avec les lacs allongés et contournés qui dominent les *Highlands* de l'intérieur. D'innombrables péninsules terminées par des caps effilés ou par des cimes toujours couronnées de nuages, des isthmes rétrécis au point de laisser voir la mer des deux côtés à la fois, des pertuis si resserrés entre deux murailles de rochers que le regard hésite à s'y engager, d'énormes falaises de basalte ou de granit aux flancs troués de crevasses, des cavernes, comme à Staffa, grandes et hautes comme des églises, flanquées dans toute leur longueur de colonnes prismatiques, et où se précipitent en hurlant les flots de l'Océan, puis, çà et là, en guise de contraste avec la farouche majesté de cet ensemble, tantôt dans une île, tantôt sur la rive continentale, une plage sablonneuse, un plateau recouvert d'herbe drue et salée, un hâvre assez bien clos pour abriter quelques frêles embarcations ; partout enfin une combinaison singulièrement variée de la terre et de la mer, mais où la mer l'emporte, domine tout et pénètre partout comme pour mieux affermir son empire, et, selon le dire de Tacite, *inseri velut in suo.*

Tel est aujourd'hui, tel devait être alors, sauf les forêts qui ont disparu, l'aspect des parages où Columba allait continuer et achever sa vie. C'était par là qu'il allait aborder le pays des forêts, cette Calédonie indomptée, où les Romains avaient dû renoncer à s'établir, où le Christianisme n'avait encore paru que pour s'évanouir presque aussitôt, et qui sembla longtemps au reste de l'Europe presque en dehors du monde. A lui revient l'honneur d'avoir introduit la civilisation dans cette contrée pierreuse, stérile et glacée, où nos pères plaçaient le séjour de la Faim et du prince des démons, en *Escosse la sauvage.*

En naviguant dans ces lointains parages, comment ne pas évoquer la sainte mémoire et la gloire oubliée de ce grand missionnaire ? C'est à lui que remonte cet esprit religieux de l'Ecosse, qui, tout dévoyé qu'il soit par la Réforme, et en dépit de son étroit rigorisme, subsiste encore si puissant, si populaire, si fécond et si libre. A demi-voilé par un lointain nébuleux, Columba apparaît le premier parmi toutes ces figures originales et touchantes qui ont pris rang dans l'histoire, à qui l'Ecosse doit d'avoir occupé une si grande place dans la mémoire et l'imagination des peuples modernes, depuis les grandes chevaleries de la royauté catholique et féodale des Bruce et des Douglas, jusqu'aux infortunes sans pareilles de Marie Stuart et de Charles-Edouard, et à tous ces souvenirs politiques et romanesques que l'honnête et pur génie de Walter Scott a dotés d'une popularité européenne.

Exilé volontairement, à quarante-deux ans, de son île natale, Columba s'était embarqué avec ses douze compagnons sur une de ces grandes barques d'osier recouvertes de peaux de bœuf qui servaient à la navigation des peuples celtiques. Il vint aborder sur un îlot désert situé au nord de l'embouchure de cette série de golfes et de lacs, qui, s'étendant du sud-ouest au nord-est, coupe en deux la presqu'île calédonienne, et qui séparait alors des Pictes, encore païens, la région occupée par les Scots d'Irlande, à demi-chrétiens. Cet îlot, qu'il a immortalisé, prit, d'après lui, le nom d'I-Colm-Kill (l'île de Columb-Kill), mais est plus connu sous celui d'Iona. Une légende inspirée par un des traits les plus marqués du caractère de notre saint veut qu'il ait d'abord touché terre sur une autre île, nommée Oronsay. Mais, après avoir débarqué, il gravit une colline voisine de la plage, et là, jetant ses yeux vers le midi, il vit qu'il pouvait encore distinguer l'Irlande, sa patrie bien-aimée. Voir de loin cette terre chérie qu'il lui avait fallu quitter pour toujours, c'était une trop rude épreuve. Il redescendit et se rembarqua aussitôt pour aller chercher plus loin une plage d'où il ne lui serait plus possible d'apercevoir le sol natal. Arrivé à Iona, il monta au plus haut sommet de l'île, et, promenant ses regards sur l'horizon, il reconnut que son Irlande n'était plus visible. Il se décida donc à rester sur ce rocher inconnu. Un de ces monceaux de pierres, qu'on appelle *cairn* dans les dialectes celtiques, indique encore le site de cette exploration volontairement infructueuse, et a longtemps porté le nom de *cairn* des adieux à l'Irlande.

Rien de plus triste et de plus morne que l'aspect de cette île célèbre, où pas un seul arbre n'a pu résister soit à un souffle des vents, soit à la main des hommes. Toute petite, n'ayant qu'une lieue de long sur un tiers de lieue de large, plate et basse, bordée de petits rochers d'une teinte grisâtre qui s'élèvent à peine au-dessus du niveau de la mer, dominée par les hautes et sombres cimes de la grande île de Mull, elle n'a pas même la beauté sauvage que donnent aux îles et aux plages voisines leurs falaises basaltiques, d'une hauteur souvent prodigieuse, aux sommets quelquefois arrondis et recouverts d'herbages, aux flancs perpendiculaires incessamment battus par les vagues de l'Atlantique, qui s'y engouffrent dans des cavernes retentissantes creusées par l'effort séculaire de la fureur des flots. Sur le sol si restreint de cet îlot, un sable blanchâtre alterne avec quelques pâturages entrecoupés de tourbières et de maigres récoltes; et ce sol semble toujours disputé à la culture par les rochers de gneiss qui reparaissent sans cesse à la surface et forment en certains endroits un labyrinthe presque inextricable. Le seul attrait de ce sombre séjour est la vue de la mer, et celle aussi des montagnes de Mull et des autres îles, au nombre de vingt à trente, que l'on distingue du haut de la colline septentrionale d'Iona. Parmi elles il faut signaler Staffa, si célèbre par la grotte de Fingall, qui n'a été signalée que depuis un siècle et qui, au temps de Columba, surgissait dans sa majesté solitaire et inconnue, au sein de cet archipel des Hébrides, sillonné aujourd'hui par tant de curieux admirateurs de ces rives échancrées des Highlands et de ces châteaux ruinés de la féodalité écossaise que le grand barde de notre siècle a enchâssés dans l'auréole de sa poésie.

L'anse où Columba prit terre s'appelle encore la baie de la Barque d'osier, *Port a Churraich;* et l'on y montre un monticule allongé qui représente les dimensions de cette barque, laquelle avait soixante pieds de long. L'émigré ne s'arrêta point dans cette anse, située au midi de l'île; il remonta plus haut, et pour être un peu à l'abri des grands vents de l'Océan, il choisit pour demeure la plage orientale, en face de la grande île de Mull, qui n'est séparée d'Iona que par un étroit canal d'un mille de largeur, et dont les plus hautes montagnes, situées plus à l'est, se rapprochent et se confondent avec les sommets du Morven toujours voilés de nuages.

Ce fut là que les émigrés se construisirent des huttes de branchages, car l'île n'était point encore déboisée comme aujourd'hui. Lorsque Columba eut résolu d'y créer pour lui et les siens un établissement définitif, les édifices du monastère naissant conservèrent une grande simplicité. Comme dans toutes les constructions celtiques, des claies d'osier ou de roseaux, soutenues par des pieux allongés, en formaient l'élément principal. Les plantes grimpantes, le lierre surtout, en s'entrelaçant dans les interstices des roseaux, ornaient et consolidaient à la fois le modeste abri des missionnaires. Les Irlandais ne construisaient point d'églises en pierre et conservèrent jusqu'au XIIe siècle, comme le témoigne saint Bernard, l'usage de construire leurs églises en bois. Mais ce ne fut que quelques années après leur premier établissement, que les religieux d'Iona s'accordèrent le luxe d'un édifice en bois, et alors il fallut faire venir des terres voisines les grands chênes que ne pouvait produire le sol stérile et toujours battu des vents de leur îlot.

Ainsi naquit, il y a quinze siècles, la capitale monastique de l'Ecosse et le foyer de la civilisation chrétienne dans le nord de la Grande-Bretagne. Quelques ruines d'une date beaucoup plus récente que l'époque de Columba, bien que fort anciennes, entremêlées à quelques chaumières éparses le long de la plage, en indiquent aujourd'hui le site.

« Voici donc, disait en plein XVIIIe siècle le célèbre Johnson qui le premier rappela l'attention du public britannique sur ce sanctuaire profané, voici que nous foulons le sol de cette île illustre, qui fut naguère la lumière de la Calédonie, et d'où rayonna la religion avec la science sur les clans sauvages et les barbares vagabonds. Celui qui voudrait n'être pas ému d'un tel souvenir ne le pourrait, et celui qui le pourrait ne serait qu'un sot. Tout ce qui nous dérobe à l'empire des sens, tout ce qui fait prévaloir le passé ou l'avenir sur le présent, accroît en nous la dignité de notre âme. Loin de moi, loin de mes amis, toute philosophie qui nous laisserait indifférents ou insensibles sur des sites ennoblis par la sagesse, le courage et la vertu. Il faut plaindre l'homme qui ne sentirait pas son patriotisme s'enflammer sur la plaine de Marathon et sa piété se rallumer au milieu des ruines d'Iona. »

Columba, initié, comme tous les moines de son temps, aux souvenirs classiques, avait sans doute entendu parler de Marathon, mais ne se doutait certes pas qu'un jour viendrait où un descendant de ceux qu'il allait convertir mettrait sur la même ligne son humble abri et le plus glorieux champ de bataille de l'histoire hellénique.

Loin de prévoir les gloires d'Iona, son âme était encore dominée par un sentiment qui ne s'effaça jamais, le regret de la patrie perdue. Toute sa vie, il conserva pour l'Irlande la tendre passion de l'exilé : passion qui se faisait jour dans des chants qu'on nous a conservés et qui datent peut-être de ces premiers moments de l'exil. Il se peut que leur authenticité ne soit pas à l'abri de toute contestation, et que, comme les lamentations poétiques formulés par Fortunat au nom de sainte Radegonde, ils aient été composés par ses disciples et ses contemporains. Mais ils ont été trop longtemps répétés comme les siens, ils peignent trop bien ce qui a dû se passer dans son cœur, pour qu'il nous soit permis de les négliger. « Mieux vaut la mort dans l'irréprochable Irlande, qu'une vie sans fin ici en Albanie. » A ce cri de désespoir succèdent des notes plaintives et plus résignées. Dans l'une de ses élégies, il regrette de ne pouvoir plus naviguer sur les lacs et les golfes de son île natale, ni entendre le chant des cygnes avec son ami Comgall. Il regrette surtout d'avoir dû quitter Erin par sa faute, et à cause du sang versé dans les batailles qu'il avait provoquées. Il envie son ami Cormac, qui va pouvoir retourner à son cher monastère de Durron, y entendre le bruit du vent entre les chênes, le chant du merle et du coucou. Quant à lui, Columba, tout lui est cher en Irlande, *excepté les princes qui y règnent*. Ce dernier trait montre la persévérance de ses rancunes politiques. Il n'en reste aucune trace dans une autre pièce plus caractéristique encore et qui doit avoir été confiée à quelque voyageur comme un message de l'exilé d'Iona à sa patrie. Il y vante toujours les délices de la navigation autour des côtes de l'Irlande, la beauté de ses plages, de ses falaises, mais il gémit surtout de son exil. « Quel délice de courir sur la mer aux vagues blanches et de voir ces vagues se briser sur les grèves d'Irlande! Quel délice de ramer dans sa petite barque et d'aborder au milieu de la blanche écume sur les grèves d'Irlande! Ah! que ma barque volerait vîte, si sa proue était tournée vers ma chesnaie, en Irlande! Mais la noble mer ne doit plus me transporter que vers l'Albanie, le pays des corbeaux. Mon pied est bien dans une petite barque, mais mon triste cœur saigne toujours.... Il y a un œil gris qui se tourne sans cesse vers Erin; cet œil ne reverra plus en cette vie ni les hommes d'Erin ni les femmes. Du haut de ma barque, je promène mon regard sur la mer; et il y a une grosse larme dans mon œil gris et doux, quand je me retourne vers Erin, vers Erin où les chants des oiseaux sont si mélodieux, et où les clercs chantent comme les oiseaux; où les jeunes gens sont si doux, et les vieux si sages; les hommes illustres si nobles à regarder, et les femmes si belles à épouser.... Jeune voyageur, emporte avec toi mes angoisses, porte les à Comgall de l'éternelle vie. Emporte avec toi, noble jeune homme, mon oraison et ma bénédiction; une moitié pour l'Irlande, qu'elle soit sept fois bénie! et l'autre moitié pour l'Albanie.

Emporte ma bénédiction à travers la mer, emporte-la vers l'ouest. Mon cœur est brisé dans ma poitrine; si la mort subite vient me surprendre, ce sera à cause de mon grand amour pour les Gaëls. »

Mais ce n'est pas seulement dans ces élégies, répétées et peut-être retouchées par les bardes et les moines irlandais, c'était à chaque instant et à tout propos, que cet amour, ce regret passionné de la patrie absente éclatait dans ses paroles et dans ses préoccupations : les récits de ses biographes les plus avérés le démontrent à chaque page. La plus sévère des pénitences qu'il imaginait d'infliger aux plus coupables d'entre les pécheurs qui venaient se confesser à lui, était de subir le sort qu'il s'était volontairement infligé, et de ne jamais remettre le pied sur le sol de l'Irlande. Mais lorsque, au lieu d'interdire aux criminels l'accès de cette île chérie, il lui fallait envier ceux qui avaient le droit et le bonheur d'y retourner à leur gré, c'est à peine s'il osait la nommer; et en parlant à ces hôtes ou à ces religieux destinés à rentrer en Irlande, il leur disait simplement : « Vous retournerez dans cette patrie que vous aimez. »

Jamais cette mélancolie patriotique ne s'effaça de son cœur, et bien plus tard dans sa vie on la voit reparaître dans une circonstance où perce le regret obstiné de son Irlande perdue à côté de sa tendre et vigilante sollicitude pour toutes les créatures de Dieu. Un matin, il appelle un des religieux d'Iona, et lui dit : « Vas t'asseoir au bord de la mer, sur la grève de notre île, à l'ouest; et là, tu verras arriver du nord de l'Irlande une pauvre cygogne voyageuse, longtemps ballottée par les vents, et qui, tout épuisée de fatigue, viendra tomber à tes pieds sur la plage. Il faut la ramasser avec miséricorde, la soigner et la nourrir pendant trois jours; après ces trois jours de repos, quand elle sera ranimée et qu'elle aura repris toutes ses forces, elle ne voudra plus prolonger son exil parmi nous; elle revolera vers la douce Irlande, sa chère patrie où elle est née. Je te la recommande ainsi, parce qu'elle vient du pays où je suis né moi-même. »

Tout arriva comme il l'avait prévu et ordonné. Le soir du jour où le religieux avait recueilli la voyageuse, comme il rentrait au monastère, Columba ne lui fit aucune question, mais il lui dit : « Que Dieu te bénisse, mon cher enfant; toi qui as eu soin de l'exilée, tu la verras dans trois jours regagner sa patrie. » Et en effet, au terme prédit, elle s'éleva de terre devant son hôte; et après avoir cherché un moment sa route dans les airs, elle dirigea son vol à travers la mer, droit sur l'Irlande. Les matelots des Hébrides connaissent tous et racontent encore cette histoire. Parmi nos lecteurs, il n'y a personne, j'aime à le croire, qui n'eût voulu répéter ou mériter la bénédiction de Columba.

Si amère qu'ait été la tristesse dont l'exil avait inondé le cœur de Columba, elle ne le détourna pas un instant de sa mission expiatoire. Une fois installé, avec ses compagnons, dans cet îlot désert d'où allait rayonner sur le nord de la Grande-Bretagne la foi chrétienne avec la vie monastique, une transformation graduelle et à peu près complète se manifesta en lui. Sans renoncer aux singularités attachantes de son caractère et de sa race, il tendait à devenir le modèle des pénitents en même temps que des confesseurs et des prédicateurs. Sans cesser de maintenir sur les monastères qu'il avait fondés en Irlande une autorité qui dût croître avec les années et qui semble n'avoir jamais été contestée, il s'appliqua tout d'abord à constituer fortement, sur la double base du travail manuel et intellectuel, la nouvelle communauté insulaire qui devait être le centre de son activité future. Puis il se mit à nouer des relations suivies avec les habitants des contrées voisines de son île, qu'il fallait évangéliser ou confirmer dans la foi avant de songer à porter plus loin au nord la lumière de l'Évangile. Il se préparait à cette grande mission par des prodiges de ferveur et d'austérité, en même temps que d'humble charité, au grand profit d'abord de ses propres religieux, puis des nombreux visiteurs qui venaient, soit d'Irlande, soit des plages calédoniennes, chercher auprès de lui les remèdes ou les consolations de sa pénitence.

Cet homme, si passionné, si irritable, si vindicatif, devint peu à peu le plus doux, le plus humble, le plus tendre des pères et des amis. Agenouillé devant les étrangers qui arrivaient à Iona, ou devant les religieux qui revenaient du travail, c'était lui, le grand chef de l'Église calédonienne, qui les déchaussait lui-même, qui leur lavait les pieds et, après avoir lavé ces pieds poudreux, les baisait avec respect. Mais la charité l'emportait encore sur l'humilité dans cette âme transfigurée. Aucune nécessité spirituelle ou temporelle ne le trouvait indifférent. Il se dévouait à soulager toutes les infirmités, toutes les misères, toutes les peines, pleurant toujours avec ceux qu'il voyait pleurer, et pleurant souvent sur ceux qui ne pleuraient pas assez sur eux-mêmes. Ces larmes devenaient la formule la plus éloquente de sa prédication ; celle qu'il employait le plus volontiers pour fléchir les pécheurs invétérés, pour arrêter le criminel au bord de l'abîme, pour apaiser, assouplir et convertir toutes ces âmes farouches et grossières, mais simples et droites, que Dieu lui donnait à traiter.

Au sein de la nouvelle communauté, Columba habitait en guise de cellule une sorte de hutte, construite en planches et placée sur la partie la plus élevée de l'enceinte monastique. Jusqu'à l'âge de soixante-seize ans, il y couchait sur la dure et sans autre oreiller qu'une pierre. Cette hutte lui servait à la fois d'oratoire et de cabinet de travail. C'était donc là qu'il se livrait à ces oraisons prolongées qui excitaient l'admiration et presque la frayeur de ses disciples. C'était là qu'il rentrait après avoir partagé le labeur agricole de ses moines, sans distinction, comme le dernier d'entre eux, pour consacrer le reste de son temps et de ses forces à l'étude de l'Ecriture sainte et à la transcription des textes sacrés. Cette transcription fut, jusqu'à son dernier jour, l'occupation de sa vieillesse après avoir été la passion de ses jeunes années; elle exerçait sur lui un tel attrait et lui paraissait si essentielle à la propagation de la vérité, qu'on a pu lui attribuer trois cents exemplaires des saints Evangiles copiés de sa main.

C'était encore dans cette hutte qu'il recevait avec une infatigable patience les visiteurs qui bientôt affluèrent auprès de lui, si nombreux, quelquefois si importuns, et dont il se plaignait doucement, comme de cet indiscret qui, en voulant l'embrasser, renversa gauchement son encrier sur le bord de son vêtement.

Ces importuns n'étaient pas de simples curieux; c'étaient surtout des chrétiens pénitents ou fervents, qui, informés par les pêcheurs et les habitants des îles voisines de l'établissement du moine irlandais déjà fameux dans son pays, et séduits par la renommée croissante de ses vertus, accouraient d'Irlande, du nord et du sud de la Bretagne, et même du milieu des Saxons encore païens, pour sauver leur âme et gagner le ciel, sous la direction d'un homme de Dieu. Loin d'attirer ou d'admettre ces néophytes avec une imprévoyante légèreté, rien n'est plus avéré dans sa vie que la scrupuleuse sévérité qu'il apportait à l'examen des vocations.

Malgré ces précautions et cette apparente dureté, le nombre des néophytes qui se pressaient pour vivre sous la règle de Columba augmentait de plus en plus.

L'étroite enceinte d'Iona devint bientôt resserrée pour cette foule croissante, et de cette petite colonie monastique sortirent successivement un essaim de colonies analogues, qui allèrent implanter, dans les îles voisines et sur le continent de la Calédonie, des communautés filles d'Iona et soumises à l'autorité de Columba.

Les anciennes traditions lui attribuent la fondation de trois cents monastères ou églises tant en Calédonie qu'en Hibernie, dont cent dans les îles ou sur les rivages maritimes des deux pays. L'érudition moderne a retrouvé et enregistré les noms de quatre-vingt-dix églises qui font remonter leur origine jusqu'à lui, et qui toutes ou presque toutes devaient se rattacher, selon l'usage du temps, à des communautés monastiques. La trace de cinquante-trois de ces églises subsiste encore dans l'Ecosse moderne, inégalement partagées entre les régions habitées par les deux races qui se partageaient alors la Calédonie. Les îles de l'ouest et la contrée occupée par les Scots venus d'Irlande en renferment trente-deux ; les vingt-et-une autres signalent les principales stations du grand missionnaire dans le pays des Pictes, Les juges les plus éclairés parmi les protestants écossais s'accordent à en faire remonter l'origine à Columba, à ses fondations, et à ses disciples toutes les églises primitives et la très-ancienne division paroissiale de l'Ecosse.

Pour abréger, nous croyons devoir supprimer ici quelques alinéas concernant les populations barbares parmi lesquelles Columba avait mission d'exercer son zèle.

Maintes fois il dut franchir cette chaîne centrale qui forme le point de partage des eaux dont les unes coulent au nord et à l'ouest dans l'océan Atlantique, et les autres au midi dans la mer du Nord, chaîne que le biographe de Columba appelle l'épine dorsale de la Bretagne, *dorsum Britanniæ*. Elle sépare les comtées actuels d'Inverness et d'Argyle du comté de Perth, et comprend les districts si connus des voyageurs contemporains, sous les noms de Briadalbanc, d'Athole et des monts Grampians. C'était alors la limite des Scots et des Pictes, et c'était là que les ancêtres des Pictes, les héroïques soldats de Galgacus, avaient tenu tête au beau-père de Tacite, qui, même victorieux, n'avait pas osé franchir cette barrière. Maintes fois aussi Columba suivit la grande vallée aquatique qui, au nord de ces montagnes, traverse diagonalement toute l'Ecosse du sud-ouest, où se trouve Iona, au nord-est, au delà d'Inverness. Elle est formée par une série de golfes allongés et de lacs intérieurs dont la jonction, opérée par l'industrie moderne, permet aux navires de passer d'une mer à l'autre sans faire le détour des îles Orcades. Il y a quinze siècles, la religion pouvait seule entreprendre la conquête de ces âpres et pittoresques régions qu'une population peu nombreuse, mais soupçonneuse et féroce, disputait aux forêts de pins et aux immenses tapis de bruyère et de fougère qu'on y retrouve encore.

Le premier regard jeté par l'histoire sur cette route maritime y découvre les prédications et les miracles de Columba. Il navigua le premier dans un frêle esquif sur le Lochness et sur le fleuve qui en sort; il pénétra ainsi, après un long et pénible trajet, jusqu'à la forteresse principale du roi des Pictes, dont on montre aujourd'hui l'emplacement, placée sur un rocher au nord de la ville actuelle d'Inverness. Ce roi puissant et redouté, qui s'appelait Bruidh ou Brude, fils de Malcolm, ne fit d'abord au missionnaire irlandais qu'un accueil inhospitalier. Enorgueilli, selon le récit des compagnons du saint, par le faste royal de sa forteresse, il défendit de lui en ouvrir les portes. Il n'y avait point là de quoi intimider Columba. Il s'avança jusqu'au portail, imprima le signe de la croix sur les deux ventaux, puis les frappa du poing. Aussitôt les barres et les verroux reculent, les portes roulent sur leurs gonds et s'ouvrent toutes grandes. Columba entre en vainqueur. Le roi, bien qu'entouré de son conseil, où siégeaient à coup sûr ses pontifes païens, fut tout saisi de frayeur; il alla au-devant du missionnaire, et lui adressa des paroles pacifiques et encourageantes, et à partir de ce jour lui rendit toutes sortes d'honneurs. On ne dit pas que Bruidh se fit chrétien, mais pendant tout le reste de sa vie il demeura l'ami et le protecteur de Columba. Il lui confirma notamment la possession d'Iona, dont il semble avoir disputé la souveraineté à son rival, le roi des Scots Dalriadiens, et notre exilé vit ainsi sa nouvelle fondation placée sous la double garantie des deux souverains qui se partageaient la Calédonie.

Mais la faveur du roi n'entraînait pas celle des prêtres païens, signalés par les auteurs chrétiens sous le nom de druides ou de mages, et qui opposèrent une résistance énergique et persévérante au nouvel apôtre. Ces prêtres semblent n'avoir point enseigné ou pratiqué le culte des idoles, mais bien celui des forces mystérieuses de la nature, du soleil surtout et des autres corps célestes. Ils suivaient ou rencontraient le prédicateur irlandais dans ses courses apostoliques, moins pour le réfuter que pour retenir et intimider ceux que sa parole gagnait au Christ. Le caractère religieux et surnaturel qui était attribué aux druides de la Gaule, aux forêts et aux vieux arbres, l'était par ceux de la Calédonie aux eaux et aux sources, les unes, selon eux, salutaires et bienfaisantes, les autres malfaisantes et mortelles. Columba s'attachait surtout à prohiber chez les nouveaux chrétiens le culte de ces fontaines sacrées, et, bravant les menaces des druides, il se plaisait à boire en leur présence de l'eau qui, selon eux, devait donner la mort à tout homme assez osé pour en approcher ses lèvres ! Ils n'employèrent pas toutefois de violences matérielles contre l'étranger que leur prince avait pris sous sa protection. Une fois seulement, comme Columba était sorti avec ses religieux de l'enceinte du fort où résidait le roi, afin de chanter vêpres, selon la coutume monastique, les druides prétendirent l'empêcher de faire entendre au peuple les chants religieux ; mais lui entonna aussitôt le psaume LXIV : *Eructavit cor meum verbum bonum, dico opera mea Regi*, d'une voix si formidable qu'elle réduisit ses adversaires au silence tout en faisant trembler les assistants et le roi lui-même qui se trouvait parmi eux.

Il ne se bornait pas à chanter en latin ; il prêchait. Mais comme le dialecte celtique de ses compatriotes les Scots différait de celui des Pictes, qu'il ne savait pas, il lui fallait employer un interprète.

Sa parole n'en était pas moins efficace, bien que partout contrecarrée par les exhortations en sens contraire ou les dérisions des prêtres païens. Son naturel passionné, aussi prompt à l'amour qu'à la colère, se faisait jour à travers ses prédications apostoliques, comme naguère dans les luttes de sa jeunesse ; et bientôt se formaient entre lui et ses néophytes des liens d'une tendresse intime, active et que l'on n'invoquait jamais en vain. Un Picte qui, l'ayant entendu prêcher par interprète, s'était converti avec sa femme et toute sa famille, devint son ami et recevait souvent sa visite. Un des fils du nouveau converti tomba mortellement malade ; les druides profitèrent de ce malheur pour aller chez les parents désolés leur reprocher la maladie de leur enfant comme le châtiment de leur apostasie et vanter la puissance des anciens dieux du pays, si supérieure à celle du Dieu des chrétiens. Columba, prévenu, accourut auprès de son ami ; quand il arriva, l'enfant venait d'expirer. Après avoir consolé de son mieux le père et la mère, il demande à entrer seul dans le réduit où repose le corps de l'enfant. Là, il s'agenouille et prie longtemps tout baigné de larmes. Puis, se relevant, il dit : « Au nom du Seigneur Jésus-Christ, reviens à la vie et lève-toi. » A l'instant l'âme revient vivifier le corps de l'enfant. Columba l'aide à se lever, raffermit ses pas, le conduit hors de la cabane et le rend à ses parents. La vertu de la prière était aussi invincible chez notre saint, dit Adamnan, que chez Elie et Elisée dans l'ancienne loi, ou dans la nouvelle chez saint Pierre, saint Paul et saint Jean.

Tout en prêchant ainsi la foi et la grâce par l'intermédiaire d'un traducteur, il savait reconnaître, admirer et proclamer, jusque chez ces peuples sauvages, les lumières et les vertus de la loi naturelle. Il en discernait les rayons chez tel auditeur inconnu, à l'aide du don surnaturel de lire dans le secret des cœurs et dans la nuit de l'avenir, qui se développa de plus en plus en lui à mesure que s'étendait sa carrière apostolique. Un jour pendant qu'il évangélisait l'île principale des Hébrides, et la plus voisine du continent, il s'écria tout à coup : « Mes fils, aujourd'hui même vous allez voir arriver dans cette île un vieux chef de cette nation des Pictes qui a gardé fidèlement toute sa vie les préceptes de la loi naturelle; il y viendra pour être baptisé et pour mourir. » En effet, on vit bientôt approcher de la rive une barque où était assis à la proue un vieillard tout décrépit qu'on reconnut pour être le chef d'une des tribus voisines. Deux de ses compagnons l'enlevèrent sous les bras et vinrent le coucher devant le mssionnaire, dont il écouta attentivement la parole, reproduite par l'interprète. Le discours fini, le vieillard demanda le baptême, puis rendit le dernier soupir, et fut enterré à la place même où il avait débarqué.

Plus tard, dans une de ses missions ultérieures, comme il voyageait déjà vieux aux bords du Lochness et toujours dans la région située au nord de l'arête centrale du *Dorsum Britanniœ*, il dit aux disciples qui l'accompagnaient : « Hâtons le pas et allons au-devant des anges qui sont descendus du ciel et qui nous attendent, auprès d'un Picte qui a fait le bien selon la loi naturelle, pendant toute sa vie et jusqu'à une extrême vieillesse; il faut que nous puissions le baptiser avant sa mort. » Puis, hâtant le pas et devançant ses disciples, autant que le permettait son grand âge, il entra dans une vallée retirée qui s'appelle aujourd'hui Glen-Urquhart, et où il trouva le vieillard qui l'attendait. Ici il n'est plus question d'interprète, ce qui fait supposer que dans ses vieux jours Columba avait appris la langue des Pictes. Le vieux Picte l'écouta prêcher, reçut le baptême, et rendit à Dieu, avec une joyeuse sécurité, l'âme qu'attendaient les anges entrevus par Columba.

L'humanité, non moins que la justice naturelle, revendiquait ses droits dans ce cœur généreux. Ce fut au nom de l'humanité, nous dit expressément son biographe, qu'il implora la liberté d'une jeune esclave née en Irlande et captive d'un des principaux mages ou druides. Ce mage s'appelait Broïchan, et vivait auprès du roi, dont il avait été le père nourricier, ce qui constituait chez les peuples celtiques un lien d'une force et d'une autorité singulières. Soit par orgueil sauvage, soit par animosité contre la religion nouvelle, le druide écarta durement et obstinément la prière de Columba. « Eh bien! lui dit l'apôtre en présence du roi, apprends, Broïchan, que si tu refuses de rendre la liberté à cette captive étrangère, tu mourras avant que je sorte de cette province. »

Cela dit, il sortit du château, se dirigeant vers cette rivière de Ness qui figure si souvent dans notre histoire. Mais il est bientôt rejoint par deux cavaliers, qui viennent lui annoncer de la part du roi que Broïchan, victime d'un accident providentiel, était à l'agonie et tout disposé à mettre en liberté la jeune Irlandaise. Le saint ramassa au bord de l'eau un caillou qu'il bénit et qu'il remit à deux de ses religieux, avec l'assurance que le malade guérirait en buvant de l'eau où cette pierre aurait trempé, mais seulement à la condition expresse que la captive serait délivrée. Elle fut aussitôt remise aux compagnons de Columba et retrouva ainsi sa patrie en même temps que sa liberté.

Le druide guéri n'en demeura pas moins hostile à l'apôtre. Comme les mages de Pharaon, il voulut susciter contre le nouveau Moïse les résistances de la nature. Au jour fixé pour son départ, Columba, en arrivant, suivi d'une foule nombreuse, au lac étroit et allongé d'où sort la Ness et où il devait s'embarquer, y trouva, comme l'en avait menacé Broïchan, un très-fort vent contraire et l'air obscurci par un épais brouillard. Les druides triomphaient déjà. Mais Columba, montant dans sa barque, ordonna aux rameurs effrayés de tendre la voile contre le vent, et tout le peuple le vit naviguer rapidement et comme poussé par des brises favorables vers l'extrémité méridionale du lac par où il retournait à Iona. Il ne partait d'ailleurs que pour revenir bientôt, et revint assez souvent pour achever la conversion de toute la nation picte et détruire à jamais l'ascendant des druides dans ce dernier refuge du paganisme celtique. Cette race sanguinaire et indomptable fut enfin conquise par le missionnaire irlandais. Avant d'achever sa glorieuse carrière, il avait parsemé leurs forêts, leurs défilés, leurs montagnes inaccessibles, leurs bruyères sauvages, leurs îles à peine habitées, d'églises et de sanctuaires monastiques.

Les Moines d'Occident.

WALSH

NOTICE BIOGRAPHIQUE

Descendant d'une de ces familles irlandaises catholiques qui avaient émigré en France au temps des Stuarts, le vicomte Joseph-Alexis Walsh, naquit à Sezant, dans l'Anjou, le 25 avril 1782. Il commença ses études au collége des Jésuites de Liége, ville où plusieurs de ses parents s'étaient établis; et lorsque le consulat eut remis un peu d'ordre dans la société française, il entra dans l'administration. Pendant d'assez longues années il remplit les fonctions d'inspecteur de la librairie dans les départements de l'Ouest. Il salua avec une vive satisfaction le retour des Bourbons ; et, l'emploi qu'il occupait ayant été supprimé, il obtint en dédommagement un poste plus important, celui de commissaire du roi près la monnaie de Nantes; peu de temps après, il devint directeur des postes de la même ville.

Ses affections dynastiques ne lui permirent pas de rester en fonctions sous le gouvernement de juillet, et il s'adonna depuis ce temps à la littérature. Son premier ouvrage, *Lettres vendéennes, ou Correspondance de trois amis*, eut un grand succès, ainsi que son *Tableau poétique des fêtes chrétiennes*, son chef-d'œuvre. Indépendamment de sa collaboration dans un grand nombre de journaux du meilleur esprit, il publia encore beaucoup de livres, parmi lesquels nous citerons *le Fratricide, ou Gilles de Bretagne (chronique du xve siècle)*; — *Histoires, contes et nouvelles*; — *Légendes, souvenirs et impressions*; — *Journées mémorables de la révolution française, racontées par un père à son fils*; — *Souvenirs de cinquante ans*; — *Voyage à Prague et* à *Léoben*, etc. Il fit aussi des poëmes, mais ce n'est pas ce qu'il y a eu de plus remarqué dans ses œuvres. Le vicomte Walsh est mort à Paris le 14 février 1860.

LES DEUX FRÈRES

Ce qu'il y a de plus triste dans la vie, c'est de haïr.

Mais si la haine est déjà si désolante quand elle éclate entre des hommes qui sont étrangers les uns aux autres, combien elle est plus déplorable encore quand elle vient à se lever entre deux frères !

Oh ! alors, c'est une vraie malédiction du ciel ! Ceux qui sont nés d'une même mère, ceux qui ont grandi sous le même toit, ceux qui doivent avoir la même tombe de famille, n'ont en général qu'à laisser aller leurs cœurs pour s'aimer les uns les autres.... ¡Cependant il arrive parfois qu'il y en a qui non-seulement ne s'aiment pas, mais se détestent. Dieu avait mis à leur portée des délices, ils s'en font des peines ; ils pouvaient se nourrir du miel de l'amitié, ils préfèrent l'amertume de la haine.

Oh ! que je les plains !

J'ai connu une famille qui était grandement vénérée dans notre pays, et qui méritait bien de l'être, car elle y était comme une providence visible ; tous les riches, tous les grands l'honoraient ; tous les pauvres, tous les malheureux la bénissaient. Certes, avec cela, il y avait de quoi se faire du bonheur. Eh bien ! deux frères de cette maison s'étaient mis à se haïr pendant leur enfance, et, ayant laissé grandir leur haine, amenèrent dans la demeure où ils étaient nés, dans la demeure où la paix et l'union avaient régné si longtemps, le malheur, la tristesse et presque le désespoir.

Quand j'ai connu ces deux frères, ils étaient déjà sur l'âge ; le temps, en amenant sur eux les années, leur avait, comme à tous les hommes, enlevé de la force et de la santé, mais leur avait laissé au cœur leurs pensées de haine : ainsi, quelquefois vous voyez des arbres qu'un ouragan a dépouillés de toutes leurs feuilles, et le souffle de la tempête, qui leur a emporté toute leur verte parure, n'a pu faire tomber de leurs branches les chenilles qui s'y étaient attachées.

Quand un frère parlait de son frère, il ne se servait plus du nom qui lui avait été donné au baptême; ce nom, si souvent prononcé par leur père et leur mère, aurait pu rappeler des souvenirs de famille, et les hommes qui se font mauvais les redoutent; il disait: *monsieur mon frère*.

Des amis communs avaient cherché à éteindre cette haine que l'on ne pouvait guère s'expliquer; car ces deux frères étaient ce que le monde appelle des hommes d'honneur et n'avaient que de bons procédés pour leurs semblables. Souvent je les ai vus s'émouvoir et s'attendrir quand on racontait devant eux de nobles dévouements; souvent, quand on leur disait : Il y a là un malheureux qui souffre, je les ai vus se lever pour aller secourir cet inconnu. Ils avaient, comme vous le voyez, de la bienveillance pour tous, hors pour ceux qu'ils auraient dû aimer entre tous les autres.... L'*honneur* s'arrangeait de cela; la *religion*, elle, le réprouvait; mais l'*honneur* c'était leur règle, et vous savez que l'honneur permet de haïr...; que dis-je ? l'*honneur* fait bien plus : en certaines occasions il ordonne de tuer.

L'homme a créé l'honneur, Dieu créa la vertu.

On le voit bien.

Si les deux frères dont je raconte l'histoire avait écouté la voix de la religion, ils n'auraient pas laissé pousser et grandir dans leur âme cette inimitié qui, ainsi qu'une plante vénéneuse, a empoisonné leurs jours. Non, dès le premier instant où elle commençait, comme un mauvais grain, à germer dans leurs cœurs, ils l'auraient étouffée pour obéir à cette parole des livres saints :

« Ne laisse pas le soleil se coucher sur la rancune que tu portes à ton frère. »

Mais quand on ne lit que les livres du monde, quand on ne recherche que ses lumières, quand on n'écoute que ses maximes, il y a grande chance que l'on s'égarera.

Comme pour fortifier encore davantage l'aversion entre ces deux hommes, les événements politiques de 1815 survinrent; pour être plus assurés de ne se rencontrer jamais et de pouvoir se détester davantage, les deux frères adoptèrent des drapeaux différents : l'un, l'aîné, salua avec enthousiasme la Restauration, le second se fit ultra-bonapartiste.

Mettre une différence d'opinions politiques sur la haine, c'est jeter l'huile sur le feu, du vitriol sur une plaie.

Aussi, jamais leur animosité n'avait été si complète : c'était à réjouir l'enfer.

Le royaliste aurait pu éviter à son frère plusieurs vexations, et il ne le fit pas.

Au 20 mars, le bonapartiste aurait pu empêcher le bannissement de son frère aîné, et il le laissa exiler. Et quand ils agissaient ainsi, si des étrangers venaient à eux pour leur demander des services, ils avaient de l'obligeance pour eux; ils n'avaient mis hors de leur bienveillance que leur fraternité.

Auprès de ces deux êtres qui avaient juré de se détester toujours, Dieu avait mis deux femmes qui gémissaient de cette cruelle désunion. Les deux belles-sœurs avaient reçu de leurs maris la défense de se voir, de se parler; quand elles venaient à se rencontrer dans un salon, elles se regardaient tristement et ne se disaient rien. Cependant elles se sentaient un grand attrait l'une pour l'autre; leurs jeunes enfants, parfois aussi, se trouvaient sur la même promenade, et leurs gouvernantes leur ayant dit : « Vous êtes cousins, » ils avaient joué ensemble; et comme l'amitié vient vite parmi les enfants, les cousins s'aimaient beaucoup.

Plus tard, quand l'âge de la première communion fut venu, les fils des deux frères allaient au catéchisme dans la même église, et là le même prêtre, devant le même autel, leur répétait les paroles de l'apôtre, de saint Jean devenu vieux : « Mes enfants, mes enfants, aimez-vous les uns les autres. »

L'amitié de ces jeunes garçons, qui avait commencé dans les jeux, se fortifiait ainsi à la voix de la religion; car de tous les commandements de Dieu, le plus facile à accomplir, c'est celui de s'aimer, surtout pour le jeune âge; car les rancunes n'ont pas encore eu le temps de pousser dans des cœurs si neufs. Les rancunes, ce sont les ronces, les épines de la vie; elles viennent plus tard dans les âmes que la rosée du ciel n'humecte pas.

Un jour, un des enfants du comte de Chambral (c'était le nom du frère aîné) tomba subitement très-malade dans l'église où se faisaient les instructions de la première communion; tous ses jeunes camarades s'empressèrent de lui porter secours; mais parmi les plus effrayés de son mal, les plus affectueux dans leurs soins, le prêtre distingua Anatole de Chambral, fils du second frère.

Les querelles de famille percent au dehors ; elles sont d'abord un malheur, puis elles deviennent un scandale. Le curé savait donc la longue et attristante division qui existait entre deux de ses paroissiens... paroissiens, il faut le dire, qu'il ne voyait jamais dans son église.

Je l'ai dit en commençant cette histoire : leur religion, à eux, c'était l'honneur tel que le monde l'a fait ; et quand on se borne à ce culte là, on n'a besoin ni de prières ni d'autels.... S'ils envoyaient leurs fils aux instructions religieuses, c'était à cause de l'usage, et parce que les mères des jeunes enfants auraient le cœur brisé de ne pas les voir chrétiens.

Anatole était venu au catéchisme avec son précepteur ; pendant que le prêtre faisait son instruction, il était survenu tout à coup un de ces orages comme on en voit souvent éclater sur Paris, alors que la pluie ne tombe plus par gouttes mais par nappes, alors que les toits, que les maisons, que les portes, que les fenêtres ne sont plus aperçus qu'à travers un voile d'eau ; alors que les ruisseaux des rues se font torrents et débordent, alors que les égouts se font cascades et bruissent, alors que les pavés disparaissent sous des flots noirs et puants, alors que les savoyards jettent des ponts de planches sur les eaux bourbeuses et demandent un *petit sou* aux passants, alors que les fiacres deviennent rares et que leurs cochers se réjouissent sous le déluge.

Dans des circonstances semblables, c'est rendre un vrai service que de donner une place dans sa voiture. Anatole, voyant son cousin toujours aussi mal, offrit à la personne qui l'avait amené de le reconduire chez son père. Le curé fit un signe au domestique qui avait accompagné le jeune malade, d'accepter, car le bon prêtre savait que Dieu prend souvent les petits enfants comme des anges pour réconcilier les hommes entre eux.

Ernest, toujours évanoui, fut porté dans la voiture, et, pendant le trajet de l'église à l'hôtel de son père, eut constamment la tête appuyée sur la poitrine d'Anatole, qui pleurait de le voir si pâle et si inanimé.

Quand ils arrivèrent chez le comte de Chambral, ce fut une grande rumeur, un grand effroi dans toute la maison ; l'enfant était si faible, si changé, avait l'air d'être si près de la mort, que l'on ne fit attention qu'à lui, et l'on ne s'inquiéta d'abord aucunement de celui qui l'avait ramené ; ce ne fut que plus tard que le vieux domestique raconta qui avait offert sa voiture et qui avait soigné avec tant d'affection son jeune maître.

Le fidèle serviteur, en donnant tous ces détails, les allongeait ; il voulait que le père d'Ernest fût reconnaissant envers Anatole ; car il pensait que lorsqu'on remercie le fils on ne peut maudire le père.

Il y a un âge où le mal passe vite : l'enfance est comme la plante, qu'un souffle de l'orage courbe et fait pencher, mais que le plus petit rayon de soleil redresse et ravive. Au bout de quelques jours, Ernest put revenir aux instructions du curé.

La première communion des enfants approchait, et, suivant l'usage établi dans plusieurs de nos provinces, la veille de la grande et sainte journée, les familles des jeunes catéchumènes furent invitées à se rassembler dans la chapelle des Trépassés, pour bénir, sur les ossements des aïeux, leurs fils et leurs filles.

Les mères d'Anatole et d'Ernest avaient employé auprès de leurs maris une si ingénieuse adresse, qu'elles parvinrent à les amener à cette imposante cérémonie.

Chacun des frères y vint, espérant bien n'y pas rencontrer son frère. Aussi, lorsque, dans la foule des parents pauvres et riches qui avaient été conviés à la bénédiction, le comte de Chambral reconnut son frère, son premier mouvement fut d'aller vers la porte pour sortir ; pour s'en aller, il fut obligé de passer près du vieux prêtre, qui tenait en ce moment par la main le petit Anatole.

« M. le comte, dit le prêtre, voici l'enfant qui a soigné avec tant de tendresse et d'affection M. Ernest le jour où il nous a fait si grande peur par son évanouissement.

— Ah! je vous remercie bien, mon cher enfant, dit le comte en passant la main dans les cheveux bouclés d'Anatole qu'il ne connaissait pas, je vous remercie d'avoir pris si bon soin de mon fils.

— Remercier n'est point assez, M. le comte, ajouta le curé ; aujourd'hui il faut bénir.

— Eh bien! que Dieu vous donne beaucoup de bonheur, à vous, mon enfant, qui avez beaucoup de pitié pour ceux qui souffrent! »

A ce moment, le frère du comte, qui avait vu la main fraternelle sur la tête de son fils et qui venait d'entendre ce vœu de bonheur prononcé sur cet enfant, sentit une émotion inconnue parcourir tout son être ; des pleurs lui vinrent aux yeux, et tout son corps trembla.

Oh! alors, s'il se fût laissé aller à ce qui se passait au dedans de lui, il se fût élancé dans les bras de son frère.... Mais le respect humain, mais cette honte, cette pusillanimité des âmes faibles, le retint.

Le respect humain, c'est un mur que l'enfer a élevé entre l'homme et la vertu, c'est une de ces bises glacées qui vont soufflant sur tous les sentiments généreux pour les faire périr. Le respect humain, c'est la poltronnerie de l'âme, la lâcheté morale !

Ce jeune homme que vous voyez rester debout dans une église et ne pas incliner son front aux moments les plus sacrés de nos mystères, savez-vous qui l'empêche de tomber à genoux et d'adorer encore humblement le Dieu que sa mère lui avait appris à prier ? le respect humain !

Cet autre qui craint d'être tendre et affectueux pour ses parents, qui se défend d'être attentif pour la vieillesse, savez-vous ce qui empêche la tendresse qu'il a au fond de l'âme de se montrer au dehors ? le respect humain !

Oh ! alors que Satan a répandu parmi les hommes la honte du bien, il a eu pour les intérêts de l'enfer une grande inspiration ; en inventant le respect humain, il a jeté sur la terre ce qui étouffe le plus la vertu.

Les deux frères cédaient maintenant à cette maligne influence ; la haine s'était usée, mais la crainte des propos du monde les faisait persister dans leur désunion. Il y a des hommes qui s'imposent des sacrifices pour paraître bons, il y en a d'autres qui se font violence pour se donner les faux semblants de la méchanceté et de la rancune.

Le mal a son hypocrisie comme le bien ; sans doute c'est grande pitié ! mais c'est comme cela.

La cérémonie de la bénédiction des enfants par leurs pères et leurs mères commença. C'était là, je vous l'assure, une solennelle chose à voir ! Sous les dalles blanches et noires de la chapelle des Trépassés, était le caveau ou *l'enfeu* de beaucoup de familles qui étaient là rassemblées ; ainsi, bien des pères, bien des mères se trouvaient là entre les aïeux et leur postérité, entre le passé et l'avenir, et de plus, en face de Dieu.

Chaque enfant venait à son tour s'agenouiller devant son père et sa mère, et là, d'une voix émue, leur demandait pardon de ses désobéissances, de ses paresses et de ses colères.... Alors, les parents, étendant les mains sur la tête de leurs fils et de leurs filles, disaient : *Que Dieu vous bénisse comme nous vous bénissons!*

Quand Ernest et Charles de Chambral, tous les deux fils du comte, furent à genoux devant leur père, celui-ci, qui avait reconnu son frère dans la foule et qui n'avait pu le voir sans être aussi profondément ému, se leva, et, les deux mains étendues sur ses deux enfants, prononça ces paroles :

« Mes enfants, que Dieu vous bénisse comme je vous bénis, qu'il vous donne des jours d'union et de bonheur... aimez-vous toujours tous les deux. »

Il ne put en dire davantage; les larmes que l'on avait vues dans ses yeux retombèrent sur son cœur et étouffèrent sa voix....

Et le curé, qui avait une grande expérience des hommes, bénit Dieu en lui-même, car il voyait que les deux frères étaient sur le chemin de la réconciliation et qu'ils y avaient été amenés par leurs enfants. Je l'ai écrit ailleurs : « Dieu met souvent aux mains des enfants de grandes choses; » les saintes Ecritures l'ont dit : « L'orphelin est puissant dans la main du Seigneur! »

Sans le respect humain, que j'ai maudit tout à l'heure, toute réminiscence de haine eût été effacée entre le comte et le vicomte de Chambral; mais, malgré cet acheminement vers l'union, ils restaient encore divisés; seulement leur froideur avait diminué : quand ils se rencontraient, ils ne se regardaient pas encore comme amis; mais du moins ce n'étaient plus comme ennemis qu'ils s'envisageaient.

Le père d'Anatole tomba très-malade; son frère aîné envoya chaque jour savoir de ses nouvelles, et cessa d'exiger que ses fils ne parlassent plus à leurs cousins quand le hasard les faisait se trouver ensemble.

Ce demi-rapprochement suffisait au monde; mais à Dieu il fallait plus que cela.

Le comte de Chambral avait beaucoup voyagé, avait séjourné longtemps à Rome et avait rapporté d'Italie un grand goût pour la bonne musique.... Lui qui n'était pas retourné dans une église depuis la première communion de son fils, pendant la semaine sainte entra à Saint-Roch pour y entendre chanter le *Stabat*.

C'était là que Dieu l'attendait. Chacun a son moment marqué.... Celui du comte était venu ; l'harmonie amena la grâce dans son âme, comme un ange conduit un autre ange....

Ce chant, qui peint si bien les angoisses d'une mère, alla réveiller dans le cœur de l'homme du monde ce qui y était resté de bon ; en écoutant les douleurs de Marie, il pensa à la douleur que sa mère, à lui, aurait éprouvée, si elle avait vu la haine qui s'était élevée entre ses deux fils. Et tout de suite, sous une inspiration du Ciel, il alla tomber aux pieds du prêtre qui avait instruit ses fils. Puis, se relevant du tribunal où l'on se réconcilie avec Dieu, avec son ennemi et avec soi-même, il courut chez son frère malade.

En le voyant entrer, le père d'Anatole lui dit : « Ah ! mon frère, vous envoyez tous les jours savoir de mes nouvelles ; cette marque de ressouvenir était déjà beaucoup ; je n'osais espérer davantage.

— Mon ami, répondit le comte, *avant Pâques, des politesses*, c'était peut-être assez ; *mais après Pâques*, il faut mieux que cela. Aussi je vous apporte tout l'amour d'un frère ! ».

J'ai raconté tout au long cette histoire vraie, pour prouver qu'il y a autre chose dans nos fêtes que des cérémonies, des cierges et de l'encens. Les enseignements qu'elles donnent améliorent et purifient les âmes, comme leur poésie élève l'esprit. Elles ne répandent pas seulement des fleurs sur le temps qui nous est accordé, elles font encore pousser des fruits pour l'éternité.

Tableau poétique des fêtes chrétiennes.

GUIZOT

NOTICE BIOGRAPHIQUE

François-Pierre-Guillaume Guizot naquit à Nîmes le 4 octobre 1787. Son père, avocat distingué dans le barreau de cette ville, professait, ainsi que sa mère, la religion protestante dans laquelle ils élevèrent leur fils. L'enfant entrait dans sa septième année quand il perdit son père. Mme Guizot alla chercher à Genève, pour ses deux fils, une de ces éducations fortes qu'on ne trouvait plus à cette époque en France. En 1803, c'est-à-dire à l'âge de seize ans, M. Guizot, qui savait à fond cinq langues, commença sa philosophie. Après des études terminées avec éclat, il vint à Paris pour y faire son cours de droit. L'austérité de son éducation et l'amour de l'étude le préservèrent de la dissipation trop commune aux jeunes gens. Il utilisa aussi son temps en remplissant pendant près de deux ans les fonctions de précepteur dans la famille de M. Stapfer, ancien ministre de Suisse à Paris. A cette époque de la jeunesse de M. Guizot se rattache un touchant épisode de sa vie :

M. Stapfer lui avait ouvert l'entrée du salon de M. Suard, où se réunissait la société la plus spirituelle de l'époque. Ce fut là que M. Guizot rencontra Mlle de Meulan, qui, appartenant à une famille distinguée, mais ruinée par la Révolution, avait trouvé dans la fondation d'un journal, *le Publiciste*, un aliment pour l'activité d'un esprit remarquablement doué et des ressources pour sa famille. Cette rencontre amena un incident un peu romanesque, qui fut, entre Mlle de Meulan et M. Guizot, l'origine d'une amitié littéraire à laquelle devaient succéder des liens plus étroits. Mlle de Meulan, étant tombée gravement malade, s'inquiétait pour son journal, dont elle était l'âme et qui était son seul moyen d'existence, lorsqu'elle reçut une lettre dans laquelle on la priait de se tranquilliser, en lui annonçant que, tant que durerait sa maladie, on lui enverrait un article pour chaque numéro. La lettre contenait le premier envoi. Les idées de Mlle de Meulan, les habitudes de son style, tout se retrouvait imité, reproduit avec une scrupleuse fidélité dans ce remarquable travail qu'on aurait dit écrit sous sa dictée. Elle put le signer sans hésitation, et c'est ainsi que *le Publiciste* se fit pendant tout le temps de sa maladie, grâce à un collaborateur aussi invisible qu'exact. On aurait pu croire que la plume de Mlle de Meulan, devenue fée, courait toute seule sur le papier, à la fois chargée d'encre et de pensées. Le procédé était délicat, sa forme pleine de chevalerie littéraire; il toucha vivement Mlle de Meulan, il occupa beaucoup son imagination : quelle était cette plume sœur de la sienne et qu'elle ne connaissait pas? Elle n'avait pas arrêté un moment sa pensée sur le jeune homme pâle et grave qui l'écoutait avec beaucoup de sang-froid se livrer à ses conjectures, dans le salon de M. Suard, où elle avait raconté l'anecdote. Enfin, invité de la manière la plus pressante par *le Publiciste* à se nommer, l'anonyme obéit, et M. Guizot leva la visière; il vint lui-même se dénoncer à Mlle de Meulan. Ceci se passait en 1806. Six ans après, les rapports d'estime mutuelle, de conformité littéraire, les avaient amenés insensiblement à songer à une union plus étroite : en 1812, Mlle Pauline de Meulan, quoique de quatorze ans plus âgée que son mari, était devenue Mme Guizot; elle est morte en 1827.

Nous ne considérons pas au point de vue de sa carrière politique M. Guizot, qui a été député et plusieurs fois ministre sous le gouvernement de Louis-Philippe. Comme homme littéraire, ses titres à l'admiration sont plus incontestables. Il eut le rare honneur d'être à la fois membre de trois académies : d'abord de celle des *sciences morales et politiques*, reconstituée par lui en 1832; de celle des *inscriptions et belles-lettres*, dont il fut élu membre en 1833, et de l'Académie française en 1836. Les principaux ouvrages de M. Guizot sont : une édition nouvelle du *Dictionnaire des synonymes*; — la *Vie des poëtes français*; — une édition des *OEuvres de Shakespeare*; — la collection des *Mémoires relatifs à la révolution d'Angleterre*; — des *Essais sur l'histoire de France*, et une *Histoire de la civilisation*. Plus récemment, il a publié des mémoires fort curieux, intitulés *Histoire de mon temps*. Quoique ces ouvrages soient fort instructifs, et les idées de l'auteur très-larges, sa foi protestante doit cependant nous inspirer quelque défiance au sujet de son impartialité. Il faut dire néanmoins que dans ses derniers écrits, M. Guizot semble se rapprocher de plus en plus des idées catholiques et qu'il a même publié une brochure en faveur des droits du Saint-Siége.

Nous ne terminerons pas cette notice sans indiquer quelques-uns des ouvrages de Mme Guizot née Pauline de Méulan. Outre quelques romans et sa collaboration dans *le Publiciste*, dont nous avons déjà parlé, elle a fait plusieurs ouvrages d'éducation, tels que : *Journal d'une mère ; — les Enfants*, contes pour le premier âge ; — *Nouveaux Contes*, etc. — *L'Ecolier, ou Raoul et Victor*, est un roman moral très-remarquable, et dont le titre indique la destination. Sauf un épisode accusant certaines tendances protestantes, c'est un livre à recommander entre plusieurs.

UNE DES CAUSES DE LA CHUTE DE L'EMPIRE ROMAIN

Rome n'était, dans son origine, qu'une municipalité, une commune. Le gouvernement romain n'a été que l'ensemble des institutions qui conviennent à une population renfermée dans l'intérieur d'une ville ; ce sont des institutions municipales : c'est là leur caractère distinctif.

Cela n'est pas particulier à Rome, quand on regarde en Italie, à cette époque. Autour de Rome, on ne trouve que des villes.... Il n'y avait point de campagnes : c'est-à-dire les campagnes ne ressemblaient nullement à ce qui existe aujourd'hui ; elles étaient cultivées, il le fallait bien ; elles n'étaient pas peuplées. Les propriétaires des campagnes étaient les habitants des villes ; ils sortaient pour veiller à leurs propriétés rurales ; ils y entretenaient souvent un certain nombre d'esclaves ; mais ce que nous appelons aujourd'hui les campagnes, cette population éparse, tantôt dans des habitations isolées, tantôt dans des villages, et qui couvre partout le sol, était un fait presque inconnu à l'ancienne Italie.

Quand Rome s'est étendue, elle a conquis ou fondée des villes; c'est contre des villes qu'elle lutte, avec des villes qu'elle contracte, c'est dans des villes qu'elle envoie des colonies....

Sous quelque point de vue que vous considériez le monde romain, vous y trouverez cette prépondérance presque exclusive des villes et la non-existence sociale des campagnes. Ce caractère municipal du monde romain rendait évidemment l'unité, le lien social d'un grand Etat, extrêmement difficile à établir et à maintenir. Une municipalité comme Rome avait pu conquérir le monde; il lui était beaucoup plus malaisé de le gouverner et de le constituer. Aussi, quand l'œuvre paraît consommée, quand tout l'Occident et une grande partie de l'Orient sont tombés sous la domination romaine, vous voyez cette quantité prodigieuse de cités, de petits Etats, faits pour l'isolement et l'indépendance, se désunir, se détacher, s'échapper pour ainsi dire en tout sens. Ce fut là une des causes qui amenèrent la nécessité de l'Empire, d'une forme de gouvernement plus concentrée, plus capable de tenir unis des éléments si peu cohérents. L'Empire essaya de porter de l'unité et du lien dans cette société éparse. Il y réussit jusqu'à un certain point. Ce fut entre Auguste et Dioclétien qu'en même temps que se développait la législation civile, s'établit ce vaste système de despotisme administratif qui établit sur le monde romain un réseau de fonctionnaires hiérachiquement distribués, bien liés, soit entre eux, soit à la cour impériale, et uniquement appliqués à faire passer dans la société la volonté du pouvoir, dans le pouvoir les tributs et les forces de la société.

Et non-seulement ce système réussit à rallier, à contenir ensemble les éléments du monde romain, mais l'idée du despotisme, du pouvoir central, pénétra dans les esprits avec une facilité singulière. On est étonné de voir, dans cette collection mal unie de petites républiques, dans cette association de municipalités, prévaloir rapidement le respect de la majesté impériale, unique, auguste, sacrée. Il fallait que la nécessité d'établir quelque lien entre toutes ces parties du monde romain fût bien puissante, pour que les croyances et presque les sentiments du despotisme trouvassent dans les esprits un si facile accès.

C'est avec ses croyances, avec son organisation administrative, et le système d'organisation militaire qui y était joint, que l'empire romain a lutté contre la dissolution qui le travaillait intérieurement, et contre l'invasion des barbares. Il a lutté longtemps, dans un état continuel de décadence, mais se défendant toujours. Un moment est enfin arrivé où la dissolution a prévalu ; ni le savoir-faire du despotisme, ni le laisser-aller de la servitude n'ont plus suffi pour maintenir ce grand corps. Au IVe siècle, on le voyait partout se désunir, se démembrer ; les barbares entraient de tous côtés ; les provinces ne résistaient plus, ne s'inquiétaient plus de la destinée générale [1].

Cours d'histoire moderne.

EXÉCUTION DE CHARLES Ier, ROI D'ANGLETERRE

Après quatre heures d'un sommeil profond, Charles sortit de son lit : « J'ai une grande affaire à terminer, dit-il à Herbert, il faut que je me lève promptement ; » et il se mit à sa toilette. Herbert, troublé, le peignait avec moins de soin : « Prenez, je vous prie, lui dit le roi, la même peine qu'à l'ordinaire ; quoique ma tête ne doive pas rester longtemps sur mes épaules, je veux être paré aujourd'hui comme un marié. » En s'habillant, il demanda une chemise de plus. « La saison est si froide, dit-il, que je pourrais trembler ; quelques personnes l'attribueraient peut-être à la peur, je ne veux pas qu'une telle supposition soit possible. » Le jour à peine levé, l'évêque arriva et commença les exercices religieux. Comme il lisait, dans le XXVIIe chapitre de l'Evangile selon saint Mathieu, le récit de la passion de Jésus-Christ, « Milord, lui demanda le roi, avez-vous choisi ce chapitre comme le plus applicable à ma situation ? — Je prie Votre Majesté de remarquer, répondit l'évêque, que c'est l'Evangile du jour, comme le prouve le calendrier. » Le roi parut profondément touché et continua ses prières avec un redoublement de ferveur. Vers dix heures, on frappa doucement à la porte de la chambre ; Herbert demeurait immobile ; un second coup se fit entendre un peu plus fort, quoique léger en-

[1] Cet aperçu mérite attention ; mais la corruption qui s'y était introduite a surtout été la cause de la chute de l'empire romain. Affaibli par le luxe et la mollesse, le colosse, sans défense contre les barbares, et miné en dedans, est enfin tombé par son propre poids.

core : « Allez voir qui est là, » dit le roi : c'était le colonel Hacker. « Faites-le entrer, » dit-il. « Sire, dit le colonel à voix basse et à demi-tremblante, voici le moment d'aller à White-Hall; Votre Majesté aura encore plus d'une heure pour s'y reposer. — Je pars dans l'instant, répondit Charles, laissez-moi. » Hacker sortit : le roi se recueillit encore quelques minutes, puis, prenant l'évêque par la main, « Venez, dit-il, partons; Herbert, ouvrez la porte; Hacker m'avertit pour la seconde fois. » Et il descendit dans le parc qu'il devait traverser pour se rendre à White-Hall.

Hacker frappa à la porte. Juxon et Herbert tombèrent à genoux. « Relevez-vous, mon vieil ami, » dit le roi à l'évêque en lui tendant la main. Hacker frappa de nouveau : Charles fit ouvrir la porte. « Marchez, dit-il au colonel, je vous suis. » Il s'avança le long de la salle des banquets, toujours entre deux haies de troupes. Une foule d'hommes et de femmes s'y étaient précipités au péril de leur vie, immobiles derrière la garde, et priant pour le roi, à mesure qu'il passait; les soldats, silencieux eux-mêmes, ne les rudoyaient point. A l'extrémité de la salle, une ouverture, pratiquée la veille dans le mur, conduisait de plein pied à l'échafaud tendu de noir; deux hommes debout auprès de la hache, tous deux en habits de matelots et masqués. Le roi arriva, la tête haute, promenant de tous côtés ses regards, et cherchant le peuple pour lui parler : mais les troupes couvraient seules la place; nul ne pouvait approcher. Il se tourna vers Juxon et Tomlinson : « Je ne puis guère être entendu que de vous, leur dit-il, ce sera donc à vous que j'adresserai quelques paroles; » et il leur adressa en effet un petit discours qu'il avait préparé, grave et calme jusqu'à la froideur, uniquement appliqué à soutenir qu'il avait eu raison; que le mépris des droits du souverain était la vraie cause des malheurs du peuple; que le peuple ne devait avoir aucune part dans le gouvernement; qu'à cette seule condition le royaume recouvrerait la paix et ses libertés. Pendant qu'il parlait, quelqu'un toucha à la hache; il se retourna précipitamment, disant : « Ne gâtez pas la hache, elle me ferait plus de mal; « et, son discours terminé, quelqu'un s'en approchant encore : « Prenez garde à la hache! prenez garde à la hache! » répétait-il d'un ton d'effroi.... Le plus profond silence régnait; il mit sur sa tête un bonnet de soie, et, s'adressant à l'exécuteur : « Mes cheveux vous gênent-ils? — Je prie Votre Majesté de les ranger sous son bonnet, » répondit l'homme en s'inclinant. Le roi les rangea avec l'aide de l'évêque.... « J'ai pour moi, lui dit-il en prenant ce soin, une bonne cause et un Dieu clément. » Juxon : — Oui, oui, Sire, il n'y a plus qu'un pas à franchir, il est plein de trouble et d'angoisse, mais de peu de durée; et songez qu'il vous fait faire un grand trajet : il vous transporte de la terre au ciel. » Le roi : « Je passe d'une couronne corruptible à une couronne incorruptible, où je n'aurai à craindre aucun trouble, aucune espèce de trouble. » Et se tournant vers l'exécuteur : « Mes cheveux sont-ils bien? » Il ôta son manteau et son Saint-George, donna le Saint-George à l'évêque en lui disant : *Souvenez-vous,* » ôta son habit, remit son manteau, et regardant le billot : « Placez-le de manière à ce qu'il tienne bien ferme, » dit-il à l'exécuteur. — Il est ferme, Sire. » Le roi : « Je ferai une courte prière, et, quand j'étendrai les mains, alors.... » Il se recueillit, se dit à lui-même quelques mots à voix basse, leva les yeux au ciel, s'agenouilla, posa sa tête sur le billot; l'exécuteur toucha ses cheveux pour les ranger encore sous son bonnet; le roi crut qu'il allait le frapper : « Attendez le signe, » lui dit-il. « Je l'attendrai, Sire, avec le bon plaisir de Votre Majesté. » Au bout d'un instant, le roi tendit les mains; l'exécuteur frappa, la tête tomba du premier coup : « Voilà la tête d'un traître, » dit-il en la montrant au peuple. Un long et sourd gémissement s'éleva autour de White-Hall. Beaucoup de gens se précipitaient au pied de l'échafaud pour tremper leurs mouchoirs dans le sang du roi. Deux corps de cavalerie, s'avançant dans des directions différentes, dispersèrent lentement la foule. L'échafaud demeuré solitaire, on enleva le corps : il était déjà enfermé dans le cercueil. Cromwell voulut le voir, le considéra attentivement, et, soulevant de ses mains la tête comme pour s'assurer qu'elle était bien séparée du tronc : « C'était un corps bien constitué, dit-il, et qui promettait une longue vie. »

Histoire de la révolution d'Angleterre.

OBSERVATIONS

Historien fidèle, M. Guizot, dont ce récit passe pour un des plus remarquables, n'a pu toutefois en bannir la sécheresse protestante. Combien les derniers moments de Louis XVI n'offrent-ils pas un caractère plus touchant et plus sublime que ceux de son confrère martyr l'infortuné Charles Ier ? M. le comte de Falloux, dans son *Histoire de Louis XVI*, retrace cette mort auguste; nous ne l'avons pas reproduite ici, parce que tous les détails en sont trop connus; ils sont du domaine public bien plus qu'ils n'appartiennent à l'écrivain qui n'a fait que répéter ce que tout le monde sait sur ce sujet. C'est pourquoi nous avons préféré citer de cet historien, ainsi qu'on le verra plus loin, les détails qu'il nous donne sur la jeunesse et l'éducation du futur martyr, comme ayant, plutôt que sa mort, l'attrait de l'inconnu pour la génération actuelle.

DES GRANDS HOMMES

Il y a dans l'activité d'un grand homme deux parts : il joue deux rôles : on peut marquer deux époques dans sa carrière. Il comprend mieux que tous les autres les besoins de son temps, les besoins réels, actuels, ce qu'il faut à la société contemporaine pour vivre et se développer régulièrement ; il sait mieux que tout autre s'emparer de toutes les forces sociales pour les diriger vers ce but. De là, son pouvoir et sa gloire : c'est là ce qui fait qu'il est, dès qu'il paraît, compris, accepté, suivi, que tous se prêtent et concourent à l'action qu'il exerce au profit de tous.

Il ne s'en tient pas là : les besoins réels et généraux de son temps à peu près satisfaits, la pensée et la volonté du grand homme vont plus loin. Il s'élance hors des faits actuels ; il se livre à des vues qui lui sont personnelles ; il se complaît à des combinaisons plus ou moins vastes, plus ou moins spécieuses, mais qui ne se fondent point, comme ses premiers travaux, sur l'état positif, les instincts communs, les vœux déterminés de la société, en combinaisons lointaines et arbitraires ; il veut, en un mot, étendre infiniment son action, posséder l'avenir comme il possède le présent.

Ici commence l'égoïsme et le rêve : pendant quelque temps, et sur la foi de ce qu'il a déjà fait, on suit le grand homme dans cette nouvelle carrière ; on croit en lui, on lui obéit ; on se prête pour ainsi dire à ses fantaisies, que des flatteurs et des dupes admirent même et vantent comme ses plus sublimes conceptions. Cependant le public, qui ne saurait longtemps demeurer hors du vrai, s'aperçoit bientôt qu'on l'entraîne où il n'a nulle envie d'aller, qu'on l'abuse et qu'on abuse de lui. Tout à l'heure le grand homme avait mis sa haute intelligence, sa puissante volonté au service de la pensée générale, du vœu commun ; maintenant il veut employer la force publique au service de sa propre pensée, de son propre désir; lui seul sait et veut ce qu'il fait. On s'en inquiète d'abord, bientôt on s'en lasse : on le suit quelque temps mollement, à contre-cœur; puis on se récrie, on se plaint, puis enfin on se sépare; le grand homme reste seul et il tombe, et tout ce qu'il avait pensé et voulu seul, toute la partie purement personnelle de ses œuvres tombe avec lui.

Je ne me refuserai point à emprunter à notre temps le flambeau qu'il nous offre en cette occasion, pour en éclairer un temps éloigné et obscur. La destinée et le nom de Napoléon sont maintenant de l'histoire; je ne ressens pas le moindre embarras à en parler, et à en parler avec liberté.

Personne n'ignore qu'au moment où il s'est saisi du pouvoir en France, le besoin dominant, impérieux de notre patrie, était la sécurité, au dehors, de l'indépendance nationale, au dedans, de la vie civile. Dans la tourmente révolutionnaire, la destinée extérieure et intérieure, l'Etat et la société avaient été également compromis. Replacer la France nouvelle dans la confédération européenne, la faire avouer, accueillir des autres Etats, et la constituer au dedans d'une manière paisible, régulière; la mettre en un mot en possession de l'indépendance et de l'ordre, seuls gages d'un long avenir; c'était là le vœu, la pensée générale du pays. Napoléon le comprit et l'accomplit; le gouvernement consulaire fut dévoué à cette tâche.

Celle-là terminée, ou à peu près, Napoléon s'en proposa mille autres. Puissant en combinaisons, et d'une imagination ardente, égoïste et rêveur, machinateur et poëte, il épancha pour ainsi dire son activité en projets arbitraires, gigantesques enfants de sa seule pensée, étrangers aux besoins réels de notre temps et de notre France : elle l'a suivi quelque temps et à grands frais dans cette voie, qu'elle n'avait point choisie; un jour est venu où elle n'a pas voulu l'y suivre plus loin; l'empereur s'est trouvé seul, et l'empire a disparu; et toutes choses sont retournées à leur propre état, à leur tendance naturelle.

Cours d'histoire.

L'HISTOIRE ET LE ROMAN

On veut des romans. Que ne regarde-t-on de près à l'histoire? Là aussi on trouverait la vie humaine, la vie intime, avec ses scènes les plus variées et les plus dramatiques, le cœur humain avec ses passions les plus vives comme les plus douces, et de plus un charme souverain, le charme de la réalité. J'admire et je goûte autant que personne l'imagination, ce pouvoir créateur qui du néant tire des êtres, les anime, les colore, et les fait vivre devant nous, déployant toutes les richesses de l'âme à travers toutes les vicissitudes de la destinée; mais les êtres qui ont réellement vécu, qui ont effectivement ressenti ces coups du sort, ces passions, ces joies et ces douleurs dont le spectacle a sur nous tant d'empire, ceux-là, quand je les vois de près et dans l'intimité, m'attirent et me retiennent encore plus puissamment que les plus parfaites œuvres poétiques ou romanesques. La créature vivante, cette œuvre de Dieu, quand elle se montre sous ses traits divins, est plus belle que toutes les créations humaines, et de tous les poëtes Dieu est le plus grand.

REMARQUE

Cette magnifique page sert d'introduction à un épisode de l'histoire de la révolution d'Angleterre, que l'auteur a intitulé : *l'Amour dans le mariage.* C'est l'histoire d'une famille protestante, famille honorable, parce que ses convictions étaient sincères, et qui, malgré l'erreur de ses opinions religieuses, sut conserver toutes les vertus chrétiennes. On y voit surtout figurer deux époux, dont l'un préféra la mort à un manque de sincérité; et l'autre, sa veuve, son soutien durant la vie et dans le martyre, l'aime au delà de cette vie avec une foi profonde et une rare constance. Cependant, quand nous faisons la comparaison de ces héros protestants à ceux que nous offre le récit d'une sœur, types éminemment catholiques, évoqués par le pieux souvenir de Mme Augustus Craven, et retraçant une mort sainte et un héroïque veuvage, combien la préexcellence est sensible en faveur du pinceau catholique et des personnages qui sont l'objet de son étude! Le talent de Mme Craven, tout aimable qu'il soit, est cependant (qui le pourrait contester?) inférieur à celui du célèbre académicien. D'où vient donc la supériorité de son récit, si ce n'est de celle de sa religion?

VILLEMAIN

NOTICE BIOGRAPHIQUE

M. Abel-François Villemain, né à Paris le 10 juin 1794, se distingua comme professeur longtemps avant l'âge où d'ordinaire on termine ses études ; ce qui ne l'a pas empêché plus tard, étant ministre de l'instruction publique, d'avouer à la tribune qu'il serait fort embarrassé s'il lui fallait passer son examen de bachelier.

Le cours de littérature que M. Villemain a fait à la Sorbonne avant 1830 a laissé d'impérissables souvenirs dans la mémoire de ses nombreux auditeurs. Des palmes obtenues dans les concours académiques, et un volume d'*Eloges*, écrit avec une rare élégance et une finesse d'appréciation merveilleuse, lui ont mérité en 1821, c'est-à-dire dès l'âge de trente ans, les suffrages unanimes de l'Académie française, qui ne crut pas pouvoir donner un plus digne successeur à M. de Fontanes.

Pair de France et ministre sous Louis-Philippe, M. Villemain, rentré dans la vie privée, remplit toujours les fonctions de secrétaire perpétuel de l'Académie française.

Parmi ses nombreux et éloquents travaux, il faut citer une *Histoire de Cromwell*, un livre intitulé *Lascaris* et la préface du Dictionnaire de l'Académie. Il s'occupe depuis longtemps d'une *Histoire de Grégoire VII*, qui doit être, dit-on, son principal ouvrage.

AUGUSTE

L'empire d'Auguste fut une grande époque de splendeur dans les arts, parce qu'il hérita d'une foule de génies nés sous la république et qu'il leur donna le repos plutôt que la servitude. Comparé en effet aux récentes fureurs de la proscription, et aux tyrannies de Marius et de Sylla, le gouvernement d'Auguste semblait un retour aux lois. Le nom de sénat était encore puissant; les formes de la république étaient conservées; il y avait des élections populaires; l'usurpation impériale se déguisait et se désavouait elle-même. Auguste annonçait qu'il ne voulait l'empire que pour dix ans. Il répétait souvent cette promesse; il semblait s'y complaire....

Si Auguste mentait dans ses promesses d'abdication, il avait dans toutes ses habitudes privées, et dans sa vie familière et simple, quelque chose qui le rapprochait des autres citoyens. Il gardait presque l'égalité républicaine; il refusait ce titre de seigneur, qui, cinquante ans plus tard, fut donné dans Rome même aux moins importants personnages. Il n'avait aucun faste de cour, aucune imitation des despotes de l'Asie. L'empire était pour Auguste une sorte de fonction publique, hors de laquelle il remplissait tous les devoirs d'homme et de citoyen.

Les principaux de Rome l'appelaient à leurs affaires et à leurs fêtes. Il assistait à des assemblées domestiques, à des conseils de famille, où il opinait le dernier. Respectant tous les usages anciens, tous les droits des anciennes mœurs, il laissait même au sénat et au barreau une grande liberté d'opinion et de langage.

Voilà les causes qui, plus puissantes que la protection de Mécènes, permirent aux lettres de fleurir sous Auguste. Il y avait encore de l'élévation dans les esprits, et l'imagination se complaisait sans péril aux souvenirs du passé.

La grande éloquence seule, l'éloquence du forum, n'était plus. Auguste, dit un ancien, avait pacifié l'éloquence comme tout le reste. Pacifier l'éloquence, c'est l'éteindre. Le mot par lui-même est assez expressif; mais il indique en même temps qu'aucune idée d'oppression violente ne s'attachait alors dans les esprits à ce changement de l'état politique.

La gloire de Rome, l'immensité de son empire, cette soumission paisible de tant de peuples, flattait l'orgueil des Romains. Ils se croyaient moins les sujets d'Auguste que les maîtres des autres nations ; et Virgile, par un ingénieux détour, ne pouvant plus les appeler le peuple libre, les appelait le peuple-roi.

Mélanges historiques et littéraires.

LOUIS XIV

Un roi plein d'ardeur et d'espérance saisit lui-même ce sceptre qui, depuis Henri le Grand, n'avait été soutenu que par des favoris et des ministres. Son âme, que l'on croyait subjuguée par la mollesse et les plaisirs, se déploie, s'affermit et s'éclaire, à mesure qu'il a besoin de régner. Il se montre vaillant, laborieux, ami de la justice et de la gloire. Quelque chose de généreux se mêle aux premiers calculs de sa politique. Il envoie des Français défendre la chrétienté contre les Turcs, en Allemagne et dans l'île de Crète : il est protecteur avant d'être conquérant ; et, lorsque l'ambition l'entraîne à la guerre, ses armes heureuses et rapides paraissaient justes à la France éblouie. La pompe des fêtes se mêle aux travaux de la guerre, les jeux du carrousel aux assauts de Valenciennes et de Lille. Cette altière noblesse, qui fournissait des chefs aux factions, et que Richelieu ne savait dompter que par des échafauds, est séduite par les paroles de Louis, et récompensée par les périls qu'il lui accorde à ses côtés. La Flandre est conquise, l'Océan et la Méditerranée sont réunis ; de vastes ports sont creusés ; une enceinte de forteresses environne la France ; les colonnades du Louvre s'élèvent ; les jardins de Versailles se dessinent ; l'industrie des Pays-Bas et de la Hollande se voit surpassée par les ateliers nouveaux de la France ; une émulation de travail, d'éclat, de grandeur, est partout répandue ; un langage sublime et nouveau célèbre toutes ces merveilles et les agrandit pour l'avenir. Les épîtres de Boileau sont datées des conquêtes de Louis XIV ; Racine porte sur la scène les faiblesses et l'élégance de la cour ; Molière doit à la puissance du trône la liberté de son génie ; la Fontaine lui-même s'aperçoit des grandes actions du jeune roi et devient flatteur. Voilà le brillant tableau qu'offrent les vingt premières années de ce règne mémorable.

Discours d'ouverture.

NAPOLÉON Ier

Des bords du Nil un homme avait reparu, déjà célèbre par de grands succès dans les combats, illustré par les revers d'une expédition lointaine et merveilleuse; habile à tromper comme à vaincre, et jetant sur son retour fugitif tout l'éclat d'une heureuse témérité. Sa jeunesse et son audace semblaient lui donner de l'avenir. Ce luxe militaire de l'Orient qu'il ramenait avec lui comme un trophée, ces drapeaux déchirés et vainqueurs, ces soldats qui avaient subjugué l'Italie et triomphé sur le Thabor et au pied des pyramides; toute cette gloire de la France, qu'il appelait sa gloire, répandait autour de son nom un prestige trop dangereux chez un peuple si confiant et si brave. Il avait rencontré, il avait saisi les plus heureux prétextes pour le pouvoir absolu, de longs désordres à réparer. Son ardente activité embrassait tout pour tout envahir. Génie corrupteur, il avait cependant rétabli les autels; funeste génie, élevé par la guerre et devant tomber par la guerre, il avait pénétré d'un coup d'œil l'importance du rôle de législateur; il s'en était rapidement emparé dans l'intervalle de deux victoires; et dès lors, au bruit des armes il allait exhausser son despotisme sur les bases de la société qu'il avait raffermies. On n'apercevait encore que le retour de l'ordre et l'espérance de la paix. Les maux de l'ambition, l'onéreuse tyrannie d'une guerre éternelle, le mépris calculé du sang français, la suppression de tous les droits publics se développèrent plus lentement, comme de fatales conséquences qu'enfermait l'usurpation, mais qu'elle n'avait pas d'abord annoncées.

Cours d'éloquence.

THIERS

NOTICE BIOGRAPHIQUE

M. Louis-Adolphe Thiers est né à Marseille, le 16 avril 1797, d'une famille de commerçants en draps ruinée par la révolution. Parent d'André et de Marie-Joseph Chénier par sa mère, il dut à la famille de celle-ci d'entrer avec une bourse au lycée de Marseille en 1806. Après des études brillantes, il alla, à l'âge de dix-huit ans, faire son droit à Aix, où il se lia avec M. Mignet. Il fut reçu avocat en 1820.

L'année suivante, le jeune avocat, que sa profession ne faisait pas vivre et que tentait la carrière littéraire, vint chercher fortune à Paris ; il y connut les difficultés de la misère ; mais doué d'une forte dose d'énergie et d'une incontestable capacité, décidé d'ailleurs à ne pas être trop rigoureux sur les principes, il s'attacha à la rédaction du *Constitutionnel*, où l'on s'attachait à battre en brèche et la religion et le gouvernement. Ces opinions étaient d'ailleurs celles de M. Thiers, qui se créa bientôt une position lucrative dans cette feuille, où il avait débuté par un des plus maigres emplois.

M. Thiers travaillait dès lors à son *Histoire de la Révolution française*, qui devait être suivie de celle du *Consulat et de l'Empire*, et il y déploya un grand talent, mais non exempt de partialité. Selon lui, trop souvent la fin justifie les moyens ; ce point de vue ne le rend pas toujours juste, et l'on ne doit pas lire son travail avec une aveugle confiance. Cependant nul n'égale cet historien pour les descriptions, et celle que nous reproduisons ici, sauf quelques passages trop étendus pour notre cadre, est un de ses chefs-d'œuvre.

M. Thiers fut ministre sous le gouvernement de Louis-Philippe, et la faveur dont il jouit pendant tout ce règne, jointe au produit considérable de ses œuvres littéraires, et un riche mariage, réalisèrent largement pour lui la fortune rêvée. Il faut lui rendre la justice de dire qu'il ne fut point ingrat pour ceux qui l'avaient aidé dans les mauvais jours de sa nécessiteuse jeunesse ; et l'on raconte qu'il témoigna une reconnaissance presque filiale à une bonne hôtesse qui l'avait nourri alors qu'il n'avait pas de quoi la rétribuer.

Nous ne faisons aucune réflexion sur la vie politique de M. Thiers ; nous dirons seulement que les années et l'expérience ayant ajouté aux éminentes qualités de son esprit, nous voyons en lui aujourd'hui l'un des plus éclatants défenseurs du droit et de la logique, et que ses discours à la chambre des députés sont souvent d'une dialectique irréfutable. Les intérêts du Saint-Siège dans la question romaine ont trouvé en lui un redoutable défenseur, d'autant moins suspect à tous les partis qu'on lui a toujours attribué des idées dites libérales. Au sortir d'une de ces discussions, un de ses adversaires, de mauvaise humeur, lui demandant s'il était devenu croyant, et enfin pour parler sans détour, s'il allait à la messe ? « Peut-être pas autant que je le devrais, répliqua M. Thiers, mais, quand j'y vais, je m'y trouve bien. »

En 1833, M. Thiers avait été nommé membre de l'Académie française ; ajoutons qu'il possède depuis longtemps le grade d'officier de la Légion d'honneur.

LE PASSAGE DE LA BÉRÉZINA

Après l'incendie de Moscou, l'armée française fut obligée d'exécuter à travers mille périls une désastreuse retraite, où elle périt presque entière, malgré des prodiges de valeur et de courage dignes d'un meilleur succès. Cette douloureuse partie de notre histoire, encore vivante dans tous les souvenirs, a été éloquemment décrite par M. Thiers. Nous nous contentons d'extraire de son beau travail ce qui concerne le passage de la Bérézina, alors que nos troupes se trouvaient acculées entre les Russes qui les poursuivaient et le fleuve qui leur barrait le passage.

Tout dépendait maintenant de l'établissement des ponts. Le projet était d'en jeter deux à cent toises de distance, l'un à gauche pour les voitures, l'autre à droite pour les piétons et les cavaliers. Cent pontonniers étaient entrés dans l'eau, et s'aidant de petits radeaux qu'on avait construits pour cet usage, avaient commencé à fixer les chevalets. L'eau gelait, et il se formait, autour de leurs épaules, de leurs bras, de leurs jambes, des glaçons qui s'attachaient aux chairs, causaient de vives douleurs. Ils souffraient sans se plaindre, sans paraître même affectés, tant leur ardeur était grande. La rivière n'avait en cet endroit qu'une cinquantaine de toises de largeur, et avec vingt-trois chevalets pour chaque pont on réunit les deux bords. Afin de pouvoir transporter plus tôt les troupes sur l'autre rive, on concentra tous les efforts sur le pont de droite, celui qui était destiné aux piétons et aux cavaliers, et à une heure de l'après-midi il fut praticable. Napoléon avait amené à Studianka le corps du maréchal Oudinot, et avait remplacé celui-ci à Borizow par les troupes qui suivaient. Il fit immédiatement passer sur la rive droite les divisions Legrand et Maison, les cuirassiers de Doumerc, composant le deuxième corps, et y joignit les restes de la division Dombrowski, le tout montant à neuf mille hommes environ. On fit rouler avec beaucoup de précautions deux bouches à feu sur le pont des piétons, et armé de ces moyens, Oudinot, se rabattant brusquement à gauche, fondit sur quelques troupes d'infanterie légère que le général Tchaplitz, commandant l'avant-garde de Tchitchakof, avait portées sur ce point. Le combat fut vif, mais court. On tua deux cents hommes à l'ennemi, et on put s'établir dans une bonne position, de manière à couvrir le passage. On avait le temps, en employant bien la fin de cette journée du 26 et la nuit suivante, de faire passer assez de troupes pour tenir tête à l'amiral Tchitchakof. Il est vrai qu'il fallait au moins deux jours pour que l'armée parvenue tout entière à Studianka eût franchi les deux ponts, et en deux jours Tchitchakof pouvait se concentrer devant le point de passage pour nous empêcher de déboucher sur la rive droite. De son côté, Wittgenstein, qui était comme nous sur la rive gauche, pouvait culbuter Victor, et se jeter dans notre flanc droit, pendant que Kutusof viendrait assaillir nos derrières. Dans ce cas la confusion devait être épouvantable, et il était à craindre que la tentative de passage ne se convertît en un désastre. Pourtant une moitié de nos dangers était heureusement surmontée, et il était permis d'espérer qu'on surmonterait l'autre moitié.

A quatre heures de l'après-midi le second pont fut terminé, et Napoléon s'employa de sa personne à faire défiler sur la rive droite tous ceux qui arrivaient. Quant à lui, il voulut demeurer sur la rive gauche, pour ne passer que des derniers. Le général Eblé, sans prendre lui-même un moment de repos, fit coucher sur la paille une moitié de ses pontonniers, afin qu'ils pussent se relever les uns les autres dans la pénible tâche de garder les ponts, d'en exercer la police et de les réparer s'il survenait des accidents. Dans cette journée, on fit passer la garde à pied et ce qui restait de la garde à cheval. On commença ensuite le défilé des voitures de l'artillerie. Par malheur, le pont de gauche destiné aux voitures chancelait sous le poids énorme des charrois qui se succédaient sans interruption. Pressé comme on l'était, on n'avait pas eu le temps d'équarrir les bois formant le tablier du pont. On s'était servi de simples rondins, qui présentaient une surface inégale, et pour adoucir les ressauts des voitures, on avait mis dans les creux de la mousse, du chanvre, du chaume, tout ce qu'on avait pu arracher du village de Studianka. Mais les chevaux enlevaient avec leurs pieds cette espèce de litière, et les ressauts étaient redevenus très-rudes. Les chevalets qui portaient sur les fonds les moins solides avaient fléchi, le tablier avait formé dès lors des ondulations, et à huit heures du soir trois chevalets s'étaient abîmés, avec les voitures qu'ils portaient, dans le lit de la Bérézina.

On fut obligé de remettre à l'ouvrage nos héroïques pontonniers, et de les faire rentrer dans l'eau, qui était si froide qu'à chaque instant la glace brisée se reformait. Il fallut la rompre à coups de hache, se plonger dans l'eau, et placer de nouveaux chevalets à une profondeur de six ou sept pieds, quelquefois de huit dans les endroits où le pont avait fléchi. Elle n'était ailleurs que de quatre à cinq pieds. A onze heures du soir le pont redevint praticable.

Le général Eblé, qui avait eu soin de tenir éveillés une moitié de ses hommes, tandis que l'autre dormait (lui veillant toujours), fit construire des chevalets de rechange afin de parer à tous les accidents. L'événement prouva bientôt la sagesse de cette précaution. A deux heures de la nuit, trois chevalets cédèrent encore au pont de gauche, celui des voitures, et par malheur au milieu du courant, là où la rivière avait sept à huit pieds de profondeur. Il fallait de nouveau se mettre au travail, et cette fois exécuter ce difficile ouvrage au milieu des ténèbres. Les pontonniers, grelottants de froid, mourants de faim, n'en pouvaient plus. Le vénérable général Eblé, qui n'avait pas comme eux la jeunesse et l'avantage d'un peu de repos pris, souffrait plus qu'eux; mais il avait la supériorité de son âme, et il la leur communiquait par ses paroles. Il fit appel à leur dévouement, leur montra le désastre assuré de l'armée s'ils ne parvenaient à rétablir le pont, et sa voix fut écoutée. Ils se mirent à l'œuvre avec un zèle admirable. Le général Lauriston, qui avait été envoyé par l'empereur pour savoir la cause de ce nouvel incident, serrait en versant des larmes la main d'Eblé, et lui disait : « De grâce, hâtez-vous, car ces retards nous menacent des plus grands périls. » Sans s'impatienter de ces instances, le vieil Eblé, qui ordinairement avait la rudesse d'une âme forte et fière, lui répondit avec douceur : « Vous voyez ce que nous faisons.... » et retournait non pas stimuler ses hommes, qui n'en avaient pas besoin, mais les encourager, les diriger, et quelquefois plonger sa vieillesse dans cette eau glacée que leur jeunesse supportait à peine. A six heures du matin (27 novembre), ce second accident fut réparé, et le passage du matériel d'artillerie put recommencer.

Le pont de droite consacré aux piétons et aux fantassins, n'ayant pas les mêmes secousses à essuyer, n'avait pas cessé un moment d'être praticable, et on aurait pu faire écouler dans cette nuit du 26 au 27 novembre presque toute la masse désarmée. Mais l'attrait de quelques granges, d'un peu de paille, de quelques vivres trouvés à Studianka, en avait retenu une grande partie sur la gauche de la rivière. Quoique le froid qui avait repris ne fût pas encore suffisant pour arrêter l'eau courante, néanmoins tous les marais aux approches de la rivière étaient gelés, ce qui était fort heureux, car sans cette circonstance on n'aurait pas pu les franchir. On avait donc allumé sur la glace des marécages des milliers de feux, et, pour ne pas aller courir ailleurs la chance de bivouacs moins supportables, dix ou quinze mille individus s'étaient établis sur la rive gauche, sans vouloir la quitter, de manière que la négligence des piétons rendit inutile le pont de droite, tandis que les deux ruptures survenues coup sur coup rendaient inutile celui de gauche, pendant cette nuit du 26 au 27, temps précieux qu'on devait bientôt regretter amèrement!

Le matin du 27, Napoléon traversa les ponts avec tout ce qui appartenait à son quartier général, et alla se loger dans un petit village, celui de Zawincki, sur la rive droite, derrière le corps du maréchal Oudinot. Toute la journée il se tint à cheval, pour accélérer lui-même le passage des divers détachements de l'armée. Ce qui restait du 4⁰ corps (prince Eugène), du 3⁰ (maréchal Ney), du 5⁰ (prince Poniatowski), du 8ᵉ (Westphaliens), passa dans cette journée. C'étaient à peine deux mille hommes pour chacun des deux premiers, cinq ou six cents pour chacun des deux autres, c'est-à-dire deux ou trois cents hommes armés par régiment, persistant à se tenir avec leurs officiers autour des aigles, qu'ils conservaient précieusement comme le dépôt de leur honneur. La désorganisation depuis Krasnoé avait fait des progrès effrayants par suite de la lassitude croissante, laquelle était cause que beaucoup de soldats, même de très-bonne volonté, restaient en arrière, et une fois en retard demeuraient machinalement dans l'immense troupeau des hommes marchant sans armes.

Vers la fin du jour arriva le 1ᵉʳ corps, sous son chef, le maréchal Davout, qui depuis Krasnoé avait recommencé à diriger l'arrière-garde. C'était le seul qui eût conservé un peu de tenue militaire. L'immortelle division Friant, devenue division Ricard, avait péri presque entière à Krasnoë, et ses débris suivaient confusément le premier corps. Les quatre divisions restantes présentaient trois à quatre mille hommes, mais armés, rangés autour de leurs drapeaux, et amenant leur artillerie. Le maréchal Davout, plus triste que de coutume, éprouvait une sorte de révolte intérieure en voyant l'armée réduite à un tel état. Moins soumis, il eût laissé éclater son irritation. Les complaisants qui dans cette affreuse situation n'avaient pas encore perdu le courage de flatter, peignaient à Napoléon la tristesse du maréchal comme une faiblesse, et exaltaient à qui mieux mieux la belle santé, la bonne humeur du maréchal Ney, dont la résistance à toutes les misères était en effet admirable. Pour bien flatter Napoléon en ce moment, il fallait n'avoir ni froid, ni faim, ni sommeil, ni aucune trace de maladie! malheureusement toutes les santés ne se prêtaient pas à ce genre de flatterie.

Le 9ᵉ corps, celui du maréchal Victor, après avoir lentement rétrogradé devant Wittgenstein, auquel il disputait le terrain pied à pied, venait enfin de se replier en couvrant la grande armée. Il s'était placé entre Borizow et Studianka, de manière à protéger ces deux positions. On avait bien prévu que le passage serait peu troublé pendant les deux premières journées, celle du 26 et du 27, parce que, sur la rive droite, Tchitchakof, ignorant le vrai point de passage, cherchait à nous arrêter au-dessous de Borizow, et que, sur la rive gauche, Wittgenstein et Kutusof, n'ayant pas encore eu le temps de se réunir, ne nous serraient pas d'assez près. Il était probable que le passage serait moins paisible le 28, que Tchitchakof, mieux éclairé, nous attaquerait violemment sur la rive où nous avions commencé à descendre, et que Wittgenstein et Kutusof, arrivés enfin sur notre flanc et nos derrières, nous attaqueraient tout aussi violemment sur la rive que nous achevions de quitter. Napoléon s'attendait avec raison que la journée décisive serait celle du lendemain 28, que Tchitchakof tâcherait de jeter la tête de notre colonne dans la Bérézina, et que Wittgenstein et Kutusof s'efforceraient d'y jeter la queue. Ne répétant pas ici la faute commise à Krasnoë, celle d'une retraite successive, il était résolu à se sauver ou à périr tous ensemble, et en conséquence, il avait destiné Oudinot, passé le premier, Ney et la garde, passés après Oudinot, à soutenir Tchichakof, et Victor à couvrir la fin du passage avec le 9e corps. Mettant toujours un extrême soin à tromper Tchitchakoff, il prescrivit au maréchal Victor de laisser à Borizow la division française Partouneaux, déjà réduite par les marches, les combats, de douze mille hommes, à quatre mille. Avec la division allemande Daendels, ne présentant pas plus de neuf mille hommes à elles deux, et sept à huit cents chevaux, le maréchal Victor devait couvrir Studianka. Voilà ce qui survivait de vingt-quatre mille hommes avec lesquels ce maréchal avait quitté Smolensk pour aller rejoindre Oudinot sur l'Oula. En un mois de marche, en quelques combats, dix à onze mille avaient disparu. Au surplus, la tenue de ce qui restait était excellente, et en voyant arriver la grande armée, dont la gloire faisait récemment l'objet de leur jalousie, ils étaient émus de pitié, et demandaient à ces soldats accablés, ayant presque perdu l'orgueil à force de misère, quelles calamités avaient pu les frapper. « Vous serez bientôt comme nous! » répondaient tristement les vainqueurs de Smolensk et de la Moscowa à la curiosité de leurs jeunes camarades.

Napoléon avait complété ses dispositions pour la journée redoutée du 28, en ordonnant au maréchal Davout, dès qu'il aurait passé, de s'avancer sur la route de Zembin, qui était celle de Wilna, afin de n'être pas prévenu par les Cosaques à plusieurs défilés importants de cette route bordée de bois et de marécages.

La journée du 27 fut ainsi employée à franchir la Bérézina et à préparer une résistance désespérée. Le même jour, un troisième accident survint à trois heures de l'après-midi, toujours au pont de gauche; il fut bientôt réparé; mais les voitures, arrivant en grand nombre à la suite des corps, se pressaient à ce pont, et il était extrêmement difficile de les obliger à ne défiler que successivement. Les gendarmes d'élite, les pontonniers avaient des peines infinies à maintenir l'ordre, et la force dans ce qu'elle a de plus brutal pouvait seule se faire écouter de ces esprits effarés.

On avait raison de se presser, et on ne se pressait même pas assez, surtout au pont des piétons, car l'heure de la crise suprême approchait. L'ennemi, ou trompé, ou en retard, se ravisait et accourait enfin. N'ayant pas su nous empêcher de jeter des ponts, il allait nous assaillir au moment où, n'ayant pas fini de les passer, nous étions encore partagés entre les deux rives de la Bérézina.

. . . .

Cette terrible lutte commença dès le 27 au soir. L'infortunée division française Partouneaux, la meilleure des trois de Victor, avait reçu ordre de Napoléon de se tenir encore toute la journée du 27 devant Borisow, afin d'y contenir et d'y tromper Tchitchakoff. Dans cette position, elle était séparée des gens de son corps, qui était concentré autour de Studianka, par trois lieues de bois et de marécages. Il était donc à craindre qu'elle ne fût coupée par l'arrivée des troupes de Platow, Miloradowitch et d'Yermoloff, qui nous avaient suivis sur la grande route d'Orscha à Borisow. Cette triste circonstance, si facile à prévoir, s'était en effet réalisée, et l'avant-garde de Miloradowictch, opérant sur la route d'Orscha sa jonction avec Witturstein et Steingkel, s'était interposée entre la division Partouneaux consignée à Borisow et les deux divisions de Victor chargées de couvrir Studianka. La malheureuse division Partouneaux se trouvait donc coupée, à moins que longeant la gauche de la Bérézina à travers les bois et les marécages, elle ne parvînt à rejoindre le corps de Victor par le chemin qu'Oudinot avait pris la veille pour remonter jusqu'à Studianka. C'est le 27 au soir que le général Partouneaux s'aperçut de cette situation, qui, périlleuse d'abord, d'heure en heure devenait plus désespérée. A l'instant où il se sentait assailli sur la route d'Orscha, il se vit tout à coup attaqué d'un autre côté par les troupes de Tchitchacoff, qui essayaient de passer la Bérézina sur les débris du pont de Borisow. Aux immenses périls dont il était menacé, se joignait l'affreux embarras de plusieurs milliers de traînards qui, dans la croyance d'un passage au-dessous de Borisow, s'y étaient accumulés avec leurs bagages et attendaient vainement la construction de ponts qu'on ne jetait pas. Pour mieux tromper l'ennemi, on les avait trompés eux-mêmes, et ils allaient être sacrifiés avec la division Partouneaux à la terrible nécessité d'abuser Tchitchakoff. Le danger d'être enveloppé devenant de moment en moment plus évident, les boulets arrivant de tous côtés, le désordre, la confusion furent bientôt au comble, et les trois petites brigades de Partouneaux, voulant se former pour se défendre, se trouvèrent comme inondées de quelques milliers de malheureux, qui poussaient des cris, se précipitaient dans leurs rangs et empêchaient toute manœuvre. Des femmes faisant partie de la colonne des bagages ajoutaient leur épouvante et leurs clameurs à cette scène de désolation. Le général Partouneaux résolut néanmoins de se faire jour, et, sortant de Borisow, la gauche à la Bérézina, la droite sur les côteaux de Staraï-Borisow, il essaya de remonter à travers le dédale de bois et de marécages glacés qui le séparaient de Studianka. Formé sur autant de colonnes que de brigades, il s'avança, tête baissée, décidé à s'ouvrir un chemin ou à périr. Il avait quatre mille hommes pour résister à quarante mille. Les trois brigades, suivies de la cohue épouvantée, firent d'abord quelques progrès; mais accueillies de front par toute l'artillerie russe qui était sur les hauteurs, assaillies en queue par une innombrable cavalerie, elles furent horriblement maltraitées. Le général Partouneaux, qui marchait avec la brigade de droite, la plus menacée, voulut se dégager, prit trop à droite, ne tarda pas à être séparé des deux autres brigades, fut enveloppé et presque détruit. Il ne céda point cependant, refusa de se rendre malgré plusieurs sommations, et continua de combattre. Les deux brigades de gauche, isolées de lui, suivirent son exemple sans avoir reçu ses ordres. L'ennemi, épuisé lui-même, suspendit son feu vers minuit, certain de prendre jusqu'au dernier homme cette poignée de braves qui s'obstinait héroïquement à se faire égorger. Il espérait que l'évidence de la situation les amènerait à capituler et lui épargnerait une plus grande effusion de sang, A la pointe du jour, 28 au matin, les généraux russes sommèrent de nouveau le général Partouneaux, resté debout sur la neige avec quatre ou cinq cents hommes de sa brigade, lui montrèrent qu'il était sans ressources, réduit à faire tuer inutilement les quelques soldats qu'il avait encore auprès de lui, et le désespoir dans l'âme il se rendit, ou plutôt il fut pris. Les deux autres brigades, auxquelles on alla porter cette nouvelle, mirent bas les armes, et les Russes firent environ deux mille prisonniers, derniers restes de quatre mille et quelques cents hommes. Un bataillon de trois cents hommes réussit seul, à la faveur des ténèbres, à remonter la Bérézina et à gagner Studianka. Les Cosaques purent ensuite recueillir à coups de lance quelques milliers de traînards qui étaient enfermés dans le même coupe-gorge.

On avait entendu de Studianka, pendant cette cruelle nuit, la fusillade et la canonnade qui retentissaient du côté de Borisow. Napoléon en était inquiet, et le maréchal Victor bien davantage ; car de l'endroit où il était, il appréciait mieux le danger de sa principale division, et pensait que l'ordre de demeurer à Borisow était une précaution inutile, par conséquent barbare, puisque après le passage du 26, et surtout après celui du 27, il n'était plus possible de prolonger l'illusion de l'ennemi ; qu'on s'exposait donc à perdre sans profit quatre mille hommes dont la conservation eût été du plus grand prix. Mais on était en proie à des soucis de tant d'espèces, qu'on sentait à peine les nouveaux qui venaient vous assaillir à tout moment. On passa cette nuit dans de cruelles inquiétudes ; mais lorsque le silence, survenu le 28 au matin, aurait pu nous révéler la catastrophe de la division Partouneaux, le feu commença sur les deux rives de la Bérézina, à la rive droite contre celles de nos troupes qui avaient passé, à la rive gauche contre celles qui couvraient la fin du passage. Dès lors on ne songea plus qu'à combattre. La canonnade, la fusillade devinrent bientôt extrêmement violentes, et Napoléon, courant sans cesse à cheval d'un point à l'autre, allait s'assurer tantôt si Oudinot tenait tête à Tchitchakoff, tantôt si Eblé continuait à maintenir ses ponts, et si Victor, qu'on voyait aux prises avec Wittgenstein, n'était pas précipité dans les flots glacés de la Bérézina avec la foule qui n'avait pas achevé de franchir cette rivière.

Quoique le feu fût terrible sur tous les points et emportât des milliers de victimes qui devaient toutes expirer sur ce champ lugubre, pourtant sur l'une et l'autre rive on se soutenait. Les généraux russes, comme on l'a vu, étaient convenus entre eux d'assaillir les Français sur les deux rives de la Bérézina, et de les précipiter tous ensemble dans cette rivière, si toutefois ils pouvaient y réussir. Mais heureusement ils étaient si intimidés par la présence de Napoléon et de la grande armée, que même en ayant tous les avantages de la situation et du nombre, ils agissaient avec une extrême réserve et ne nous pressaient pas avec la vigueur qui aurait pu décider notre ruine.

Le maréchal Oudinot avait eu affaire dès le matin aux troupes de Tchaplitz et de Pahlen, appuyées par le reste des forces de Tchitchakoff, et par un détachement de Yermoloff, qui, pour les joindre, avait traversé la Bérézina sur les débris réparés du port de Borisow. Le terrain sur lequel on combattait, appelé *Ferme de Brill*, et situé sur la rive droite, à la même hauteur que Studianka sur la rive gauche, était une suite de bois de sapins, au milieu desquels avaient été opérées des coupes nombreuses. Les arbres abattus couvraient encore la terre. Le champ de bataille était donc plus propre à des combats de tirailleurs qu'à de grandes attaques en ligne, circonstance très-favorable pour nos soldats, aussi intelligents que braves. Le maréchal Oudinot, avec les divisions Legrand et Maison, avec les douze cents cuirassiers du général Doumerc, et les sept cents cavaliers légers du général Corbineau, soutenait une lutte opiniâtre dans ces bois, tour à tour fort épais ou présentant d'assez vastes éclaircies. C'était un combat de tirailleurs des plus vifs, des plus meurtriers, et tout à l'avantage de nos soldats. Les généraux Maison, Legrand, Mombrowski, dirigeant leurs troupes avec autant d'habileté que de vigueur, tantôt remplissant les bois d'une nuée de tirailleurs, tantôt faisant des charges à la baïonnette quand ils avaient de l'espace, avaient fini par gagner du terrain, et par rejeter Tchaplitz et Pahlen sur le gros du corps de Tchitchakoff. Le maréchal Oudinot, qui, toujours malheureux au feu, était aussi prompt à exposer sa personne que s'il n'eût jamais été atteint, avait été blessé et emporté du champ de bataille. Le général Legrand avait été frappé également, et Ney, sur l'ordre de Napoléon, était accouru pour remplacer Oudinot. Napoléon avait adjoint aux deux mille hommes environ qui restaient du corps de Ney et de Poniatowski, quinze cents hommes de la légion de la Vistule sous Claparède. Il tenait en réserve Mortier avec deux mille soldats de la jeune garde, Lefèbre avec trois mille cinq cents de la vieille garde, et environ cinq cents cavaliers, dernier reste de ses grenadiers et chasseurs à cheval.

La présence de Ney suffisait pour ranimer les cœurs que l'éloignement forcé d'Oudinot et de Legrand avaient affectés. Se faisant suivre de Claparède, et conduisant les débris de son corps, il s'attacha d'abord à soutenir Maison et Legrand, puis les aida à rejeter la tête des troupes de Tchitchakoff sur leur champ de bataille. Le terrain, plus découvert en cet endroit, permettait des attaques en ligne. Ney prescrivit à Doumerc de se tenir prêt avec les cuirassiers à charger vers la droite, et il disposa ses colonnes d'infanterie de manière à charger lui-même à la baïonnette soit au centre soit à gauche. En attendant, il établit un feu d'artillerie violent sur les masses russes adossées à la partie la plus épaisse des bois. Doumerc, impatient de saisir l'occasion, aperçut sur la droite six à sept mille Russes de vieille infanterie (c'était celle qui depuis trois ans combattait les Turcs) appuyés par une ligne de cavalerie, et fit ses dispositions pour les charger. Afin de garantir ses flancs pendant qu'il serait engagé, il plaça sa cavalerie légère à droite, le 4e de cuirassiers à gauche, puis il lança le 7e sur l'infanterie russe, et se mit en mesure de le soutenir avec le 14e. Le colonel Dubois, colonel du 7e de cuirassiers, anima les soldats, leur dit que le salut de l'armée dépendait de leur courage, ce qu'il n'eut pas de peine à leur persuader, et fondit au galop sur l'infanterie russe formée en carré. La charge fut si violente, que, malgré un feu de mousqueterie des mieux nourris, le carré enfoncé livra entrée à nos cavaliers. Ceux-ci alors, se rabattant sur les fantassins rompus, se mirent à les percer de leurs longs sabres. Au même instant, Doumerc accourut avec le 14e de cuirassiers pour empêcher les lignes russes de se reformer, tandis que le 4e contenait à gauche la cavalerie ennemie, et que la cavalerie légère la contenait à droite. On ramassa ainsi environ deux mille prisonniers, outre un millier d'hommes frappés à coups de sabre. Ney, à son tour, porta son infanterie en avant. L'héroïque Maison, mettant pied à terre, se saisit d'un fusil, chargea l'ennemi à la tête de ses fantassins, culbuta les Russes et les obligea de se replier dans l'épaisseur des bois. Ney, qui dirigeait le combat, fit continuer la poursuite jusqu'à l'extrémité de la forêt de Stakow, à moitié chemin de Brill à Borisow. Là, devant un ravin qui séparait les deux armées, il s'arrêta et entretint une canonnade pour finir la journée. Mais il n'y avait plus aucun danger d'être forcé de ce côté, et la victoire y était assurée. L'ennemi avait perdu, outre trois mille prisonniers, environ trois mille morts ou blessés.

Cette bonne nouvelle, répandue sur les derrières, y provoqua les acclamations de la jeune et de la vieille garde, qui, dès ce moment, restaient disponibles pour porter secours de l'autre côté de la Bérézina, si un danger pressant venait à s'y produire. Le combat y était acharné, car Victor, avec neuf à dix mille soldats, embarrassé de dix ou douze mille traînards et d'une multitude de bagages, y tenait tête à près de quarante mille ennemis.

Heureusement, sur cette rive gauche de la Bérézina qu'il fallait disputer le plus longtemps possible avant de la quitter définitivement, le terrain se prêtait à la défense. Le maréchal Victor avait pris position sur le bord d'un ravin assez large qui venait aboutir à la Bérézina, et y avait rangé la division polonaise Girard, ainsi que la division allemande et hollandaise de Berg. Par sa droite il couvrait Studianka et protégeait les ponts; par sa gauche il s'appuyait à un bois qu'il n'avait pas assez de force pour occuper, mais en avant duquel il avait placé les huit cents chevaux qui lui restaient et qui étaient sous les ordres du général Fournier. Avec son artillerie de douze, il avait établi sur les Russes un feu dominant et meurtrier, et était ainsi parvenu à les contenir.

C'était le général Dicbitch, chef d'état-major de Wittgenstein, qui dirigeait l'attaque, devenue très-vive dès la pointe du jour. Après une forte canonnade, le général russe, voulant se débarrasser de la gauche des Français, composé de la cavalerie Fournier, la fit attaquer par de nombreux escadrons, qui, placés à la naissance du ravin, n'avaient pas de grands obstacles à franchir pour nous aborder. Le général Fournier, chargeant à son tour avec la plus extrême vigueur, parvint à repousser la cavalerie ennemie, quoique trois ou quatre fois plus nombreuses que la nôtre, et réussit même à la ramener au delà du ravin. En même temps les chasseurs russes d'infanterie, attaquant sur notre droite, étaient descendus dans le fond du ravin, s'étaient logés dans les broussailles, et avaient donné moyen au général Dicbitch d'établir une forte batterie, qui, tirant par delà notre droite, atteignait les ponts, près desquels une masse de traînards et de bagages se pressaient avec épouvante.

Le maréchal Victor, qui craignait pour ce côté de sa ligne, car c'étaient les ponts qu'il devait surtout s'attacher à défendre, lança plusieurs colonnes d'infanterie afin d'écarter les batteries russes, tandis que sur l'autre bord de la Bérézina la garde impériale, s'étant aperçue du péril, avait disposé quelques pièces de canon pour contre-battre l'artillerie ennemie. On échangea ainsi pendant quelques heures une grêle de boulets de l'une à l'autre rive, et tout près des ponts qui recevaient une partie des projectiles russes.

Il n'est pas besoin de dire quelle confusion effroyable se produisit alors dans la foule de ceux qui avaient négligé de passer les ponts ou de ceux qui étaient arrivés trop tard pour en profiter. Les uns et les autres, ignorant que le premier pont était réservé aux piétons et aux cavaliers, le second aux voitures, s'entassaient avec une impatience délirante vers la double issue. Mais les pontonniers placés à la tête de celui de droite étaient obligés de repousser les voitures, et de leur indiquer le pont à gauche, située à cent toises plus bas. Si ce n'eût été qu'une affaire de consigne, on aurait pu se relâcher; mais c'était une nécessité absolue, puisque le pont de droite était incapable de porter des voitures. Les malheureux, obligés de rebrousser chemin, ne pouvaient rompre qu'avec la plus grande peine la colonne qui les pressait, et leur effort pour revenir sur leurs pas, opposé à l'effort de ceux qui étaient impatients d'arriver, produisait une lutte épouvantable. Ceux qui réussissaient à s'arracher à ce conflit de deux courants contraires, se rejetant de côté, y trouvaient une autre masse tout aussi serrée, celle qui se dirigeait sur le pont des voitures. La passion de parvenir aux ponts était telle, qu'on avait bientôt fini par s'immobiliser les uns les autres. Les boulets de l'ennemi, tombant au milieu de cette masse compacte, y traçaient d'affreux sillons, et arrachaient des cris de terreur aux pauvres femmes, cantinières ou fugitives, qui étaient sur les voitures avec leurs enfants. On se serrait, on se foulait, on montait sur ceux qui étaient trop faibles pour se soutenir, et on les écrasait sous ses pieds. La presse était si grande, que les hommes à cheval étaient, eux et leurs montures, en danger d'être étouffés. De temps en temps, des chevaux, devenus furieux, s'élançaient, ruaient, écartaient la foule, et un moment se faisaient un peu de place en renversant quantité de malheureux. Mais bientôt la masse se reformait aussi épaisse, flottante et poussant des cris douloureux sous les boulets, spectacle atroce, bien fait pour rendre odieuse et à jamais exécrable cette expédition insensée.

L'excellent général Eblé, dont ce spectacle déchirait le cœur, voulut rétablir un peu d'ordre, mais ce fut en vain. Placé à la tête des ponts, il tâchait de parler à la foule pour dégager au moins les plus rapprochés et leur faciliter le moyen de passer; mais ce n'était qu'à coups de baïonnette qu'on parvenait à se faire écouter, et qu'arrachant quelques victimes, femmes, enfants ou blessés, on réussissait à les amener jusqu'à l'entrée du pont. Cette espèce de résistance qu'on s'opposait ainsi les uns aux autres par excès d'ardeur, fut cause qu'il ne s'écoula pas la moitié de ceux qui auraient pu profiter des ponts. Beaucoup, de guerre lasse, se jetaient dans l'eau, d'autres y étaient poussés par la foule, essayaient de traverser à la nage et se noyaient. D'autres, ayant cherché à passer sur la glace, la rompaient par leur poids, flottaient dessus quelque temps et étaient emportés au loin par le courant. Et cet horrible conflit, après avoir duré toute la journée, loin de diminuer, devenait plus horrible à chaque va-et-vient de la lutte engagée entre Victor et Wittgenstein.

Victor, qui, en cette journée, déploya le plus noble courage, en se voyant près d'être forcé sur sa droite, ce qui eût amené une affreuse catastrophe vers les ponts, résolut de tenter une attaque furieuse contre le centre de l'ennemi. Il jeta d'abord une colonne d'infanterie dans le ravin, pendant que le général Fournier renouvelait à gauche une charge de cavalerie des plus vives. Un feu épouvantable de quarante pièces de canon accueillant subitement nos fantassins, ils se dispersèrent dans les broussailles du ravin, mais sans fuir, se répandirent en tirailleurs, se soutinrent, gagnèrent même un peu de terrain sur les Russes. Profitant de la circonstance, le maréchal Victor lança une nouvelle colonne, qui se précipita dans le ravin, en remonta le bord opposé sans se rompre, assaillit la ligne russe et la força de reculer. Au même instant le général Fournier, exécutant une dernière charge de cavalerie, appuya ce mouvement et le rendit décisif. Dès ce moment, l'artillerie russe, repoussée, cessa de porter le désordre sur les ponts en y envoyant ses boulets.

Mais le général Dicbitch, ne voulant pas se tenir pour battu, reforma sa ligne trois fois plus nombreuse que la nôtre, revint à la charge, et nous ramena en deçà du ravin, qui resta néanmoins la limite des deux armées. Heureusement la nuit commençait, et elle sépara bientôt les combattants épuisés. De sept à huit cents chevaux, le général Fournier en conservait à peine trois cents; le maréchal Victor, de huit à neuf mille fantassins, en conservait à peine cinq mille; et de tous ces braves gens, Hollandais, Badois, Polonais surtout, qui s'étaient dévoués, et dont un grand nombre, seulement blessés, auraient pu être sauvés, on avait la douleur de se dire que pas un ne pourrait être recueilli, faute de moyens de transport. Les Russes, exposés en masse plus considérable à notre artillerie, avaient perdu six à sept mille hommes. Cette double bataille sur les deux rives de la Bérézina avait donc coûté dix à onze mille hommes aux Russes, sans compter les trois mille prisonniers qu'avait faits le général Doumerc. Mais leurs blessés étaient sauvés; les nôtres, au contraire, étaient sacrifiés d'avance, et avec eux étaient sacrifiés aussi les traînards, auxquels il fallait désespérer de faire passer la Bérézina en temps utile.

La nuit survenue ramena un peu de calme dans ce lieu de carnage et de confusion. Quoique à peine échappés à un affreux désastre, et par une sorte de miracle, car il avait fallu à travers un fleuve à demi gelé (ce qui était la pire des conditions) se soustraire à trois armées poursuivantes, quoique ayant la queue de notre colonne encore engagée dans les mains de l'ennemi, nous avions le sentiment d'un vrai triomphe, triomphe sanglant et douloureux, payé par de grands sacrifices, triomphe néanmoins et l'un des plus glorieux de notre histoire, car les vingt-huit mille hommes qui combattaient ainsi à cheval, sur une rivière, contre soixante-douze mille, auraient dû être pris jusqu'au dernier ! Notre malheur tel quel était donc un prodige.

L'armée le sentait, et même dans ce désastre, dont nous partagions la perte matérielle avec les Russes, mais dont la confusion était toute pour eux, Napoléon crut retrouver la grandeur de sa destinée, sinon de sa puissance. Le lendemain, toutefois, il fallait recommencer non pas à se retirer, mais à fuir. Il fallait en effet arracher des mains de l'ennemi les cinq mille hommes qui restaient au maréchal Victor, son artillerie, ses parcs, et le plus qu'on pourrait des malheureux qui n'avaient pas su employer les journées précédentes à passer les ponts. Napoléon ordonna au maréchal Victor de se transporter sur la droite de la Bérézina pendant la soirée et la nuit, d'emmener toute son artillerie, et de faire écouler la plus grande partie des hommes débandés qui étaient encore sur la rive gauche.

Singulier flux et reflux de la multitude épouvantée ! Tant que le canon avait grondé, tout le monde voulait passer et, à force de le vouloir, ne le pouvait plus. Quand avec la nuit vint le silence de l'artillerie, on ne songea plus qu'au danger de se trop presser, danger dont on avait fait dans la journée une cruelle expérience; on s'éloigna de la scène d'horreur que présentait le lieu du passage, afin, disait-on, de céder le pas aux plus impatients, de manière que la difficulté allait être maintenant de forcer ces malheureux à défiler avant l'incendie des ponts, qu'il fallait absolument détruire le lendemain, si on voulait gagner un peu d'avance sur l'ennemi.

Mais la première chose à faire était de déblayer les avenues des deux ponts de la masse de chevaux et d'hommes morts par le boulet ou par l'étouffement, de voitures brisées, d'embarras de toute espèce. C'était, suivant le langage des pontonniers, une sorte de tranchée à exécuter au milieu des cadavres et des débris de voitures. Le général Eblé, avec ses pontonniers, entreprit cette tache aussi pénible que douloureuse. On ramassait les cadavres et on les jetait sur le côté, on traînait les voitures jusqu'au pont, et on les précipitait ensuite du tablier dans la rivière. Il restait néanmoins une masse de cadavres dont on n'avait pu délivrer les approches des deux ponts. Il fallait donc cheminer en marchant sur ces corps, et au milieu de la chair et du sang.

Le soir, de neuf heures à minuit, le maréchal Victor traversa la Bérézina en se dérobant à l'ennemi, trop fatigué pour songer à nous poursuivre. Il fit écouler son artillerie par le pont de gauche, son infanterie par celui de droite, et, sauf les blessés, sauf deux bouches à feu, parvint à transporter tout son monde et son matériel sur la droite de la Bérézina. Le passage opéré, il mit son artillerie en batterie, afin de contenir les Russes et de les empêcher de passer les ponts à notre suite.

Restaient plusieurs milliers de traînards débandés ou fugitifs, qui avaient encore à passer, qui dans la journée le voulaient trop, et qui, le soir venu, ne le voulaient plus, ou du moins ne le voulaient que le lendemain. Napoléon, ayant donné l'ordre de détruire les ponts dès la pointe du jour, fit dire au général Eblé, au maréchal Victor, d'employer tous les moyens de hâter le passage de ces malheureux. Le général Eblé se rendit lui-même à leurs bivouacs, accompagné de plusieurs officiers, et les conjura de traverser la rivière, en leur affirmant qu'on allait détruire les ponts. Mais ce fut en vain. Couchés à terre, sur la paille ou sur des branches d'arbre, autour de grands feux, dévorant quelques lambeaux de cheval, ils craignaient, les uns la trop grande affluence, surtout pendant la nuit, les autres la perte d'un bivouac assuré pour un bivouac incertain. Or, avec le froid qu'il faisait, une nuit sans repos et sans feu c'était la mort. Le général fit incendier plusieurs bivouacs pour réveiller ces obstinés, engourdis par le froid et la fatigue, mais ce fut sans succès. Il fallut voir s'écouler toute une nuit sans que l'existence des ponts, qui allait être si courte, fût utile à tant d'infortunés.

Le lendemain 29, à la pointe du jour, le général Eblé avait reçu ordre de détruire les ponts dès sept heures du matin. Mais ce noble cœur, aussi humain qu'intrépide, ne pouvait s'y décider. Il avait fait disposer d'avance sous le tablier les matières incendiaires, pour qu'à la première apparition de l'ennemi on pût mettre le feu, et qu'en attendant les retardataires eussent le temps de passer. Ayant encore été debout cette nuit, qui était la sixième, tandis que ses pontonniers avaient dans chaque journée pris un peu de repos, il était là, s'efforçant d'accélérer le passage, et envoyant dire à ceux qui étaient en retard qu'il fallait se hâter. Mais le jour venu, il n'y avait plus à les stimuler, et, convaincus trop tard, ils n'étaient que trop pressés. Toutefois on défilait, mais l'ennemi était sur les hauteurs vis-à-vis. Le général Eblé, qui, d'après les ordres du quartier-général, aurait dû avoir détruit les ponts à sept heures au plus tard, différa jusqu'à huit. A huit, des ordres réitérées, la vue de l'ennemi qui approchait, tout lui faisait un devoir de ne plus perdre un instant. Cependant, comme l'artillerie du maréchal Victor était là pour contenir les Russes, il était venu se placer lui-même à la calée des ponts, et retenait la main de ses pontonniers, voulant sauver encore quelques victimes si c'était possible. En ce moment, son âme si bonne, quoique si rude, souffrait cruellement.

Enfin, ayant attendu jusqu'à près de neuf heures, l'ennemi arrivant à pas accélérés, et les ponts ne pouvant plus servir qu'aux Russes si on différait davantage, il se décida, le cœur navré, et en détournant les yeux de cette scène affreuse, à faire mettre le feu. Sur le champ, des torrents de fumée et de flammes enveloppèrent les deux ponts, et les malheureux qui étaient dessus se précipitèrent pour n'être pas entraînés dans leur chûte. Du sein de la foule qui n'avait point encore passé, un cri de désespoir s'éleva tout à coup : des pleurs, des gestes convulsifs s'apercevaient sur l'autre rive. Des blessés, de pauvres femmes tendaient les bras vers leurs compatriotes, qui s'en allaient, forcés malgré eux de les abandonner. Les uns se jetaient dans l'eau, d'autres s'élançaient sur le pont en flammes, chacun enfin tentait un effort suprême pour échapper à une captivité qui équivalait à la mort. Mais les Cosaques, accourant au galop, et enfonçant leurs lances au milieu de cette foule, tuèrent d'abord quelques-uns de ces infortunés, recueillirent les autres, les poussèrent comme un troupeau vers l'armée russe, puis fondirent sur le butin. On ne sait si ce furent six, sept ou huit mille individus, hommes, femmes, enfants, militaires ou fugitifs, cantinières ou soldats de l'armée, qui restèrent ainsi dans les mains des Russes.

L'armée se retira profondément affectée de ce spectacle, et personne n'en fut plus affecté que le généreux et intrépide Eblé, qui, en dévouant sa vieillesse au salut de tous, pouvait se dire qu'il était le sauveur de tout ce qui n'avait pas péri ou déposé les armes. Sur les cinquante et quelques mille individus armés ou désarmés qui avaient passé la Bérézina, il n'y en avait pas un seul qui ne lui dût la vie ou la liberté, à lui et à ses pontonniers. Mais ce grand service, la plupart des pontonniers qui avaient travaillé dans l'eau l'avaient déjà payé ou allaient le payer de leur vie; et le général Eblé lui-même avait contracté une maladie mortelle à laquelle il devait promptement succomber.

Tel fut cet immortel événement de la Bérézina, l'un des plus tragiques de l'histoire.

Histoire du consulat et de l'empire.

SILVIO PELLICO

NOTICE BIOGRAPHIQUE

Ce qui frappe tout d'abord et partout dans la suite des Mémoires de Silvio Pellico, ce qui en fait particulièrement le mérite et leur a valu la célébrité, ce n'est pas seulement le récit détaillé de ses souffrances durant dix années de captivité, ni celui des rencontres accidentelles qui ont donné lieu à des épisodes touchants ou curieux, et qu'il présente avec tant de charme : ce qui fait surtout le caractère distinctif de ces remarquables souvenirs, c'est l'expression des sentiments religieux développés par la solitude, c'est la facilité du captif à savoir comprendre et goûter la présence de Dieu, ce sont les consolations qu'il sait trouver dans ses entretiens avec Celui qui parle au cœur dans la solitude, et changer en délices spirituelles les ennuis de la réclusion et de l'isolement.

Silvio Pellico est né vers 1789, à Saluces en Piémont, où son père occupait alors un emploi dans les postes. Il était encore enfant, lorsque M. Honorato Pellico, son père, consacra une partie de sa fortune à fonder une filature de soie à Pignerol, première prison du Masque de fer. « J'imagine, dit son biographe[1], que plus tard, lorsque dans ses longues nuits de Spielberg, Silvio évoquait l'image de son heureuse enfance, le château de Pignerol lui revint plusieurs fois à la mémoire avec son étrange prisonnier. Qui lui eût dit, lorsqu'il écoutait cette mystérieuse légende sur les genoux de sa mère, qu'il devait un jour, lui aussi, voir ensevelir sa destinée dans les cachots d'une citadelle,

[1] M. Antoine de Latour.

loin des siens, loin de sa patrie, sous le ciel froid et brumeux de la Moravie? »

C'est ainsi que la Providence nous donne quelquefois un avant-goût des épreuves qu'elle nous destine : la pensée de ceux qui en ont souffert de semblables nous les rend plus faciles à supporter.

Les leçons de l'adversité, non plus que les exemples de vertu, ne devaient pas manquer au jeune Silvio : la révolution éclata; M. Honorato, qui tenait pour le roi, se réfugia dans les Alpes, traînant après lui ses enfants en bas-âge et une femme enceinte. Lorsque plus tard la cause du roi l'emporta, le généreux proscrit de la veille montra l'exemple de l'oubli des injures, et la maison de M. Pellico devint l'asile des vaincus.

Silvio fit ses premières études sous les auspices d'un ecclésiastique; la vocation littéraire se développa de bonne heure en lui. A dix ans, il avait déjà composé une tragédie. Cet essai fut successivement suivi de plusieurs autres. Il termina ses études à Lyon, où la lecture des chefs-d'œuvre dramatiques français contribua à perfectionner son goût et à décider sa vocation.

Ses aspirations patriotiques, illusions d'une âme généreuse, l'entraînèrent dans des relations qui devaient le compromettre. Dix ans de la plus dure captivité dans les prisons autrichiennes lui firent expier bien sévèrement des sentiments politiques opposés à un gouvernement peu sympathique aux Italiens. Cette catastrophe eut pour effet de réveiller dans le cœur de Silvio la foi et la piété, dont il avait eu le malheur de s'écarter. Sa captivité nous a valu le beau livre de *Mes Prisons*, devenu si populaire dans le monde entier, et qui illustra son auteur bien plus encore que ses tragédies, qui pourtant l'avaient déjà rendu célèbre dans sa patrie et lui avaient valu plus d'une marque de sympathie au temps de sa proscription.

Les Devoirs des hommes sont un traité de morale chrétienne composé par Silvio Pellico à la prière d'un prêtre. Ce traité peu volumineux jouit aussi d'une réputation méritée; il a été traduit dans toutes les langues et devrait être dans les mains de tous les jeunes gens.

SOLILOQUES D'UN PRISONNIER

Silvio Pellico vient de raconter son arrestation et de retracer la première nuit passée en prison.

Avant ce jour, sans être hostile à la religion, je la suivais peu et mal. Les objections vulgaires par lesquelles on a coutume de la combattre ne me paraissaient pas avoir grand poids, et cependant mille doutes sophistiques affaiblissaient en moi la foi religieuse. Déjà depuis longtemps ces doutes ne tombaient plus sur l'existence de Dieu; je me répétais sans cesse, que si Dieu existe, c'est une conséquence nécessaire de sa justice qu'il existe une autre vie pour l'homme qui a souffert dans ce monde si injuste : de là l'invincible nécessité d'aspirer aux biens de cette seconde vie, de là un culte qui repose sur l'amour de Dieu et du prochain, un éternel besoin pour l'âme de s'ennoblir en s'élevant aux sacrifices les plus généreux. Déjà depuis longtemps je me disais tout cela, et j'ajoutais : « Eh! qu'est-ce donc que le christianisme, sinon cet éternel élan vers l'ennoblissement de l'âme? Et je me demandais avec étonnement comment le christianisme se manifestant, dans son essence, si pur, si philosophique, si inattaquable, il avait pu venir une époque où la philosophie osât dire : Je jouerai désormais le rôle du christianisme. Eh! comment le joueras-tu, ce rôle? en enseignant le vice? non, certes; la vertu? Eh bien ! ce sera l'amour de Dieu et des hommes, ce sera précisément ce qu'enseigne le christianisme. »

Tout en raisonnant de la sorte depuis plusieurs années, j'évitais néanmoins de conclure : Sois donc conséquent, sois chrétien; ne te scandalise pas de quelques abus; ne subtilise plus sur quelque point ardu de la doctrine de l'Eglise, puisque le point capital est celui-ci, et de tous le plus lucide : aime Dieu, aime ton prochain.

Dans ma prison, je me décidai enfin à tirer cette conclusion, et je la tirai. J'hésitai un moment à la pensée que si quelqu'un venait à me savoir plus religieux que par le passé, il pourrait s'arroger le droit de me traiter de faux dévot ou d'homme avili par le malheur. Mais, sentant bien que le malheur n'avait fait de moi ni un faux dévot ni un homme avili, je résolus de ne tenir aucun compte des reproches injustes qu'on pourrait m'adresser, et je demeurai ferme dans la volonté d'être et de me déclarer désormais chrétien.

*
* *

Ce fut plus tard que je m'arrêtai fortement à cette résolution ; mais je commençai à la rouler dans mon esprit et comme à la vouloir dès cette première nuit de ma captivité. Vers le matin, mes fureurs s'étaient calmées, et je m'en étonnais. Je pensais encore à mes parents et à tous ceux que j'aimais, et je ne désespérais plus de la force de leur âme ; le souvenir des sentiments vertueux que je leur avais connus en d'autres rencontres me revenait et me consolait.

Pourquoi d'abord un tel trouble en moi, quand je me retraçais le leur, et maintenant une telle confiance dans l'élévation de leur courage ? Cet heureux changement était-il un prodige ? était-ce l'effet naturel du sentiment ravivé de ma croyance en Dieu ? Eh! prodige ou non, qu'importe le nom que l'on donne aux réels et sublimes bienfaits de la religion ?

. . . .

*
* *

Quand je n'eus plus à subir le martyre des interrogatoires, et que nulle autre chose ne vint occuper ma journée, alors je sentis amèrement le poids de la solitude.

Il me fut bien permis d'avoir une Bible et le Dante ; le geôlier mit bien à ma disposition sa bibliothèque, composée de quelques romans de Scudéri, de Piazzi, et pis encore ; mais mon esprit était trop agité pour pouvoir s'appliquer à une lecture quelconque. Chaque jour j'apprenais par cœur un chant du Dante ; mais cet exercice était si machinal, qu'en m'y livrant, je pensais moins encore aux vers qu'à mes malheurs. Il en était de même quand je lisais tout autre chose, excepté par moment certains passages de la Bible. Ce livre divin, que j'avais toujours beaucoup aimé, même quand je me croyais incrédule, je l'étudiais alors avec plus de respect que jamais ; mais très-souvent encore, en dépit de ma volonté, je le lisais ayant l'esprit ailleurs et ne comprenais plus. Insensiblement je devins capable de le méditer plus profondément et de le goûter chaque jour davantage.

Cette lecture ne me donna jamais la moindre disposition à la bigoterie, ou, si l'on veut, à cette dévotion mal entendue qui rend pusillanime ou fanatique. Elle m'enseignait au contraire à aimer Dieu et les hommes, à désirer toujours plus ardemment le règne de la justice, à abhorrer l'iniquité en pardonnant à ceux qui la commettent. Le christianisme, au lieu de détruire en moi ce que la philosophie y avait fait de bon, confirmait et étayait mes convictions de raisons plus hautes, plus puissantes.

Un jour, ayant lu qu'il faut prier sans cesse, et que la véritable prière ne consiste pas à marmotter beaucoup de paroles à la façon des païens, mais à adorer Dieu avec simplicité, tant en paroles qu'en actions, et à faire que nos actions et nos paroles ne soient que l'accomplissement de sa sainte volonté, je me proposai de commencer sérieusement cette incessante prière de toutes les heures, à savoir de ne plus me permettre même une seule pensée qui ne fût inspirée par le désir de me conformer aux décrets de Dieu.

Les formules de prières dont je me servais pour adorer, furent toujours en petit nombre, non qu'il y ait mépris de ma part (persuadé, comme je le suis, que ces formules sont infiniment salutaires, à l'un plus, à l'autre moins, pour captiver celui qui prie), mais parce que je me sens fait de manière à ne pouvoir réciter de longues prières sans me laisser aller à des distractions et mettre le culte en oubli.

Cette application à me tenir constamment en présence de Dieu, au lieu d'être un effort pour l'âme et un sujet de tremblement, avait pour moi une douceur ineffable. Comme je n'oubliais pas que Dieu est toujours près de nous, qu'il est en nous, ou plutôt que nous sommes en lui, la solitude perdait chaque jour à mes yeux quelque chose de son horreur : ne suis-je pas en très-bonne compagnie? me disais-je. Et mon âme redevenait sereine, et je fredonnais, et je sifflais avec plaisir et avec attendrissement.

Eh bien! me disais-je, une fièvre ne pouvait-elle pas aussi bien venir et me mettre en terre? Tous ceux que j'aime, qui, en me perdant, se seraient abandonnés aux larmes, auraient insensiblement acquis assez de force pour se résigner à ne plus me voir. Au lieu d'une tombe, c'est une prison qui m'a dévoré. Dois-je craindre que Dieu ne leur enverra pas la même force?

Mon cœur élevait pour eux vers le ciel les vœux les plus ardents, parfois accompagnés de larmes; mais ces larmes elles-mêmes étaient mêlées de douceur. J'avais pleine confiance que Dieu viendrait en aide aux miens et à moi. Je ne me suis pas trompé.

* * *

Vivre libre est chose bien plus douce que de vivre en prison, qui en doute? Et cependant, même dans la détresse d'une prison, quand on y pense que Dieu est là, que les joies de ce monde sont éphémères, que le véritable bonheur réside dans la conscience et non dans les objets extérieurs, on peut encore trouver du charme à se sentir vivre. En moins d'un mois, j'avais pris mon parti avec une résignation sinon parfaite, du moins tolérable. Je vis que, décidé à ne pas commettre l'indigne action d'acheter l'impunité par la perte des autres, mon sort ne pouvait être désormais que la potence ou une longue captivité. Il fallait bien se conformer à sa destinée : je respirerai, me dis-je, tant qu'ils me laisseront un souffle ; et quand ils me l'ôteront, je ferai comme tous les malades arrivés au dernier moment, je mourrai.

Je m'étudiais à ne me plaindre de rien et à donner à mon âme toutes les jouissances possibles. La plus ordinaire consistait à faire l'énumération des biens qui avaient embelli mes jours : un excellent père, une mère excellente, d'excellents frères et d'excellentes sœurs, tels et tels pour amis, une bonne éducation, l'amour des lettres, etc. : qui plus que moi avait reçu du bonheur en partage? Pourquoi ne pas rendre grâces à Dieu, quoique ce bonheur fût maintenant troublé par l'infortune? Quelquefois, en faisant cette énumération, je m'attendrissais et je pleurais un moment ; mais le courage et la joie revenaient bientôt.

* * *

L'homme a-t-il besoin d'efforts pour se mortifier sincèrement, pour se reconnaître pécheur? N'est-il pas vrai qu'en général nous dépensons follement notre jeunesse en vanités, et qu'au lieu d'employer toutes nos forces à avancer dans la carrière du bien, nous en faisons servir la plus grande partie à nous avilir? Il y des exceptions ; mais je confesse qu'elles ne regardent pas ma chétive personne. Je n'ai aucun mérite à être mécontent de moi. Quand on voit un flambeau jeter plus de fumée que de flamme, il ne faut pas une grande franchise pour dire qu'il ne brûle pas comme il le devrait.

Oui, sans m'avilir, et sans que j'obéisse à un scrupule de dévot, en me considérant avec la plus grande tranquillité d'esprit, je me trouvais digne des châtiments de Dieu. Une voix intérieure me disait : Ces châtiments te sont dus pour ceci, sinon pour cela ; puissent-ils te ramener vers Celui qui est la perfection même, et que tous les hommes, dans la faible mesure de leurs forces, sont appelés à imiter !

Avec quelle apparence de raison, moi, forcé de me reconnaître coupable envers Dieu de mille infidélités, serais-je allé me plaindre si quelques hommes me paraissaient vils et quelques autres injustes? si les prospérités de ce monde m'étaient ravies, si je devais me consumer dans une prison, ou périr de mort violente?

Je m'efforçais de me graver profondément au cœur des réflexions si justes et si bien senties ; et, cela fait, je voyais qu'il fallait être conséquent, et que je ne pouvais l'être qu'à la condition de bénir les équitables jugements de Dieu en les aimant et en maîtrisant au-dedans de moi toute volonté qui leur fût contraire.

Pour m'affermir encore mieux dans cette résolution, je songeais à faire désormais une revue rigoureuse de tous mes sentiments en les écrivant. . . . .

Je n'exagère pas en disant que les heures ainsi remplies me semblaient parfois délicieuses. . . . .

Mes Prisons.

TOPFFER

NOTICE BIOGRAPHIQUE

Rodolphe Topffer ou Toepfer, né à Genève en 1799, était fils d'un peintre, habile, et destiné d'abord à suivre la carrière de son père pour laquelle il avait des dispositions; mais une maladie des yeux l'empêcha de se livrer à l'art de la peinture; il se consacra aux lettres ainsi qu'à l'éducation, et dirigea avec succès un pensionnat de jeunes gens, puis fut nommé professeur de belles-lettres à l'académie de Genève. On lui doit de charmantes productions littéraires où règne, indépendamment d'un délicieux talent, un cachet d'honnêteté qui, il faut le dire à la honte des romanciers français, se trouve en général plus chez les écrivains étrangers que chez nous. Les *Nouvelles genevoises*, par lesquelles Topffer s'est d'abord fait connaître, et dont nous donnons un échantillon, ont été recommandées par une préface de Xavier de Maistre, avec lequel l'écrivain genevois offre beaucoup de ressemblance. Vinrent ensuite *Rosa et Gertrude*, et *le Presbytère*, romans moraux; — *les Voyages en zig-zag*, où l'auteur, fondant habilement le dessin avec la narration, décrit les excursions qu'il faisait dans les Alpes avec ses élèves. Il fut encore l'auteur de spirituels albums qui ont eu une grande vogue et qui couvrent les tables de nos salons : *M. Vieux-Bois*, *M. Jabot*, *M. Crépin*, *M. Cryptogame*. Ce charmant auteur est mort en 1846, dans la force de l'âge. On a publié de lui l'année suivante un livre composé d'opuscules que peut-être il ne destinait point à l'impression, et qui a paru sous le titre de *Réflexions et menus-propos d'un peintre genevois*. On y retrouve sa manière, et sa verve spirituelle et délicate.

LE LAC DE GERS

Récit d'un touriste genevois.

De Sixt on peut se rendre dans la vallée de l'Arve, en franchissant une chaîne de hautes montagnes qui s'étend entre Cluses et Sallenches. Ce passage n'est guère connu et pratiqué que des contrebandiers qui abondent dans cette contrée. Ces hommes hardis s'approvisionnent à Martigny en Valais ; puis s'acheminant, chargé de poids énormes, au travers de cols inaccessibles, ils viennent descendre dans les vallées intérieures de la Savoie, pendant que les douaniers font bonne garde sur la lisière du pays.

Les douaniers sont des hommes qui ont un uniforme, les mains crasseuses et une pipe à la bouche. Assis au soleil, ils fainéantent jusqu'à ce que vienne à passer une voiture, qui ne passe devant eux que par cette raison justement, qu'elle ne contient pas trace de contrebande.

« Monsieur n'a rien à déclarer ?

— Non. »

Et les voilà aussitôt, nonobstant cette réponse catégorique, qui ouvrent les valises et fourrent les susdites mains, parmi le linge blanc, les robes de soie et les mouchoirs de poche. L'Etat les paie pour exercer cet état. Cela m'a toujours paru drôle.

Les contrebandiers sont des hommes armés jusqu'aux dents, et toujours disposés à piquer d'une balle un douanier qui aurait l'idée d'aller se promener sur le chemin qu'ils se sont réservé pour eux. Heureusement, les douaniers, qui se doutent de cette circonstance, ne se promènent pas ou se promènent partout ailleurs. Cela m'a toujours paru un signe de tact chez les douaniers.

Douane et contrebande, deux ulcères de nos sociétés. Les lignes de douane sont une ceinture de vices, de libertinage, qui enserre un pays. Les expéditions de contrebande sont une admirable école de brigandage et de crime, d'où sortent annuellement de bons élèves que la société se charge plus tard de loger et de nourrir à ses frais dans les prisons et dans les bagnes.

J'ai eu souvent affaire avec les douaniers. Mes chemises ont eu l'honneur d'être palpées sur toutes les frontières par les agents de tous les gouvernements, absolus ou autres. Ils n'y ont rien trouvé de prohibé.

. . . .

J'ai eu moins souvent affaire aux contrebandiers; cependant j'eus quelque rapport avec eux, le jour où je m'avisai de vouloir passer seul de Sixt à Sallenches par les montagnes dont j'ai parlé. Je m'étais fait indiquer la route : une heure avant d'arriver au sommet, on côtoie un petit lac nommé le lac de Gers; au delà on suit une arête de rocs qui traverse une plaine de neiges glacées, après quoi l'on redescend vers les forêts qui couronnent, du côté de Sallenches, la cascade de l'Arpenas. Au bout de trois heures d'une montée rapide, je découvris le petit lac. C'est un étang encaissé entre des pentes verdoyantes qui s'y reflètent en teintes sombres, tandis que la transparence de l'eau laisse plonger le regard jusqu'aux mousses éclatantes qui, au fond, tapissent le sol. Je m'assis au bord de cette flaque, et, à l'instar de Narcisse, je m'y regardais... je m'y regardais manger une aile de poulet, sans que le plaisir de contempler mon image me fît perdre un seul coup de dent.

Outre ma personne, je voyais aussi dans la flaque l'image renversée des cimes voisines, des forêts, de toute la belle nature enfin, y compris deux corbeaux qui, volant au plus haut des airs, me paraissaient, dans ce miroir, voler au plus profond des antipodes. Pendant que je m'amusais à considérer ce spectacle, une tête d'homme, ou de femme, ou de bête, tout au moins quelque chose ayant vie, me parut avoir bougé sur le penchant d'un mont. C'était celui que j'allais gravir. Je levai subitement les yeux pour y reconnaître l'objet lui-même; mais je ne vis plus rien, en sorte qu'attribuant ce phénomène à quelque ondulation de la surface de l'eau, je me remis en route, bien persuadé que je me trouvais seul dans la contrée. Toutefois, persuadé également que j'avais vu quelque chose, je m'arrêtais de temps en temps pour regarder de côté et d'autre, et, quand je fus voisin de l'endroit où j'avais cru apercevoir la tête, je fis avec précaution le tour de quelques rocs, et je redoublai de circonspection.

On m'avait fait, en bas, une histoire au sujet du couloir de rochers que je gravissais dans cet instant. C'est, je crois, l'heure de la dire. Dix-huit contrebandiers, chargés chacun d'un sac de poudre de Berne, passaient par là. Le dernier du rang s'aperçut que son sac s'allégeait sensiblement. et il était déjà tout disposé à s'en féliciter, lorsqu'il vint à se douter ingénieusement que l'allégement avait peut-être lieu aux dépens de la charge. Ce n'était que trop vrai : une longue traînée de poudre se voyait sur la trace qu'il avait suivie. C'était une perte, mais surtout c'était un indice qui pouvait trahir la marche de la troupe et compromettre ses destinées. Il cria halte, et sur ce cri les dix-sept autres s'assirent en même temps sur leurs sacs, pour boire un coup d'eau-de-vie et s'essuyer le front.

Pendant ce temps, l'autre, l'ingénieux, rebroussait jusqu'à l'origine de sa traînée de poudre. Il y atteignit au bout de deux heures de marche, et il y mit le feu avec sa pipe : c'était pour détruire l'indice. Deux minutes après, il entendit une détonation superbe, qui, se répercutant contre les parois de ces montagnes, roulant par les vallées et remontant par les gorges, lui causa une surprise merveilleuse : c'étaient les dix-sept sacs qui, rejoints par la traînée, sautaient en l'air, y compris les dix-sept pères de famille assis dessus.

. . . .

Il faisait fort chaud dans mon couloir; toutefois, à cette élévation, la chaleur est tempérée par la vivacité de l'air; d'ailleurs la beauté du spectacle que l'on a sous les yeux captive l'âme et lui fait oublier les petites incommodités qui, dans une plaine ingrate, paraissent quelquefois si intolérables. En me retournant, je voyais de fort près le dôme de glace du mont Buet.... Je crus voir aussi, pas bien loin, quelque chose qui bougeait derrière les derniers sapins que j'avais dépassés; j'allai m'imaginer que ce pouvaient être les pieds dont j'avais vu la tête.... Malheureusement je suis né très-peureux; je déteste le danger, où les héros se plaisent, dit-on : je n'aime rien tant qu'une sécurité parfaite, en tête, en queue et sur les ailes. L'idée seule que, dans un duel, on est exposé à voir une pointe d'épée en face de son œil droit, a toujours suffi pour me rendre d'une prudence grande, malgré mon naturel qui est si vif; d'une susceptibilité obtuse, malgré ma fierté qui est si chatouilleuse. Et ce pouvait être ici pis qu'un duel, ce pouvait être un attentat sur ma bourse ou sur ma personne, ou sur toutes les deux à la fois; ce pouvait être une catastrophe épouvantable, et personne pour en porter la nouvelle. Quand cette idée me fut venue, je n'en eus plus d'autre, et elle me domina si bien, que je finis par me cacher parmi les rochers, pour observer de là ce qui se passait sur mes derrières.

J'observais depuis une demi-heure environ (c'est très-fatigant d'observer) quand un homme de mauvaise mine se hasarda à sortir doucement de derrière les sapins. Il regarda longtemps dans la direction des rochers parmi lesquels j'étais caché, puis il frappa deux fois des mains. A ce signal, deux autres hommes parurent, et tous les trois chargeant un gros sac sur leurs épaules, se mirent à monter tranquillement, en fumant leurs pipes qu'ils rallumèrent. Ils arrivèrent bientôt ainsi à l'endroit même où j'observais, tapi contre terre, et ils s'assirent sur leurs sacs, précisément comme les dix-sept. Par bonheur, ils me tournaient le dos.

J'eus tout le loisir de faire mes remarques. Ces messieurs me parurent fort bien armés. Il avaient entre eux trois une carabine et deux pistolets, sans compter le gros sac, que mon imagination, fidèle aux leçons de l'histoire, ne manqua pas de remplir de poudre de Berne. Et je frémissais déjà à l'idée de quelque traînée, lorsque l'un d'eux, s'étant levé pour s'éloigner de quelques pas, déposa sur son sac sa pipe tout allumée. A cette vue je recommandai mon âme à Dieu, et j'attendis l'explosion, tout en me serrant étroitement contre un roc sur l'abri duquel je comptais tout juste assez pour ne pas hurler de frayeur.

L'homme qui venait de s'éloigner avait gravi une hauteur d'où il jeta un regard d'observation sur la route qu'ils allaient parcourir; puis, revenant vers ses compagnons, « On ne le voit plus, dit-il.

— Tout de même, dit l'autre, ce gueux-là suffit pour nous vendre!

— Et je parie, interrompit le troisième, que c'est pour cela qu'il galope en avant. Un douanier déguisé, je vous le dis. » Il s'arrêtait comme pour flairer, il regardait de ci, de là, et autre part....

« Ah! que nous ne l'ayons pas dépêché, ni vu ni connu comme dans ce petit coin propice et solitaire! Il n'y a que les morts qui ne reviennent pas.

— Aussi Jean-Jean n'est-il pas revenu, reprit le second qui avait parlé. Voici tout justement, au bas de cette rampe, le trou où a péri sa carcasse. Le malin, quand nous le prîmes, pour se donner l'air d'un particulier, venait de jeter loin sa carabine; c'est celle-ci. Son procès fut vite fait. A peine on le tint que Lamèche l'attacha à un arbre, et Pierre l'abattit d'une balle dans la tempe; et le farceur ne lui dit qu'après : « Jean-Jean, fais ta prière ! »

Un rire affreux suivit ces horribles paroles, jusqu'à ce que le même homme s'étant levé pour donner le signal du départ, « Parbleu ! s'écria-t-il en m'apercevant, nous tenons la pie au nid. Voici notre amateur ! »

Les deux autres, à ces mots, se levèrent en sursaut, et je vis ou je crus voir une multitude innombrable de pistolets braqués sur ma tempe.

« Messieurs, leur dis-je, messieurs, je... vous vous trompez... permettez... baissez d'abord ces armes.... Messieurs, je suis le plus honnête homme du monde (ils froncèrent le sourcil)... baissez, je vous prie, vos armes qui pourraient partir sans votre volonté.... Je suis homme de lettres.... tout particulièrement étranger aux douanes... marié, père de famille.... Baissez, je vous en conjure, vos armes, qui m'empêchent de recueillir mes idées. Daignez continuer votre chemin sans vous inquiéter de moi.... Je me moque des douanes. Je m'intéresse même à votre métier pénible. Vous êtes d'honnêtes gens qui portez l'abondance chez les victimes d'une odieuse fiscalité. J'ai l'honneur, messieurs, de vous saluer avec respect.

— Tu es ici pour nous observer ! reprit d'un ton de Cartouche le plus mauvais des trois.

— Du tout ! du tout !... je suis ici pour....

— Pour nous observer et nous vendre. On te connaît. On t'a vu là-bas épier, regarder....

— La belle nature, mes bons messieurs, rien autre.

— La belle nature !... et ce coin où tu t'es tapi, était-ce, dis-moi, pour cueillir des simples ? Mauvais métier que celui que tu fais. Ces montagnes sont à nous. Malheur à qui viens nous y flairer ! Fais ta prière. »

Il leva son pistolet. Je tombai par terre. Les deux autres s'approchèrent plutôt qu'ils n'intervinrent, et tous les trois échangèrent à voix basse quelques paroles, à la suite desquelles l'un d'eux plaçant sans façon sa charge sur mes épaules, « Yu ! » cria-t-il. C'est ainsi que je me trouvai faire partie d'une expédition de contrebande. C'était pour la première fois de ma vie ; je me suis depuis toujours arrangé pour que ce fût la dernière.

Il paraît que mon sort venait d'être décidé dans ce conseil secret, car ces hommes ne s'occupaient plus de moi. Ils marchaient en silence, portant tour à tour les deux charges restantes. J'essayai toutefois de revenir sur la démonstration de mon innocence ; mais leur œil exercé plaidait plus en faveur de mon dire que ne pouvaient le faire toutes mes assurances. Ils en étaient seulement à ne pas s'expliquer pourquoi j'avais marché avec circonspection et regardé autour de moi, alors que je devais encore me croire seul. Je leur donnai la clef de ce mystère en leur avouant l'apparition qui m'avait frappé quand j'étais à considérer la flaque d'eau. « C'est égal, dit le mauvais, innocent ou non, tu peux nous vendre ; marche. Voici tout à l'heure la forêt ; on t'y fera ton affaire. »

Que l'on juge du sinistre sens que je dus attacher à ces paroles. Aussi, durant la demi-heure de promenade qui nous conduisit à la forêt prochaine, j'eus le temps de me faire une juste idée des angoisses d'un patient que l'on conduit à l'échafaud. Elles sont, je puis l'assurer, fort dignes de pitié. Encore avais-je eu en ma faveur mon innocence d'abord, et puis la chance de rencontrer quelqu'un, sans compter celle qui m'était offerte, de me précipiter, moi et ma charge, dans un abîme fort convenable qui s'ouvrait à notre droite. La première de ces chances ne se présenta pas, je ne voulus pas de l'autre, en sorte que nous arrivâmes sans encombre à la forêt. Là, ces messieurs m'ôtèrent ma charge ; ils me lièrent fortement à un gros mélèze. et... au lieu de *m'abattre*, comme ils avaient fait de Jean-Jean : « Il nous faut, me dirent-ils, vingt-quatre heures de sécurité. Tenez-vous en joie. Demain, en repassant, nous vous délierons, et la reconnaissance vous rendra discret. » Après quoi, ils reprirent leur charge et me quittèrent.

Je crois que jamais la nature ne me parut belle et radieuse comme dans ce moment-là. Chose singulière ! mon mélèze ne me gênait nullement. Vingt-quatre heures me semblaient une minute ; ces hommes, de bien honnêtes gens, un peu brusques par nécessité, mais d'ailleurs estimables et connaissant les usages. C'est que la vie m'était réellement rendue ! Aussi, au bout de quelques minutes, une joie puissante succédant au trouble le plus effroyable, j'éprouvai une sorte d'anéantissement, et, quand je revins à moi, les larmes inondaient mon visage. Je n'ai pas voulu mêler au récit d'angoisses devenues risibles par le dénouement auquel elles aboutirent celui des mouvements qui agitèrent mon cœur dans cette occasion ; mais pourquoi tairais-je qu'à peine délivré, je rendis grâces à Dieu de toutes les forces de mon âme, et que ces larmes que je versais avec tant de douceur étaient celles de cet amour et de cette gratitude profonde qui ne peuvent être sentis que pour celui-là seulement qui tient nos jours entre ses mains? Je le bénis mille fois, et le premier sentiment qui succéda à ces actions de grâces fut celui du bonheur que j'éprouverais, après de si vives angoisses, à me retrouver au milieu de ma famille. J'étais tellement impatient d'aller me jeter dans ses bras, que c'est par là que je commençai à ressentir l'inconvénient d'avoir un mélèze attaché à sa personne. Il était deux heures de l'après-midi. Je n'en avais plus que vingt-trois à attendre. Cet endroit était sauvage, tout voisin des neiges, nullement fréquenté des voyageurs. Au surplus, une personne eût paru dans ces premiers moments, que, tout pénétré encore d'un profond respect pour mes persécuteurs, qui ne pouvaient être fort éloignés, je l'eusse priée, je crois, de ne me délivrer point, de n'approcher pas. Toutefois, vers quatre heures, mon respect avait diminué en raison directe du carré des distances, et en même temps mon mélèze, toute figure à part, commençait à me scier le dos d'une façon étrange; mais je n'en étais guère plus avancé, et je ne voyais plus que le rat de la fable qui pût me tirer de là, lorsque parut un naturel.

Ce naturel était lui-même très-fabuleux. Il avait un chapeau percé, des culottes, point de bas, et, sous le nez, une sorte de forêt noire provenant de l'usage immodéré d'un tabac de contrebande apparemment.

« Holà! hé! au secours, brave homme! » lui criai-je.

Au lieu d'accourir, il s'arrêta court et huma une énorme prise.

Le paysan savoyard n'est pas cauteleux, mais prudent. Il ne précipite rien; il n'allonge le bras que là où il y voit clair, et ne se mêle d'une affaire que lorsqu'il n'aperçoit au travers ni noise avec l'autorité, ni brouillerie avec ses voisins, ni frottement quelconque avec les carabiniers royaux; d'ailleurs, le meilleur homme du monde : ce que je dis sérieusement et pour l'avoir éprouvé en mainte occasion.

Mon naturel était donc le meilleur homme du monde; mais cet homme attaché à un mélèze, ça ne lui sembla pas clair. Ce pourrait être de par l'autorité, ou de par quelqu'un, ou de par quelque chose. C'est pour cela qu'avant de s'avancer il voulait me voir venir.

A la fin, « Fait un bien joli temps, me cria-t-il en souriant matoisement et comme si j'eusse été là pour l'agrément de la promenade, bien joli !

— Venez donc me délier, au lieu de me parler du beau temps, plaisant que vous êtes !

— On vous déliera assez. Y a-t-il longtemps que vous êtes là ?

— Il y a trois heures. Allons ! à l'ouvrage ! »

Il fit deux pas : « C'est-il rien des méchants qui vous ont ainsi arrangé !

— Je vous conterai cela. Déliez toujours. »

Il fit encore trois pas, et je crus que j'étais enfin arrivé au terme de mes tribulations, lorsqu'il se prit à dire à voix basse et d'un air mystérieux : « Dites voir, c'est-il rien des gens de la contrebande ?

— Tout juste. Vous y êtes. Ces scélérats-là m'ont attaché dans ce bois, pour que je meure d'ici à demain qu'ils repasseront. »

Ces mots firent un effet prodigieux sur le naturel. Il recula de frayeur et fit mine de me planter là. Alors, ne pouvant plus contenir ma colère, je l'insultai, et je le traitai comme le dernier des misérables qui ont ou plutôt qui n'ont pas face humaine.

Pour lui, sans s'émouvoir de mes injures, « On verra voir, murmurait-il en se retirant tout doucement. On vous délivrera assez ! » Puis, doublant le pas, il disparut au tournant du sentier. Je l'accompagnai de mes malédictions.

Je ne savais que penser ni que faire. Ma situation me semblait aggravée par ce que j'avais dit à cet homme, qui pouvait me compromettre auprès des contrebandiers, si encore il n'était pas lui-même un affilié de la bande. Aussi mon imagination commençait-elle à s'assombrir singulièrement, et, sans les débats de deux écureuils qui m'offrirent quelque sujet de distraction, j'aurais été fort malheureux. Ces jolis mais timides animaux, se croyant seuls dans le bois, y jouaient avec cette libre aisance et cette grâce de mouvements que tue la crainte, et, se poursuivant d'arbre en arbre, ils me surprenaient par l'agilité de leurs sauts et par l'élégance de leurs manœuvres. Comme je faisais corps avec le mélèze, l'un d'eux descendit étourdiment le long de ma personne pour escalader un arbre voisin, sur lequel l'autre le poursuivit de branche en branche jusqu'à la cime. Tout à coup ils demeurèrent immobiles, comme d'un commun accord ; ce qui me fit conjecturer que, de là-haut, ils voyaient quelqu'un s'approcher.

Je ne me trompais point. Un gros homme parut, suivi du naturel, à la forêt noire. Ce gros homme avait trois mentons, une face de pleine lune, l'œil petit et malheureusement très-prudent, un chapeau à cornes et un habit à queue. Quand il m'eut aperçu, il se constitua en état d'observation.

« Qui êtes-vous ? lui criai-je.

— Le syndic de la commune, répondit-il sans avancer d'un pas.

— Eh bien ! syndic de la commune, je vous somme de me délier ou de me faire délier par ce subalterne qui se bourre de tabac à vos côtés !

— On vous déliera assez ! dirent-ils tous les deux en même temps.... Dites voir un peu votre affaire, » ajouta le syndic.

Instruit par l'expérience, je m'étais promis de ne plus souffler mot des contrebandiers. « Mon histoire est fort simple : J'ai été attaqué et dépouillé par des brigands qui m'ont attaché à cet arbre, et je demande d'être délivré promptement.

— Ah ! voilà l'affaire ! dit le syndic. Des brigands, que vous dites ?...

— Oui, des brigands. Je passais la montagne avec un mulet qui portait ma valise. Ils m'ont volé et le mulet et la valise.

— Ah ! voilà l'affaire !

— Bien certainement que voilà l'affaire ! Et maintenant que vous êtes au fait, avancez et déliez-moi promptement. Allons !

— Voilà l'affaire ! répéta-t-il au lieu d'avancer. Dites voir ! C'est que ça va coûter beaucoup en écriture....

— Déliez-moi toujours, misérable ! Que voulez-vous que je fasse de vos écritures ?

— C'est que, voyez-vous, il faudra verbaliser, comme de juste.

— Vous verbaliserez après. Déliez-moi toujours.

— Pas possible, mon bon monsieur. Je serais en faute. Verbaliser d'abord, et puis vous délier après. Je vas faire quérir des témoins. Il faut que j'en aie deux à même de signer leur nom. C'est du temps qu'il faut pour les avoir, vous concevez ! Et puis leur journée à payer ; mais monsieur a les moyens.... Puis se tournant vers le naturel : « Descends voir chez la Pernette, à Maglem. Elle t'indiquera où est son homme, le notaire ; tu iras le quérir pour qu'il monte ; après quoi tu tires sur Saint-Martin, où tu trouves Benatton le marguillier, qui y est, bien sûr, puisqu'il sonne aujourd'hui la noce pour les Chozet ; tu lui dis qu'il monte de même. Et que le notaire apporte l'écritoire, la nôtre s'est répandue mardi à la veillée, et aussi le papier timbré. Va, mon garçon, fais diligence ; avec les honnêtes gens on compte après, et on n'y perd rien. Va, et en passant à Veluz, dis à Jean-Marc que sa cavale a la morve et qu'on lui a mis les feux, mais que l'automne la refera, va.

— Qu'il aille au diable ! et Jean-Marc, et sa cavale, et vous avec !... magistrat stupide ! misérables sans humanité !... Ou bien, tenez, déliez-moi, et je vous donne un louis d'or à chacun. »

A cette proposition, le naturel, qui s'était déjà mis en chemin, s'arrêta court en ouvrant de grands yeux de concupiscence. Mais le syndic : « Vous paierez les écritures et les frais, et vous laisserez, par après, un pourboire à volonté. S'il est fort, quiconque ne veut s'en plaindre ; mais pour ce qui est d'acheter le monde par avance, vous mettriez louis d'or sur louis d'or, que ça n'y ferait rien. Savez-vous qu'on est syndic de la commune de père en fils, depuis Antoine-Baptiste, mon ancêtre, et qu'avant qu'on se donne une tare l'Arve n'aura plus d'eau. Vas-tu, toi ? cria-t-il au naturel. Prenez patience, ajouta-t-il en me quittant, je vas vous quérir une chopine de rouge, qui vous veut réconforter des mieux. »

C'est ainsi que la désolante mais méritoire honnêteté de ce bonhomme me fut aussi contraire que son respect pour les formes. Je demeurai de nouveau seul, et, cette fois, bien certain que je ne serais délivré que le lendemain matin ; je tâchai de m'accoutumer à cette idée !

. . . .

Cependant, aux derniers rayons du couchant, je vis paraître sur mon horizon quelques hommes, des femmes, des enfants, tout un village. Ces figures, placées entre le soleil et moi, se détachaient en mouvantes silhouettes sur le transparent feuillage des mélèzes inférieurs, en sorte que je ne reconnus pas d'abord parmi elles mon syndic et sa chopine. Il s'y trouvait pourtant, et à ses côtés le curé, qu'amenait aussi la renommée de mon aventure. La visite de cet ecclésiastique ranima mes espérances, et je m'apprêtai à faire tourner au profit de ma délivrance tout ce que je pourrais trouver en lui de vertus chrétiennes.

Ce curé était fort âgé, infirme ; il montait lentement. « Ohé ! dit-il en m'apercevant, ces scélérats vous ont vilainement emmaillotté, monsieur ! Je vous salue. »

Le ton franc et l'air ouvert de ce bon vieillard me ravirent de joie. « Vilainement, en vérité, répondis-je ; excusez-moi, si par leur faute, je ne puis ni m'incliner ni vous tirer mon chapeau, M. le curé. Puis-je vous entretenir quelques instants en particulier?

— Le plus pressé, ce me semble, c'est de vous délier, reprit-il. Vous m'entretiendrez après plus commodément. Allons, Antoine, dit-il au syndic, à l'œuvre! Et coupez-moi ces cordes, ce sera plus tôt fait. »

Je me confondis en expressions de reconnaissance, et certes elles partaient du cœur. Antoine, ayant tiré son couteau, se disposait à couper mes liens, lorsque le naturel, qui convoitait la corde et qui était jaloux de la posséder dans son intégrité, écarta le couteau et alla droit au nœud, qu'il parvint à défaire au bout de quelques instants. A peine libre, je serrai la main du curé, et, dans les premiers mouvements de ma joie, je le baisai sur les deux joues. Mais aussitôt une vive douleur se fit sentir dans tous mes membres, et, incapable de mouvoir mes jambes engourdies, je fus contraint de m'asseoir sur la place même. Alors Antoine s'approcha avec la chopine, pendant que le curé envoyait un de ses paroissiens chercher sa mule pour la mettre à mon service. Ces ordres donnés, « Je suis prêt à vous écouter, » me dit-il. Et tout le village, femmes, marmots, pâtres, syndic et marguillier, firent cercle autour de nous. Le soleil venait de se coucher.

Je contai mon histoire dans toute sa vérité. Les circonstances atroces qui avaient accompagné la mort de Jean-Jean, pénétrèrent d'effroi ces bonnes gens ; et lorsque j'eus répété le blasphème qui avait provoqué le rire des contrebandiers : *Jean-Jean, fais ta prière!* tous, curé et paroissiens, se signèrent d'un commun mouvement, au milieu d'un respectueux silence. Emu à cette vue, et vivement pressé de m'associer à ce naïf essor d'un sentiment si naturel, je portai instinctivement la main à mon chapeau et je me découvris.... Les paroissiens parurent surpris, le curé demeura grave et immobile, et moi... je me trouvai déconcerté. « Continuez, continuez, » me dit le bon vieillard. J'achevai l'histoire, sans oublier la prudence excessive du naturel et le louable désintéressement du syndic.

Quand j'eus achevé ce récit, « C'est bien, » dit le vieux curé. Puis s'adressant à ses paroissiens : « Vous autres, écoutez-moi. Vous tremblez devant ces scélérats, et voilà pourquoi ils osent tout ; car ce sont les poltrons qui font les braves. Et ce qui est bien pis, c'est que quelques-uns profitent de leur abominable négoce. Vois-tu bien, à présent, André, où t'a conduit ton désordre de tabac, et cette brutale façon d'en consommer par-dessus tes moyens? Ton nez est gorgé, et tu n'a pas de bas; passe encore de n'avoir pas de bas : mais ce tabac, tu l'achètes des fraudeurs; et puis voilà que, pour ne pas te brouiller avec eux, tu n'oses délivrer un homme en peine, comme doit faire un chrétien. Mais sais-tu, André, que ces brigands-là seront grillés en enfer et tirés à quatre diables... et que je ne réponds de rien pour ceux qui les ménagent. Crois-moi, mon garçon, prends moins de tabac, et achète-le au bureau. Pour Antoine, il a cru bien faire, et, ce qui vaut mieux, il a bien fait. C'est la règle qui l'enchaîne, lui, et non pas ses appétits. »

Le bon curé, en achevant ces mots, frappa familièrement sur l'épaule d'Antoine, qui, glorieux de cette approbation donnée par-devant tout le village à sa conduite prudente et désintéressée, se rengorgeait naïvement, tenant sa chopine d'une main et son chapeau à cornes de l'autre.

Pendant ce discours, la mule était arrivée. On m'aida à me hisser dessus, et je pus enfin prendre congé de mon mélèze. Nous descendîmes. Le syndic tenait la bride, le bon curé causait à mes côtés, puis venaient les paroissiens; et cette pittoresque procession marchait à la lueur d'un clair crépuscule; tantôt éparse sur les mousses de la forêt, tantot agglomérée dans le fond d'un ravin, ou descendant à la file le contours sinueux d'un étroit sentier. Au bout d'une demi-heure, nous atteignîmes des pâturages ouverts, d'où l'on découvrait l'autre revers de la vallée de l'Arve, déjà enseveli dans une nuit profonde, et, à peu de distance de nous, quelque culture, des hêtres, et la flèche penchée d'un clocher délabré. C'était le village.

Quand nous y entrâmes, « Bonsoir à tous! dit le curé à son monde. Pour vous, monsieur, je vous offre un lit et à souper. C'est jour maigre, mais j'ai vu là haut que vous n'êtes pas catholique, ainsi nous vous restaurerons de notre mieux. Marthe, cria-t-il en approchant de la cure, apprête au plus vite un poulet, et donne-moi la clef de la cave. »

Je soupai en tête à tête avec cet excellent homme, qui fit maigre pendant que je dévorais le poulet. Après que nous eûmes bu la fin d'une bouteille de vin vieux qu'il avait débouché en mon honneur, je pris congé de mon hôte pour aller goûter un repos dont j'avais grand besoin.

Nouvelles genevoises.

VICOMTE DE LA VILLEMARQUÉ

NOTICE BIOGRAPHIQUE

Le vicomte Théodore Hersart de la Villemarqué est né en 1812, au château de Keransker, près de Quimperlé, dans cette partie encore celtique de la Bretagne, qu'il devait glorifier et éveiller à une vie littéraire toute nouvelle par ses savants travaux. Dans l'exercice de sa charité parmi les populations environnantes, Mme de la Villemarqué, sa sainte mère, provoquait chez les gens qu'elle avait secourus une reconnaissance qu'ils ne savaient comment lui témoigner. Pour leur accorder cette satisfaction, la bonne châtelaine leur demandait souvent de lui chanter quelqu'une de leurs ballades traditionnelles, et, frappé de la beauté de ces chants populaires, elle commença ainsi à en faire collection. A son exemple, son fils s'intéressa de bonne heure à cette poésie nationale, dont il comprit tout l'intérêt, et qu'il continua de recueillir et d'étudier avec tout le soin d'un savant, l'amour d'un poëte et le patriotisme d'un Breton. Il publia en 1836, sous le titre de *Barzas-Breiz*, ce recueil de chants populaires bretons, accompagnés d'une excellente traduction française, d'arguments, de notes, d'éclaircissements, et suivis de quelques mélodies notées [1].

Après nous avoir ainsi révélé une poésie originale d'une remarquable beauté, M. de la Villemarqué, continuant ses érudits et poétiques travaux, nous a donné les ouvrages suivants, dont l'influence a été considérable sur les études celtiques et la renaissance littéraire de la Bretagne : ce sont, en 1842, *Contes populaires des anciens Bretons, précédés d'un*

---

[1] 7e édition. Paris, Didier, 1867.

Essai sur l'origine des épopées chevaleresques de la Table-ronde; — puis, en 1849 une *Nouvelle Grammaire bretonne;* — en 1850, *Poëmes et Bardes bretons du* vi[e] *siècle*, traduits pour la première fois ; — *les Manuscrits des anciens bretons:...* — Après la mort de Legonidec, il a publié le *Dictionnaire français-breton* et une nouvelle édition du *Dictionnaire breton-français* de ce philologue. Ces divers travaux, qui lui avaient valu dès 1846, la croix de la légion d'honneur, lui obtinrent d'être élu le 21 mai 1858 membre libre de l'Institut (Académie des inscriptions et belles-lettres). Outre sa collaboration à la *Bretagne ancienne et moderne*, au *Correspondant*, à la *Revue de Bretagne et de Vendée*, etc. M. le vicomte de Villemarqué a publié dans ces dernières années, la *Légende celtique*, — *Myrdhin ou l'Enchanteur Merlin*, savante et intéressante étude sur ce personnage légendaire, à demi-réel, à demi-fabuleux, et enfin, *le Grand Mystère de Jésus*, ancien poëme dramatique breton, édité avec une traduction et précédé d'une étude sur le théâtre chez les peuples celtiques.

UN ÉPISODE DE L'APOSTOLAT DE SAINT PATRICE

Saint Patrice fut l'apôtre de l'Irlande. Entre plusieurs conversions miraculeuses qui y furent opérées par son ministère, nous choisissons le récit qui nous a paru le plus caractéristique.

C'était un matin de printemps. Le saint, monté sur son char, traîné par ses deux buffles blancs, côtoyait les bords du Shanon, dont les flots étincelaient au loin sous les feux du soleil levant. Un essaim d'oiseaux, échappé du jeune feuillage de la forêt qui bordait le fleuve, le suivait en chantant, comme pour fêter sa bienvenue sur le territoire du Connaught. On apercevait à quelque distance, près d'une fontaine, deux jeunes filles qui venaient laver, et la lumière, éclairant en plein leurs visages, faisait ressortir la blancheur de l'une qu'on n'appelait pas sans raison *la Blanche*, et l'éblouissante fraîcheur de l'autre, qu'on nommait non moins bien *la Rose* : elles étaient sœurs et filles de roi.

Au loin, sur une hauteur, entourées de pierres sacrées, deux grands vieillards, les mains élevés vers le ciel, semblaient s'adresser au soleil et l'appeler à leur aide comme à l'approche d'un pressant danger.

Tout à coup le ciel se voila; les grondements lointains du tonnerre se firent entendre, les buffles du char de Patrice, enflant leurs naseaux, soufflèrent avec force; puis ils mugirent lamentablement, et, secouant leur joug en furieux, ils emportèrent le char, dont une roue se brisa. En vain le cocher du saint les arrêta; en vain on coupa trois fois dans la forêt voisine le bois propre à réparer le dommage; trois fois la roue, brusquement mise en mouvement, se rompit : la forêt était consacrée aux divinités druidiques; elle refusait de prêter son aide à la marche d'un char que les druides maudissaient. De leur côté, les prêtres redoublaient leurs imprécations, et le soleil, obéissant à leurs prières, s'enveloppa instantanément de ténèbres si épaisses, qu'une nuit profonde remplaça le jour. Or, ces ténèbres, les Irlandais le savent, observe la légende, — toutes les fois que les druides réussissaient à les obtenir, duraient trois jours et trois nuits. Elles devaient cacher au prédicateur de l'Irlande les deux filles du roi Laégaïr, la blanche Ethnée, et Fethlène la rose. C'étaient leurs pères nourriciers et leurs instituteurs qui les répandaient en ce moment sur toute la surface du pays.

Mais ni le génie malfaisant qui agitait les buffles, ni le démon qui habitait la forêt druidique, ni le dieu du soleil, ni les prêtres eux-mêmes, ne purent prévaloir contre un signe de croix de la main de Patrice.

Cette main, qui n'avait qu'à s'ouvrir et à s'étendre pour que cinq lumières illuminassent aussitôt l'obscurité de la nuit, apaisa la fureur des buffles, sécha le bois sacré, dissipa les prestiges des magiciens; et le soleil montrant de nouveau son visage, les oiseaux qui suivaient le saint recommencèrent leurs chants, et il put continuer sa marche vers la fontaine de Klébah, où les filles du roi d'Irlande lavaient, comme autrefois les filles du roi Idoménée.

Descendant de son char et laissant ses disciples à quelque distance, Patrice alla vers elles, et s'assit au bord du lavoir. Etonnées de son costume étrange, de son capuchon blanc, de sa tunique en poil de chèvre, elles le prirent pour un esprit des montagnes, et lui demandèrent toutes les deux à la fois : « Qui es-tu, et d'où viens-tu? »

Le saint répondit : « Mieux vaudrait pour vous connaître mon Dieu que savoir qui je suis. »

Alors l'aînée des jeunes filles, avec une grande volubilité de paroles :
« Et qui est votre Dieu ? et où est-il ? et qui l'adore ? Et où habite-t-il ?
Est-ce dans le ciel, est-ce sur la terre, est-ce dans la mer, est-ce dans
les fleuves, est-ce sur les montagnes, est-ce dans les vallées ? A-t-il
des fils et des filles ? Est-il riche, a-t-il beaucoup d'or et d'argent ?
Vit-il toujours ? est-il beau ? Son héritier a-t-il eu beaucoup de nourrices ? Ses fils sont-ils plus beaux que les enfants des hommes ? ses
filles sont-elles plus belles que ma sœur et moi ? Comment peut-on
le voir ? Comment peut-on le trouver ? Sont-ce les jeunes gens ou les
vieillards qui le trouvent ? Dites-nous cela ? »

Le saint vieillard, souriant de ces questions enfantines et de son
ingénuité, répondit à la fille du roi :

« Mon Dieu est le Dieu de tous les hommes ; le Dieu du ciel et de
la terre, de la mer et des fleuves ; c'est le Dieu du soleil, de la lune,
de tous les astres ; c'est le Dieu des montagnes et des vallées. Il habite
au-dessus du ciel et dans le ciel ; au ciel et à la mer il donne la vie. Il
donne la vie à tout ; il anime tout de son souffle ; il gouverne tout, il
conduit tout. C'est mon Dieu qui, pendant le jour, illumine le soleil
de sa lumière, et qui, la nuit, prête encore sa lumière à la lune. C'est
lui qui a fait jaillir les fontaines de la terre aride, et a posé des îles
au milieu des mers, que les mers ne peuvent engloutir. C'est lui qui
a mis les étoiles au service des hommes. Ce Dieu, je viens vous l'annoncer avec confiance, et je viens vous engager à étudier ce qu'il
enseigne. »

Les deux sœurs répondirent d'une seule voix :
« Instruisez-nous, nous sommes prêtes. »

Le saint les instruisit donc ; et, quand elles furent bien préparées,
il les revêtit de la robe blanche des catéchumènes et les baptisa.

Un monument commémoratif de la visite du bon pasteur irlandais à la
fontaine de Klébah, en quête de ces douces brebis royales, a été
trouvé dans le Shanon : c'est un bas-relief assez informe, comme il
convenait au christianisme naissant ; il représente saint Patrice tenant
d'une main sa houlette pastorale, et de l'autre une petite brebis.

*
* *

Le roi Laégaïr, Patrice nous l'a dit, employait les menaces et les
mauvais traitements pour ramener ses filles au culte national. Si l'on

en croit les hagiographes, ce prince avait la férocité du lion, un cœur superbe et insatiable ; il marchait fièrement dans la vie, croyant qu'il n'existait personne d'aussi grand, d'aussi admirable que lui, et que toute la terre devait lui appartenir à cause de la force de son bras et de sa valeur sans pareille. Passionné pour ses druides et ses devins, profondément attaché aux erreurs du paganisme, sa tête refusait de se courber, et son cœur de croire.

Afin de mettre obstacle aux conversions qui se multipliaient de jour en jour parmi ses sujets, il avait réuni comme des otages dans son palais de Tara, au pays de Leinster, les jeunes chrétiens irlandais les plus connus pour leur indépendance et leur attachement à la foi nouvelle. Les fils de Dihu étaient du nombre. En apprenant la conversion de ce petit chef et de son clan, l'esprit du roi s'était troublé ; il les avait fait venir près de lui, et avait ordonné qu'on leur infligeât, non-seulement le plus grand supplice qu'on pût infliger à des Celtes, celui d'être privé de vin pendant le reste de leurs jours, mais qu'on les fît mourir de soif.

Le moment sembla venu à Patrice de porter à la royauté et au paganisme irlandais le coup décisif ; et il le porta.

« Dans les premiers siècles de l'Eglise, dit un sage et savant auteur ecclésiastique, la conversion des princes était regardée comme impossible, par l'extrême difficulté qu'il y a d'accorder le souverain pouvoir, les honneurs et le luxe de la cour avec l'humilité, la tempérance et les autres vertus chrétiennes [1]. »

La même difficulté existait en Irlande, et Dieu seul pouvait la surmonter. Elle n'effraya point son ministre. Voici comment il raconte en deux mots l'entrevue qu'il eut avec les rois irlandais :

« Je venais vers eux les mains pleines de ces mêmes grâces que je répandais sur leurs fils qui me suivaient ; mais eux, méconnaissant les sentiments qui m'animaient, me firent prisonnier avec mes compagnons. En même temps ils s'emparèrent de tout ce que nous avions ; ils me lièrent avec des chaînes, et attendirent impatiemment le jour où ils me mettraient à mort [2]. »

La cérémonie à laquelle saint Patrice fait ici allusion, est la grande fête de Tara, qui se célébrait tous les trois ans, à l'équinoxe du printemps, dans l'immense plaine de Breg, au milieu de laquelle s'élevait,

---

[1] Fleury : *Mém. pour les études des missions orientales.*
[2] Bollandus : *Confess. S. Patricii*, etc.

sur une hauteur, le palais du roi d'Erin, centre religieux et politique de tout le pays.

A l'appel du monarque on avait vu les cinq rois d'Irlande et les vingt-cinq rois tributaires accourir du Nord et de l'Orient, de l'Ouest et du Midi, de l'Ulster et du Connaugt, du Munster et du Leinster, du haut des montagnes, du fond des vallées, des bords des lacs et des rivages de la mer, de tous les lieux les plus reculés.

Chacun était accompagné du druide qui offrait pour lui le sacrifice aux dieux, du chef de clan qui le conseillait, du juge qui rendait ses arrêts, du médecin qui le soignait, du barde qui chantait ses louanges.

En arrivant dans la plaine de Breg, le roi de l'Ulster forma un cercle à droite du palais, avec ses guerriers vêtus de peaux et couronnés de plumes, ses pavillons, ses chevaux, ses buffles et ses chariots; les rois des deux Munster, un second et un troisième cercle, à gauche; le vice-roi de Leinster, un quatrième en face; le roi de Connaught, un cinquième, du côté opposé; et tous les autres chefs de guerre se rangèrent circulairement dans le même ordre, ayant derrière eux leurs esclaves, leurs chevaux, leurs grands bœufs calédoniens et leurs chars dételés, formant comme l'enceinte d'un vaste campement militaire.

Quand le soir fut venu, que chacun fut à son rang, que tous les cercles furent formés, on en put compter trois fois neuf autour du palais de Tara, dans la plaine immense; et les yeux de cette multitude innombrable étaient tournés vers un bûcher couronné de fleurs, dressé sur la terrasse du palais, et qui s'élevait jusqu'au ciel.

Quelques minutes encore, et sur le bûcher sacré la flamme allait descendre, et toute l'Irlande l'attendait pour y rallumer ses feux éteints sur toute la surface de l'île, dans cette nuit solennelle, la dernière de l'année celtique.

Or, à l'extrémité de la plaine de Breg, dans un endroit abandonné, où, selon la tradition, on enterrait les esclaves, du haut du palais de Tara, on voit briller une lumière.

Le roi, ses conseillers, ses juges, ses nobles, ses druides, toute sa cour, sont dans la stupeur.

« Qu'est-ce que cela? s'écrie-t-il : qui a osé commettre un pareil sacrilége dans mon royaume? qu'il disparaisse du milieu de son clan! »

Les conseillers du roi, les juges, les nobles et les bardes répondirent tout d'une voix:

« Nous l'ignorons! »

Alors le chef des druides prit la parole en ces termes :

« O roi! si ce feu qui brille au loin dans la nuit n'est pas éteint à l'instant même, il ne s'éteindra jamais ; il fera pâlir notre feu sacré, et l'homme qui l'a allumé détruira ton royaume ; il nous dominera, il te dominera toi-même, et lui et ses successeurs domineront éternellement sur l'Irlande. »

A ces mots, le roi Laégaïr fut consterné, et la multitude qui couvrait la plaine de Breg s'agita comme un lac soulevé par une tempête. De toutes parts on criait : « Consultons les dieux ! »

« Que nul homme, que nul animal, dans les neuf triples cercles entourés de chars qui environnent le bûcher sacré, ne détournent la tête vers le feu sacrilège qui brûle à l'extrémité de la plaine ! »

Le roi dit : « Je veux l'éteindre moi-même ; je veux tuer de ma propre main l'impie qui l'a allumé ! »

Les druides répliquèrent :

« O roi, ne va pas dans le lieu où ce feu brille, de peur de l'adorer ; mais reste ici hors de son action ; nous allons t'amener le coupable pour qu'il t'adore toi-même, et que par là tu le domines. Quand il sera en ta présence, réunissant, pour l'accabler, toutes nos paroles et tous nos chants, et tous nos instruments de musique, et toutes les forces de la magie, nous le vaincrons!

— Vous me donnez un sage conseil, répondit le roi ; faites comme vous l'avez dit. »

Les druides, montés sur des chars, et escortés par des guerriers à cheval, la lance à la main, se rendirent donc au lieu où l'on apercevait la lumière. Elle brillait sur un autel dressé au milieu d'une petite tente, et devant cet autel des hommes vêtus de blanc priaient agenouillés.

C'était le saint évêque Patrice et ses disciples qui, ayant allumé le feu nouveau que les chrétiens ont coutume d'allumer la veille de Pâques, récitaient l'office de la nuit, en attendant la grande solennité de la Résurrection.

Descendant de leurs chars et de leurs chevaux, les envoyés du roi n'osèrent pas entrer dans la tente ; ils s'arrêtèrent sur le seuil, et de là ils sommèrent Patrice, au nom du monarque d'Irlande, de les suivre au palais de Tara.

Le saint obéit ; et, en marche, il chantait des lèvres et du cœur :

« Les uns se glorifient dans leurs chars et dans leurs chevaux ; moi je me glorifie dans le Seigneur. »

Lorsqu'ils le virent venir, tous ceux qui entouraient le roi se dirent : « Ne nous levons pas ; car quiconque se lèvera croira en lui et l'adorera. »

Or, il y avait à la cour d'Irlande, parmi les hommes les plus habiles dans l'art des vers et de la musique, un druide appelé Dubtak. Près de lui se tenait, une harpe à la main, un jeune barde de ses disciples, qui se nommait Fiek. Quand l'homme de Dieu parut devant le roi, ces deux ollamh, les seuls de tout le corps dont ils faisaient partie, se levèrent pour lui faire honneur.

Le roi, leur lançant un regard terrible, tandis que le saint les bénissait, parla en ces termes à Patrice :

« Tu connais la loi de mon royaume ; tu sais que tout Irlandais qui allume cette nuit son feu avant que j'aie donné le signal du haut de mon palais est condamné à mort. Pourquoi donc as-tu violé la loi, en allumant ce feu sacrilège? »

Le saint répondit avec les chants mêmes de l'Eglise d'Orient :

« Il nous convient, dans cette nuit de la Résurrection de Notre-Seigneur et Sauveur Jésus-Christ, d'allumer ce feu ; d'allumer une torche de cire d'une blancheur éclatante, d'une suave odeur, d'une lumière éblouissante qui ne laisse couler aucune liqueur infecte, et qui n'exhale aucune fumée noire de nature à blesser les yeux. Rien ne nous paraît ni plus convenable ni plus joyeux que de veiller en l'honneur de la Fleur de Jessé, à la lueur des torches formées du suc des fleurs....

» La cire n'est point la sueur que le feu fait couler du pin ; elle n'est pas le produit des larmes que la cognée fait verser au cèdre ; c'est une création pleine de mystère et de virginité, qui se transforme en devenant blanche comme la neige....

» Il convient que l'Eglise attende la venue de son Epoux à la clarté de cette douce lumière ; que les ténèbres n'obscurcissent pas ses saintes veilles, et qu'elle tienne à la main sa torche, présage du salut éternel [1]. »

Le roi comprit peu ces paroles admirables : mais, fasciné par elles, il fit de nouvelles questions au saint.

« Pourquoi, demanda-t-il, es-tu venu dans mon royaume?

— J'en atteste Dieu et les anges, répliqua Patrice, je n'ai eu

[1] Dom Guéranger : *l'Année liturgique*.

d'autre but que de prêcher l'Evangile et ses promesses divines, en venant dans ce pays où j'ai été esclave. Serait-ce donc sans y avoir été poussé par Dieu, serait-ce conduit par des vues humaines que j'ai débarqué en Irlande ? Qui m'y a forcé ? N'est-ce point par amour, n'est-ce point par pitié pour cette nation que je travaille, pour cette nation qui m'a traîné en esclavage et qui a mis à mort les serviteurs et les servantes de mon père ? »

A ces paroles généreuses, les petits chefs de clan s'émurent. Ceux qui inclinaient au christianisme, et que l'exemple de Dubtak, de Fiek, de Dihu, de Makfil et des filles de Léagaïr, ébranlait, prirent parti pour l'homme de Dieu ; d'autres parlèrent contre lui. De vives discussions s'engagèrent ; de la dispute on passa aux armes ; une effroyable mêlée eut lieu, où hommes, chevaux, buffles et chars s'entrechoquèrent dans la plaine au milieu des ténèbres. La cérémonie resta interrompue : le feu sacré ne brilla pas cette nuit-là sur la terrasse de Tara ; la petite lumière de Patrice paraissait seule à l'horizon.

Le lendemain, quand le jour vint éclairer le champ de Breg, les chars, les chevaux, les bœufs, les pavillons, avec une multitude de guerriers, gisaient pêle-mêle dans le sang et la fange, et des neuf triples cercles magiques qui entouraient le palais du roi d'Irlande, pas un seul ne restait formé.

Du haut du palais, le monarque jeta ses regards sur la plaine et pleura.

Cependant Patrice et ses compagnons étaient retenus prisonniers dans les souterrains de Tara, une chaîne de fer autour des genoux, en attendant qu'on les conduisît à la mort.

Au dehors, à mesure que le soleil montait à l'horizon, l'ordre se rétablissait, et les trompes d'airain des bardes, jetant leurs fanfares au vent, annonçaient au peuple d'Irlande que la fête allait recommencer.

Quand le soleil fut au milieu de sa course, les rois, les chefs de clan et les autres guerriers du pays vinrent s'asseoir en cercle autour de tables innombrables dressées dans la plaine.

Le roi d'Irlande, entouré de sa cour, mangeait à une table à part, centre de toutes les autres tables et qui les dominait. Une troupe de bardes, accompagnés par des joueurs d'instruments, ou s'accompagnant eux-mêmes sur la harpe, chantaient devant lui les histoires des dieux et des anciens héros. L'hydromel brillait dans les cornes aux cercles d'or circulant à la ronde ; l'ivresse brillait dans les yeux.

Le roi cria d'une voix forte :

« Qu'on amène ici le chrétien, et qu'en présence de mon peuple mes sages druides le confondent ! »

Conduit devant le roi avec un seul de ses disciples, le jeune enfant Bénen (fils du chef Dihu), qui aurait mieux aimé mourir que de quitter son père selon Dieu, Patrice bénit le Seigneur à la vue de l'immense concours de peuple qu'il trouvait rassemblé, et élevant son cœur vers un Soleil bien différent de celui qu'on voulait fêter, il entonna une hymne au Christ, lumière de monde, qui venait de ressusciter.

Dans son vieil âge, le saint évêque se la rappelait encore ; et il nous en laissé un écho affaibli :

« Et nous aussi, nous ressusciterons un jour à la clarté du soleil, je veux dire dans la gloire de Jésus-Christ. Dans sa gloire, nous serons rois ; mais ce soleil que nous voyons, ce soleil qui chaque jour, à sa voix, se lève pour nous éclairer, jamais il ne régnera ; sa splendeur elle-même ne durera pas toujours ; et tous ceux qui l'adorent, — les malheureux ! — ils périront. Quant à nous, nous croyons et nous adorons le Soleil véritable, le Seigneur Jésus-Christ, qui ne périra jamais ! »

Ce peuple, qui *était assis dans les ténèbres de la mort*, pour parler avec un prophète, entendant cet hymne admirable, poussa des acclamations en l'honneur du barde du Soleil éternel.

Mais le chef des prêtres païens imposant silence à Patrice d'une voix irritée :

« Faisons des prodiges, s'écria-t-il, et voyons qui est le plus puissant de ton Dieu ou des nôtres ! »

Quels prestiges opérèrent les druides ? par quels miracles le saint évêque répondit-il à leurs jongleries ? On ne sait : son humilité l'a fait taire, et la légende a la parole.

Mais si la vérité historique disparaît dans le récit légendaire, la vérité morale y persiste aussi transparente qu'un flambeau derrière un voile.

Quand le chef des druides eut dit « Faisons des prodiges ! » le saint répliqua : « Je ne veux rien faire de contraire à l'ordre établi par Dieu même.

— Eh bien ! moi, cet ordre, je le détruirai ! s'écria le prêtre païen.

14

— Que feras-tu donc? demanda Patrice.

— Je vais, en plein soleil de mai, répliqua le druide, produire la gelée et la neige comme en hiver. »

Et par ses enchantements, il fit tomber une si grande quantité de neige, qu'elle montait jusqu'à la ceinture; il produisit un froid si vif que les dents des hommes claquaient.

— Tu fais souffrir ces pauvres gens, dit Patrice; dissipe le froid et fais fondre la neige.

— Je ne le puis avant demain à cette même heure, repartit le magicien.

— Ah! ah! dit Patrice en riant, tu peux faire du mal, je le savais, mais tu ne peux faire du bien; moi, c'est tout le contraire. »

Et, bénissant de la main la plaine, la neige se fondit soudain, sans pluie, ni nuage, ni vent, et la foule poussa des cris d'admiration.

« Que sais-tu faire encore? demanda Patrice.

— Je sais, répondit le druide, couvrir la terre des ténèbres les plus épaisses : souviens-toi des bords du Shanon ! »

En prononçant ces paroles, il changea le jour en nuit; et, tâtonnant dans l'obscurité, les hommes d'Irlande murmuraient :

« Magicien, chasse ces ténèbres !

— Je ne le puis avant demain.

— Toujours le pouvoir de mal faire et de tourmenter les Irlandais, s'écria le saint; jamais celui de leur faire du bien ! »

Et d'un signe de croix chassant les ténèbres comme il les avait déjà dissipées aux rives du Shanon, le soleil reparut ramenant la joie au cœur des hommes; et, délivrés de la nuit, les Irlandais crièrent : « Honneur au fils du Jour ! »

Cependant le druide s'obstinait à soutenir que sa religion était meilleure que celle de Patrice; et le roi, craignant de voir ébranler devant le peuple l'autorité de ses prêtres, proposa une autre expérience.

« Jetez tous deux vos livres dans cette eau : celui dont les lettres seront effacées renferme évidemment une mauvaise doctrine. »

Patrice répliqua : « Je suis prêt. »

Mais le druide : « Je ne veux pas subir avec lui l'épreuve de l'eau, car l'eau qu'il touche a une vertu divine. »

Il avait entendu parler du baptême et craignait de le recevoir malgré lui.

« Eh bien, ordonna le roi, jetez vos livres dans ce feu ; celui qui ne sera pas brûlé aura droit à notre croyance.

— Je suis prêt, » répondit encore Patrice.

Mais le druide refusa l'épreuve par le feu comme il avait refusé l'épreuve par l'eau, disant :

« Cet homme adore tantôt l'eau et tantôt le feu. »

Alors le saint missionnaire, jurant par le nom du souverain Juge :

« *Mo De brath!* il n'en sera pas ainsi ! Puisque tu ne veux pas voir mettre au feu tes livres, entres-y toi-même ; que mon disciple Bénen y entre avec toi ; qu'on vous brûle ensemble, et que mon Dieu soit juge !

— Par le soleil et par la lune ! dit le roi d'Irlande attestant aussi, lui, ses dieux, faisons l'épreuve !

Le druide cette fois ne put résister.

Patrice alors parla ainsi :

« Qu'on dispose, au milieu de la plaine, deux huttes de feuillages parfaitement closes, l'une en rameaux verts et mouillés, l'autre en branches sèches et inflammables. »

Les deux huttes une fois construites à la façon de celles où les druides de la Gaule brûlaient les criminels :

« Je vais te faire la partie belle, dit l'évêque au druide irlandais ; entre dans la hutte de feuillages verts, avec ma chape sur tes épaules, — car tu prétends qu'elle peut préserver des flammes, — et donne ton manteau magique à mon enfant, qui va entrer dans cette hutte de rameaux desséchés. »

Et le druide entra dans une des huttes, et l'enfant dans l'autre ; et après qu'on les y eut enfermés séparément, on y mit le feu.

Or, à la stupéfaction de la multitude, la hutte de feuillages verts s'enflamma comme un brin de paille, et en un instant il ne resta plus du druide qu'un peu de cendres, sur lesquelles apparut intacte la chape du saint missionnaire.

Au contraire, la hutte où l'enfant chrétien était enfermé ne brûla point ; il en sortit joyeux sans qu'une seule boucle de sa belle chevelure blonde eût été touchée par les flammes ; mais le manteau blanc du druide, avec les signes magiques dont il était couvert, avait disparu, consumé.

Si le peuple poussa des cris d'admiration à la vue des autres prodiges, il en jeta de plus grands encore en voyant celui-ci ; et il crut au Dieu de Patrice.

Le roi lui-même, moins facile à ébranler, et qui résista quelque temps, finit par se rendre, et avec lui les princes qui lui payaient tribut.

C'est ainsi que les derniers descendants des hommes qui assistèrent à l'assemblée de Tara ont raconté la lutte suprême et la victoire définitive du jeune christianisme contre le paganisme irlandais [1].

Comme l'enfant béni, aux cheveux blonds, il sortait triomphant de l'épreuve où son vieil ennemi succombait aux applaudissements du peuple.

Patrice se contente de parler de sa délivrance et de celle de ses disciples :

« Après quatorze jours de captivité, le Seigneur me délivra de la puissance du roi. Il nous rendit même ce qu'on nous avait pris, et dont nous avions tant besoin, soit pour le service de l'autel, soit pour subvenir à nos frères nécessiteux [2]. »

A ces paroles, le saint ajoute celles-ci, qui sont bien remarquables, et où se révèle, dans l'humble aveu de la faiblesse, le secret même d'une force à laquelle l'Irlande a dû sa conversion :

« Que personne n'ose jamais prétendre que c'est par moi-même, pauvre ignorant, que j'ai agi ! Si j'ai fait quelque chose d'un *peu démonstratif* pour plaire à Dieu, pensez et croyez fermement, et dites-vous bien : « La main de Dieu était là [3] ! »

. . . .

Cet épisode serait incomplet si nous n'y ajoutions la suite de ce qui concerne les deux filles du roi. Pour y arriver plus tôt, nous passons à regret deux magnifiques chapitres intermédiaires, et nous nous bornerons là, malgré le vif intérêt de ceux qui précèdent et qui suivent.

Peu de temps après leur baptême, les deux filles du roi Laëgaïr tombèrent malades. Ethnée cessa de mériter le nom de Blanche, et Fethlène celui de Rose. Le bon Patrice, en ayant été informé, vint au palais du roi pour les voir et leur apporter quelques soulagements, car il savait l'art de guérir les maux qui font souffrir le corps aussi

---

[1] Colgan : *Trias*.

[2] Bollandus.

[3] Docteur Petrie (*Transactions of the royal irish kingdom*. t XVIII, p. 145)

bien que ceux qui tourmentent les âmes ; mais il vit tout de suite qu'un miracle seul pourrait sauver les deux sœurs, et, pensant que vivre, pour elles, c'est-à-dire vieillir, était moins bon que mourir, c'est-à-dire continuer à être jeunes et belles d'une beauté et d'une jeunesse éternelle, il ne demanda point à Dieu un miracle indiscret.

L'œil éclairé par l'espérance des félicités qui les attendaient, il posa la couronne des fiancées du Christ sur le front de chacune des sœurs, qui portaient encore la robe blanche dont il les avait revêtues naguère au bord de la fontaine sainte ;

Et il leur dit :

« Voilà que l'Epoux vient ; préparez-vous à le recevoir. »

Les deux sœurs répondirent :

« Nous avons hâte de voir son visage. »

Le saint leur offrit donc le pain mystérieux sous la forme duquel l'Epoux des vierges voile sa splendeur, et, tandis que le corps du Christ descendait dans leurs cœurs, elles fermèrent les yeux et penchèrent doucement la tête comme deux roses sous la pluie.

Or, il y avait au pied de leur lit de mort un vieillard prosterné et comme abîmé dans la douleur.

C'était le vieux druide Kaplis, le père nourricier et l'instituteur de l'aînée des filles du roi. Seul de tout son ordre, avec son frère Kaplid, il était resté fidèle aux croyances qu'il avait enseignées à son élève ; et après les avoir vues abandonnées par elle, la voyant elle-même perdue pour lui, il était en proie au désespoir.

Mais Ethnée la Blanche, qui l'avait aimé sur la terre, ne devait pas cesser de l'aimer dans le ciel : la première grâce qu'elle demanda à Dieu, en y entrant, fut la conversion de son père nourricier.

Sous le rayon de cette grâce, le vieillard redressa la tête, et, regardant sa fille à travers ses larmes, il lui sembla que les lèvres de la vierge chrétienne lui adressaient une prière qu'elle lui avait faite bien souvent en vain depuis son baptême.

Il n'hésita plus ; il se leva, et tombant aux genoux de Patrice :

« Homme de Dieu, lui dit-il, bénissez-moi, je suis chrétien ! »

En ce moment un autre druide parut à la porte de la chambre. C'était le frère de Kaplis : il avait lui-même nourri et élevé la plus jeune des filles du roi.

A la vue de son frère aîné agenouillé aux pieds de l'évêque, il fut saisi d'une grande colère et s'écria en blasphémant :

« Voilà que Kaplis croit à Patrice ; quant à moi, il n'en sera pas ainsi, et même je saurai bien le faire revenir à nos dieux ! »

Patrice le laissa épancher sa fureur, et, pour toute réponse, il lui montra son élève, dont le visage rayonnait d'une félicité céleste.

Kaplid ne put la contempler sans fondre en larmes ; et, arrachant de son front les bandelettes druidiques, il tomba à son tour aux pieds du saint missionnaire.

Comme Ethnée, pour son frère Kaplis, sa chère Fethlène avait prié pour lui en arrivant au ciel.

A la nouvelle de la mort des filles du roi, les parents, les amis, tous les hommes du clan accoururent. Ils trouvèrent les deux sœurs couchées sur le même lit, recouvertes d'un même drap blanc, et, au pied de ce lit, l'évêque priant debout entre les deux druides agenouillés.

Quand les parents et les amis eurent assez pleuré autour du lit de mort, que les bardes eurent achevé leurs chants funèbres et l'évêque les prières chrétiennes, le saint, accompagné des deux druides, portant le corps des jeunes princesses, et suivi de la foule, se dirigea vers la fontaine de Klébah, au bord de Shanon, où elles furent déposées sous un rocher qu'il avait fait dresser pour leur servir de tombe.

Dans ce lieu désormais consacré par les ossements des deux sœurs, le saint évêque et les druides convertis aimaient à se rendre souvent, et ils y chantaient ensemble, en mémoire d'elles, une hymne qu'on répéta longtemps dans l'*église des Vierges* bâtie depuis sur leur tombeau [1].

Légende celtique.

[1] Colgan : *Trias.*

WISEMAN

NOTICE BIOGRAPHIQUE

Nicolas-Patrice-Etienne Wiseman naquit à Séville le 2 août 1802. Il était fils d'un négociant irlandais. Ramené en Angleterre à l'âge de cinq ans, il y fut élevé dans la religion catholique et entra à huit ans au collége catholique de Saint-Cuthbert. En 1818, il fut envoyé à Rome. Wiseman et cinq autres jeunes gens y devinrent les premiers membres du collége anglais, nouvellement organisé. En 1824, il fut reçu docteur en théologie, et l'année suivante, il fut ordonné prêtre à vingt-trois ans, c'est-à-dire à la limite extrême permise par les saints canons. Son précoce mérite lui fit confier en 1827 la chaire de littérature orientale à l'université romaine. Le pape Léon XII le chargea de prêcher tous les dimanches depuis l'Avent jusqu'à Pâques, c'est-à-dire à l'époque de la grande affluence des étrangers. Il s'acquitta de ce ministère avec un éclatant succès. En 1829, Wiseman devint recteur du collége anglais. Il était en même temps l'agent des évêques de sa patrie auprès du Saint-Siége. A cette époque s'accomplit en Angleterre le grand événement de l'émancipation des catholiques. Désormais Wiseman se voua tout entier à la régénération catholique en Angleterre. Tous ses travaux devinrent une préparation à ce but, et afin de réconcilier les esprits les plus éminents de son pays avec la théologie orthodoxe, il voulut enrichir son propre esprit de tous les trésors de la science contemporaine, en attendant l'heure d'engager les grandes controverses qui devaient conquérir à l'Eglise un nombre infini d'illustres prosélytes. Pendant le carême de 1835, le docteur Wiseman prononça dans les appartements du cardinal Weld ses mémorables conférences sur les rapports entre la science et la religion révélée, et il les répéta vers la fin de la même année, à Londres, dans la chapelle de la légation sarde. Ces discours furent publiés à Londres en 1836 (2 vol.) et eurent plusieurs éditions. Ils ont été traduits en français. Il continua depuis lors avec un succès soutenu de nouveaux discours sur la religion catholique, qui furent également traduits en français.

De retour à Rome, il reprit la direction du collége anglais et ses fortes études. Il y fit des conférences sur la présence réelle de Notre-Seigneur dans l'Eucharistie et sur les offices de la semaine sainte, et entra en controverse avec un évêque anglican, le docteur Turton.

Cependant le catholicisme faisait de rapides progrès en Angleterre. Depuis Jacques II il n'avait existé pour la Grande-Bretagne que la juridiction de quatre vicaires apostoliques; le Pape restitua quatre nouveaux prélats, et leur adjoignit le docteur Wiseman en qualité de coadjuteur de l'un d'eux, avec le titre d'évêque de Mellipotamos *in-partibus*. En même temps il dirigeait le collége de Sainte-Marie d'Oscott, et il ramena dans le sein de l'Eglise plusieurs des membres les plus éminents de l'université d'Oxford. Les progrès du mouvement catholique ayant fait sentir la nécessité de rétablir en Angleterre l'ancienne hiérarchie épiscopale, Mgr Wiseman, élevé au rang de cardinal, devint archevêque de Westminster.

Nous devons abréger le récit des travaux de l'illustre cardinal; mais nous ne saurions passer sous silence son œuvre la plus populaire, le roman historique et si véridique de *Fabiola*, narration pleine d'attrait, calquée sur les vénérables traditions des catacombes, étudiées sur les lieux mêmes. N'oublions pas non plus *la Perle cachée*, drame pieux, composé pour les colléges, et le touchant opuscule intitulé *la Lampe du sanctuaire*, etc.

Epuisé par les innombrables et savants travaux que sa puissante organisation et surtout son zèle ardent lui avaient fait accomplir durant un demi-siècle, le cardinal Wiseman, gravement atteint dans sa santé, vit avec fermeté la mort s'approcher. Toute son existence n'avait-elle pas été une préparation à cette heure suprême? Ce fut plein de bonnes et grandes œuvres, et en donnant les témoignages de la plus vive piété, qu'il rendit son âme à Dieu, le 15 février 1865. Sa perte fut l'objet d'un deuil public en Angleterre.

DANS LES CATACOMBES

Un faux frère, un chrétien indigne de ce nom, séduit par des promesses, sert aux persécuteurs d'espion et de guide dans les catacombes de Rome, dont il croit connaître les détours. Les fidèles, avertis du complot, se sont à temps dispersés. La seule capture que parvient à faire la troupe investigatrice est une jeune fille aveugle, Cæcilia, qui doit payer de sa vie le crime d'adorer le vrai Dieu. Torquatus, le nouveau Judas, qui trahit à la fois son Dieu et ses frères, et qui marche en avant à la recherche de ceux-ci dans les souterrains, disparaît tout à coup sans que ceux qui le suivent puissent se rendre compte de ce qu'il est devenu : les uns le soupçonnent de les trahir à leur tour; d'autres attribuent cette disparition inexplicable à quelque sortilége. Sans guide dans ce dédale, ils doivent renoncer à leurs recherches. D'autres événements occupent l'attention du lecteur, qui, pendant quelque temps, ignore ce que peut être devenu Torquatus. Le récit suivant va nous l'apprendre.

Lorsque, confus et troublé, il (l'apostat) courut vers la galerie latérale pour y chercher la tombe qui devait le guider dans le dédale du cimetière, il arriva que, dans la galerie où il s'était engagé, se trouvait un escalier ruiné, taillé dans la pierre calcaire, qui conduisait à un étage inférieur des catacombes. Le temps avait rongé les degrés et en avait arrondi les arrêtes, et la descente était rapide. Torquatus, portant sa lumière devant lui pour en rejeter la lueur, et marchant sans faire attention à ce qui se trouvait sous ses pas, tomba la tête la première dans l'ouverture, alla rouler tout au fond, et y resta évanoui longtemps encore après le départ de ses compagnons. Quand il reprit ses sens, il était tellement étourdi qu'il lui fut impossible de reconnaître en quel endroit il se trouvait. Il se leva et erra en tatonnant dans l'ombre; la conscience de son être lui revenant, il se rappela qu'il se trouvait dans les catacombes, mais il ne pouvait comprendre comment il était seul et dans l'obscurité. Il se souvint qu'il avait sur lui plusieurs flambeaux de cire et de quoi faire du feu; il en alluma un, et, à sa grande joie, il put prendre connaissance de l'endroit où il était. Mais, dans ses recherches, il s'était éloigné de l'escalier, dont il avait en réalité perdu tout souvenir, et il s'avança au hasard, tantôt à droite, tantôt à gauche, s'égarant de plus en plus à chaque pas d'une manière plus dangereuse dans ce labyrinthe inextricable.

Il espérait bien qu'avant d'avoir épuisé ses forces et ses flambeaux il arriverait à une issue quelconque ; mais à mesure que le temps s'écoulait, ses alarmes devenaient plus sérieuses. Ses torches s'étaient consumées l'une après l'autre ; ses forces menaçaient aussi de lui faire défaut, car, depuis le matin, il n'avait pris aucune nourriture, et après avoir marché pendant de longues heures il se trouva revenu à l'endroit d'où il était parti. D'abord il n'avait promené autour de lui que des regards indifférents, il avait vu des tombeaux et avait lu négligemment les différentes inscriptions qui s'y trouvaient gravées. Mais, quand l'épuisement s'empara de lui, quand il commença à désespérer d'être secouru, ces monuments solennels de la mort commencèrent aussi à parler à son âme un langage qu'il ne pouvait se refuser à entendre et qu'il lui était impossible de ne pas comprendre. « Déposé en paix » disait l'un. « Reposant dans le Christ » disait un autre. Et les milliers d'autres qui dormaient inconnus et sans nom autour de lui, portant chacun sur leur tombe le sceau de la sollicitude maternelle de l'Eglise, lui répétaient les mêmes mots dans leur muette éloquence. Et à l'intérieur, leurs restes embaumés attendaient le son de la trompette de l'ange du Seigneur, qui devait les éveiller pour une heureuse résurrection. Et lui, dans quelques heures, il allait être mort comme eux ; son dernier flambeau achevait de brûler ; il s'était laissé tomber, abattu et découragé, sur un monceau de décombres. Pourrait-il, lui aussi, être déposé en paix par des mains pieuses ? Non, il allait mourir, seul, sur la terre nue, sans pitié, sans laisser de regrets, à l'insu du monde entier. Là son corps deviendrait la proie de la corruption et tomberait en décomposition ; et si, après de nombreuses années, on trouvait ses os privés de la sépulture chrétienne, on se dirait : « Ce sont là les restes maudits d'un apostat perdu dans le cimetière. » Et alors, sans doute, on les rejetterait de cette terre bénie, comme il était, lui, déjà rejeté de la communion des chrétiens. La mort venait à grands pas ; il la sentait : la tête lui tournait, le cœur lui manquait. La torche était devenue trop courte pour que ses doigts pussent la tenir : il avait été obligé de la poser sur une pierre à côté de lui. Elle pouvait brûler trois minutes encore ; mais une goutte d'eau, suintant à travers la voûte du caveau, tomba sur la mèche et l'éteignit. Il était si jaloux de ces trois minutes, il était si désireux d'user cette cire jusqu'au bout, dernier chaînon qui le tenait attaché aux joies de ce monde, il était si anxieux de pouvoir jouir une fois encore de la vue des choses extérieures, et il craignait si fort de devoir lire dans son cœur, une fois que les ténèbres l'environneraient, qu'il tira de sa poche sa pierre et son briquet d'acier, et s'efforça pendant un quart d'heure d'enflammer un amadou que la sueur froide dont il était couvert avait imbibé. Et quand il fut parvenu à rallumer ce reste de cire, au lieu d'en profiter pour chercher une issue autour de lui, il tint ses yeux fixés sur la flamme dans une contemplation stupide, suivant avec anxiété les progrès de la combustion, comme si cette flamme eût été le charme qui le retenait à la vie, et qu'il dût expirer avec elle. Et bientôt la dernière étincelle de la mèche consumée tomba à terre et y resta quelque temps fixée comme un ver luisant; puis tout s'éteignit : la lumière était morte!

Etait-il mort aussi? Il le crut. Pourquoi pas? Une obscurité absolue et éternelle l'enveloppait. Il était retranché pour toujours de la société des vivants, sa bouche ne devait plus toucher de nourriture, ses oreilles ne devaient plus jamais entendre de son, ses yeux ne devaient plus rien voir. Il habitait déjà la demeure des morts; seulement sa tombe était plus vaste que les leurs, mais elle n'était pas moins sombre, isolée et fermée pour toujours. Qu'était-ce autre chose que la mort?

Non, ce ne pouvait pas être la mort encore. La mort devait être suivie de quelque chose, mais cette chose même ne devait pas tarder. Le ver du remords commençait à ronger sa conscience, et il avait pris les proportions d'une vipère, et il avait enlacé son cœur de ses anneaux terribles. Il chercha à fixer sa pensée sur des choses agréables, et en effet, il revit les heures heureuses qu'il avait passées dans la villa chrétienne, avec Polycarpe et Chromatius; il se rappela leurs bienveillantes paroles et leurs derniers embrassements. Mais un éclair menaçant traversa cette belle vision; il les avait trahis! il les avait vendus! à qui? à Fulvius et à Corvinus. La corde fatale était touchée, comme le nerf de la dent qui va porter les tortures de l'agonie jusqu'au centre du cerveau. La débauche d'intempérance, le jeu déshonnête, la vile hypocrisie, la trahison infâme, la lâche apostasie, les épouvantables sacriléges de ces derniers jours, et la tentative homicide du matin même, — tous ces souvenirs lui revinrent brusquement et l'assaillirent à la fois; c'était comme une troupe de démons, qui dansaient autour de lui des rondes insensées, se tenant par la main avec des cris, des éclats de rire, des contorsions, des pleurs, des grincements de dents, des hurlements sinistres; et des étincelles scintillaient devant lui, jaillissant de son cerveau affaibli, éclataient devant ses yeux et lui semblaient des torches que ces démons agitaient dans leurs mains. Il se laissa tomber sur la terre et se couvrit le visage de ses deux mains.

— Serais-je donc mort, après tout? se dit-il; car, certes, les gouffres infernaux ne recèlent pas d'horreurs plus hideuses que celles-ci. »

Son cœur était trop affaibli pour qu'il pût concevoir de l'irritation; tous les sentiments en lui se confondaient dans l'impuissance du désespoir. Ses forces s'évanouissaient rapidement, quand il lui sembla entendre des chants lointains. Il crut à une nouvelle hallucination et voulut la chasser, mais le bruit d'une harmonie douce vint de nouveau frapper son oreille. Il se souleva ; les sons devinrent un peu plus distincts. C'était une harmonie si suave, elle ressemblait tellement à un chœur de voix angéliques, qui partait d'une autre sphère, qu'il se dit : « Qui eût jamais cru que le ciel se trouvât si rapproché de l'enfer? ou bien seraient-ce les chœurs des anges qui accompagnent le terrible Juge qui vient me condamner? »

Et une vague clarté apparut au loin à l'endroit d'où partaient les sons; et Torquatus put entendre distinctement les paroles suivantes :

In pace, in idipsum, dormiam et requiescam[1].

« Ces paroles ne sont pas pour moi, se dit-il, elles conviendraient pour l'enterrement d'un martyr, et non pour la sépulture d'un réprouvé. »

La lumière augmenta : c'était comme le crépuscule devenant le jour; elle entra dans la galerie et la traversa de part en part, y jetant des flots de clarté qui laissaient apercevoir, comme dans un miroir, des visions trop distinctes pour n'être pas réelles. D'abord défila un cortège de vierges voilées et portant des lampes ; puis quatre d'entre elles suivaient, portant une forme humaine enveloppée dans un drap blanc avec une couronne d'épines sur la tête; après eux venait le jeune acolyte Tarcisius portant un encensoir d'où s'échappaient d'épais nuages de fumée balsamique ; et enfin, à la suite d'une longue file de prêtres, marchait le souverain Pontife lui-même, assisté de Reparatus et d'un autre diacre. Diogène et ses deux fils, le visage consterné, fermaient le cortège avec une troupe de fidèles, parmi lesquels on pouvait distinguer Sébastien.

[1] Quant à moi, je dormirai en paix et je jouirai d'un repos parfait. Ps. iv. 8.

Comme la plupart portaient des lampes ou des torches, les figures semblaient se mouvoir au milieu d'une atmosphère rayonnante de douce et immobile clarté.

Et au moment où ils passaient devant lui, ils chantèrent le verset suivant du psaume :

Quoniam tu, Domine, singulariter in spe constituisti me [1].

« Ceci, s'écria Torquatus se levant tout à coup, ceci est pour moi. »

Et, en exprimant cette pensée, il s'était jeté à genoux, et par un instinct de la grâce, des paroles qu'il avait entendues précédemment lui revinrent à l'oreille comme un écho des paroles applicables à sa position, des paroles qu'il sentait *devoir prononcer*. Il se traîna en rampant, faible et chancelant, jusqu'à l'angle de la galerie par laquelle la procession avait passé, et la suivit à distance, sans être observé par les assistants. Le cortège entra dans une chambre qui s'éclaira aussitôt, de telle sorte que l'image du bon Pasteur, tout éblouissante de lumière, semblait attacher sur Torquatus des regards miséricordieux. Mais le coupable ne voulut pas franchir le seuil de l'enceinte sacrée, et il resta en dehors, se frappant la poitrine et priant le Ciel de lui accorder son pardon.

Le corps ayant été déposé sur le sol, on chanta des psaumes et des hymnes, et on récita des prières de ce ton joyeux et recueilli à la fois que donne l'espérance et avec lequel l'Eglise a toujours traité la mort. A la fin, on plaça le corps dans la tombe qu'on lui avait préparée, sous un arceau.

Tandis que l'inhumation s'accomplissait, Torquatus s'approcha d'un des spectateurs, et lui murmura tout bas à l'oreille cette question :

« De qui célèbre-t-on en ce moment les funérailles ? »

Le chrétien répondit :

« C'est la *déposition* de la bienheureuse Cæcilia, une vierge aveugle, qui est tombée ce matin entre les mains des soldats dans ce cimetière, et dont Dieu a appelé l'âme auprès de lui.

— C'est donc moi qui suis son meurtrier ! s'écria Torquatus en poussant un cri d'épouvante et de remords. Et, s'avançant en chancelant, il alla se jeter aux pieds du saint évêque en frappant le sol de son front. Il se passa quelque temps avant que la violence des sentiments qui l'op-

---

[1] Parce que vous m'avez, Seigneur, affermi dans l'espérance d'une manière toute singulière. Ps. iv. 10.

pressaient lui permît de parler. Enfin la parole lui revint, et les premiers mots qu'il fit entendre, furent ceux qu'il avait pris la résolution de prononcer, et que voici :

« Père, j'ai péché contre le Ciel et contre toi, et je ne suis pas digne d'être appelé ton enfant. »

Le pontife le releva avec bonté, et l'embrassa, en lui disant : « Sois le bienvenu, mon fils! qui que tu sois, toi qui reviens à la maison de ton père. Mais tu es trop faible et trop ému en ce moment, et tu as besoin de repos. »

On s'empressa aussitôt de procurer au pénitent les secours que son état réclamait. Mais Torquatus ne pouvait plus ni ne voulait plus goûter de repos avant d'avoir fait l'aveu complet de ses fautes en y comprenant ses crimes du jour même (car on n'était encore qu'au soir). Tous les fidèles se réjouirent du retour de l'enfant prodigue, de la découverte de la brebis égarée. Agnès leva vers le ciel ses yeux qu'elle avait affectueusement attachés sur le sépulcre de l'aveugle, et il lui sembla qu'elle la voyait, assise aux pieds de son Epoux, souriant, les yeux ouverts à la lumière éternelle, et répandant des fleurs sur la tête du pêcheur repentant, premier fruit de l'intercession de la sainte martyre.

Diogène et ses fils se chargèrent de prendre soin de Torquatus. On lui ménagea un humble logement dans une cabane chrétienne située à quelque distance, et il fut à l'abri de la tentation et de la vengeance de ses anciens complices. Il fut classé parmi les pénitents; et par la suite, quelques années d'expiation, abrégées par l'intercession des confesseurs (martyrs futurs), devaient le préparer à rentrer en possession des priviléges que ses crimes lui avaient fait perdre.

Fabiola.

DICKENS

NOTICE BIOGRAPHIQUE

Le petit fragment que nous offrons ici ne donne pas une idée du talent de Dickens, d'autant plus qu'il est assez mal traduit (cet auteur est très-difficile à traduire). Nous n'avons choisi ce peu de lignes qu'à cause de l'utile conseil qu'elles contiennent. On dit que c'est la règle de conduite que s'était tracée à lui-même l'écrivain anglais, et que c'est lui qu'il a voulu peindre, et sa propre histoire qu'il a retracée dans celle de son héros *David Copperfield*.

En consultant sa biographie, nous ne voyons pas cependant que ce soit tout à fait la même chose.

« Charles Dickens, dit-elle, célèbre romancier anglais, est né à Portsmouth, le 7 février 1812. Fils d'un employé dans les bureaux du payeur de la marine, il fut élevé à Chatham jusqu'à l'âge de douze à treize ans, et fut mis alors au collége aux environs de Rochester, et il s'y distingua par une intelligence rapide, une mémoire peu ordinaire, et notamment par un goût excessif pour la lecture. Lorsqu'on le jugea assez instruit, il entra dans les bureaux d'un avoué (*sollicitor*) lié de longue date avec son père, et se prépara, non sans une répugnance marquée, à la profession de jurisconsulte. Il passa deux années entières au milieu de ces arides travaux de procédure, dont il traça plus tard la piquante satire dans *David Copperfield* et *Black-House*. Consacrant ensuite toute son énergie à se créer une position de son goût, il voulut devenir auteur, et fit ses premières armes dans la rédaction du *Vrai Soleil* (*the True Sun*), puis dans le *Miroir du Parlement* et le *Morning-*

Chronicle. C'est dans cette dernière feuille qu'il essaya quelques petits croquis pleins d'actualité, intitulés *Scènes de la vie anglaise.* Toutefois sa réputation ne date guère que de la publication du *Club Pickwick,* qui fut accueillie avec la même faveur que le *Waverley* de Walter Scott.

» Maître de sa destinée, déjà recherché par les éditeurs, et ayant fait un bon et honorable mariage, M. Dickens n'eut plus qu'à mettre en œuvre les rares facultés dont il était doué pour s'avancer de plus en plus sur le chemin de la gloire et de la fortune. Ses ouvrages, qui portent tous au plus haut degré ce double caractère d'observation minutieuse et de profonde sensibilité qui ont fait de lui un écrivain à part dans la foule des littérateurs modernes, se succédèrent alors rapidement. »

Outre *David Copperfield*, nous recommanderons entre tous *Nicolas Nikleby*, délicieux ouvrage et selon nous son chef-d'œuvre ; *Barnabé Rudge*, *le Grillon du foyer*, romans d'une pureté, d'une moralité exquise.

Pour les autres ouvrages du même auteur, nous ne les avons pas lus ; mais nous en avons entendu citer plusieurs avec éloge par des personnes compétentes, particulièrement *la Bataille de la vie (the Battle of life)*, etc.

COMMENT ON PARVIENT A SE FAIRE UNE POSITION

C'est un orphelin qui raconte son histoire.

.... J'ajouterai seulement, à ce que j'ai dit déjà de ma persévérance à cette époque et de la patiente énergie qui commençait alors à devenir le fond de mon caractère, que c'est à ces qualités surtout que j'ai dû plus tard le bonheur de réussir. J'ai eu beaucoup de bonheur dans les affaires de cette vie ; bien des gens ont travaillé plus que moi sans avoir obtenu de succès ; mais je n'aurais jamais pu faire ce que j'ai fait, sans les habitudes de ponctualité, d'ordre et de diligence que je commençai à contracter, et surtout sans la faculté que j'acquis alors de concentrer toute mon attention sur un seul objet à la fois, sans m'inquiéter de celui qui allait lui succéder peut-être à l'instant même. Dieu sait que je n'écris pas cela pour me vanter ! Il faudrait être véritablement un saint pour n'avoir pas à regretter, en repassant toute sa vie, comme je le fais ici, page par page, bien des talents négligés, bien des occasions favorables perdues, bien des erreurs et bien des fautes. Il est probable que j'ai mal usé, comme un autre, de tous les dons que j'ai reçus. Ce que je veux dire, c'est que depuis ce temps là, tout ce que j'ai eu à faire dans ce monde, j'ai essayé de le bien faire; que je me suis dévoué entièrement à ce que j'ai entrepris, et que dans les petites comme dans les grandes choses, j'ai toujours sérieusement marché à mon but. Je ne crois pas qu'il soit possible, même à ceux qui ont de puissants appuis, de réussir, s'ils n'unissent pas à leurs talents naturels des qualités simples, solides, laborieuses et surtout une légitime confiance dans le succès : il n'y a rien de tel en ce monde que de vouloir. Des talents rares et des occasions favorables forment, pour ainsi dire, les deux montants de l'échelle où il faut grimper; mais, avant tout, que les barreaux soient en bois dur et résistant; rien ne saurait remplacer, pour réussir, une volonté sérieuse et sincère. Au lieu de toucher à quelque chose du bout du doigt, je m'y dévouais corps et âme ; et, quelle que fût mon œuvre, je n'ai point essayé de la déprécier. Voilà les règles dont je me suis trouvé bien.

David Copperfield.

LÉON GOZLAN

NOTICE BIOGRAPHIQUE

Le touchant récit qui suit, et que nous n'avons pas laissé que de devoir expurger au moyen de quelques coupures, ne doit pas autoriser nos jeunes lecteurs à lire indifféremment toutes les œuvres de M. Gozlan. Si la force de la vérité lui fait émettre, parfois, comme en cette circonstance, des jugements pleins de justesse et d'impartialité, il n'arrive que trop souvent aussi que des préjugés fort répandus de son temps, ou le besoin de faire de l'effet, l'exposent à des appréciations erronées, ou du moins fort exagérées; nous en trouvons plusieurs même dans ce seul volume que nous avons sous les yeux, à propos de l'histoire d'autres châteaux où il ne se montre pas toujours également équitable. Nous n'avons pas voulu priver nos lecteurs de ce touchant épisode. Mais nous faisons toutes réserves au sujet des autres écrits de l'auteur.

M. Léon Gozlan, né en 1806, est mort récemment, âge de soixante ans.

MEA CULPA

Dans son histoire de quelques châteaux de France, Léon Gozlan raconte ainsi son excursion aux ruines du château de Villeroi, démoli par une compagnie d'exploiteurs.

J'approchai du château.

Hélas! les fossés étaient même dépourvus de leurs parois de granit. Dans une eau verte et plissée nageaient quelques grenouilles séculaires, quelques carpes piquées peut-être au temps de la Fronde. Les maigres peupliers qui regardent cette mare étroite semblent négliger leur toilette depuis qu'ils ne peuvent plus réfléchir leur taille de demoiselle, et qu'ils n'ont plus d'ombre à verser sur ces jeunes marquises si belles, dont le caprice donna naissance à ces coûteuses propriétés appelées de l'expressif et joli nom de *Folies*. Vous savez tous la Folie-Polignac, la Folie-Mousseaux, la Folie-Arnould.

Arrivé à l'intersection du fossé, c'est-à-dire à l'endroit où se trouvait jadis une grille en fer couronnée (mon imagination y supplée) de pommes d'or, de lyres d'or, de dieux de bronze, et gardée par de gros chiens qui vous mordaient mythologiquement sous le nom de Diane et de Médor, où luisaient à travers les barreaux des chaises à porteurs enluminées de Chinois sur laque, des volets larges comme des armoires; eh bien! là, devant cette première merveille, j'ai trouvé un trou fait dans le mur. Pas même de porte!

Mon cheval et moi nous faillîmes rester au passage.

La solennelle cour d'honneur était déserte, le pavé couvert et déchaussé par l'herbe. Et six cents pieds d'air où était le château.

Aussitôt mon entrée, la porte d'une petite maison blanche s'ouvrit, et un vieillard en livrée orange et bleue lézardée par des coutures blanches, honteuse de plusieurs rapprochements qui hurlaient entre eux comme métal sur métal et couleur sur couleur dans un écu, costumé ainsi que les anciens domestiques d'autrefois, vint me recevoir et saisir la bride. Dieu me pardonne, il avait, je crois, l'épée au côté.

On n'a pas d'idée de la politesse qu'il mit à m'accueillir, à m'offrir de me reposer chez lui. Toutefois, avec une indiscrétion aisée et où perçait encore je ne sais quel excusable orgueil de ses premières fonctions, il me demanda mon nom. Je le lui donnai; il l'anoblit en route; et, riche d'une particule usurpée, il courut l'annoncer à son maître, ouvrant rapidement et à temps égaux sa modeste porte, comme aux jours de grande cérémonie il faisait, je pense, au château. Touchante parodie d'une étiquette morte.

Son maître était aussi un vieillard, grand, maigre, tombant en ruines. A mon entrée, il se leva, m'accueillit avec cette distinction traditionnelle de cour, et m'invita à m'asseoir près de lui. Pendant les essais d'une conversation sur la beauté de la saison, sur la richesse d'un soleil qui le ramenait à ses premiers jours, je remarquai, sur une table posée en équilibre avec des tuiles et des bouchons, les restes d'un déjeuner. L'ornement de service se composait de belles assiettes en porcelaine aux couleurs éteintes et aux contours dédorés, de flacons en cristal aux goulots brisés, de verres à pattes sans pattes ; des serviettes damassées, mais avec des dessins et des festons que la Hollande n'avait pas tracés ; une eau limpide trahissait sa crudité dans des bouteilles autrefois pleines de malvoisie et de madère. Au milieu de ces cristaux et de ces porcelaines, nageaient un morceau de fromage et quelques fruits secs. Une vive rougeur m'apprit combien l'orgueil du vieux gentilhomme saignait à me voir témoin de ces somptueuses misères. Intelligent à toutes les faiblesses de son maître, le vieux serviteur se hâta de rejeter les pans de la nappe sur la table.

Je fis semblant de ne pas avoir vu.

De causeries en causeries, il en vint, par une inévitable pente, à parler de son château.

« Pierre, que vous voyez là, me dit-il avec un sourire mélancolique, Pierre et moi, voilà tout ce qui reste du passé. Ils n'ont pas osé nous démolir. Pierre a été mon serviteur, le premier de mes domestiques ; c'est un digne homme. Il est né sur les limites de mon château, il y veut mourir. Nous y mourrons ensemble. Pierre, le pauvre diable ! le croiriez-vous, monsieur ? tout infirme qu'il est, il me nourrit, il me loge, il m'habille, il supporte mes mauvaises humeurs mieux que s'il avait encore ses gages, et Dieu sait, vienne le funeste 10 août ! il y aura bientôt quarante ans qu'il n'en touche plus.

— M. le marquis !

— Non, mon ami ; un gentilhomme français ne doit pas se plaindre ; mais quel mal y a-t-il que je te loue ici ? J'ai si rarement lieu de le faire, Pierre ! Va, ton pain est délicieux ! Et d'ailleurs, monsieur, le malheur est chose commune à la noblesse ; et quand plusieurs de nos rois sont morts en exil, il siérait mal au plus humble de tous les gentilshommes de ne pas savoir souffrir ; et pourtant un beau château a été à moi ! Le soleil n'en éclairait certainement pas de plus solidement bâtis, ni de plus commodes, ni de plus somptueux. N'est-ce pas, Pierre ?

— Oui, M. le marquis.

— Quelles soirées se sont données ici! quelles soirées! Pauvre jeunesse! Nous avons connu cette galanterie française si décriée maintenant, monsieur; et de notre temps, si nous n'avons pu nous élever à la hauteur de celle du grand siècle, du moins nous en avions conservé les traditions. Ce parc, aujourd'hui si clair-semé, si nu, était sillonné de plus de gibier qu'il n'y en a dans votre Saint-Germain et votre Vincennes. Un cerf y fut tué de la main du roi. (*Les deux vieillards s'inclinèrent.*) Autant que votre œil vous le permet, voyez! Toutes ces plaines, tous ces espaces déshonorés par le foin et la luzerne, en faisaient partie; et des repos partout, des pavillons, des kiosques, des abris, des rendez-vous de chasse, des bosquets de cèdres, des eaux vives, des labyrinthes, des fourrés, des carrefours, des allées découpées en corbeilles, en colonnes, en éventails. C'était une merveille du fameux Le Nôtre. Trois cents statues en fonte, sur le modèle de celles de Versailles, vomissaient pour nos fêtes autant d'eau que la cascade de Saint-Cloud. Ma serre était l'admiration des étrangers, cent mille écus d'orangers, cent mille écus de citronniers; des navires enfin allaient exprès à Saint-Domingue pour m'en rapporter les fleurs les plus rares en couleurs, les fruits les plus difficiles à conserver. Mon colibri fut chanté par M. Delille. On a bu ici, monsieur, du café obtenu sur les lieux de la plante même, et mangé deux ananas qui avaient fleuri et mûri dans ma serre. Il est vrai que les dames de la cour préféraient ma *folie* à toutes les *folies* du temps; et c'est par une illumination qu'on venait admirer de la capitale, qu'il fallait voir étinceler jusqu'aux plus lointaines, aux plus frêles branches, jusqu'aux sinuosités perdues à l'horizon; aux soixante-douze fenêtres de la façade sur les bords du fossé; sur le mur, autour des bassins, les innombrables lampions de mille couleurs, balancés avec les feuilles vertes, avec la pâle lueur des étoiles, à travers les écharpes, les arcs-en-ciel, les bouffées, la pluie, les ondées, les rires, les cris, les éclats de nos grandes pièces d'eau!...

. . . .

» Et au château, le jeu, la danse, les chants, les soupers; dans la cour d'honneur, un peuple de valets arrêtés en groupe, des chaises à porteur blasonnées, et des mules d'Espagne, qui piaffaient dans mes belles écuries ornées de glaces et pavées de marbre, si belles que le duc de Villa-Hermosa disait que c'était profanation d'y loger des chevaux. N'est-ce pas, Pierre?

— Oui, M. le marquis.

— Vous aviez peut-être oublié le vassal qui gémissait à la grille ?

— Erreur, monsieur ; ne confondez pas la noblesse ancienne avec la noblesse de mon temps. L'une était fière, haute, malfaisante, sans pitié [1], quoique brave ; l'autre profita, je le sais, des abus, mais elle n'en créa aucun.... N'allez pas chercher des preuves contre elle dans l'arsenal de 92 ; mais demandez aux habitants de la campagne qui a restauré le clocher où sonne la prière ; qui a ouvert des chemins dans des sables, dans des montagnes ; comblé des marais fétides, pavé les routes, amené de bien loin les eaux pour désaltérer les bourgs et féconder la terre ; tracé des villages, rallié les populations errantes dans les champs, agité les ailes de moulin, prêté même les premiers fonds à vos gros fermiers d'aujourd'hui ; et tous vous répondront : « C'est la noblesse ! c'est la noblesse ! »

» Avant la révolution, avant son fatal nivellement, elle avait déjà déchiré beaucoup de titres abusifs. Elle était brave, monsieur ; si elle salua les Anglais à Fontenoy, elle releva sa tête, et sut mourir et vaincre. Cette galanterie était au moins française. Et quand l'heure de la révolution sonna, elle sut defendre la liberté comme vous l'entendez aujourd'hui, et non comme l'entendaient les hommes de sang d'alors. Vous savez que, pour son roi et son pays, elle alla à la Grève comme à Fontenoy, et que sur l'échafaud elle salua encore une dernière fois ses ennemis ; mais ce n'étaient pas des Anglais. Sa tête ne se releva point. N'est-ce pas, Pierre ?

— Oui, M. le marquis. »

Et Pierre roulait de grosses larmes : ces deux débris s'entendaient et se répondaient régulièrement comme l'aiguille et le timbre d'une horloge. L'un indiquait la marche du temps, l'autre la ratifiait par un bourdonnement creux.

Depuis que la conversation s'était élevée à ce degré de chaleur, Pierre était mal à l'aise ; il semblait souffrir de l'exaltation progressive du marquis ; sa préoccupation décelait la crainte d'un danger prévu et contre lequel il ne voyait d'autre remède que la conspiration de nos deux volontés. Il provoquait la mienne par des défenses furtives, des prières silencieuses, des regards suppliants, des perquisitions sombres

---

[1] Cette appréciation est exagérée : la noblesse féodale pouvait se ressentir de l'état de barbarie dont elle sortait ; mais elle était chrétienne, généreuse et protectrice de ses vassaux. Ses priviléges, avant d'être devenus abusifs, avaient été motivés par ses charges et justifiés par ses sacrifices.

autour des murs décharnés de l'appartement; mais cette pantomime de peur, de sollicitation et de réserve n'éclaira pas ma perspicacité en défaut. Le vieux domestique était désespéré.

Ses craintes n'étaient que trop justifiées.

« Venez, s'écria le marquis, venez! il est temps de vous montrer le château.

— Ne le souffrez pas, monsieur, me dit à voix-basse le fidèle serviteur; quand il fait ce qu'il vous propose, il est malade pour quinze jours, et, pauvres gens que nous sommes, nous n'avons pas de quoi payer le médecin.

— Venez! » Et le marquis s'élança vers une angle de la salle où mes yeux ne s'étaient pas portés : j'y aperçus alors, suspendues à des cercles de fer, une centaine de clés, grandes, petites, bizarres, lourdes, légères, découpées en cuivre, en bronze, dorées, une entre autres en argent.

« C'est tout ce qu'ils nous ont laissé, me dit Pierre; quand M. le marquis les voit ou se les rappelle, il se croit encore possesseur du château; ces malheureuses clés lui causent une espèce de folie dont vous allez sans doute être le témoin. Dieu ait pitié de nous! »

Le marquis prit les clés; il ouvrit la porte et me pria de le suivre; ce que nous fîmes, Pierre et moi.

Arrivés à l'endroit où fut le château, triste parallélogramme, couvert d'un maigre gazon sur la cime duquel se jouaient en ce moment quelques rayons mourants du soleil, Pierre croisa ses bras avec douleur; le marquis prit la plus grosse des clés et fit un geste de fatigue comme s'il ouvrait péniblement une porte.

« Entrez! nous dit-il ensuite; voilà le vestibule; il est en marbre de Carrare. A droite, c'est la salle d'introduction. Attendez. »

Il répéta un geste illusoire comme le premier, et la porte de la galerie fut censée ouverte.

« Entrez!

» Ce lustre à girandoles vaut dix mille francs; ce sofa est en velours d'Utrecht; Puget a sculpté ces bas-reliefs; ils sont transportés de la Villa-Albani; lisez Winkelmann.

» Ce tableau est de Rubens; c'est au couronnement du roi qu'il fut donné au château.

» Cet autre salon (il l'ouvrit encore) est celui d'été. Les siéges en jonc de Madagascar; des volières chères au goût de madame. Cette épinette m'a coûté cent louis. Admirez ce plafond ; c'est l'apothéose d'Hercule par un élève de Boucher ; la cuisse d'Hercule est un chef-d'œuvre ; le reste est un peu incorrect ; mais n'importe, l'ouvrage est admirable.

» Et quelle vue ! Voyez le soleil se coucher : il marque les heures en ligne d'or sur le parquet. Lalande a dessiné ce gnomon. Quel homme que Lalande ! Les astres ont beaucoup perdu à sa mort.

» Passons à gauche. » Et il fit le simulacre d'ouvrir trois portes. « N'admirez-vous pas cette belle disposition ? Pierre, annoncez-nous.

— Oui, M. le marquis. »

Pour complaire à son maître, Pierre se découvrit, et d'une voix émue, avec la pénible complaisance d'un ami qui exécute la capricieuse volonté de son ami mourant, il nous annonça. Hélas ! cette voix triste et flétrie tomba sans écho dans l'espace.

« C'est bien ! cria le marquis comme ébloui du faste qui le frappait. Asseyons-nous sur cette ottomane, et que je vous dise. »

Il s'assit sur les cailloux : c'était pitié.

<small>Ici l'interlocuteur raconte l'histoire plus scandaleuse qu'édifiante de quelques-uns de ses anciens convives, puis il passe au portrait suivant.</small>

« Regardez bien celui-ci, cette figure énorme sur un corps mal équilibré, qui sourit et qui est laid. Singulier homme, si c'est un homme ! Il y a de l'enfer dans sa figure, dans son avenir. Il a trouvé le moyen de séduire par tout ce qui repousse ;... il est capable de tout, même de dignité, de bravoure et d'honneur. On cite ses débauches ; on l'accuse de lâcheté, quelques-uns d'escroquerie. C'est un résumé de son temps, peuple et noble à la fois ; noble par ses désordres, son inconduite et ses bonnes manières ; peuple par sa fougue brutale, sa laboriosité, quand il n'a ni femmes perdues ni orgies sous la main. On lui élèvera des statues ; il serait parfaitement aux galères ; c'est le premier, c'est le dernier de tous. Il doit couver bien de la haine dans cette âme vingt ans et plus froissée dans les cachots. Il doit se trouver bien de l'éloquence dans cette bouche qui fut muette si longtemps. C'est Mirabeau ! C'est l'avenir et la perte de la patrie, celui qui doit clore le nobiliaire de la France, qui doit mourir à la peine pour nous tuer. Qu'est-il par lui seul, et qu'a-t-il d'extraordinaire ? Rien. Tissu de médiocrités si bien su par cœur qu'il y a de l'insolence à lui de parler d'âme ; phraseur sans nerfs, dialecticien sans portée, orateur dont le masque a du grotesque, il est né pour cumuler ces mille défauts et s'en faire un piédestal. Cet ensemble fait sa force. Je le hais, je le crains. Un peu plus tôt, il eût pourri dans la Bastille ; un peu plus tard, il eût été le valet du valet de mon médecin, de Marat.

« Maintenant montons à l'étage supérieur. Pierre, suivez-nous. »

Alors, avec la même ardeur de jeunesse qu'il avait mise à parcourir la galerie disparue, il simula vivement l'ascension des marches, levant tantôt un pied, tantôt l'autre, tournant à chaque embranchement, et regardant avec orgueil la magnificence orientale des plafonds. Hélas ! nous n'avions au-dessus de nous que le dôme du ciel ; et, pour tout palais sur le sol patrimonial, le rejeton octogénaire d'une vieille race n'avait plus qu'une baraque ouverte à tous les vents, perdue dans les touffes de genêts et de bruyères.

« A part celui de Versailles, bien entendu, dites-moi, monsieur, si jamais vous avez vu un plus somptueux escalier ?

» Voici la bibliothèque : trente mille volumes. Là c'est ma galerie de tableaux. Voyons d'abord la bibliothèque. Etes-vous curieux de connaître le premier exemplaire de l'*Encyclopédie ?* admirez ! C'est le premier, monsieur. Diderot l'a possédé, et je l'ai acquis de ses héritiers. Les fautes sont notées en marge. Ce livre nous a beaucoup fait de mal ; mais j'y tiens. Ici les histoires, là les romans, tous les romans de Crébillon. Hélas ! monsieur, cette charmante littérature[1] est perdue : on y reviendra.

» Plus loin ce sont les philosophes ; c'est Raynal, qui a écrit une partie de l'histoire de ses *Deux Indes.* Là-bas, dans ce pavillon de verdure, c'est d'Alembert, c'est M. de Buffon, c'est Voltaire. . . . Celui-ci, c'est l'*ami des hommes* : c'était le mien. Il tua un de mes vassaux, que je lui avais prêté, d'un coup de bâton dans la poitrine, parce que ce malheureux avait oublié de rentrer les orangers dans la serre, une nuit douteuse de printemps.

» Cette porte communique à ma galerie de tableaux. Pierre, la clef !

» Ici, monsieur, vous n'aurez pas la douleur de voir étalés les produits de cent écoles insignifiantes ; je n'ai admis que les Vanloo et les Boucher. Ce beau portrait de Diane, suivie de trois levrettes, cette triple déesse, comme l'appelle le grand lyrique Rousseau, et que vous voyez couronnée d'étoiles, en robe à la Médicis, en mules de satin, un

---

[1] C'est une littérature infâme ! Il s'agit de Crébillon fils.

arc d'une main, un éventail de l'autre, c'est, pardonnez ma douleur, feue madame la marquise. Ce Troyen, c'est moi. On m'a représenté en Troyen, parce que j'ai rempli de hautes fonctions jadis auprès de la sénéchaussée de Troyes en Champagne. Ce fleuve, c'est mon beau-frère ; cette Aréthuse, c'est ma cousine..... Voilà mes enfants, ils sont représentés en Amours. »

Obligé de répondre quelques mots à cette exacte, burlesque et pénible hallucination, je dis à M. le marquis qu'ils avaient dû bien grandir depuis, ces Amours.

« Le couteau de la république les en a empêchés, monsieur. »

Pierre osa engager son maître à borner là notre visite au château ; il se faisait tard, je pouvais être fatigué.

« Tu as raison, répondit le marquis en lui frappant sur l'épaule, tu as raison ; mais encore une, mais encore celle-ci, et ce sera la dernière. »
Et il s'empara de la clef d'argent.

A peine eut-il tourné la clef dans la serrure imaginaire, à peine eut-il, dans son illusion, posé le pied sur le seuil de l'appartement, que lui et le vieux serviteur se découvrirent. Je me laissai aller au même sentiment de vénération.

« Voilà mon oratoire, s'écria-t-il en faisant un signe de croix et en tombant à deux genoux ; voilà, monsieur, où je viens expier les erreurs de mon temps, une fatale condescendance aux idées philosophiques. Hélas ! cette corruption dorée, ces enivrements stupides, cet athéisme brodé, ce néant en fermentation, cette société arrivée à son dernier soupir de débauche et d'impiété, elle nous a perdus. Vous ne savez pas avec quel funeste engouement nous adoptâmes les innovations qui devaient nous anéantir. L'égalité des conditions était prêchée par nos jeunes marquis avec la ferveur des apôtres. La raison qui succédait à d'aussi déplorables frivolités ne pouvait être qu'une étrange chose dans ses résultats. Le retour d'une vieille folie à la raison, c'est la mort. Eh bien ! nous l'eûmes cette égalité ; nous avions donné l'exemple, on l'imita. Nobles, parlements, clergé, tour à tour animés les uns contre les autres, tour à tour avec la menace de l'appui populaire, nous avons détruit le prestige royal, arraché les digues qui nous isolaient dans le sanctuaire de la puissance. Nous avions dit à ces hommes, hier vassaux : « Imitez-nous, cultivez la philosophie. » Ils devinrent athées. Nous prêchâmes la tolérance religieuse ; ils abattirent les églises. Nous prêchâmes la simplicité des mœurs ; ils déchirèrent nos habits de soie, soufflèrent sur nos lustres, pesèrent sur nos fauteuils, éteignirent nos fêtes. Nous déclarâmes l'égalité des hommes, et ils nous coupèrent la tête.

. . . .

« Qu'est devenue la noblesse française? Où sont ces vaillantes épées qui n'avaient pour fourreaux que la poitrine des Anglais et des Espagnols? Où sont passées ces grandes traditions de gloire et de renommée? Où est la monarchie.

» Enfin ils me prirent ma femme, monsieur. Un jour, ils vinrent au château; c'était en 92 ! Ils entrèrent, et trouvèrent Mme la marquise qui attendait mon retour de la chasse. Belle et vertueuse, ils la frappèrent au visage, crachèrent sur son fard, la lièrent avec des cordes, et ils lui dirent : « Marche! » C'était huit lieues à faire d'ici à la capitale, et au mois d'août. Elle que nos allées de sable et de mousse fatiguaient, comme elle dut souffrir! Ah! le peuple est bien méchant, monsieur! que lui avait-elle fait au peuple? Elle voulut se reposer, on lui dit : « Marche! » Elle eut soif, on lui dit : « Marche! » Et puis on l'accusa d'être aristocrate. Elle ne comprenait pas; ses cordes la faisaient tant souffrir! Enfin on la jugea. Elle demanda un prêtre; un prêtre de la Raison lui dit : « Marche! » Et puis on la délia..... Le soir, la chaux républicaine avait calciné ses membres. »

Et les deux vieillards versaient d'abondantes larmes sur leurs dentelles flétries, sur leurs dorures surannées, sur leurs longues mains sèches et tremblantes. Le marquis chancelait sur ses pauvres jambes; car il s'était levé pour se frapper la poitrine, pour dire en face d'un Christ qu'il croyait voir :

« Mon Dieu! qui êtes mort pour les crimes de tous, pardonnez! Pardonnez à ceux dont les folies ont perdu cette France, cette France dont vous aviez détourné la vue. Nos premiers-nés ont péri de misère dans l'exil; nos femmes si belles ont heurté leurs fronts souillés de boue aux angles du tombereau; les générations ont été moissonnées; nous avons été punis dans notre chair, dans ce qui faisait notre orgueil; il ne reste plus de la génération coupable que deux ou trois vieillards qui n'ont pu mourir; ils ont reconnu votre délaissement; ils s'accusent de votre dédain, pour tant d'oubli de leur devoir! »

Puis le marquis pria plus bas, et il élevait la voix en frappant sa poitrine.

« *Meâ culpâ*, disait-il.

— *Meâ culpâ*, » répétait machinalement Pierre.

Cependant le vent de la nuit fraîchissait, et le soleil, sanglant comme une blessure, enluminait de pourpre et de feu ce drame qui se jouait sous le ciel, au milieu de la solitude et du calme.

Enfin l'émotion étouffa le marquis; il tomba de toute sa longueur sur les cailloux. Dans sa chute, il s'ouvrit la lèvre.

Nous nous hâtâmes de le transporter dans son lit.

« Voilà ce qui arrive, me dit Pierre, chaque fois que M. le mar- répète cette malheureuse scène. Il est inconsolable de la perte de son château, qui a été vendu quarante mille francs à la bande noire, sans qu'il lui en soit revenu un sou.

» Les avocats et les gens d'affaires ont tout mangé ; ils ne nous ont laissé que les clefs du château.

» Et voyez ce que je puis faire avec mon travail! Si M. le marquis allait tomber malade! C'est demain la Pentecôte, et il n'a pas de souliers pour se rendre à l'office. C'est la quatrième fois que je les lui raccommode.

— Pierre! vous êtes un digne serviteur, vous serez béni. »

Je compris enfin la douleur de Pierre, et nous nous quittâmes en nous serrant la main, confus l'un et l'autre, lui de n'avoir pu empêcher le spectacle dont il n'aurait pas voulu que j'eusse été témoin, et moi de l'avoir provoqué.

Fidèle aux anciens usages, Pierre tint la bride du cheval jusqu'à ma sortie du château, et pesa sur l'étrier [1].

Des étoiles brillaient à l'orient; je traversai au galop la grande avenue.....

Les Tourelles.

[1] Nous aimons à croire que le narrateur de cet épisode n'aura pas quitté Pierre sans déposer une petite gratification dans les mains du fidèle serviteur, et que sa modestie l'a empêché d'en faire mention.

JULES JANIN

NOTICE BIOGRAPHIQUE

Né en 1804, à Condrieu, et fils d'un avocat, Jules Janin se distingua d'abord dans ses études au collège de Saint-Etienne. Venu à Paris pour les perfectionner, il eut affaire à des concurrents plus forts et n'obtint pas tout à fait les mêmes succès. Il se fit connaître dès lors par un esprit voltairien, qui était, hélas! en général celui de la jeunesse de l'époque, et qui inspira ses premiers écrits dans la presse. Retiré avec une vieille tante octogénaire dans une mansarde de la rue du Dragon, le jeune écrivain, que sa plume était insuffisante à faire vivre, donnait alors des leçons au cachet. La collaboration qu'il obtint plus tard dans la *Quotidienne*, nous donne à penser qu'il avait dû modifier quelque peu ses opinions. Mais, à dire vrai, Janin ne devait pas en avoir de bien arrêtées; c'était un spirituel causeur et un caractère léger. S'étant fait connaître par un bizarre ouvrage *l'Ane mort et la Femme guillotinée*, qui plut apparemment au goût dépravé s'introduisant dans la littérature, il commença dès lors à faire parler de lui.

Nous ne passerons pas en revue tous ses ouvrages, que lui-même condamne; disons seulement qu'étant entré dans la collaboration du *Journal des débats* il s'y fit une position, ce qu'il appelle élégamment *avoir fait son trou* dans cette feuille, où les feuilletons étaient rétribués largement. Presque tous roulaient sur des sujets dramatiques. Là, rendant compte des pièces de théâtre que souvent il n'avait pas vues, *le prince des critiques*, comme il s'intitulait lui-même, parlait la plupart du temps à côté de la question, mais avec tant d'esprit qu'il amusait quand même. Il gagnait à ce métier trois cents francs chaque lundi; et comme il avait d'autres travaux non moins bien rétribués, il gagnait une moyenne de cent francs par jour. Il en avait besoin pour suffire à ses dépenses : ses mœurs étaient légères, son cœur excellent, et sa main libérale. Il facilita les débuts de plus d'un littérateur besogneux.

En 1841, M. Jules Janin, ayant commencé à mener une vie plus régulière, eut le bonheur de plaire à une charmante et riche héritière et de s'allier ainsi à une honorable famille de la magistrature. *Le mariage du critique* a été l'objet d'un de ses feuilletons ; ce qui lui a valu d'être fort critiqué à son tour. Cette indiscrétion paraît avoir été sa dernière excentricité. Depuis ce temps, il s'est fait remarquer par une vie très-sage, et la lettre que nous allons citer prouve des sentiments beaucoup plus raisonnables que ceux manifestés dans sa jeunesse. Nous devons aussi signaler un feuilleton qui fut frappé de main de maître et où le critique des *Débats* déploie ses meilleures qualités à propos de l'apparition des Mémoires de Mme Lafarge.

M. Jules Janin a été reçu à l'Académie française le 7 avril 1870.

LETTRE D'UN ROMANCIER A UN SÉMINARISTE

Divers journaux ont publié une lettre adressée, il y a déjà plusieurs années, par M. Jules Janin, à un jeune séminariste du diocèse d'Evreux qui, portant le même nom que lui, avait imaginé de lui écrire quelques lignes de prose, dans lesquelles il donnait un libre cours à son admiration pour la critique du *Journal des Débats*. La fantaisie était au moins singulière. On va voir comment elle fut accueillie par M. J. Janin, qui répondit à son homonyme par la lettre suivante, dans laquelle se trouve, nous devons le dire, autant d'esprit que de bon goût.

A M. CONSTANT JANIN, ÉTUDIANT EN PHILOSOPHIE AU SÉMINAIRE D'ÉVREUX.

Mon cher cousin — puisque vous le voulez, je ne demande pas mieux —, que va dire monsieur votre régent, s'il vient à savoir que vous vous êtes mis en correspondance avec un faiseur de romans comme moi?

Vous avez beau dire que je ne suis peut-être pas aussi noir que j'en ai l'air. Quoi! l'auteur de tant d'œuvres licencieuses, lui écrire du fond d'un séminaire ! C'est un grand péché peut-être !

Eh bien! non, ce n'est point un péché; car un écrivain de romans vous donnera les meilleurs conseils, des conseils tout paternels. Je veux dire que la vie est chose grave et sérieuse, que la jeunesse passe vite, et qu'il la faut employer, non pas à admirer des écrivains futiles comme moi, mais à étudier les maîtres de la pensée et de la conscience, les grands orateurs de l'Orient et de l'Occident, saint Augustin et saint Jérôme, saint Grégoire et saint Ambroise, saint Jean Chrysostome ; surtout de Maistre et Bossuet.

Lisez Bossuet. Voilà un maître, voilà un homme qui a créé la langue française; il appartient au siècle d'Homère aussi bien qu'au siècle de Louis XIV. Lisez-le ! Ses sermons sont peut-être les chefs-d'œuvre de l'éloquence humaine. Son *Histoire des Variations* a rendu autant de service à la religion catholique que les *Epîtres* de saint Paul, le grand organisateur. Je ne connais rien de plus touchant dans aucun livre que les *Oraisons funèbres* de Bossuet. Avez-vous lu ses lettres? Tout l'ensemble du catholicisme se trouve dans ces papiers détachés, adressés au hasard à quiconque avait besoin de cette féconde et nerveuse parole.

Voilà, mon cher enfant, voilà vos maîtres! Voilà ceux qu'il faut aimer, admirer, applaudir, étudier la nuit et le jour ! Voilà où se trouve la solide nourriture des jeunes esprits, et non pas, Dieu merci, dans les misérables et ennuyeuses futilités qui s'écrivent de nos jours.

Quels livres ! Si vous saviez quels abominables corrupteurs du bon goût, des bonnes mœurs, de la civilisation, de la langue, de la belle langue française par laquelle toute l'Europe nous était soumise bien plus que par les armes de l'empereur Napoléon ! Rappelez-vous ce que vous avez lu : tout ce qui vient des œuvres de ce siècle n'est que fumée, bonne tout au plus à obscurcir les intelligences honnêtes. Toute cette écrivasserie qui vous paraît belle, vue de loin, si vous pouviez en pénétrer les tristes mystères, vous porterait à la tête et au cœur. Ce ne sont que trompeuses vanités, pauvretés, mensonges de tout genre; et quand vous les aurez lus, rien ne vous restera, sinon un profond dégoût, un douloureux ennui, un grand mépris de vous-même et des autres.

Prenez donc bien garde de tomber dans ces abîmes, imprudent que vous êtes ! Ne lisez ni moi ni les autres ! Ne lisez pas un livre de ce siècle : je n'en connais pas deux qui méritent les regards honnêtes d'un brave jeune homme qui a conservé la piété, la pudeur, les chastes enivrements de ses dix-huit ans [1].

Allons, point de lâcheté : revenez à la forte et si vive nourriture de Bossuet, Fénelon et Massillon, son frère dans l'art de rendre aimables les sévérités mêmes de l'Evangile. Rappelez-vous les beaux livres du xviie siècle et les belles paroles du siècle suivant, ou bien remontez dans les critiques de la science chrétienne. Ce seront là des auteurs utiles et sûrs, ce seront là des études remplies de douces promesses : ainsi vous arriverez à être un homme, un homme éloquent, austère et dévoué.

Vous avez choisi une belle et sainte profession, belle et sainte entre toutes. Soyez-en digne. Ne rougissez pas de votre habit : avec cet habit-là ont été civilisées les nations modernes. Au contraire, obéissez à votre vocation, marchez bien droit dans votre sentier, la tête haute, et quand par hasard vous trouverez que la nuit est épaisse, que le chemin est couvert de ronces et d'épines, que la colonne lumineuse, c'est-à-dire notre conscience, est tournée de son côté nuageux, rappelez-vous ce que dit un ancien livre de philosophie, que je lisais dant ma jeunesse :

> Haud facilem voluit Pater ipse colendi
> Esse viam, curis acuens mortalia corda.

Donc, encore une fois, méfiez-vous du faux enthousiasme, méfiez-vous des fausses tristesses, méfiez-vous des études mal faites. Ayez confiance dans vos guides naturels, qui sont encore les meilleurs amis que vous puissiez rencontrer en votre chemin. N'allez pas, dans un moment de caprice ou de mauvaise humeur, vous adresser, tête baissée, au premier venu dont vous aurez lu le nom dans un journal. L'imagination est une belle chose, sans doute ; mais il faut avant tout l'amortir, la dominer, l'écraser tant qu'on le peut.

Voilà ce que je voulais dire, et aussi ce que votre lettre m'a fourni :

---

[1] Cette affirmation de M. J. Janin est bien exagérée : notre siècle a, grâce à Dieu, produit plus d'honnêtes livres qu'il ne le pense.

une preuve d'un esprit peu obéissant, mais d'un cœur honnête. Elle est bien honorable pour moi, qui suis bien heureux d'inspirer de temps à autres de tels sentiments.

Enfin elle m'a donné l'occasion de vous faire une homélie polie comme bien loyale, dont j'espère que vous profiterez.

LOUIS VEUILLOT

NOTICE BIOGRAPHIQUE

M. Louis Veuillot a été bien diversement apprécié, et l'on a écrit de lui des biographies contradictoires. Mais M. Veuillot n'a pas de plus sincère biographe que lui-même : il s'est peint dans ses écrits et y a tracé, avec une candeur toute chrétienne, et son humble origine, et les erreurs de sa jeunesse livrée à elle-même, et la touchante histoire de sa conversion. Cette conversion ne fut pas l'œuvre d'un jour, l'effet d'un calcul ou d'un caprice ; mais le résultat d'une conviction acquise après de mûres réflexions et non sans hésitations ni sans sacrifices. Le récit de cette lutte contre la grâce, où la victoire fut quelque temps disputée par un esprit prévenu et un cœur rebelle, est consignée dans *Rome et Lorette*. Nous aurions bien désiré reproduire ici ce récit ; mais pour être complet, c'eût été trop volumineux. Les premières pages de ce livre nous initient à l'histoire de l'enfance et de la première jeunesse de l'auteur. On reconnaîtra aussi Louis Veuillot et sa famille dans les fragments ci-joints, que nous intitulons *le Bourgeois et l'Ouvrier* ; son cœur se révèle mieux encore dans la peinture de ses sentiments fraternels, que nous reproduisons également. On trouvera enfin, dans *les Nattes* et dans *Çà et là*, d'autres charmants épisodes de la vie de Veuillot, depuis bien cruellement éprouvé par la perte de sa femme et de presque tous ses jeunes enfants, près desquels une de ses sœurs était venue remplacer leur mère.

Ce rude joûteur est plein d'aménité dans le commerce de la vie ; il sait rendre service avec une grâce qui en double le prix et une bonté qui subjugue le cœur.

Parmi ses nombreux écrits, nous citerons encore particulièrement *les Pèlerinages de Suisse*; — *le Saint-Rosaire médité*; — *Pierre Saintive*; — *Agnès de Laurens ou Mémoires de sœur saint Louis*; — *les Français en Algérie*; — *les Parfums de Rome*; — *les Odeurs de Paris*, etc.

M. Louis Veuillot est né en 1813; nous espérons que de longs jours sont encore réservés à ce vigoureux athlète.

L'ÉPICIER

La jeune vicomtesse de G..., belle, aimable et bonne, savait son épicier en danger de mort. Elle se rendit à la boutique et ne trouva qu'un garçon. « Comment va votre patron, monsieur? — Il est au plus bas, madame, » répond le garçon déposant un journal dont il faisait lentement des cornets. « N'y a-t-il plus d'espoir? — Plus guère. — Dites-moi, monsieur, voulez-vous que je vous demande si on a songé à prévenir un prêtre? — On ne l'a pas fait, madame.... Qu'est-ce que ça pourrait lui servir, un prêtre? — Un prêtre peut servir à le consoler, à lui donner du courage et à sauver son âme. — Ah! bah, madame! c'est pas la peine de l'ennuyer pour ça. Quand on est mort.... — Mais après cette vie, monsieur, il y en a une autre. »

L'aspirant épicier, qui jusque-là s'était contenu par respect pour cette grande dame, laissa échapper un sourire qu'il faut imaginer : « Ah! madame, il y a une autre vie.... C'est-à-dire, on le suppose!... »

Il était si sûr, lui, qu'il n'y a pas une autre vie, et si prêt à le prouver, que c'eût été perdre le temps d'ouvrir une controverse. Mme de G... passa dans l'arrière-boutique et fit venir l'épicière. « Ah! madame, s'écria celle-ci en entrant, quel tourment, quelle douleur! Hélas! que je suis à plaindre! C'est la perle des hommes que je perds là! Jamais je ne trouverai son pareil. Oh! non, je ne crois pas que je me remarie! » Quand ce premier flot eut passé, Mme de G... parla de confession. « Sans doute, reprit l'épicière, la religion, c'est si beau, si consolant! Mais ça lui ferait trop d'effet à ce pauvre cher ami! Il n'a pas été élevé dans ces idées-là comme nous, et il n'aime pas les prêtres. Je n'oserai jamais lui en parler. — Eh bien! dit Mme de G..., non sans un grand effort de courage et de charité, je lui en parlerai, moi, si vous voulez. — Ah! madame, reprit l'épicière, que vous êtes bonne! Mais ce serait inutile, vous ne pourriez que lui faire du mal. D'ailleurs, qu'est-ce qu'il aurait à dire? C'était le plus honnête homme qu'on puisse voir, incapable de prendre un sou à qui que ce soit, donnant toujours d'excellente marchandise. Madame peut le dire : elle a toujours été contente de la maison. Je continuerai de même, et j'espère que vous n'ôterez pas votre pratique à une pauvre veuve. »

Enfin, l'épicier mourut sans confession, au grand contentement, je l'ose dire, de la pauvre veuve, qui craignait fort que les secrets de l'art ne vinssent à la connaissance des jésuites.

J'avais connu cet épicier; il m'ouvrit son âme une nuit au corps-de-garde. C'était une brute, je l'avoue. Ses idées sur la religion étaient celles de son commis et du *Siècle*, qu'ils lisaient ensemble. Il n'aimait pas les prêtres, ni les nobles, ni les pauvres, ni sa femme, ni son propriétaire, ni les autres épiciers du quartier. Quant à lui, généralement détesté de tous ceux qui l'approchaient, il excitait cependant l'admiration de son commis et de sa femme. Il était, suivant eux, sans pair aux jeux des balances; et personne, dans sa profession, ne savait mieux s'y prendre pour écouler à bon prix, parmi le petit peuple, les denrées avariées qu'il avait l'art de se procurer presque pour rien. On cite un fromage gâté dont il tira plus d'argent que d'un bon.

L'OUVRIER. — LE BOURGEOIS

Voyez un honnête ouvrier chrétien : c'est le véritable favori de la Providence. Il rentre le soir fatigué de corps, non d'esprit, souhait de tous les oisifs ou prétendus tels! Il trouve un logis propre, une ménagère attentive, des enfants joyeux. L'avenir de ses enfants ne l'alarme point : il leur laissera sa profession, leurs bons bras, le bon sang qui coule dans ses veines, la fière et calme droiture de son cœur. Il mange de grand appétit l'excellent repas qui l'attend ; rien de recherché sans doute, mais tout à suffisance et bien préparé. Le repas fait, on jouit du babil des enfants. Le plus grand endort le petit dans son berceau d'osier. On lit la vie du saint, on fait la prière, on se couche et on dort sans rêve. Qu'importent à cet homme de paix les fêtes de la nuit qui étincellent ailleurs? Il dort d'un bon somme ; il dort comme il a mangé, assez pour son corps et pour son robuste appétit. Il se lève dispos, il reprend avec joie son travail. Dieu et l'habitude en ont fait une bénédiction, et il en tire sa gloire, car il est intelligent, et son travail est loué. Il est propre en ses rudes vêtements. La ménagère s'est couchée un peu plus tard, mais les habits sont raccommodés. Elle a, pour unique dot, apporté sa bonne humeur et son active aiguille, fortune à l'abri des coups de banques et des coups d'Etat.

Vient le dimanche, le jour du linge blanc et des habits de fête. Toute la famille se rend à la messe. On a le plus noble des spectacles, la plus douce des harmonies, les plus utiles entretiens ; on prie Dieu, on cause avec lui cœur à cœur, on rend grâces, on remporte force et courage. La sainte égalité des enfants de Dieu relève toutes les infériorités d'une condition qui, d'ailleurs, n'a rien d'humiliant. On se promène après vêpres, jouissant avec délices de ce relâche aux fatigues quotidiennes ; on en jouissait dès la veille, on en jouira encore le lendemain. Au repas du soir, on a les amis et les parents. Ainsi va la vie, sans ambition, sans querelles, sans trahisons, sans huissiers. S'il arrive un malheur, le secours ne manque pas, ni surtout la patience : on a les ressources que la foi donne, la forte nature qui ne succombe pas au premier choc, les amis sûrs que fait la vertu.

Jacques était charron de village. Du produit de son atelier, il acheta une maison, où il éleva six enfants magnifiques. Je la vois encore, cette maison fleurie de chèvre-feuille et de lilas ; je vois cet atelier où travaillaient le père et les enfants. On y chantait toujours. Jacques maria garçons et filles. Autrefois un des fils aurait été prêtre et serait devenu l'instituteur des petits-fils. Jacques donna cent francs de dot à ses deux filles, Marguerite et Rosalie, et ce fut tendresse pure, car ses gendres n'avaient rien demandé. Les garçons eurent leur cognée et leur bonne mine.

François, gendre de Jacques, ouvrier tonnelier, forcé de venir à la ville, fut moins heureux. Il gagnait un peu plus de trois francs, en travaillant douze heures au moins par jour. Certes, sa vie fut pleine d'angoisses! Néanmoins il éleva quatre enfants, tous allaités du lait puissant de leur mère, robuste, gais, pleins de respect pour de tels parents ; et ils apprirent à aimer l'honneur et à ne craindre ni le travail ni la pauvreté.

François-Louis, fils de François, est une manière de bourgeois. Il gagne près de vingt francs par jour, sans se trouver cependant plus à l'aise que son père. Est-il moins assidu au travail, plus amoureux du plaisir? non ; mais son logement est plus cher, ses habits sont plus fins, et il n'a pas la permission de les porter si rapiécés. Quand il naissait un enfant chez l'ouvrier, c'était l'affaire d'un sou de farine chaque jour; lorsqu'il en arrive un chez le bourgeois, il faut une nourrice. Le bourgeois a une cuisinière, ce qui ne l'empêche pas que s'il lui vient envie d'un bon dîner, il va le demander à sa mère, qui le prépare de ses vieilles mains. A la veillée, chez François, une chandelle suffissait; chez François-Louis, il faut des bougies et des lampes. On habillait ses sœurs d'une vieille indienne que leur mère avait portée; il habille ses filles d'étoffes neuves et de dentelle : il le faut pour les passants et pour l'honneur des robes de soie de sa femme. Que deviendrait-il si cette femme n'avait pas son aiguille aussi? et certes, une aiguille diligente, car il l'a prise quasi dans le peuple, sachant ce qui en est des fines *demoiselles* de la bourgeoisie? Que deviendrait-il, si lui et sa femme ne retiraient pas assez de joie de leurs travaux, de leurs enfants, de leur mutuelle amitié? S'il leur fallait du monde, des spectacles, des oripeaux? François-Louis aurait affaire aux huissiers, que son père n'a jamais connus.

A l'heure où François-Louis se couche dans un monument d'acajou, son père dormait depuis longtemps sur un lit rustique. Il a souvent l'esprit attristé, l'âme pleine d'alarmes. L'ouvrier avait fait dans la journée un broc ou un tonneau, la responsabilité de l'œuvre ne l'importunait pas. Le bourgeois a écrit une page ; il se demande ce qu'en pensera le monde, mais surtout si Dieu sera content? A-t-il eu assez de courage? n'a-t-il pas manqué de prudence? Et il se lève la tête lourde, les membres rompus. Son père, sortant du sommeil, semblait le premier homme s'éveillant sous les ombrages du paradis.

AMOUR FRATERNEL

J'avais cinq ans lorsque Dieu, songeant aux besoins de ma vie et de mon âme, me donna un frère. La plus ancienne joie dont je me souviens, fut de voir ce beau petit frère endormi dans son berceau. Dès qu'il put marcher, je devins son protecteur; dès qu'il put parler, il me consola. Que de jours sombres changés en jours d'allégresse, parce que cet enfant m'a aimé! que d'heures pénibles promises au mal ont été abrégées par sa présence et terminées innocemment dans les fêtes du cœur!

Nous allions ensemble à l'école, nous revenions ensemble au logis; le matin je portais le panier, parce que nos provisions le rendaient plus lourd; c'était lui qui le portait le soir. Toujours nous faisions cause commune. Je ne le laissais point insulter; et lui, quand j'avais quelque affaire, sans s'informer du sujet de la querelle, sans considérer ni la bataille, ni le nombre de mes ennemis, il m'apportait résolûment le secours de ses petits poings, et je devenais tout à la fois accommodant et redoutable, tant je tremblais qu'il n'attrapât des coups dans la bagarre. Certes, je n'ai pas subi une punition qui ne l'ai indigné comme une grande injustice. Si j'étais au pain sec, il savait bien me garder la moitié de ses noix et la moitié de sa moitié de pomme. Telle était notre mutuelle affection, que les préférences qui le cherchaient ne le rendaient pas orgueilleux ni moi jaloux.

Nous connaissons bien notre histoire; chaque jour, nous en évoquons les chers souvenirs. Dînettes, batailles, jardins dévalisés, aventures gaies ou tristes, tout reparaît après vingt ans, frais et entier comme un événement de la veille; tout nous charme. Nous ne voyons pas que nous ayons une seule fois voulu méchamment nous affliger. Souvent j'aurais fait l'école buissonnière, mais il m'aurait suivi, et j'aimais mieux, ô merveille! quel que fût le beau temps, remplir mon devoir avec lui que de lui faire partager la responsabilité de mon crime. Nous traversions des jardins pleins de choses tentantes, et je regardais tout d'un œil stoïque. Ce n'était pas pour éviter de lui donner mauvais exemple : c'est qu'il n'aurait pu, à son âge, fuir aussi lestement que moi. Hélas! quand sentirai-je, à l'exemple de saint Augustin, de vrais repentirs pour avoir volé tant de poires! Mais il y en eût beaucoup de volées par amour fraternel.

Il fallut quitter l'école et l'y laisser. J'allai travailler à gagner ma vie. Nous cessâmes, quelle douleur! de nous voir tous les jours. Mais le dimanche nous réunissait. Presque toujours il était le premier au rendez-vous, sous le troisième arbre à gauche d'une allée de catalpas, au Jardin des plantes. Il faisait un grand détour pour s'y rendre sans traverser le pont d'Austerlitz, afin d'avoir un sou de plus à mettre dans la bourse commune qui pourvoyait aux réjouissances de ce jour bienheureux. Quels battements de cœur, quand le premier arrivé voyait poindre l'autre au bout de l'allée! quelles angoisses et quelles terreurs quand l'un des deux se faisait trop attendre! Mon Dieu! n'a-t-il point été écrasé par une voiture? ne s'est-il point laissé tomber dans la Seine en regardant par-dessus les parapets? Car on aimait à voir nager les caniches, et c'était grand plaisir de suivre la manœuvre des trains de bois qui passaient sous les ponts. Et si le pont s'était écroulé!... Dans ce temps-là on ne supposait jamais une maladie : on était si jeune et si bien organisé pour vivre! Mais on redoutait les accidents. Ces épouvantes allaient jusqu'aux larmes. Il n'y avait point de raisonnements qui pût les calmer, ni de livre nouveau capable d'en distraire. Enfin le frère paraissait, et il n'était plus question que de se réjouir. Un jour, nous arrivâmes tous deux au rendez-vous dans le même moment, de bonne heure, par le plus beau temps du monde. J'étais plein de mystères et de joie; une plénitude de contentement débordait dans ses regards, dans ses sourires, dans toute sa personne. Il m'apportait quinze sous et un saucisson ; j'apportais deux pains de seigle et un billet de spectacle. O la merveilleuse journée! et que l'on peut être heureux, bonté divine! à raison de sept sous et demi par tête!

Nous avons grandi, nous avons vieilli, nous tenant par la main et par le cœur. Présentement nous sommes en âge d'hommes, et, grâce à Dieu, notre confiance n'a point cessé. Nous sommes encore ces deux frères qui portaient leurs provisions dans le même panier : l'un ne peut souffrir que l'autre ne pleure ; l'un ne peut se réjouir que l'autre ne soit heureux ; l'un ne peut tenter une aventure que l'autre n'en coure les chances aussitôt. C'est pourquoi, après des séparations, des épreuves, des vues diverses, nous nous sommes embarqués sur le même navire, afin de défendre le même pavillon. Nos caractères, quoique différents, se touchent et s'enlacent dans une constante harmonie; aucune dissonnance ni de goûts, ni de volontés, ni de désirs. Il est mon conseiller, et il me croit son guide; il connaît mes défauts, et il ne les voit jamais; il m'aide à réparer mes erreurs, et je ne sais s'il pense que j'ai pu me tromper.

J'ai donc un ami qui, devant les hommes, me défend, qui, devant Dieu, prie pour moi; un ami dont mon bonheur est le plus cher désir, et qui est prêt à tous les sacrifices pour me rendre heureux; qui sera toujours satisfait de ma prospérité, qui me restera fidèle en toutes mes disgrâces, que tous mes torts trouveront indulgent, et toutes mes peines compatissant; et cet ami que j'ai en mon frère, mon frère l'a en moi.

Nous sentons notre richesse. Nous demandons à Dieu de vivre ensemble, de travailler ensemble, de souffrir ensemble; car nous ne pouvons être nulle part si bien et si heureux qu'ensemble. Plaise à la miséricorde, qui nous a donné même sang, même cœur, même labeur, de nous donner même repos à l'ombre du même clocher!

Or, nous causions hier tous deux. Un chagrin avait traversé son âme, je l'avais consolé, et nous gardions le silence. Tout à coup, souriant, il me dit :

« Il y a des gens pourtant qui veulent abolir les frères! »

Les Libres Penseurs.

EUGÉNIE DE GUÉRIN

NOTICE BIOGRAPHIQUE

Comme on peut le voir par ces quelques fragments, tout en poétisant dans son style gracieux les actes les plus vulgaires de la vie, M{}^{lle} de Guérin les ramène toujours à la pensée de la mort et de l'éternité. Toujours elle regarde au delà de ce monde : ce frère, objet de ses plus tendres préoccupations, de tant de craintes et de tant d'espérances, lui sera prématurément enlevé au milieu de son bonheur et de sa gloire naissante; Eugénie n'en continue pas moins son journal; elle l'adresse *à Maurice mort, à Maurice au ciel*. Les communications de son âme avec celle de ce frère, dont elle a lieu d'espérer le salut, n'en sont que plus intimes, et ses pensées en prennent un caractère encore plus élevé. Ne devant pas trop multiplier les citations, nous ne pouvons que renvoyer aux œuvres de l'auteur. Nous ne saurions néanmoins résister au désir de citer le passage suivant, qui semble résumer toute l'âme d'Eugénie de Guérin :

« *Picciola*, une fleur qui fut la vie, le bonheur, le malheur, le paradis, l'ange, le parfum, la lumière d'un pauvre prisonnier. Ainsi un souvenir en mon cœur, prisonnier dans la vie. Maurice est pour moi une influence à puissants effets et de nature diverse : angoisses et joie. Les joies sont divines, celles qu'il m'a données et celles que je crois, pensant à l'autre vie, celles que je vois dans mon cœur, comme disait saint Louis d'un mystère. Les félicités éternelles de l'âme de Maurice me transportent; j'en oublie sa mort : toute mon affection se nourrit de cette espérance. Mon Dieu, laissez-la-moi! Je n'ai rien de meilleur, je n'ai pas autre chose. L'ami perdu en ce monde, on va le chercher dans l'autre ; on le cherche dans le bonheur, et je veux croire à celui de Maurice, âme d'élite et d'élu ; ma confiance se repose sur ses faits pieux, et à la fin sur ces paroles : *Celui qui mange ma chair et qui boit mon sang a la vie éternelle.* Ce fut son dernier aliment Donc pourquoi des craintes? Ne défaillons pas devant les promesses divines. »

Mlle de Guérin survécut neuf ans à ce frère bien-aimé ; elle est morte le 31 mai 1848, au château du Cayla, résidence de sa famille. Son *Journal*, couronné par l'Académie française, a déjà eu une vingtaine d'éditions. Un volume de ses *Lettres* a depuis été publié, ainsi que les œuvres posthumes de *Maurice de Guérin*.

FRAGMENT DU JOURNAL D'EUGÉNIE DE GUÉRIN A SON FRÈRE MAURICE

Le 20 (novembre 1834). J'aime la neige, cette blanche vue a quelque chose de céleste. La boue, la terre nue me déplaisent : aujourd'hui je n'aperçois que la trace des chemins et les pieds des petits oiseaux. Tout légèrement qu'ils se posent ils laissent leurs petites traces qui font mille figures sur la neige. C'est joli à voir ces petites pattes rouges comme des crayons de corail qui les dessinent. L'hiver a donc aussi ses jolies choses, ses agréments. On en trouve partout quand on y sait voir. *Dieu répandit partout la grâce et la beauté.* Il faut que j'aille voir ce qu'il y a d'aimable au coin du feu de la cuisine, des bluettes si je veux. Ceci n'est qu'un petit bonjour que je dis à la neige et à toi, au saut du lit.

Il m'a fallu mettre un plat de plus pour Sauveur Roquier qui nous est venu voir. C'est du jambon au sucre, dont le pauvre garçon s'est léché les doigts. Les bonnes choses ne lui viennent pas souvent à la bouche, voilà pourquoi je l'ai voulu bien traiter. C'est pour les délaissés, ce me semble, qu'il faut avoir des attentions : l'humanité, la charité nous le disent. Les heureux s'en peuvent passer, et il n'y en a pourtant que pour eux dans le monde : c'est que nous sommes faits à l'envers.

Pas de lecture aujourd'hui ; j'ai fait une coiffe pour la petite qui m'a pris tous mes moments. Mais pourvu qu'on travaille, soit de tête ou de doigts, c'est bien égal aux yeux de Dieu, qui tient compte de toute œuvre faite en son nom. J'espère donc que ma coiffe me tiendra lieu d'une charité. J'ai fait don de mon temps, d'un peu de peau que m'a emportée l'aiguille, et de mille lignes intéressantes que j'aurais pu lire. Papa m'apporta avant-hier de Clairac, *Ivanhoe* et le *Siècle de Louis XIV*. Voilà des provisions pour quelques-unes de ces longues soirées d'hiver. C'est moi qui suis lectrice, mais à bâtons rompus ; c'est tantôt une clef qu'on demande, mille choses, souvent ma personne, et le livre se ferme pour un moment. O Mimin, quand reviendras-tu aider la pauvre ménagère à qui tu manques à tout moment? T'ai-je dit qu'hier j'eus de ses nouvelles à la foire de C.... où je suis allée? Que de baillements j'ai laissés sur ce pauvre balcon ! Enfin la lettre de Mimi m'arriva comme un contre-ennui, et c'est tout ce que j'ai vu d'aimable à C.

Je n'ai rien mis ici hier ; mieux vaut du blanc que des nullités, et c'est tout ce que j'aurais pu te dire. J'étais fatiguée, j'avais sommeil. Aujourd'hui c'est beaucoup mieux : j'ai vu venir et s'en aller la neige. Du temps que je faisais mon dîner, un beau soleil s'est levé ; plus de neige ; à présent, le noir, le laid reparaissent. Que verrai-je demain matin? Qui sait? La face du monde change si promptement !

Je viens toute contente de la cuisine, où j'ai demeuré ce soir plus longtemps, pour décider Paul, un de nos domestiques, d'aller se confesser à Noël. Il me l'a promis ; c'est un bon garçon, il le fera. Dieu soit loué ! ma soirée n'est pas perdue. Quel bonheur si je pouvais ainsi tous les jours gagner une âme à Dieu ! Le bon Scott a été négligé ce soir, mais quelle lecture me vaudrait ce que m'a promis Paul? Il est dix heures, je vais dormir.

Le 21. — La journée a commencé radieuse, un soleil d'été, un air doux qui invitait à la promenade. Tout me disait d'y aller, mais je n'ai fait que deux pas dehors et me suis arrêtée à l'écurie des moutons pour voir un agneau qui venait de naître. J'aime à voir ces petites bêtes qui font remercier Dieu de tant de douces créatures dont il nous environne. Puis Pierril est venu, je l'ai fait déjeuner, et ai causé quelque temps avec lui, sans m'ennuyer du tout de cette conversation. De combien d'assemblées on n'en dit pas autant ! Le vent souffle, toutes nos portes et fenêtres gémissent ; c'est quasi triste à l'heure qu'il est et dans ma solitude ; toute la maison est endormie ; on s'est levé de bonne heure pour faire du pain. Aussi ai-je été fort occupée toute la matinée aux deux dîners. Ensuite du repas, j'ai écrit à Antoinette. C'est bien insignifiant, tout cela : autant vaudrait du papier blanc que ce que j'écris; mais quand ce ne serait qu'une goutte d'encre d'ici, tu aurais du plaisir de la voir, voilà pourquoi j'en fais des mots. Je ne sais pourquoi, la nuit dernière, je n'ai vu défiler que des cercueils. Cette nuit je voudrais un sommeil moins sombre, et vais prier Dieu de me le donner.

Le 24. — Trois jours de lacune, mon cher ami, c'est bien long pour moi qui aime si peu le vide. Mais le temps m'a manqué pour m'asseoir. Je n'ai fait que passer dans ma chambrette depuis samedi ; à présent seulement je m'arrête, et c'est pour écrire à Mimi bien au long, et deux mots ici. Peut-être ce soir ajouterai-je quelque chose s'il en survient. Pour le moment tout est calme, le dehors et le dedans. L'âme et la maison : état heureux, mais qui laisse peu à dire, comme les règnes pacifiques. Une lettre de Paul a commencé ma journée. Il m'invite à aller à Alby, je ne lui promets pas ; il faudrait sortir pour cela, et je deviens sédentaire. Volontiers je ferais vœu de clôture au Cayla. Nul lieu au monde ne me plaît comme le chez moi. Oh! le délicieux *chez moi!* Que je te plains! pauvre exilé, d'en être si loin, de ne voir ces lieux qu'en pensée, de ne pouvoir nous dire ni bonjour ni bonsoir, de vivre étranger, sans demeure à toi dans ce monde, ayant père, frère, sœurs et un endroit! Tout cela est triste, et cependant, je ne puis pas désirer autre chose pour toi. Nous ne pouvons pas t'avoir, mais j'espère te revoir, et cela me console. Mille fois je pense à cette arrivée, et je prévois d'avance combien nous serons heureux.

. . . .

Le 29. — Oh! qu'il est doux, lorsque la pluie à petit bruit tombe des cieux, d'être au coin de son feu, à tenir des pincettes, à faire des bluettes. C'était mon passe-temps tout à l'heure ; je l'aime fort : les buettes sont si jolies ! ce sont les fleurs de cheminée. Vraiment il se passe de charmantes choses sous la cendre, et quand je ne suis pas occupée, je m'amuse à voir la fantasmagorie du foyer. Ce sont mille petites figures de braise qui vont, qui viennent, grandissent, changent, disparaissent, tantôt anges, démons cornus, enfants, vieilles, papillons, chiens, moineaux; on voit de tout cela sous les tisons. Je me souviens d'une figure portant un air de souffrance céleste qui me peignit une âme en purgatoire. J'en fus frappée et aurais voulu avoir un peintre auprès de moi. Jamais vision plus parfaite. Remarque les tisons, et tu conviendras qu'il y a de belles choses, et qu'à moins d'être aveugle, on ne peut pas s'ennuyer auprès du feu. Ecoute surtout ce petit sifflement qui sort parfois de dessous la braise comme une voix qui chante. Rien n'est plus doux et plus pur, on dirait que c'est quelque tout petit esprit de feu qui chante. Voilà mon ami, mes soirées et leurs agréments; ajoute le sommeil qui n'est pas le moindre.

Le 30. — On m'a raconté d'une malade d'Andillac une chose frappante. Après être tombée en faiblesse et demeurée comme morte pendant seize heures, cette malade a tout à coup ouvert les yeux et s'est mise à dire : « Qui m'a sortie de l'autre monde? J'y étais entre le ciel et l'enfer, les anges me tirant d'un côté et les démons de l'autre. Dieu ! que j'ai souffert, et que la vue de l'abîme est effrayante ! » Et, se retournant, elle récitait d'une voix suppliante des litanies de la miséricorde divine qu'on n'a jamais vues nulle part, puis se remettait à parler de l'enfer qu'elle a vu, et dont elle était tout près pendant sa syncope. Et comme on lui a dit qu'il ne fallait pas penser à ces objets effrayants : « L'enfer n'est pas pour les chiens, a-t-elle dit, je l'ai vu, je l'ai vu. » N'est-ce pas que voilà une scène dramatique et bien vraie? C'est Françoise, la sœur de M. le curé, qui me l'a racontée et qui elle-même a veillé la malade cette nuit-là. Cette femme n'était pas des plus pieuses, et maintenant elle se trouve remplie de foi, de ferveur, de résignation. M. le curé est le seul médecin qu'il lui faut, à l'autre elle ne dit rien. Ne peut-on pas croire que Dieu a mis la main là-dedans? Qui sait tout ce que voit une âme moribonde?

> Alors qu'à son regard apparaît l'autre monde,
> Alors....

Mais je ne veux pas faire de la poésie.

. . . .

Le 6 (mai 1837). — On avait défendu à saint Jean de Damas d'écrire à personne, et, pour avoir fait des vers pour un ami, il fut chassé de son couvent. Cela m'a paru bien sévère; mais que de sagesse on y voit, quand, après ses supplications et beaucoup d'humilité, le saint rentre en grâce, qu'on lui ordonne d'écrire et d'employer ses talents à combattre les ennemis de Jésus-Christ! Il fut trouvé assez fort pour entrer en lice alors qu'il s'était dépouillé d'orgueil. Il écrivit contre les iconoclastes. Oh! si tant d'écrivains illustres avaient commencé par une leçon d'humilité, ils n'auraient pas fait tant d'erreurs ni tant de livres. L'orgueil en fait bien éclore ; aussi voyons les fruits qu'ils produisent, dans combien d'égarements nous mènent les égarés !

Mais c'est trop étendu pour moi, ce chapitre de la science du mal : j'aime mieux dire que j'ai cousu un drap de lit et que je cousais bien des choses dans ma couture. Un drap prête bien à la réflexion : il va recouvrir tant de monde, tant de sommeils si différents ! peut-être celui de la tombe. Qui sait s'il ne sera pas mon suaire, si ces points que je fais ne seront pas décousus par les vers ! Pendant ce temps, papa me contait qu'il avait envoyé à mon insu une pièce de vers à Rayssac, et j'ai vu la lettre où M. de Bayne en parlait et lui disait que c'était bien. Un peu de vanité m'en venait, elle est tombée dans ma couture. A présent je me dis que la pensée de la mort est bonne pour nous préserver du péché. Elle modère la joie, tempère la tristesse, fait regarder comme passé tout ce qui passe. J'ai d'excellentes méditations là-dessus dans un livre que je viens de me procurer, *la Retraite*, du P. Judde. Que j'aime ce livre et que j'ai d'obligation à celui qui me l'a fait connaître !

Le 7. — Je ne sais quoi vint me détourner hier, lorsque je voulais te parler de ma petite bibliothèque, des livres que j'ai, de ceux que je voudrais avoir. Il me manque sainte Thérèse, ses lettres si spirituellement pieuses. Je les ai vues chez une servante. La pauvre fille ! Mais qui sait ? peut-être elle les comprend mieux que moi. Les choses saintes sont à la portée du cœur et de toute intelligence pieuse. J'ai remarqué cela bien souvent, et que telle personne qui paraît simple aux yeux du monde, une ignorante, une Rose Dreuille, est infiniment versée dans les choses intellectuelles, dans les choses de Dieu. Je connais bien des gens d'esprit qui sont bêtes : comme deux messieurs qui ne voulaient pas que Dieu fût bon parce qu'il nous donne des lois gênantes, parce qu'il y a un enfer. Ils trouvent absurdes les lois du jeûne, la croyance au péché originel, et bien bête la vénération des images. Pauvres gens ! qu'il s'en trouve de ceux qui font les entendus sur ces choses sacrées, saints hiéroglyphes qu'ils lisent sans les comprendre et qu'ils appellent folies !

Nos paysans s'en mêlent ; l'un d'eux a cité le concile de Trente à notre curé, dans un cas où ce savoir lui séyait mal. Se mêler d'interpréter les conciles et ne pas dire le *Pater*, quelle pitié ! Voilà ce que font les lumières dans nos campagnes, les lumières de l'alphabet ; car c'est parce qu'il sait lire que le peuple se croit savant. Monté sur l'orgueil, il touche aux plus hautes choses et regarde à sa portée ce qu'il devrait contempler à genoux. Il veut voir, comprendre, saisir, et marche droit à l'incrédulité. Il faut qu'on lui prouve la foi maintenant, lui qui croyait tout. Ils ont bien perdu, nos paysans, dans leur contact avec les livres, et qu'y ont-ils appris qu'une ignorance de plus, à méconnaître leurs devoirs? Cela fait pitié pour ces pauvres gens. Il vaudrait bien mieux qu'ils ne sussent pas lire, à moins qu'on ne leur apprît en même temps quelles lectures leur sont bonnes. A la montagne, à Rayssac, ils lisent tous, mais c'est le catéchisme, les livres de messe et de piété. Voilà le but des écoles et ce qu'on y devrait enseigner : la religion ; faire de bons chrétiens. A Andillac et ailleurs, on apprend à signer et à dire : *Qué souy sapian!*

Mais cette digression m'a menée loin de mes livres dont je parlais. Ma collection s'accroît ; tantôt une fois et tantôt l'autre, je me procure quelque chose. J'ai rapporté d'Alby le nouveau *Mois de Marie* de l'abbé Leguillou, livre suave et doux, tout plein de fleurs de dévotion. J'en lis tous les matins quelque chose. Nous faisons le mois de Marie dans notre chambre, devant une belle image de la Vierge, que Françoise a donnée à Mimi. Au-dessus il y a un Christ encadré qui nous vient de notre grand'mère ; plus haut sainte Thérèse, et puis plus haut le petit tableau de l'Annonciation que tu connais : de sorte que l'œil suit toute une ligne céleste dès qu'il regarde et s'élève : c'est une échelle qui porte au ciel.

. . . .

Le 16. — Je viens de faire une découverte. En feuilletant un vieux livre de piété, *l'Ange conducteur*, j'ai trouvé les litanies de la Providence, qu'on dit que Rousseau aimait tant, et celles de l'Enfant Jésus, simples et sublimes comme cette divine enfance. J'ai remarqué ceci : « Enfant qui pleurez dans le berceau, Enfant qui tonnez du haut des cieux, Enfant qui réparez la grâce de la terre, Enfant qui êtes le chef des anges... » et mille autres dénominations et invocations gracieuses. Si jamais j'exécute un projet que j'ai, ces litanies seront mises sous les yeux des enfants....

Le 17. — Aujourd'hui, de bonne heure, j'ai été à Vieux visiter les reliques des saints, et en particulier de saint Eugène, mon patron. Tu sais que le saint évêque fut exilé de Carthage dans les Gaules, par un prince arien. Il vint à Alby, de là à Vieux, où il bâtit un monastère où se réunirent plusieurs saints. C'est aujourd'hui le Moulin de Latour. Je voudrais que ceux qui viennent moudre là sussent la pieuse vénération qui est due à ce lieu; mais la plupart l'ignorent. On ne sait même plus pourquoi il se fait des processions, à Vieux, de toutes les paroisses du pays. Je l'ai expliqué à Miou, qui m'accompagnait, et qui comprend peut-être à présent ce que c'est que des reliques et ce qu'on fait devant ces pavillons où elles sont exposées.

J'aime ces pèlerinages, restes de la foi antique; mais ce n'est plus le temps aujourd'hui de ces choses. L'esprit en est mort pour le plus grand nombre. On allait à Vieux en prière, on n'y va plus qu'en promenade. Cependant si M. le curé ne fait pas cette procession, il sera cause de la grêle. La crédulité abonde où la foi disparaît. Nous avons pourtant quelques bonnes âmes bien dignes de plaire aux saints, comme Rose Dreuille, la Durelle qui sait méditer, qui a tant appris sur le chapelet, puis Françon de Gaillard et sa fille Jacquette, si recueillie à l'église.

Cette sainte escorte ne m'accompagnait pas; j'étais seule avec mon bon ange et Miou. La messe entendue, mes prières faites, je suis partie avec une espérance de plus. J'étais venue demander quelque chose à saint Eugène. Les saints sont nos frères. Si tu étais tout-puissant, ne m'accorderais-tu pas ce que je te demanderais? C'est ce que j'ai pensé en invoquant saint Eugène, qui, de plus, est mon patron. Nous avons si peu en ce monde, au moins espérons en l'autre!

. . . .

Le 9 (février 1838). — Anniversaire de la mort de notre grand'père.... En pareil temps, il y eut deuil et joie au Cayla, mort et baptême, mort du grand'père, naissance du petit-fils. Erambert alors vint au monde. C'est triste de naître près d'un tombeau, mais ainsi nous faisons tous : la vie et la mort se touchent. Que ne disent pas là-dessus les fossoyeurs de Shakespeare dans je ne sais quel endroit?

Je n'ai guère lu ton auteur, quoique je le trouve admirable, comme M. Hugo; mais ces génies ont des laideurs qui choquent l'œil d'une femme. Je déteste de rencontrer ce que je ne veux pas voir, ce qui me fait fermer bien des livres; *Notre-Dame de Paris*, que j'ai sous la main cent fois le jour, ce style, cette Esmeralda, sa chevrette, tant de jolies choses me tentent, me disant : « Lis, vois. » Je regarde, je feuillette; mais des souillures par-ci par-là sur ces pages m'arrêtent; plus de lecture, et je me contente de regarder les images....

Mais je suis bien loin de notre aïeul et des sérieuses pensées qui commençaient sur la naissance et la mort. Revenons-y, j'aime cela aussi, et j'ai tout juste, à livre ouvert, un passage de Bossuet là-dessus : « En effet, ne paraît-il pas un certain rapport entre les langes et les draps de la sépulture? On enveloppe presque de même façon ceux qui naissent et ceux qui sont morts : un berceau a quelque idée d'un sépulcre, et c'est la marque de notre mortalité qu'on nous ensevelisse en naissant. »

Le 10. — Je reviens où j'en étais hier, à parler mort, vie et Bossuet, ces trois grandes choses. Le petit de la femme de Jean Roux est porté en ce moment au cimetière. Nous avons entendu la cloche qui fait bien pleurer la pauvre mère, et me donne des pensées moitié douces moitié sombres. On se dit que ces petits morts sont heureux, qu'ils sont au ciel; mais on pense aux grands, à ces âmes d'hommes qui s'en vont devant Dieu avec tant de jours à compter, et quels jours!... Quand leur vie s'ouvre, ce journal que Dieu tient, comme dit Bossuet, et qu'on voit.... Mais j'efface, il ne m'appartient pas de faire l'examen des âmes, cet office de Dieu seul. Qu'elles soient heureuses toutes, qu'il ne manque aucune de celles que j'aime au ciel; voilà qui m'occupe assez et change toutes mes recherches en prières.

. . . .

Le 2 avril. — « .... Si l'inévitable nécessité de mourir attriste la nature humaine, la promesse de l'immortalité future encourage et console notre foi; car pour vos fidèles, Seigneur, mourir n'est pas perdre la vie. » Voilà, mon ami, ce que j'ai lu à la préface des morts, et à quoi je pense tout ce jour où mourut notre mère. Nous avons entendu la messe pour elle ce matin. Vous l'entendiez aussi à Paris, et je te voyais avec plaisir dans cette communion de prières. Je pensais que ma mère te regardait spécialement et t'envoyait du ciel quelque grâce, comme aurait fait Rachel à son Benjamin. N'étais-tu pas son dernier et bien-aimé enfant? Je me souviens que tu me rendais quelquefois jalouse, que j'enviais les caresses, les bonbons, les baisers que tu recevais de plus que moi. C'est que j'étais un peu plus grande; et je ne savais pas que l'âge fît changer l'expression de l'amour, et que les tendresses, les caresses, ce lait du cœur, s'en vont vers les petits. Mais mon aigreur ne fut pas longue, et dès que la raison vint à poindre, je me mis fort à t'aimer, ce qui dure encore. Maman était contente de cette union, de cette affection fraternelle, et te voyais avec charme sur mes genoux, enfant sur enfant, cœur sur cœur, comme à présent, les sentiments grandis seulement. Si de l'autre vie on voit ce qui se passe sur la terre, ma mère doit être contente que nous nous aimions ainsi, que cette affection nous soit utile, que nous nous donnions des conseils, des avis, des prières, secours de l'âme.

. . . .

Le 10 juillet. — Filé ma quenouille et lu un sermon de Bossuet. Nous avons la suite; mais tu n'es pas là pour m'aider à voir les beaux morceaux. Je recueille donc ce que je puis. Si tu m'écrivais, si j'étais moins en peine sur toi, je ferais tout avec bien plus de plaisir : une peine au cœur, c'est un levain qui fait tout monter en aigre, en quelque chose d'amer.

.... Il me vient une pensée du sermon *sur l'honneur* que j'ai lu, que je veux laisser ici; il s'agit de la vanité humaine et de tout son train : « Tant de fois comte, tant de fois seigneur, possesseur de tant de richesses, maître de tant de personnes, ministre de tant de conseils, et ainsi du reste; toutefois, qu'il se multiplie autant qu'il lui plaira, il ne faut toujours pour l'abattre qu'une seule mort. Mais il n'y pense pas, et dans cet accroissement infini que notre vanité s'imagine, il ne s'avise jamais de se mesurer à son cercueil, qui seul, néanmoins, le mesure au juste. » Quel homme ! conduisant tout au cercueil. Nul comme Bossuet n'a su rendre la mort frappante et solennelle : il vous atterre.

. . . .

X. B. SAINTINE

NOTICE BIOGRAPHIQUE

Joseph-Xavier Boniface, connu en littérature sous le nom de Saintine, naquit à Paris le 10 juillet 1798. Dès la fin de ses études il commença à se faire connaître par des poésies, dont quelques-unes furent couronnées par l'Académie française. Il collabora ensuite à plusieurs pièces de théâtre, parmi lesquelles il faut citer *l'Ours et le Pacha*, désopilante bouffonnerie qui a trouvé grâce aux yeux des moralistes les plus austères et qui, moyennant quelques modifications indispensables pour la mise en scène dans les collèges, se joue même dans les institutions religieuses, les jours de mardi gras.

Indépendamment de ces travaux et d'un grand nombre d'articles insérés dans différentes revues, M. Saintine a fait plusieurs romans. De la plupart nous ne connaissons que les titres; mais le peu que nous en avons lu est fait pour nous prévenir favorablement à leur égard. *Les Métamorphoses de la femme*, entre autres, sont de jolies nouvelles qui nous ont rappelé celles de Topffer. Mais l'œuvre capitale de Saintine est *Picciola*, dont nous donnons un échantillon qui peut faire juger de la haute portée morale de ce roman et du mérite de l'auteur. Ce livre lui valut le grand prix Montyon et la croix de chevalier de la Légion d'honneur.

M. Boniface Saintine est mort le 21 janvier 1865.

SAINTINE

PICCIOLA

Une des citations du *Journal* de Mlle de Guérin, nous porte tout naturellement vers *Picciola*, qu'elle vient de mentionner, et fortifie le désir que nous avions déjà d'extraire quelques pages du livre de Saintine. Ceci n'est pas sans offrir quelque difficulté : il est difficile en effet de présenter un fragment d'une œuvre indivisible. Nous allons cependant essayer de le faire, en suppléant par quelques explications à ce que le récit doit avoir d'incomplet :

Un savant, qui a tout étudié, tout appris, hors la vérité, un homme du monde qui a usé et abusé de toutes les jouissances de la vie, réduit à la satiété, à l'ennui, s'est jeté, par désœuvrement, dans une conspiration contre Bonaparte, alors premier consul. Le complot est découvert, les conspirateurs sont arrêtés et disséminés dans les forteresses de l'Etat. Le comte de Charney est confiné au fort de Fénestrelle, situé sur l'un des sommets des Alpes.

. . . .

Le voici donc séparé des hommes, du plaisir et de la science ; ne regrettant ni les uns ni les autres ; oubliant, sans trop d'amertume, cet espoir de régénération politique qui un instant avait semblé ranimer son cœur usé ; disant un adieu forcé, mais plein de résignation, à sa fortune, dont toute la pompe n'a pu l'étourdir ; à ses amis qui l'ennuyaient ;.... ayant pour demeure, au lieu de son vaste et brillant hôtel, une chambre triste et nue, pour unique valet son geôlier, et renfermé seul, seul ! avec sa pensée désolante.

Que lui importent à lui la tristesse et la nudité de sa chambre ! L'indispensable nécessaire s'y trouve, et il est las du superflu. Son geôlier même lui paraît supportable. Sa pensée seule lui pèse.

Cependant quelle autre distraction lui reste ? Aucune. Du moins il n'en voit point alors de possible.

Toute correspondance avec l'intérieur lui est interdite. Il ne possède et ne peut posséder ni livres, ni plumes, ni papier. Ainsi l'exige la discipline de la prison. Ce n'eût point été là une privation pour lui autrefois, quand il ne songeait qu'à se dérober au mal scientifique dont il était obsédé. Aujourd'hui, un livre lui eût donné un ami à consulter ou un adversaire à combattre. Privé de tout, séquestré du monde, il fallut bien se réconcilier avec soi-même, vivre avec son ennemi, avec sa pensée.

Oh! qu'elle était âcre et accablante, cette pensée qui sans cesse l'entretenait de sa position désespérée! Qu'elle était froide et lourde pour lui, pour lui que la nature avait d'abord comblé de ses dons, que la société avait entouré dès sa naissance de ses faveurs et de ses priviléges; lui, aujourd'hui captif et misérable; lui, qui a tant besoin de protection et de secours, et qui ne croit ni à la puissance de Dieu ni à la pitié des hommes !

Il essaie encore de se débarrasser de cette pensée qui le glace, qui le brûle quand il la laisse se débattre enfermée dans ses rêveries. De nouveau, il veut vivre avec le monde du dehors, dans le monde matériel. Mais combien il s'est rétréci devant son regard, ce monde! Jugez-en.

Le logement occupé par le comte de Charney est à l'arrière partie de la citadelle, dans un petit bâtiment élevé sur les débris d'une ancienne et forte construction qui tenait autrefois aux ouvrages de défense de la place, mais que le développement des nouveaux travaux de fortification a rendue inutile.

Quatre murs nouvellement blanchis à la chaux, et qui ne lui permettent même plus de retrouver les traces de ceux qui, avant lui, ont habité ce lieu de désolation; une table, sur laquelle il ne peut que manger; une chaise, dont la poignante unité semble l'avertir que jamais un être humain ne viendra là s'asseoir près de lui; un coffre pour son linge et ses vêtements; un petit buffet de bois blanc peint, à moitié vermoulu, avec lequel contraste singulièrement un riche nécessaire en acajou, placé dessus et damasquiné d'argent sur toutes ses faces (c'est la seule part qu'on lui ait laissée de sa splendeur passée); un lit étroit mais assez propre; une paire de rideau de toile bleue, qui pendent à sa fenêtre comme un objet de luxe dérisoire, comme une raillerie amère; car, vu l'épaisseur de ses barreaux et le haut mur s'élevant en face à dix pieds de distance, il ne doit craindre ni les regards curieux, ni l'importunité des rayons trop ardents du soleil : tel est l'ameublement de sa chambre.

Au-dessus de lui se trouve une autre chambre pareille à la sienne, mais vide, inoccupée; car il n'a point de compagnons dans cette partie détachée de la forteresse.

Le reste de son univers se borne à un escalier de pierre, court et massif, tournant brusquement en spirale pour aboutir à une petite cour pavée, enfoncée dans un des anciens fossés de la citadelle. C'est là le lieu de promenade où, deux heures par jour, il va prendre autant d'exercice et jouir d'autant de liberté que le permet le régime prescrit par le commandant.

De là, le prisonnier peut apercevoir la sommité des montagnes et les vapeurs de la plaine; car les constructions de la forteresse, s'abaissant tout à coup à l'orient du préau, y laissent pénétrer l'air et le soleil. Mais une fois enfermé dans sa chambre, un horizon de maçonnerie frappe seul les regards, au milieu de cette nature pittoresque et sublime qui l'entoure. A sa droite s'élèvent les côteaux enchantés de Saluces; à sa gauche, se développent les dernières ondulations des vallées d'Aoste et les rives de la Chiara. Il a devant lui les plaines merveilleuses de Turin; derrière lui, les Alpes, qui grandissent, s'échelonnent, parées de rochers, de forêts et d'abîmes, du mont Genèvre au mont Cenis; et il ne voit rien, qu'un ciel brumeux suspendu sur sa tête dans un cadre de pierres; rien, que les pavés de sa cour et le grillage de sa prison; rien, que cette haute muraille qui lui fait face, et dont l'uniformité fatigante n'est interrompue que vers son extrémité, par une petite fenêtre carrée, où de temps en temps est apparue à travers les barreaux une figure triste et refrognée.

Voilà le monde circonscrit où désormais il lui faut chercher ses distractions et trouver ses joies!

Il s'évertua l'esprit pour y réussir. Il crayonna, il charbonna les murs de sa chambre de chiffres et de dates qui lui rappelaient les événements heureux de sa jeunesse; mais qu'ils étaient en petit nombre! Il sortait de ces souvenirs le cœur le plus affaissé.

Puis son démon fatal, sa pensée, revint avec ses convictions désolantes, et il les formula en sentences terribles, qu'il inscrivit aussi sur son mur, près des souvenirs sacrés de sa mère et de sa sœur!

Voulant enfin triompher de sa pensée maladive et de son oisiveté pesante, il tâcha de se façonner aux choses frivoles et puériles; il courut de lui-même au-devant de cet abrutissement que donne le long séjour des prisons : il s'y plongea, il s'y vautra avec transport.

Il parfila du linge et de la soie, le savant!

Il fit des chalumeaux de paille, il construisit des vaisseaux pavoisés avec des coquilles de noix, le philosophe!

Il fabriqua des sifflets, des coffres ciselés et des paniers à claire-voie, avec des noyaux, l'homme de génie! des chaînes et des instruments sonores avec l'élastique de ses bretelles!

Puis il s'admira dans ses œuvres ; puis bientôt le dégoût le prit, et il foula tout aux pieds.

Pour varier ses occupations, il sculpta sur sa table mille dessins bizarres. Jamais écolier ne découpa son pupitre, ne le chargea d'arabesques en relief et en intaille, avec plus de patience et d'adresse. Le pourtour de l'église de Caudebec, la chaire et les palmiers de Sainte-Gudule, à Bruxelles, ne sont pas décorés d'une plus grande profusion de figures sur bois. C'étaient des maisons sur des maisons, des poissons sur des arbres, des hommes plus hauts que des clochers, des bateaux sur les toits, des voitures en pleine eau, des pyramides naines et des mouches gigantesques. Tout cela horizontal, vertical, oblique, sens dessus-dessous, pêle-mêle, tête-bêche, véritable chaos hiéroglyphique, dans lequel par fois il s'efforçait à trouver un sens symbolique, une suite, une action ; car celui qui croyait tant à la puissance du hasard, pouvait bien espérer trouver un poëme complet sur les découpures de sa table, comme un dessin de Raphaël sur les veines bigarrées du buis de sa tabatière.

Il s'ingénia ainsi à multiplier des difficultés à vaincre, des problèmes à résoudre, des énigmes à deviner ; et l'ennui, le formidable ennui, vint le surprendre encore au milieu de ces graves occupations !

. . . .

Dans ces puérilités, dans ces ennuis, passa tout un hiver.

Heureusement pour lui, un nouveau sujet de distraction allait bientôt lui venir en aide.

Un jour, à l'heure prescrite, Charney se promenait dans son préau, la tête baissée, les bras croisés derrière le dos, marchant pas à pas, lentement, doucement, comme pour agrandir l'étroite carrière qu'il lui était permis de parcourir.

Le printemps s'annonçait : un air plus doux dilatait ses poumons, et vivre libre, maître du terrain et de l'espace, lui semblait bien désirable alors. Il comptait un à un les pavés de sa petite cour, sans doute pour vérifier l'exactitude de ses anciens calculs, car il n'était pas à les compter pour la première fois, quand il aperçoit là, devant lui, sous ses yeux, un faible monticule de terre, légèrement soulevé entre deux pavés, et divisé béant à son sommet.

Il s'arrête, et le cœur lui bat sans qu'il puisse s'en rendre compte. Mais tout est espoir ou crainte pour un captif. Dans les objets les plus indifférents, dans l'événement le plus minime, il cherche une cause merveilleuse qui lui parle de délivrance.

Peut-être ce faible dérangement à la surface est-il produit par un grand travail dans l'intérieur de la terre ! Des conduits souterrains existent sous ce sol qui va s'effondrer, et lui livrer un passage à travers les champs et les montagnes ! Peut-être ses amis ou ses complices d'autrefois emploient-ils la sape et la mine pour arriver jusqu'à lui, et le rendre à la vie et à la liberté !

Il écoute, attentif, et croit entendre au-dessous de lui un bruit sourd et prolongé ; il relève la tête, et l'air ébranlé lui apporte les tintements rapides du tocsin. Le roulement des tambours se répète le long des remparts comme un signal de guerre. Il tressaille et porte à son front mouillé de sueur une main convulsive.

Va-t-il donc être libre? la France a-t-elle changé de maître?

Ce rêve ne fut qu'un éclair. La réflexion tua l'illusion. Il n'a plus de complices et n'eut jamais d'amis ! Il écoute encore ; les mêmes bruits frappent son oreille, mais en lui apportant d'autres pensées. Ce bruit du tocsin, ces roulements du tambour ne sont plus que le bruit lointain d'une cloche d'église qu'il entend tous les jours à la même heure, et le rappel accoutumé qui ne peut mettre en émoi que quelque soldats traînards de la citadelle.

Il sourit amèrement et jette un regard de pitié sur lui-même, en songeant qu'un animal obscur, une taupe fourvoyée de son chemin sans doute, un mulot qui a gratté la terre sous ses pieds, lui a fait croire un instant à l'affection des hommes et au bouleversement du grand empire.

Il voulut en avoir le cœur net cependant, et, s'accroupissant près du petit monticule, il enleva légèrement du doigt l'une des parties de son sommet divisé, puis l'autre. Et il vit avec étonnement que cette folle et rapide émotion, dont il s'était senti saisi un instant, n'avait pas même été causée par un être agissant, remuant, grattant, armé de dents et de griffes, mais par une faible végétation, par une plante germant à peine, pâle et languissante. Se relevant profondément humilié, il allait l'écraser du pied, lorsqu'une brise fraîche, après avoir passé sur des buissons de chèvre-feuille et de seringa, arriva jusqu'à lui, comme pour lui demander grâce pour la pauvre plante, qui, peut-être aussi, aurait un jour des parfums à lui donner.

Une autre idée lui vint, qui l'arrêta encore dans son mouvement de dépit. Comment cette herbe tendre, molle, et si fragile qu'on l'eût brisée en la touchant, avait-elle pu soulever, diviser et rejeter en dehors cette terre séchée et durcie au soleil, foulée par lui-même et presque cimentée aux deux fragments de grés entre lesquels elle était resserrée? Il se courba de nouveau et l'examina avec plus d'attention.

Il vit à son extrémité supérieure une espèce de double valve charnue qui, se repliant sur les premières feuilles, les préservait de l'atteinte des corps trop rudes, et les mettait à même de percer cette croûte terreuse pour aller chercher l'air et le soleil.

« Ah! se dit-il, voilà tout le secret! Elle tient de sa nature ce principe de force, ainsi que les petits poulets qui, avant de naître, sont déjà armés d'un bec assez dur pour briser la coquille épaisse qui les renferme. Pauvre prisonnière, tu possédais du moins dans ta captivité les instruments qui pouvaient t'aider à t'en affranchir! »

Il la regarda encore quelques instants, et ne songea plus à l'écraser.

Le lendemain, à sa promenade ordinaire, marchant à grands pas, distrait, il faillit mettre le pied dessus et s'arrêta tout court. Surpris lui-même de l'intérêt que lui inspire sa nouvelle connaissance, il prend acte de ses progrès.

La plante a grandi, et les rayons du soleil l'ont débarrassée à moitié de cette pâleur maladive apportée par elle en naissant. Il réfléchit sur la puissance que possède cette faible tige étiolée, d'absorber l'essence lumineuse, de s'en nourrir, de s'en fortifier, et d'emprunter au prisme les couleurs dont elle se revêt, couleurs assignées d'avance à chacune de ses parties.

« Oui, ces feuilles sans doute, pensa-t-il, seront teintes d'une autre nuance que sa tige; et ses fleurs donc! quelles couleurs auront-elles? Comment, nourries des mêmes sucs, pourront-elles emprunter à la lumière leur azur ou leur écarlate? Elles s'en revêtiront cependant; car malgré la confusion et le désordre des choses d'ici-bas, la nature suit une marche régulière, quoique aveugle. Bien aveugle! répéta-t-il; je n'en voudrais pour preuve que ces deux lobes charnus qui ont facilité à la plante sa sortie de terre, mais qui, maintenant inutiles à sa conservation, se nourrissent encore de sa substance et pendent renversés en la fatiguant de leur poids! A quoi lui servent-ils? »

Comme il disait, et que la nuit était proche, nuit de printemps, parfois glaciale, les deux lobes se relevèrent lentement sous ses yeux, et, semblant se vouloir justifier du reproche, ils se rapprochèrent et renfermèrent dans leur sein, pour le protéger contre le froid et la morsure des insectes, ce tendre et fragile feuillage à qui le soleil allait manquer, et qui alors, abrité et réchauffé, dormit sous les deux ailes que la plante venait de replier mollement sur lui.

Le savant comprit d'autant mieux cette réponse muette mais décisive, que les parois extérieures du bivalve végétal avaient été entamées, mordillées, la nuit précédente, par de petites limaces dont elles conservaient encore les traces argentées.

Cet étrange colloque, de pensées d'un côté et d'action de l'autre, entre l'homme et la plante, n'en devait point rester là. Charney ne s'était pas si longtemps occupé de discussions métaphysiques pour se rendre si facilement à une bonne raison.

« C'est bien, répliqua-t-il : ici comme ailleurs, un heureux concours de circonstances fortuites a favorisé cette création débile. Naître armé d'un levier pour soulever le sol, et d'un bouclier pour protéger sa tête, c'était une double condition de son existence ; si elle n'eût été remplie, cette herbe serait morte étouffée dans son germe, comme des myriades d'autres individus de son espèce, que la nature sans doute a créés imparfaits, inachevés, inhabiles à se conserver et à se reproduire, et qui n'ont eu qu'une heure de vie sur la terre. Peut-on calculer combien de combinaisons fausses et impuissantes elle a essayées pour parvenir à enfanter un seul être organisé pour la durée ? Un aveugle peut atteindre au but, mais que de flèches il aura perdues avant d'arriver à ce résultat ! Depuis des milliers de siècles, un double mouvement d'attraction et de répulsion triture la matière ; est-il donc étonnant que le hasard ait tant de fois frappé juste ? Cette enveloppe peut protéger les premières feuilles, j'y consens ; mais grandira-t-elle, s'élargira-t-elle pour converser et garantir aussi les autres feuilles de la froidure et de l'attaque de leurs ennemis ? Non ! Rien n'a été calculé là dedans ; rien n'y est le fruit d'une pensée intelligente, mais bien d'un hasard heureux !

Monsieur le comte, la nature vous garde encore plus d'une réponse capable de rétorquer vos arguments. Patientez et observez-la dans cette production faible et isolée, sortie de ses mains et jetée dans la cour de votre prison, au milieu de vos ennuis, peut-être moins par un coup du hasard que par une bienveillante prévision de la Providence. Vous avez eu raison, monsieur le comte, ces ailes protectrices, qui jusqu'à présent couvaient si maternellement la jeune plante, ne se développeront point avec elle ; elles tomberont, mais après avoir accompli leur tâche, et quand leur pupille, pouvant se passer d'elles, aura pris quelque force pour résister. La nature veille sur elle comme sur les autres plantes, ses sœurs, et tant que les vents du nord feront descendre des Alpes les brouillards humides et les flocons de neige, les feuilles nouvelles, encore dans leur bourgeon, y trouveront un asile sûr, un logement disposé pour elles, fermé aux impressions de l'air, calfeutré de gomme et de résine, qui se distendra selon leurs soins, ne s'ouvrira qu'à temps et sous un ciel favorable. Elles n'en sortiront que couvertes de chaudes fourrures, de duvets cotonneux, qui les défendront des dernières gelées ou des caprices atmosphériques. Mère jamais a-t-elle veillé avec plus d'amour à la conservation de ses enfants ? Voilà ce que vous sauriez depuis longtemps, monsieur le comte, si, descendant des régions abstraites de la science humaine, vous aviez autrefois daigné abaisser vos regards sur les simples et naïfs ouvrages de Dieu. Plus vos pas se seraient tournés vers le nord, plus ces communes merveilles eussent surgi patentes à vos yeux. Là où le danger s'accroît, les soins de la Providence redoublent !

Le philosophe avait suivi attentivement tous les progrès et les transformations de la plante. De nouveau, il avait lutté contre elle par le raisonnement, et de nouveau elle avait eu réponse à tout.

« A quoi bon ces poils épineux qui garnissent ta tige ? » lui disait-il.

Et le lendemain, elle les lui montrait chargés d'un givre léger qui, grâce à eux, tenu à distance, n'avait pu glacer sa tendre écorce.

« A quoi te servira dans les beaux jours ta chaude douillette de ouate et de duvet ? »

Les beaux jours étaient venus, et elle s'était dépouillée sous ses yeux de son manteau d'hiver, pour se parer de sa verte toilette de printemps, et ses nouveaux rameaux naissaient affranchis de ses soyeuses enveloppes désormais inutiles.

« Mais que l'orage gronde, le vent te brisera, et la grêle hachera tes feuilles trop tendres pour lui résister.

Le vent avait soufflé, et la jeune plante, bien faible encore pour oser lutter, courbée jusqu'à terre, s'était défendue en cédant. La grêle était venue, et, par une nouvelle manœuvre, les feuilles, se redressant le long de la tige pour la garantir, serrées les unes contre les autres pour se protéger mutuellement, ne se présentant qu'à revers aux coups de l'ennemi, avaient opposé leurs solides nervures à la pesanteur des projectiles atmosphériques ; leur union avait fait leur force ;

cette fois comme l'autre, la plante était sortie du combat, non sans quelques légères mutilations, mais vive et forte encore, et prête à s'épanouir devant le soleil, qui allait cicatriser ses blessures.

« Le hasard est-il donc si intelligent? s'écria Charney. Faut-il spiritualiser la matière ou matérialiser l'esprit? » Et il ne cessait d'interroger sa muette interlocutrice : il aimait à la voir, à la suivre dans ses métamorphoses ; et un jour, après qu'il l'eut contemplée longtemps, il se surprit à rêver près d'elle, et ses rêveries avaient une douceur inaccoutumée, et il se sentait heureux de les prolonger en marchant à grands pas dans sa cour.

. . . .

En rentrant dans sa chambre, le premier objet qui frappa sa vue, ce fut cette sentence fataliste, inscrite par lui sur le mur deux mois auparavant :

Le hasard est aveugle, et seul il est le père de la création.

Il prit un charbon et écrivit dessous :

Peut-être !

. . . .

Que vous dirai-je, lecteur ? cette plante, si providentiellement amenée dans l'aride promenoir du prisonnier par le souffle des vents qui en avaient apporté le germe, cette petite plante, baptisée plus tard par le geôlier du nom de Picciola, n'offre pas seulement au désœuvré une distraction, un remède contre l'ennui, elle est encore pour lui une source de réflexions salutaires qui réagissent contre son désespoir et qui triomphe de ses opinions matérialistes. Précédemment il avait écrit sur la muraille :

Dieu n'est qu'un mot :

Maintenant il ajoute :

Ce mot ne serait-il pas celui de la grande énigme de l'univers?

Après avoir commencé à dissiper son déplorable aveuglement, la faible plante, semblable au sénevé de l'Évangile, se développe et devient un arbuste qui exerce sur lui toutes sortes de bonnes influences. Le superflu de son feuillage lui fournit un remède qui, administré par une main ignorante, lui sauve cependant la vie dans une maladie désespérée. Ses fleurs le réjouissent, ses parfums lui causent une douce ivresse. Enfin *Picciola*, devenue l'intérêt de sa vie, devient l'occasion d'un adoucissement à sa captivité, et plus tard de son affranchissement; elle lui a valu des amis dévoués; elle lui procurera encore une vertueuse compagne. Voilà tout ce que la main de la Providence a su faire avec le plus faible instrument, et ce qui remplit tout entier le livre, un des plus purs et des meilleurs romans qui existent, et dont la lecture est non-seulement sans danger, mais peut être à plusieurs extrêmement utile.

LE COMTE DE FALLOUX

NOTICE BIOGRAPHIQUE

M. Alfred-Frédéric-Pierre comte de Falloux est né en 1811, d'une famille de commerçants angevins dont le dévouement héréditaire à une noble cause valut le titre de comte au père de M. de Falloux. Celui-ci se fit connaître dès 1840 par l'*Histoire de Louis XVI*, dont nous donnons un fragment, et quatre ans après il publia une *Histoire de saint Pie V, pape, de l'ordre des Frères prêcheurs*, ouvrage particulièrement estimé. Vers le même temps, il collaborait à la rédaction des *Annales de la Charité*. En 1846, il fut élu député du département de Maine et Loire, et défendit vivement la cause de la liberté de l'enseignement.

Ministre de l'instruction publique après la révolution de 1848, sous la présidence, M. de Falloux assura la liberté de l'enseignement secondaire; mais il ne trouva pas longtemps le concours dont il avait besoin pour compléter son œuvre. Rentré dans la vie privée, il s'adonna à l'agriculture et obtint en 1856 une médaille d'or au concours de Poissy. En même temps il vit s'ouvrir les portes de l'Académie française. Continuant de cultiver les lettres chrétiennes, il fit paraître successivement des *Souvenirs de charité;* — *Madame Swetchine, sa vie, ses œuvres;* — *Madame Swetchine, journal de sa conversion, méditations et prières;* — *la Convention du 15 septembre;* — *Dix Ans d'agriculture,* et divers articles dans le *Correspondant*, etc. En 1862, une nouvelle prime d'honneur, obtenue par lui, était venue encore encourager ses travaux agricoles.

NAISSANCE, JEUNESSE ET ÉDUCATION DU ROI-MARTYR

L'éducation de Lous XVI étant ce qu'il y a de moins public, et par conséquent de moins connu entre toutes les circonstances de cette vie consacrée par la couronne du martyre, nous croyons ne pouvoir mieux choisir parmi tous les chapitres dont M. de Falloux a composé l'histoire de cette auguste vie.

Louis XVI, troisième fils du Dauphin fils de Louis XV, naquit à Versailles, le 23 août 1754. Son père avait épousé en premières noces Marie-Thérèse d'Espagne, qui mourut en couche à l'âge de vingt ans, ne laissant après elle qu'une fille dont la frêle existence s'éteignit bientôt. En 1747, le Dauphin forma une seconde et heureuse union avec Marie-Josephe de Saxe. Une fille naquit et mourut en peu d'années. De cette union naquirent encore Louis-Joseph, duc de Bourgogne, le 13 septembre 1751, et Marie-Joseph, duc d'Aquitaine, dans l'année 1753. Le prince nouveau-né reçut, en venant au monde, le nom de duc de Berry. Ce titre, porté par un des fils du roi Jean, à l'érection de cette province en duché, devenait pour la neuvième fois l'apanage d'un prince de la maison de France. La Dauphine, prise des douleurs de l'enfantement tandis que la cour était à Choisy, n'eut pour témoins de sa délivrance que le chancelier, le contrôleur-général et le marquis de Puisieux. Le courrier dépêché vers le Roi était tombé de cheval et mourut de sa chute; le message ne put être rempli, et cette absence des premières joies de la famille fut remarquée.

Louis-Auguste, duc de Berry, fut tenu sur les fonts de baptême par le duc d'Orléans, au nom du roi de Pologne, électeur de Saxe, et par Madame Adélaïde, sa tante. Le moment où le trône recevait un nouvel appui parut au clergé l'occasion d'ordonner de nouvelles prières; plusieurs prélats, inspirés par les dangers que laissait entrevoir déjà l'esprit de l'époque, y joignirent de graves avertissements. Le mandement de l'évêque de Montauban occupa surtout l'attention publique. Appuyant ses sombres pressentiments de l'autorité d'une histoire étrangère, M. de Montauban traçait ce tableau prophétique :
« L'esprit de parti et de faction domina en Angleterre. Rien ne de-

meura fixe dans les lois divines et humaines. On vit, pour la première fois, des sujets révoltés saisir à main armée et traîner dans une honteuse prison un roi dont le crime était d'avoir supporté avec trop de patience leur première sédition ; un parlement, secouant le joug de toute autorité supérieure, frapper d'une main les évêques, et lever l'autre sur son souverain, l'accuser sans bienséance, le calomnier sans pudeur, le condamner sans justice, le conduire sur un échafaud avec acharnement, et le peuple, étourdi de cet exécrable parricide, s'enivrer à longs traits du fanatisme de l'indépendance, courir en insensé après un fantôme de liberté, tandis qu'en esclave il rend à un tyran l'obéissance qu'il refuse à son roi légitime. Quelle suite effroyable de crimes ! »

Le mandement fut condamné à la sollicitation de l'ambassadeur d'Angleterre ; mais ces présages douloureux s'étaient déjà formés en images au-dessus du royal berceau ; un des priviléges de la royauté disparaissait, et l'instinct populaire remplaçait, par des images de malheur et d'instabilité, le préjugé qui faisait du bonheur par excellence un des apanages de la couronne.

L'enfance du duc de Berry fut confiée, ainsi que celle des princes ses frères, à la comtesse de Marsan, née princesse de Rohan, femme digne par son mérite de l'élévation de cet emploi. Le premier soin de la gouvernante fut de s'éloigner de la cour avec son élève, dont la santé réclamait une continuelle vigilance. Elle le conduisit au château de Bellevue, l'y laissa respirer à l'aise, l'entoura de toute sorte de soins, et probablement lui sauva la vie. Aussi la première qualité que madame de Marsan découvrit dans le jeune prince, fut une sensibilité simple, toute pénétrée de reconnaissance. Le cœur de l'enfant appréciait les services avant que sa raison en pût connaître le prix, et il paya de bonne heure, par des témoignages d'affection, le dévouement dont il était l'objet.

Promptement aussi, on reconnut en lui un fonds de droiture si naturel que tout déguisement lui était impossible et lui devenait odieux chez les autres. Il appliquait la même répugnance à toutes les choses où l'affectation se montrait : la mode et l'usage ne mettaient pas à l'abri de cette censure, qu'il exprimait toujours avec naïveté, quelquefois avec brusquerie ; enfin son bon jugement, son âme docile reçurent de si rapides développements, qu'on avança d'une année ses études solides. Il n'avait que six ans, et la tâche de madame de Marsan était accomplie. Il fut remis entre les mains des hommes au mois de septembre 1760.

Tous les stratagèmes employés pour le préparer à celte séparation ne purent lui en dissimuler l'amertume : on voulut faire diversion à sa douleur; on lui donna une batterie de petits canons et d'autres jouets vivement désirés, on fit tirer un feu d'artifice devant son nouvel appartement : rien ne réussit; et comme son précepteur désespérait de tarir ses larmes et de gagner sa confiance, « Comment, lui répondit M. le Dauphin, ces larmes d'un enfant vous inquiètent? pour moi, elles me ravissent. » Puis, voulant achever de le rassurer par une plaisanterie, il ajouta : « L'impuissance de votre artifice d'hier m'est un sûr garant que mon fils a le cœur bon et le conservera bon. »

Au reste, cet excellent prince et cet excellent père avait pris ses mesures pour n'être pas trompé dans ses espérances; il avait obtenu de Louis XV la direction absolue de l'éducation de ses enfants, et, tout en en faisant lui-même sa principale occupation, il ne s'appliqua pas moins à les entourer des hommes les plus recommandables par leur caractère et par leur savoir. Il jeta d'abord les yeux sur le marquis de Mirabeau, qui brillait au premier rang des économistes et avait déjà publié son *Ami des hommes*. La négociation n'eut pas de suite.

. . . .

M. le Dauphin s'adressa alors au duc de la Vauguyon, qui fut nommé gouverneur; M. de Coetlosquet, évêque de Limoges, accepta la charge de précepteur; le marquis de Sinety, celle de sous-gouverneur, et l'abbé de Radouvilliers, membre de l'Académie française, fut choisi pour remplir les fonctions essentielles de sous-précepteur. Deux fois par semaine, le mardi et le samedi, l'évêque de Limoges conduisait son élève chez Mme la Dauphine; le Dauphin s'y trouvait exactement, examinait le travail de son fils, distribuait les récompenses ou les punitions, et se montrait toujours ennemi de l'indulgence, écueil ordinaire de l'éducation des princes. Il n'adopta pas le système d'enseignement qui commençait à s'introduire et qui réduisait en amusements les différentes branches de l'éducation. « Je ne veux pas, disait-il à l'abbé de Radouvilliers, que mon fils acquierre furtivement et facilement les connaissances qui lui sont nécessaires. Il faut que son esprit s'exerce au discernement et s'habitue à la réflexion. L'enfant, accoutumé à se jouer des premières études, porterait la même légèreté dans les affaires, se ferait un jeu des plus graves, et les abandonnerait dès que le jeu ne lui plairait plus. »

Cette méthode sévère et exempte de charlatanisme était bien appropriée aux qualités sérieuses du duc de Berry ; cependant elle négligeait de combattre sa timidité et son penchant vers une réserve excessive, disposition prête à devenir un défaut. Naturellement porté à se mettre à l'écart, moins gai et moins brillant que ses frères, il se montrait moins, il causait moins, d'où l'on concluait qu'il savait peu et ne sentait pas. Prompt et habile à distinguer une attention d'un compliment, il méprisait la flatterie et ne flattait personne. Les courtisans, ne se trouvant pas accueillis, s'éloignaient en frondant, et portaient leurs hommages ailleurs, plus près du trône ; le jeune prince, découragé à son tour, se renfermait dans son intérieur et se méfiait de lui-même. L'isolement qui avait attristé sa naissance affligeait encore sa jeunesse, et son caractère contractait insensiblement l'habitude de cette modestie exagérée qui lui fit tant de fois sacrifier ses propres lumières aux avis les plus médiocres. Contrairement à ses frères et à la plupart des enfants de son âge, il avait besoin d'être excité au mouvement et à l'expansion. La princesse Adélaïde, sa tante et sa marraine, avait conçu pour lui une tendre affection qu'elle lui conserva toujours ; elle aimait à l'attirer chez elle, et il lui arriva plus d'une fois de dire : « Allons, mon pauvre Berry, tu es ici à ton aise, tu as tes coudées libres ; parle, crie, fais bien du bruit, je te donne carte blanche. »

Un harangueur de province le complimenta un jour sur ses qualités précoces ; il l'interrompit en disant : « Vous vous trompez, monsieur, ce n'est pas moi qui ai de l'esprit, c'est mon frère de Provence. »

Si le jeune prince se soumettait avec résignation aux préventions qui s'établissaient dès lors contre lui, il témoigna néanmoins, par plus d'un trait, qu'au fond du cœur il en ressentait vivement l'injure : il ne lui manqua plus tard que d'en sentir l'injustice. Un jour le duc de la Vauguyon imagina, pour récréation, une loterie à laquelle il invita le cercle le plus distingué de la cour. Chaque assistant qui gagnait un lot devait l'offrir à la personne qu'il aimait le plus. Les frères du duc de Berry avaient donné et reçu plusieurs de ces offrandes amicales, le duc de Berry seul était oublié. Lorsque son tour de gagner arriva, il prit son lot et le mit dans sa poche.

« Monseigneur oublie donc les conventions du jeu ? lui dit M. de la Vauguyon.

— Mais, monsieur, répondit l'enfant, qui voulez-vous que j'aime le plus ici, où je ne me vois aimé de personne? »

Le duc de Berry venait d'atteindre sa septième année; son père voulut, selon l'usage, qu'on lui suppléât les cérémonies du baptême : il se fit apporter les registres de la paroisse, et lui montrant son nom entre deux noms obscurs, il lui dit : « Voyez, ils sont vos égaux sur cette page, vos inférieurs dans le monde; prenez garde qu'ils ne soient plus grands que vous devant Dieu! »

Le Dauphin avait déjà perdu le duc d'Aquitaine, qui ne vécut que cinq mois; son fils aîné, le duc de Bourgogne, allait disparaître aussi prématurément et comme se hâter de faire place à celui qui devait s'appeler Louis XVI : il mourut le 22 mars 1761.

Profondément affligé de tant de pertes, M. le Dauphin ne chercha de consolation que dans les soins voués aux fils qui lui restaient. Le comte de Provence et le comte d'Artois pouvaient alors prendre part aux travaux de leur frère et devenaient l'objet de la même sollicitude. Ce prince voulut même consacrer sa douleur au profit des enfants que la Providence lui avait conservés : il voulut que les exemples du duc de Bourgogne (glorieux et triste nom) devinssent le premier héritage du duc de Berry. Il recueillit dans ce but et écrivit de sa main tous les souvenirs de cette généreuse enfance, les remit au marquis de Pompignan, et le consciencieux écrivain accepta la tâche difficile de montrer, dans l'éloge d'un prince de dix ans, les germes précieux dont la culture fait les grands rois.

A peine le duc de Berry avait-il reçu cette première leçon de la mort, que sa jeune âme allait être plus solennellement encore frappée d'un nouveau coup.

La santé du Dauphin, depuis longtemps chancelante, s'affaiblissait de jour en jour. Quand il reconnut les approches de sa dernière heure, il appela le duc de la Vauguyon et lui renouvela ses recommandations en faveur de ses enfants. Mais bientôt, se tournant vers son confesseur, « Je ne puis continuer, lui dit-il, veuillez parler en mon nom. » L'abbé Soldini reprit alors :

« M. le Dauphin recommande par-dessus tout aux jeunes princes la crainte du Seigneur et l'amour de la religion; il leur recommande de mettre à profit l'éducation que vous leur donnez, d'avoir toujours pour le Roi la plus parfaite soumission, et de conserver pour Mme la Dauphine l'obéissance qu'ils doivent à une mère si respectable. »

Le duc de Berry accueillit ce dernier adieu par un torrent de larmes et sentit toute l'amertume du nom d'orphelin. La première fois qu'il entendit les suisses crier devant lui, selon l'étiquette, « M. le Dauphin ! » il s'arrêta ; et, ce titre lui représentant tout ce qui venait d'échapper à sa tendresse, au lieu des droits nouveaux qui s'offraient à son ambition, il ne put contenir son désespoir. Plusieurs mois s'étaient écoulés, et il repoussait encore, avec une émotion visible, le nom qui le plaçait sur la première marche du trône.

C'en était fait, aucun intermédiaire n'existait plus entre l'enfant de onze ans et le monarque sexagénaire. Quelle vigilance ne devait pas s'éveiller dans le cœur de Mme la Dauphine, si intimement unie à tous les sentiments de l'époux qu'elle pleurait ! L'ordre et les principes de l'éducation furent soigneusement conservés. Louis XV permit que le plan tracé par son fils fût maintenu dans tous ses détails et restât confié aux mêmes mains. Le duc de la Vauguyon comprit le devoir de proportionner le zèle à la responsabilité. Il voulut consulter le P. Berthier, que la récente proscription des jésuites avait éloigné de la maison de Mme la Dauphine, où il occupait le poste de bibliothécaire. Le gouverneur écrivit donc au religieux alors en Brabant :

« Vous ne pouvez certainement rendre un plus grand service aux enfants de France et à l'Etat, que de m'aider dans les travaux immenses de ma place. Je connais votre zèle pour votre patrie, votre tendre attachement pour la personne du Roi et pour les enfants que M. le Dauphin nous a laissés. Du haut du ciel, il verra votre travail et l'affection de votre cœur pour tout ce qu'il a de plus cher. »

Le P. Berthier obéit, et les préceptes qu'il inculqua dans l'esprit du jeune prince ont si manifestement imprimé leur cachet à son règne, qu'il semble impossible de n'en pas présenter quelques extraits.

§ Ier. De la nécessité pour un prince d'apprendre à réfléchir.

Le prince qui ne saura pas se juger lui-même par la réflexion, court risque de ne jamais connaître une foule de devoirs qu'il doit remplir, ni moins encore un nombre de défauts qu'il doit corriger. Il s'expose encore à confondre, dans les affaires du dehors, les caprices de sa volonté avec les règles de la justice, et, dans le for intérieur, le vœu secret de ses passions avec la loi de Dieu, qui est la règle des princes comme celle des particuliers.

§ II. De l'amour du travail nécessaire aux princes.

Une des plus dangereuses illusions qui pourraient s'emparer de l'esprit d'un prince, serait celle qui lui persuaderait qu'il n'est pas né pour le travail, comme le commun des hommes. Il n'est pas de désordre qui traîne après lui de plus déplorables suites que l'éloignement du travail dans ceux que le Ciel a favorisés de la naissance et des richesses.... Un prince doit se pénétrer de cette grande vérité, qui était toujours présente à feu M. le Dauphin, que personne n'a plus besoin de temps et n'en doit être plus avare que celui qui en doit tous les instants à tous.

. . . .

§ IV. De l'humanité qui convient aux princes.

De tous les attributs de Dieu, il n'en est aucun dont l'homme soit plus touché que de son infinie bonté. Aussi ne dit-il pas, lorsqu'il a recours à lui, qu'il prie le Dieu puissant et saint, le Dieu juste et éternel; il prie *le bon Dieu*. Le titre aussi le plus flatteur auquel puisse aspirer un prince destiné au trône, c'est qu'un jour la famille entière de son peuple, en parlant de lui, l'appelle *notre bon roi*.

Le pardon des injures est de précepte divin pour les princes comme pour les autres hommes.

. . . .

§ VI. De la dévotion extérieure qui convient aux princes.

Ce n'est que par le cœur et la piété intérieure que l'on plaît véritablement à Dieu; et la dévotion, ou, ce qui est la même chose, le dévouement à Dieu et aux choses de Dieu, est le plus noble des sentiments qui puissent occuper le cœur de l'homme.... Outre cette dévotion intérieure, l'âme et l'essence de la religion, il est une dévotion extérieure qui en est comme le corps et doit en être la compagne inséparable; l'une sanctifie, l'autre édifie. Le devoir d'édifier, commun à tous les hommes, et plus particulièrement celui de la supériorité, est éminemment le devoir des princes.

Rien n'est grand dans l'absence de la religion.

L'écueil à craindre pour le prince, dans l'exercice de la dévotion extérieure, ce serait que le motif n'en fût pas assez épuré, et qu'il ne cherchât dans une piété d'ostentation qu'un instrument de sa politique. Ce serait faire les frais du bien et en prostituer les fruits.

§ VII. Du pouvoir du prince dans l'Eglise.

Le pouvoir du roi de France dans l'Eglise est celui du fils aîné dans la maison de sa mère : c'est ce pouvoir de protection et de bienveillance, et nullement de domination.

Ce langage, ces enseignements exempts de complaisance, en face du trône, cette cour qui se concerte pour honorer en commun l'austérité du devoir, méritent un hommage qu'on a rarement l'occasion d'offrir à cette époque. Ces efforts éclairés ne demeurèrent pas inutiles, et l'on put bientôt en applaudir les résultats. L'intelligence du Dauphin croissait rapidement ; en matière de compréhension, il faisait de grandes diligences, comme a dit Sully d'Henri IV. Sa mémoire infatigable ne laissait rien échapper de ce qui lui avait été confié. Il possédait parfaitement le latin et tous les auteurs classiques ; l'italien et ses poëtes lui étaient aussi familiers que la langue et la littérature française ; il parlait passablement l'allemand, et bien l'anglais. Il lisait tous les jours les gazettes de Londres ; le premier ouvrage qu'il traduisit de cette langue fut l'*Histoire de Charles Ier*, par Hume ; il traduisit aussi les *Doutes historiques sur les crimes imputés à Richard III*, par Horace Walpole, et les cinq premiers volumes de la *Décadence de l'Empire romain*, par Gibbon.

Il voulut savoir si ces traductions pourraient subir l'épreuve de l'impression, et un lecteur de son cabinet, Leclerc de Sept-Chênes, se chargea de les faire imprimer en leur prêtant son nom. M. de Sept-Chênes ayant demandé un censeur au garde-des-sceaux, l'ouvrage fut envoyé à l'abbé Aubert, qui le rendit avec une approbation motivée et flatteuse. Quelques années après, M. Aubert reçut un exemplaire richement relié ; en le lui remettant, M. de Vergennes lui dit : « Ne vous étonnez pas, monsieur, de la magnificence de ce cadeau inattendu : c'est que le traducteur que vous avez bien voulu juger autrefois vient de monter sur le trône. »

Il avait fait imprimer aussi un choix de ses lectures dans Fénelon. Ce volume a pour titre : *Maximes morales et politiques, tirées de Télémaque*, par Louis-Auguste Dauphin ; et au bas : à Versailles, de l'imprimerie de M. le Dauphin, 1766. Il en fit tirer vingt-cinq exemplaires, et offrit le premier au roi son aïeul.

La géographie était une de ses lectures favorites : il dessina un atlas complet avec la plus rigoureuse précision ; il se rendit même beaucoup plus habile dans cette science qu'il n'importe à un prince, et, simple particulier, on n'eût pu lui refuser une place à l'Académie des sciences. Aux études importantes il joignait encore quelques occupations de son choix ; les mécaniques remplissaient l'heure de ses délassements, quand le temps ne lui permettait pas d'autres exercices. Dès son enfance, on l'y avait appliqué pour fortifier la faiblesse de son tempérament, et on lui avait bientôt rendu la vigueur héréditaire dans la maison de Saxe, dont il était issu par sa mère. Il trouvait, dans un atelier solitaire, un tour, des instruments de menuiserie, de serrurerie, et les maniait avec adresse. Ce passe-temps lui tenait lieu des spectacles, du jeu et des dissipations bruyantes qui composaient la vie autour de lui. Aussi n'échappait-il pas à la malignité de ceux qui le condamnaient pour n'en pas être condamnés ; et, comme autrefois on avait essayé de ridiculiser son père, en disant à tout propos « il fait de la musique, » on crut attacher au fils un ridicule plus grand encore, en disant : « il fait des serrures. »

L'importance de l'agriculture n'échappait pas à son esprit sérieux et sensé. Souvent il abordait les laboureurs au milieu des champs, s'entretenait avec eux de la culture, et plus d'une fois il se fit un plaisir d'emprunter leur bêche ou de tenir le soc de la charrue.

Un jour qu'il suivait une chasse avec ses frères, ceux-ci, entendant sonner la mort du cerf, ordonnent au cocher de se hâter et de traverser un champ de blé. Le Dauphin s'élance à la portière et commande impérieusement d'arrêter : « Comment, s'écrie-t-il avec un accent de colère, voulez-vous ravager un terrain si précieux? »

C'est avec cet amour et cette habitude du bon emploi du temps qu'il put se suffire à lui-même et échapper à tous les écueils, dont le plus dangereux était assurément l'exemple qu'il avait sous les yeux. Et pourtant il n'avait plus d'autre frein que celui qu'il s'imposait à lui-même. Sa mère avait suivi de près M. le Dauphin au tombeau. Comme son époux aussi, elle bénit ses enfants avant de mourir, et ferma ses yeux consolés, parce qu'ils avaient entrevu la pureté et la solidité des vertus de son fils.

Ses maîtres cessèrent de lui commander avant qu'il eût cessé de leur obéir ; et lorsque les convenances royales l'eurent affranchi de leur tutelle, il se fit disciple d'une règle qu'il n'enfreignit jamais. C'était mieux que l'innocence ignorante du mal, mieux qu'une jeunesse providentiellement préservée qu'il fallait admirer en lui ; c'était une âme saintement inspirée, une candeur armée d'une volonté réfléchie : tout concourait pour séduire ou vaincre des résolutions passagères. Et quel funeste piége n'était pas la vieillesse du roi pour l'inexpérience du prince adolescent !

Il faut aussi rendre hommage au duc de la Vauguyon et à ses collègues : ils conservèrent intact le dépôt de la nature. Malheureusement ils ne songèrent pas assez à en tirer tout ce qu'exigeait l'avenir. Maintenir le caractère du Dauphin irréprochable, c'était immense ; mais il eût importé aussi de le mettre en rapport direct avec l'esprit de son temps. Il était nécessaire et facile de prévoir que le successeur de Louis XV devrait à la France des satisfactions de tous les genres. Les institutions commençant à s'ébranler, il fallait lui apprendre à connaître les hommes et à rajeunir de sa propre vigueur les forces épuisées de la monarchie. Les notions générales du bien et du juste ne représentaient plus suffisamment les besoins d'une époque de transition : il en fallait sonder toutes les plaies avec précision et fermeté. Les souverains du Nord de l'Europe rivalisaient d'activité et d'ostentation militaire, tandis que les monarques du Midi s'assoupissaient dans une nonchalance presque orientale. Il fallait répéter au jeune prince le vieil adage français : « Qui quitte l'épée, quitte le sceptre. » La mission de conduire un peuple implique l'obligation de le défendre, et la victoire est aux yeux des nations la plus belle forme du génie humain.

Son âge mûr demeura fidèle à son enfance : sa pureté ne se démentit jamais. Son portrait, à quelque époque qu'on le saisisse, présentera toujours les mêmes traits principaux. Les hommes les plus opposés se rapprocheront dès qu'ils auront à parler de lui ; ceux qui l'ont servi et ceux qui l'ont trahi seront du moins d'accord sur ses vertus ; les étrangers n'auront pas un autre langage. Le roi de Prusse écrivait à ses correspondants de Paris : « Ce prince paraît mesuré et sage dans ses démarches. C'est un phénomène rare à son âge, de posséder des qualités qui ne sont que le fruit d'une longue expérience. Je félicite les

Français de pouvoir être contents de leur roi; je leur en souhaite toujours de semblables. »

Nous ne voulons pas aller au-devant des réflexions qui naissent du contraste de l'innocence et du malheur; c'est par là qu'éclatent les desseins de Dieu : ce que la justice humaine n'explique pas, la loi chrétienne le justifie. Il faut le sang d'un juste dans le sacrifice pour qu'il arrive jusqu'au ciel. Louis XVI était ce juste; ses mérites s'élevaient à la hauteur des expiations, et ce n'est qu'au point de vue de la Providence qu'on peut lire et comprendre son histoire.

Histoire de Louis XVI.

LE P. FÉLIX

NOTICE BIOGRAPHIQUE

Le R. P. Félix, l'une des gloires actuelles de la Compagnie de Jésus, est né à Neuville-sur-l'Escaut, près Valenciennes, le 28 juin 1810. Il fit de fortes études classiques et se destina à l'état ecclésiastique. Il avait déjà professé la rhétorique au séminaire de Cambrai, quand il entra chez les Jésuites en 1837. Il alla d'abord au noviciat de Tronchienne près de Gand; mais six mois plus tard il vint terminer à Saint-Acheul son épreuve religieuse. Devenu membre de la Compagnie, il y remplit successivement divers emplois, et compléta ses études théologiques à Brugelette, à Louvain et à Laval; puis il fut nommé professeur de rhétorique au collège de Brugelette, dirigé par des jésuites français; il y était depuis quatre ans, lorsqu'un discours prononcé à la distribution des prix mit en relief son talent oratoire.

Sa santé altérée nécessitant un peu de repos, le provincial le fit venir à Paris, où il suivit les meilleurs prédicateurs. Il alla ensuite à Annonay (Ardèche), faire une troisième année de probation, avant de se vouer à la carrière de la prédication, d'où l'état de sa santé l'écarta encore quelque temps. Il enseigna de nouveau la rhétorique au juvénat de Saint-Acheul et au collège de la Providence à Amiens.

C'est en 1851 que le P. Félix vint prêcher à Paris. Il prêcha d'abord l'Avent à Saint-Thomas-d'Aquin, et l'année suivante le Carême à Saint-Germain-des-Prés. L'éclat de ses débuts lui fit offrir par Mgr Sibour les Conférences de Notre-Dame pour l'année 1853. Il occupa avec un succès croissant cette chaire des PP. Lacordaire et de Ravignan.

En 1867, le R. P. Félix fut nommé recteur du collège de Nancy, ce qui ne l'empêche pas de se trouver de temps en temps à Paris, où il dirige plusieurs œuvres pieuses. Parmi ces œuvres, il faut citer celle de Saint-Michel-Archange, entreprise dans le double but de faciliter la publication et la propagation des bons livres, et d'aider aussi les écrivains en leur faisant une part raisonnable dans des opérations de librairie qui ne sont pas une spéculation. Le contrôle est sévère, et l'admission offre beaucoup de difficultés.

Les Conférences du P. Félix ont été publiées en volumes, sous ce titre : *le Progrès par le Christianisme*. Plusieurs de ses sermons ont été publiés à part, tels que des discours sur l'*Observation du repos du dimanche*, — *le Travail, loi de la vie et de l'éducation*, — *la Parole et le Livre*. Ce dernier, prononcé en 1864 dans l'église Saint-Sulpice, nous a paru frappant entre tous, et c'est de là que nous avons pris les extraits ci-joints.

LA PUISSANCE DU LIVRE

Après avoir, dans une première partie, passé en revue toutes les formes que revêt la parole humaine, et avoir surtout appuyé sur l'influence dans la famille de la parole paternelle et maternelle, y compris celle de l'exemple, l'illustre orateur passe à une seconde, puis à une troisième partie, dont nous citons quelques fragments.

Je ne crains pas de l'affirmer, si la parole en général est la plus grande puissance dans l'humanité, la plus grande puissance de la parole elle-même, c'est le livre, c'est-à-dire la parole écrite ; la parole qu'on emporte avec soi en voyage, que l'on enferme avec soin dans la chambre, que l'on écoute le soir avant de dormir, que l'on pose sous son chevet pendant le sommeil, et qu'on retrouve le matin au réveil comme le premier ami qui vous parle, pour vous donner des conseils, vous révéler des mystères, et s'offrir encore pour vous accompagner au chemin dans la traversée du jour qui recommence ; le livre, cette parole silencieuse qui parle à l'âme dans son silence plus haut que la parole retentissant avec éclat ; le livre, cette éloquence qui ne se tait ni jour ni nuit, qui retentit à l'orient comme elle retentit à l'occident, qui a la faculté de se ressusciter sans cesse, pour parler aux âmes qui l'écoutent, avec une puissance toujours pareille et toujours égale à elle-même.

Cette simple et vulgaire idée d'un livre, c'est-à-dire d'une parole fixée sur une page que l'on peut interroger partout et toujours, vous fait déjà pressentir pourquoi la puissance qu'il porte avec lui est la plus grande et la plus efficace de toutes les puissances exercées par la parole de l'homme sur la vie humaine. Je ne m'arrêterai pas à vous montrer comment et pourquoi le livre est plus puissant que toutes les formes de la parole signalée au début de ce discours, plus puissant que la peinture et la statuaire, plus puissant que la musique, plus puissant que le drame. Ni le sculpteur sur le marbre, ni le peintre sur la toile, ni le musicien dans les sons, ni l'acteur au théâtre, ne peuvent déployer cette puissance d'illumination, de persuasion et de décision, qu'un écrivain peut mettre en jeu dans un livre.

La statuaire dans ses plus grands chefs-d'œuvre est limitée à une pose, à une attitude, à une expression; elle ne peut perpétuer le mouvement et varier indéfiniment les expressions et les manifestations de la vie. La peinture, plus libre et plus vaste dans le champ de son action, est trop enfermée encore dans la triple frontière de la durée, de l'espace et des choses, pour prendre sur l'âme humaine un empire décisif, et cette action dominatrice qui transforme une âme et bouleverse parfois une vie tout entière. La musique nous emporte dans des espaces plus illimités; elle nous ouvre de lointaines perspectives et nous fait rêver de l'infini; mais le caractère même de l'indéfini et le vague d'expression qui tient à sa nature diminuent sur notre intelligence et notre volonté l'efficacité de son action. Le théâtre, malgré tout le prestige et toute la séduction qu'il présente, le théâtre où toutes les formes de la parole quelquefois viennent s'unir et se compléter, le théâtre où la statuaire et la peinture et la musique et la déclamation conspirent à agrandir l'efficacité de son action, le théâtre lui-même, par ses impressions plus superficielles que profondes et plus fugitives que permanentes, n'a pas sur une âme l'influence décisive que prend souvent un livre.

Une seule chose paraît tout d'abord supasser l'action du livre; c'est le discours, c'est-à-dire l'éloquence proprement dite. L'éloquence, en effet, c'est la parole sortant d'une âme vivante pour entrer dans des âmes vivantes; l'éloquence c'est l'expression totale de celui qui parle devant ceux qui écoutent ; l'éloquence c'est tout à la fois et la statuaire et la peinture et la musique et le drame combinés ; car l'éloquence, plus ou moins, a quelque chose de tout cela. Et voilà pourquoi son action est si indéfectible, son charme si intarissable, et son ascendant si dominateur souvent dans l'humanité : et nous qui, sans avoir le prestige de l'éloquence, avons reçu pourtant la vocation de porter devant vous la parole vivante, nous ne sommes pas prédisposé à abaisser dans votre estime le grand empire qu'elle se fait sur vos âmes. Toutefois nous voudrions vainement nous faire sur ce point une chère illusion ; la parole du discours, considérée dans son ensemble et dans son résultat final, n'a pas dans l'humanité le même ascendant que la parole du livre.

Sans doute la parole du livre n'a ni ce prestige du geste, ni ces éclairs du regard, ni ces entraînements du cœur, ni ces sympathies de la voix, ni ces tressaillements de la vie, qui font passer une âme dans des âmes, un cœur dans des cœurs, et réalisent parfois cette communion fraternelle qui fait vibrer sous un même souffle des milliers de vies rendant un même son, et redire les mêmes échos de la vérité dits par un seul et répétés par tous. Non sans doute, la parole du livre n'a pas ces ressources d'émotion, de communication, de spontanéité, de soudaineté, et quelquefois de magnétisme et d'électricité, qui assurent à l'éloquence un empire immédiat et un triomphe instantané. Mais privée de cette ressource la parole du livre en a d'autres qui lui assurent d'ordinaire dans les âmes un empire plus profond et un triomphe plus durable, en un mot, une action plus réellement décisive.

L'action du discours est limitée dans l'espace. Ma parole retentit sous ces voûtes et frappe ces murailles, elle émeut tout au plus toutes les ondes sonores qu'enferme cette enceinte ; mais par de là, rien, rien de cette parole, absolument rien. Ah ! bien différent est le retentissement de la parole du livre : s'il lui est donné une fois de passionner les âmes, la renommée le prend sur ses ailes ardentes, et elle l'emporte à tous les vents du ciel ; et devant sa marche conquérante les frontières reculent, les montagnes s'abaissent, et les distances s'évanouissent ; pour lui une assemblée c'est trop peu ; il lui faut le monde, et il ira au bout du monde.

La parole du discours est limitée dans la durée ; elle se heurte à la barrière du temps comme elle se heurte à la barrière de l'espace. Ce discours retentit, comme un son fugitif, et il tombe, emporté par l'heure qui court, dans un irrémédiable silence. Tout à l'heure, quand la foule sera écoulée, vous viendrez en vain demander à ces voûtes les échos d'une voix qui s'est tue, et essayer de ressusciter un discours expiré ; le silence seul vous répondrait. L'air tranquille de cette enceinte ne gardera pas même dans une dernière vibration la trace d'une parole qui aura passé ! car la parole ne laisse pas même dans l'air le léger et rapide sillage que trace derrière lui le navire sur l'onde. Et si vos âmes en gardent des échos silencieux, ces échos, même pour vous, iront s'affaiblissant bien vite, pour mourir tout à fait sous le bruit d'autres voix qui mourront de même sans pouvoir ressusciter davantage.

Il n'en est pas ainsi du livre que vous avez écrit : sa parole, si elle est dominatrice, s'emparera du temps comme elle s'est emparée de l'espace : ce qu'il a fait hier, il le fait aujourd'hui, et ce qu'il fait aujourd'hui, il le fera demain. Comme il va au bout du monde, il ira peut-être au bout du temps ; et de siècle en siècle, comme d'espace en espace, il portera des convictions, il persuadera des âmes, il transformera des vies ; et nul ne peut dire où s'arrêteront ses conquêtes illimitées et indéfinies dans la durée autant et plus qu'elle ne le sont dans l'espace.

Enfin la parole du discours est limitée dans l'humanité ; ce qu'elle touche de ces vagues populaires, qui se remuent au loin à la surface de l'humanité vivante comme les vagues à la surface des mers, n'est pour ainsi dire qu'un flot dans l'immense Océan. Combien êtes-vous ici pour entendre ces quelques sons qui vous portent ma pensée ?... Que sais-je ?... Mais qu'est-ce que cette foule, devant toute la famille humaine ? Qu'est-ce que quatre ou cinq mille âmes pour entendre un discours qui voudrait parler à des millions d'hommes. Mais les âmes qu'ira chercher le livre pour les sauver ou les perdre, qui pourra les compter ? Un livre qui réussit est un orateur qui parle à cinquante mille hommes aujourd'hui et à cent mille hommes demain ; et s'il est victorieux, il traîne après lui des millions de vaincus devenus ses sujets.

Ainsi, sans limites déterminées dans l'espace, dans le temps et dans l'humanité, l'action du livre est la plus puissante, parce qu'elle est la plus vaste et la plus persévérante. Et ce qui achève de montrer l'efficacité de cette action, c'est qu'elle est la plus profonde et la plus pénétrante.

Et d'abord, ce qui explique la profondeur de cette action du livre sur l'âme humaine, c'est l'intimité de la communication qui s'établit entre l'âme du lecteur et l'âme de l'écrivain. Avez-vous remarqué, mes frères, l'incomparable abandon avec lequel un lecteur ouvre, comme à deux battants, son âme confiante à cet inconnu qui vient se poser, pour lui parler, au foyer le plus intime de sa vie. Le livre est comme un être impersonnel à qui l'on s'abandonne, sans s'inquiéter de sa naissance et de son caractère, de ses vices et de ses vertus, sans même songer à lui demander son nom; l'anonyme n'ayant pour vous séduire qu'un prestige et une puissance de plus. Cet hôte que l'on ne connaît pas, on l'accueille comme un frère et on lui dit la bienvenue. A peine il a commencé de vous parler, que vous le considérez comme un ami, tout à la fois intelligent et bon, fort et sympathique, c'est-à-dire ayant tout ce qu'il faut pour gagner notre confiance. Cet étranger, qui vous parle durant de longues veillées, est peut-être un scélérat qui vous ferait horreur si vous le connaissiez; et ce scélérat habile, tout voilé de tendresse et de vertu, trouve asile à l'endroit le plus profond et le plus délicat de vous-même. Souvent, contre un orateur, on est armé de préjugés qui paralysent l'effet de son discours : le livre, par son caractère impersonnel et quelque peu idéal, échappe sans peine à ces méfiances qui dérobent les âmes à la puissance de la parole. Une fois admis au sanctuaire de votre vie intime, cet homme s'y fait, dans le silence et le recueillement de la conversation, un empire d'autant plus fort que vous ne vous apercevez pas de l'ascendant qu'il prend sur vous; et ce livre, en apparence si inoffensif, vous fait, sans que vous y songiez, l'humble sujet de cette intelligence qui vous touche de son sceptre et vous courbe sous son autorité.

Et pourquoi cette action si souveraine et si victorieuse? Parce qu'elle est tout à la fois et la plus concentrée et la plus réfléchie et la plus prolongée; parce qu'elle a cette triple puissance qui vient de la concentration, de la réflexion et de la répétition.

La concentration d'abord. Une fois enfermé avec le livre dans le secret de votre appartement et dans le secret plus intime de votre vie, toutes vos facultés se recueillent et se concentrent, pour écouter cette parole qui raconte ou qui discute, qui attaque ou qui défend, qui raisonne ou qui peint, qui provoque la compassion ou l'indignation, l'explosion des colères ou l'effusion des larmes. Si l'auteur sait écrire, il a mis dans son style ces trois éléments de toute parole éloquente, l'intelligence, l'imagination et le cœur; des pensées, des images et des sentiments; et avec ces trois éléments harmonieusement unis dans une même parole, il vous saisit comme avec une triple chaîne par vos trois grandes facultés; et cette concentration de l'intelligence, de l'imagination et du cœur, pris et captivés simultanément par des idées, des images et des sentiments, fait au livre, pour triompher de vous, une sorte de toute-puissance.

Et le résultat de cette action est d'autant plus sûr, qu'elle s'opère et s'affermit sous l'empire de la méditation recueillie et de la réflexion solitaire. La soudaineté de l'imprévu, la rapidité de l'expression, la vivacité des mouvements, les éclairs de la pensée, les élancements de l'âme et du cœur sont les grandes ressources de l'éloquence ou de la parole *parlée*. Mais l'éloquence, trop souvent, a contre elle l'empire redoutable de la réflexion : peu de discours supportent l'épreuve de la pensée réfléchie et repliée sur elle-même. L'éloquence frappe des coups soudains et souvent victorieux ; elle a des surprises triomphantes ; mais aussi ces surprises provoquent à froid des réactions vengeresses contre des entraînements irréfléchis. L'empire du livre, au contraire, se fortifie de toute la puissance de la réflexion elle-même. S'il est facile de revenir et de revenir vite de la fascination d'un discours, on ne revient que très-lentement et très-difficilement de l'impression et de la conviction produites par l'action d'un livre, si tant est qu'on en revienne jamais.

Et pour achever sur une âme l'empire du livre, il y a une dernière ressource qui manque tout à fait au discours même le plus éloquent; cette ressource, c'est la répétition, la continuité et le prolongement de son action sur une même âme. Après avoir entendu un discours le mieux concerté et le plus victorieux, vous essaieriez en vain de recommencer et de renouveler sur vous-même cette puissance qui vous a saisi, cet ascendant qui vous a subjugué à l'heure ou à la minute de son retentissement. Vous n'emportez pas avec vous votre orateur, c'est-à-dire cette âme et ce cœur vivant qui vous ont parlé. Que dis-je, vous n'emportez pas même son discours : vous n'en gardez que des fragments, des lambeaux, des parcelles ; et cet empire, exercé une heure, ne ressuscitera pas pour se recommencer lui-même. Le livre, lui, a cette puissance. On lit une fois, puis deux fois, puis trois fois; son empire se refait, sa victoire se répète, son action se prolonge; et cette répétition et ce renouvellement et ce prolongement de son action achèvent de rendre sur une âme son ascendant absolu et son triomphe définitif.

. . . .

.... Ce que produit d'abord dans les âmes la lecture du bon livre, c'est une *illumination*. Le bon livre, à la lettre, est un envoyé de la vérité qui nous poursuit; c'est un ange de lumière qui de son clair regard chasse devant lui les ténèbres de l'ignorance. Ah! de ces ignorances qui oppriment l'intelligence et étouffent la raison, de ces ignorances épaisses qui empêchent la lumière de passer, et traînent les âmes captives dans les ténèbres, loin de la vérité libératrice, qu'il y en a par le monde! qu'il y en a dans les petits, qu'il y en a dans les grands! qu'il y en a dans le peuple et qu'il y en a dans les princes! qu'il y en a sous la chaumière et qu'il y en a dans les palais! que dis-je? qu'il y en a dans les écoles, dans les chaires, dans les académies, dans les sanctuaires même de la science! Là, surtout, se rencontrent les plus redoutables de toutes les ignorances, ce que je nommerais volontiers les ignorances savantes ou qui s'estiment telles : hommes étonnants dont la pensée est comme écrasée sous le poids des livres, qui ont secoué la poussière de toutes les bibliothèques, visité tous les arsenaux de la pensée, toutes les nécropoles des littératures mortes et des philosophies éteintes, et qui n'ont pas encore donné l'hospitalité de leur intelligence à cet ami, *le bon livre*, seul capable, pourtant, de leur apporter dans sa parole le rayon libérateur.

Augustin, c'est lui-même qui le confesse, fut un de ces ignorants illustres, un de ces génies indigents et pauvres de la vérité. Mais Dieu avait mis sur son chemin l'ange porteur de la lumière. Un jour, bouleversé par les agitations de sa pensée incertaine et flottante, il entendit la voix qui lui disait, en lui montrant le livre illuminateur et libérateur : « Prends et lis, prends et lis, *tolle, lege*. » Et il prit et il lut, et il vit. Que vit-il? Il vit *l'admirable lumière* qu'il poursuivait dans la nuit des systèmes; il vit la vérité qu'il cherchait en vain, guidé par l'orgueil de sa raison, à travers une vaste forêt de mensonges.

Et aujourd'hui encore, combien de modernes Augustins, même au XIXe siècle, rencontrent dans un pareil bienfait une même délivrance! Ils ont traversé, obscurs et meurtris de toutes manières, les broussailles ténébreuses du fourriérisme, du saint-simonisme, du panthéisme, du matérialisme et de l'athéisme; ils ont porté au plus intime de leur pensée dévastée par l'erreur le vide affreux du scepticisme. O Providence, ô bonté de Dieu! Un jour le bon livre, le livre vrai, moral, religieux, chrétien enfin, à défaut de tout autre, est tombé sous leur main; ils ont lu, et voyant venir la lumière qu'ils cherchaient sincèrement, ils ont lu encore, et eux aussi ils ont vu : et ces hommes qui eussent peut-être rougi de chercher la lumière dans la parole d'un prédicateur, ils la reçoivent d'un inconnu qui les rend à la liberté en les affranchissant de l'erreur.

Mais s'il en est qui ont besoin d'être éclairés, parce que leur route est ténébreuse et leur pensée obscure, il en est qui ont besoin d'être consolés, parce que leur chemin est triste et leur cœur désolé. Or, nous l'avons dit tout à l'heure, le bon livre n'est pas seulement un ange de lumière, il est un ange de consolation. A certaines heures de la vie, un livre nous apporte, même dans le silence de sa parole muette, une consolation que nous ne pourrions trouver dans le bruit d'aucune parole vibrante. Le bon livre est un ami qui comble notre solitude : lui, nous pouvons l'entendre jusqu'au bout, et il peut nous tout dire ; lui n'a pas à craindre les susceptibilités de l'amour-propre ; il n'est pas exposé à faire à un cœur délicat ces blessures qui n'ont pas de nom, et que l'on fait quelquefois à ceux que l'on aime, même en voulant les consoler. Le bon livre est un consolateur qui ne peut humilier notre souffrance ; et voilà pourquoi, mieux que tout autre, vous consentez à l'entendre parler. Aussi le bon livre est particulièrement l'ami de l'affligé, l'ami du malade, l'ami de l'exilé, surtout il est l'inséparable ami du prisonnier. Le geôlier qui ne laisse pas entrer dans la cellule ou dans le cachot du prisonnier ce dernier ami de sa solitude, un bon livre, est deux fois cruel et deux fois bourreau ; il ôte à cet être libre devenu captif le seul bonheur qu'il envie sur la terre, le bonheur d'entendre parler une âme et de lui répondre avec la sienne.

Il y a dans l'histoire des exemples célèbres de cette consolation apportée aux souffrants et surtout aux prisonniers par le bon livre, ce charme sans pareil de la souffrance et de la solitude. Louis XVI, le plus auguste des prisonniers, Louis XVI se consolait, par la lecture des saints livres, de l'immensité de son infortune et de la grandeur de sa chute ; et les douces paroles que lui disaient tout bas ces amis de sa solitude l'aidaient à pardonner les paroles outrageantes que faisaient retentir, jusqu'au fond de sa prison, des tyrans de bas étage.

Marie Stuart, la plus touchante personnification de la souffrance et de l'infortune, si Louis XVI n'avait pas existé, Marie Stuart, elle aussi, se consolait par la lecture des bons livres, des persécutions d'une rivale cruelle ; dix-huit ans captive, elle adoucit ses douleurs par sa conversation intime avec ces suprêmes amis de sa captivité.

Ce qui est vrai des infortunes illustres ne l'est pas moins des infortunes vulgaires. Donc, si vous ne pouvez mieux faire, portez au pauvre, au malade, au prisonnier qui sait lire, ce doux et facile consolateur. Consoler, ah! vous l'ambitionnez souvent, et vous n'osez l'entreprendre; vous ne savez que dire. Tandis que la compassion remplit votre cœur, la parole manque à vos lèvres. Envoyez à votre place, au malade ou au prisonnier, cet ange de la consolation qui parle à toute souffrance; déposez à son chevet le livre consolateur : il dira ce que vous n'osez dire; il fera le bien que vous craignez de ne pas faire; il essuiera les larmes que vous ne pourriez essuyer.

Mais le bon livre est plus qu'un consolateur et un illuminateur, il est souvent convertisseur. Ange de lumière et de consolation, il est surtout ange de conversion et de sanctification; il est, dans une âme que le Christ va conquérir, le précurseur humain du divin Sanctificateur : non-seulement il parle à l'intelligence pour l'éclairer, au cœur pour le consoler, il parle à la volonté pour la fléchir. Il fait prendre quelquefois à un homme, sous son action victorieuse, ces résolutions qui le transforment tout entier, et en un jour change tous les aspects et toutes les directions de sa vie. Et qui pourra dire jamais ce qu'un livre peut faire pour l'humanité en convertissant un seul homme? Un homme converti, un homme transformé, mais c'est quelquefois dans l'histoire de l'humanité un événement immense; c'est une secousse donnée au monde; c'est une institution qui s'élève, ou un fléau qui disparaît; c'est le bien qui fait un pas en avant, ou le mal qui fait un pas en arrière; c'est l'erreur qui succombe, et la vérité qui triomphe; c'est l'Eglise glorifiée, et l'hérésie confondue; c'est Satan qui recule et Jésus-Christ qui avance; c'est le progrès qui marche et fait dans son long et rude chemin une étape de plus.

Eh bien, ce grand coup de Dieu, la conversion d'un homme, qui aura son retentissement et son contre-coup d'un bout du monde à l'autre, ce sera peut-être l'œuvre de ce bon livre que vous avez abrité sous votre toit. Cet événement, qui laissera dans l'histoire un sillon si éclatant, sera la conséquence d'une lecture qui aura laissé elle-même dans une âme une trace profonde. Le livre sèmera, dans une âme née généreuse et forte, les germes des volontés et des résolutions décisives; et ces volontés et ces résolutions enfanteront les prodiges et créeront les miracles du bien.

Ici, mes frères, que d'exemples illustres, que de figures historiques et rayonnantes de leur gloire, se dressent devant moi pour rendre témoignage à ce discours et proclamer l'ineffable puissance du livre! Si déjà je ne vous avais nommé Augustin, je ferais apparaître ici encore cette grande figure comme l'une des plus prodigieuses personnifications de la puissance du livre pour convertir un homme, et de la puissance d'un homme pour agir sur l'humanité. Que n'a pas fait saint Augustin pour le triomphe de l'Eglise, pour la gloire du Christ, pour l'honneur de l'humanité entière! Et qui nous a donné saint Augustin? qui a précipité l'œuvre de sa conversion? Est-ce l'éloquence d'Ambroise surtout? Non, ce fut par dessus tout la puissance d'une lecture, la parole d'un livre. Des exemples analogues, il y en a cent, il y en a mille que l'on pourrait citer. Permettez-moi d'en évoquer un qui m'est cher entre tous, et dont vous me pardonnerez de rappeler avec quelque émotion l'immortelle mémoire.

Voyez-vous d'ici ce jeune capitaine rapporté du champ de bataille et couché dans un vieux château de la Biscaye, attendant dans de longs et douloureux ennuis la guérison d'une blessure, trop lente à venir?... Pour remplir ces heures vides, le jeune guerrier demande qu'on lui apporte les romans de l'époque où les imaginations ardentes se plaisaient à se promener d'aventures en aventures. O Ignace, que demandez-vous? Ah! Dieu est bon; ce que vous demandez ne se trouvera pas. O Providence! le château de Loyola, dont j'ai respiré les parfums et reçu l'hospitalité douce et sacrée, était assez heureux pour donner asile à d'autres livres racontant des exploits bien différents. La Vie des saints était là, c'est-à-dire la vie des plus grands hommes de l'humanité, la vie des véritables héros. Noble fils de cette noble et chrétienne race, lisez, lisez ce livre! *tolle, lege*. Et le guerrier a lu, et une lumière immense est tombée dans son âme de ces fronts de héros. Quelque chose d'inconnu, tout à coup, a remué cette grande âme, oublieuse bientôt de la blessure de son corps : une lutte de géant s'engagea dans ce cœur magnanime, impatient d'imiter ou de surpasser les hommes héroïques qui viennent de passer devant lui. Dans ce combat décisif, le fils du ciel a vaincu celui de la terre. Un matin, au lever de l'aurore, le vaillant capitaine se lève et dit : « Allons, allons livrer d'autres combats et gagner d'autres batailles; allons chercher d'autres blessures et moissonner d'autres gloires. »

Vous savez le reste. De la lecture de ce livre, à jamais béni, la conversion d'Ignace est sortie, et de la conversion d'Ignace la Compagnie de Jésus!.... Et si voulez savoir ce qu'a produit ce fait, en apparence si insignifiant, un homme lisant un livre, je n'ai qu'à vous dire : Ecoutez les échos que se renvoient depuis trois siècles toutes les voix et tous les bruits retentissant autour de ces deux noms qui semblent n'en faire qu'un : Ignace de Loyola et la Compagnie de Jésus!

La Parole et le Livre.

ALFRED NETTEMENT

NOTICE BIOGRAPHIQUE

M. Alfred-François Nettement est né à Paris le 22 juillet 1805; il fit ses études au collège Rollin, et se fit connaître en 1829, par des articles de critique littéraire dans l'*Universel*, fondé par Abel Remusat et Saint-Martin; il faisait un cours de littérature à la même époque à la société des bonnes-lettres. Il rédigea ensuite dans la *Quotidience* les *Variétés du lundi*, qui eurent beaucoup de vogue.

La révolution de 1830 ayant changé la position de ses parents, la plume féconde de M. Nettement dut pourvoir à leurs besoins en même temps qu'à ceux de sa jeune famille, et elle suffit à cette tâche sans jamais rien sacrifier de son honorable indépendance.

Après avoir continué d'écrire dans plusieurs feuilles demeurées fidèles au pouvoir déchu, M. Nettement fonda en 1848 *l'Opinion publique*, qui cessa de paraître en 1851, et dans laquelle il défendait tout à la fois le principe de la légitimité et ce qui lui semblait acceptable des réformes de 89. Envoyé à l'assemblée législative par le Morbihan, il fut du nombre des incarcérés lors du coup d'Etat du 2 décembre.

Depuis lors, M. Nettement ne s'occupa plus que de travaux littéraires et historiques. Ses ouvrages méritent bien d'être consultés aujourd'hui surtout qu'on fait entrer l'étude de l'histoire contemporaine dans le programme de l'instruction publique. Malgré ses affections bien accusées, l'auteur s'y montre toujours impartial, exempt de passion, rendant justice à qui le mérite, et joignant une grande élévation d'idées à un jugement calme et sûr.

Parmi ses œuvres les plus importantes il faut citer : *Histoire de la Révolution de juillet* (1833) ; — les *Ruines morales et intellectuelles* (1835) ; — *Mémoires sur la duchesse Berry* (1837) ; — Une traduction des *Conférences du cardinal Wiseman*, précédée d'un *Essai sur le progrès du catholicisme en Angleterre* (1839) ; — *Vie de Suger* (1842) ; — *Vie de Marie Thérèse de France fille de Louis XVI* (1843) ; — *Henri de France* (1843) ; — *Etudes critiques sur les Girondins* (1846) ; — *Histoire de la littérature française sous la Restauration* (1852) ; — *Histoire de la littérature française sous la royauté de juillet* (1854) ; — *Poëtes et Artistes contemporains* (1862) ; — *Le Roman contemporain etc.* (1864) ; — *l'Histoire de la Restauration*, dont le premier volume a été publié en 1860, et qui, non encore achevée, en est aujourd'hui au huitième volume. Rien de plus complet sur cette matière.

L'infatigable écrivain a en outre publié *la Conquête d'Alger*, — *Vie de M. Adam de la Rochejacquelein*. — *Souvenirs de la Restauration*. *Appel au bon sens, au droit et à l'histoire*, en réponse à la brochure *le Pape et le Congrès* ; — *le Général de Lamoricière*, et d'autres opuscules. Depuis 1858 il a fondé le recueil littéraire *la Semaine des familles*, qu'il a continué de diriger jusqu'à sa mort avec autant de sagesse que de succès.

Le caractère plein de noblesse et d'affabilité de M. Nettement est tout à fait d'accord avec l'excellence de ses principes. Il est mort universellement regretté le 14 novembre 1869.

DERNIERS MOMENTS ET MORT DE LOUIS XVIII

. . . .

Le Roi était revenu aux Tuileries, et, malgré son état de souffrance, il avait recommencé ses promenades habituelles en voiture. Mais il était tellement amoindri, faible et changé, que le peuple murmurait en le voyant passer dans cet état, et que les partis accusaient le ministère de lui imposer ces sorties pour tromper le public et conserver leurs places. Le Roi, avec son courage ordinaire, ne faisait que mettre en pratique la parole qu'il avait prononcée quelques semaines auparavant : « Il est permis à un roi d'être mort, mais il lui est toujours défendu d'être malade. » Son état continuait à empirer : il prescrivit au premier gentilhomme de sa chambre de fixer au lundi 23 août, au lieu du mercredi 25, la réception des dames à l'occasion de sa fête. Les journaux, placés sous le coup de la censure, ne pouvaient agiter le public en répandant des alarmes au sujet de la santé du Roi, et M. de Chateaubriand, pour continuer son ardente opposition, fut obligé de publier une brochure dans laquelle il attaqua la censure avec beaucoup de vivacité. Le 25 août, le Roi reçut, comme les années précédentes, les félicitations de tous les corps constitués. Les nombreux visiteurs admis en sa présence à cette occasion furent frappés de son affaiblissement et de l'altération de ses traits. Cependant, dominant par la force de son âme cet affaissement physique, il répondit à la harangue du préfet de la Seine avec autant de netteté et de bonne grâce que s'il avait été en parfaite santé. Il voulut, après cette longue et fatigante cérémonie, présider le conseil comme à l'ordinaire. Le 27 et le 28 août, il eut encore le courage d'aller faire une promenade en carrosse jusqu'à Choisy. Le 31, son état s'aggrava, ce qui autorisa Monsieur, chez qui M. de Villèle s'était rendu au sortir du cabinet du Roi, à dire au président du conseil « que s'il avait le malheur de perdre son frère, il ne changerait certainement rien à ce qu'il avait fait et ne s'attacherait qu'à continuer son règne. »

Le 1er septembre il y eut un peu d'amélioration dans l'état du Roi ; mais cependant sa faiblesse demeurait extrême, et il ne pouvait sortir. Le 2, M. de Villèle se présenta dans son cabinet et s'acquitta d'une commission dont il avait été chargé par le duc d'Orléans. Le premier prince du sang représentait que son fils aîné, le duc de Chartres, atteignait, le lendemain 3 septembre, sa quatorzième année ; or, d'après les usages de la monarchie, ajoutait-il, le cordon bleu était acquis ce jour-là au jeune prince, il le réclamait donc pour lui. Tous les jeunes princes placés dans la même position en avaient été décorés à cet âge, notamment le duc d'Enghien.

« J'ai trouvé le Roi ayant peine à soutenir sa tête, continue M. de Villèle, et j'ai été obligé de baisser la mienne au-dessous de son bureau pour ne rien perdre de sa réponse. Il m'a répondu sans hésiter : « Vous

» direz à M. le duc d'Orléans qu'il se trompe, que ce qu'il demande
» n'est dû qu'à quinze ans, et que je ne ferai jamais pour lui ce qui lui
» est dû. L'exemple qu'il cite condamne sa prétention. Le duc d'En-
» ghien, » et il indiqua avec une étonnante précision le jour, le mois,
l'année de sa naissance, « n'eut le cordon bleu que le jour de ses
quinze ans révolus, » et il cita encore cette date. « M. le duc de Chartres
» ne l'aura de moi que demain dans un an. »

» Une telle mémoire, poursuit M. de Villèle, une telle présence d'esprit, une telle résolution avec un si grand accablement physique, sem-
bleraient impossibles à qui n'en aurait pas été comme moi témoin. »

Dans les journées suivantes, l'état du Roi ne présenta point de
modifications sensibles, et le 7 septembre il reçut encore le corps
diplomatique. Le 10, M. de Villèle le trouva extrêmement faible et
remarqua que sa respiration était très-gênée.

« Le Roi, continue-t-il, n'a plus la force de soutenir sa tête, qui, en
retombant sur le coupant de son bureau, s'est toute meurtrie. J'avais fait
observer la veille, aux gens de son service, qu'un oreiller lui serait
nécessaire ; ils l'avaient offert, mais ils avaient été rudement repoussés.
Voyant le front du Roi meurtri et sa figure ensanglantée, je me hasardai
de lui demander la permission de faire apporter un oreiller ; j'ajoutai que
j'avais à l'entretenir d'une affaire importante pour laquelle il fallait qu'il
eût la bonté de me donner des ordres, ce qui serait impossible s'il
n'avait la tête assez élevée pour que je pusse l'entendre. Il fit un signe
approbatif, j'ouvris le cabinet, on porta l'oreiller, ce qui me permit
d'entendre ce que le Roi voulut bien me dire avec une pleine liberté
d'esprit. Au sortir de chez le Roi, je suis allé chez Monsieur, et j'ai
rassemblé le conseil pour conférer de cette pénible situation. »

Louis XVIII soutenait avec une impassible fermeté les approches
de la mort. Esclave des devoirs de la suprême puissance et maître
de lui-même, il siégeait jusqu'au bout ; il mourait comme il avait
vécu, en roi. A mesure que tout espoir de prolonger sa vie disparaissait, la famille royale et ceux qui approchaient de lui s'inquiétaient de ne l'entendre faire aucun appel aux secours de la religion.
Louis XVIII, par la première phase de sa vie, appartenait au parti
philosophique et à la société du xviiie siècle. Quelle impression avait
produite sur lui la Révolution et ses terribles catastrophes ? Nul ne
le savait. Dieu seul lit dans les consciences, sous les apparences extérieures d'incrédulité, les sentiments véritables qui sont le fonds de

l'homme. Monsieur, ainsi que le duc et la duchesse d'Angoulême, était ardemment chrétien ; de plus en plus alarmés de l'état de Louis XVIII, ils sentaient la nécessité de prévenir une fin soudaine qui pourrait le priver du secours de l'Église ; mais personne, dans la famille royale, ne se croyait en position de prendre une intiative à cet égard et de proposer au Roi d'appeler un confesseur. Malgré le déclin de ses forces physiques, Louis XVIII avait conservé, avec la plénitude de ses facultés intellectuelles, l'inflexibilité de sa volonté, et il avait habitué sa famille à une déférence craintive. La famille royale songea alors à Mme du Cayla, que le Roi était habitué à recevoir une fois par semaine, et pour laquelle il se montrait plein de déférence et de bonté : cette dame ne pourrait-elle pas être appelée à remplir cette mission délicate? Elle s'y résigna et vint, à son ordinaire, aux Tuileries le 11 septembre; le Roi consentit à la recevoir; elle passa trois quarts d'heure avec lui et obtint l'autorisation demandée. Le confesseur du roi fut immédiatement appelé. Il était temps, car, dès le soir, le Roi n'eut plus la force de donner lui-même le mot d'ordre, ce qu'il avait fait jusque-là. Il avait encore reçu, ce jour, dans l'après-midi, M. de Villèle et M. de Damas. Le 12, il était trop souffrant pour paraître à la réception générale du dimanche; on ferma les apppartements. Monsieur reçut M. de Villèle, et lui communiqua le désir que M. le duc d'Angoulême eût entrée et rang après lui au conseil; M. de Villèle se chargea d'en faire part à ses collègues. Le 13, le Roi reçut les derniers sacrements de la main du grand aumônier, en présence de la famille royale, du grand chambellan, des grands officiers de la maison, du prince de Castelcicala, du président du conseil et de tout le service, et l'on publia deux premiers bulletins de sa maladie. Le même jour, la Bourse et les théâtres furent fermés ; la vie publique demeura comme suspendue en présence de cette vie royale qui allait finir.

A partir de ce moment, la cour et le jardin des Tuileries se remplirent dès le matin d'une foule inquiète et attendrie, dont l'empressement rappelait celui de la multitude qui séjournait sous les fenêtres des Tuileries dans les derniers jours de la Restauration de 1814, à la veille des Cent-Jours. Elle stationnait avec un religieux silence sous les croisées du Roi agonisant. Les nouvelles étaient attendues avec anxiété et répétées avec un douloureux empressement. Des prières publiques avaient été demandées, et les églises étaient pleines de chrétiens qui venaient prier pour la conservation du Roi. La popularité des premiers jours de la Restauration revenait à ce Bourbon mourant. En présence de sa mort, de plus en plus proche, le recueillement se faisait dans les âmes, et les passions de l'esprit de parti accordant la trêve de Dieu à cette agonie royale, la multitude comprenait instinctivement que ce règne qui avait fermé les plaies de la patrie, rendu le sang à ses veines, l'indépendance à son territoire, la liberté politique aux assemblées, la voix à la tribune, le crédit et la prospérité aux finances, n'avait pas été sans grandeur.

C'était, en outre, depuis la Révolution française un spectacle nouveau, que celui d'un souverain mourant sur son trône et aux Tuileries. L'échafaud avait dévoré Louis XVI, le Temple Louis XVII, le rocher de Sainte-Hélène Napoléon, la vertu, l'innocence et la gloire; Louis XVIII mourant dans son lit, malgré tant d'augures contraires, causait un étonnement admiratif à ce peuple habitué au naufrage des porteurs de couronne. On lui tenait compte du calme et tranquille dénouement d'une vie agitée, et en le voyant conduire jusqu'au port un esquif sur lequel tant d'autres avaient sombré, on le reconnaissait pour un pilote sage et avisé, et, ce que la multitude admire presque autant, un pilote heureux.

Les bulletins se succédaient en annonçant chaque jour une aggravation dans l'état du Roi. Le bulletin du 14 septembre, dans l'après-midi, avertissait le public que le Roi avait éprouvé une défaillance plus forte, que sa respiration devenait pénible et entrecoupée, que le pouls s'affaiblissait et présentait des intermittences. Le premier gentilhomme ajoutait qu'on avait récité dans la chambre du Roi, en présence de la famille royale, les prières des agonisants et de la recommandation de l'âme, et que le Roi avait entendu toutes ces prières avec toute sa connaissance. Les 11e, 12e et 13e bulletins, datés du 15 septembre à diverses heures de la journée, permettaient de suivre les progrès de cette agonie, qui fut lente et douloureuse : le dernier bulletin était ainsi conçu :

« Le Roi est mort à quatre heures précises ce matin.

» Le 16 septembre 1824.

» *Le premier gentilhomme de la chambre.*
» Signé : Comte de Damas. »

Selon les us de la monarchie, le premier gentilhomme de la chambre annonça aux Tuileries la mort du Roi. Aussitôt la maison civile et militaire se rendit au pavillon Marsan pour prendre les ordres de son successeur, Charles X. Ce prince était resté, jusqu'aux derniers moments, agenouillé au pied du lit de son frère. Quand il quitta la chambre mortuaire pour se rendre au pavillon Marsan, on entendit les paroles accoutumées répétées par les assistants : *Le Roi est mort! le Roi est mort!* suivies du cri unanime de *Vive le Roi!* Le même jour, à dix heures du matin, conformément à l'avis affiché par les ordres du premier gentilhomme, le public fut admis à défiler dans les appartements du château et à contempler le roi défunt placé sur une estrade provisoire. Un religieux recueillement régnait au milieu de la foule immense accourue à cette triste solennité.

« Durant les jours de la maladie du Roi, continue » M. de Villèle, à qui nous empruntons ces détails, parce qu'en qualité de président du conseil il assista à toutes ces scènes et reçut tous les rapports, « la population entière de Paris a tenu une conduite admirable. Dès le lundi, hors des barrières, les danses et les divertissements, si fréquents ce jour-là, ont cessé, les cabarets ont été déserts, et l'avis donné de la maladie du Roi a suffi pour arrêter toutes les fêtes préparées dans les lieux de réunions publiques. Dans l'intérieur, les chanteurs et les musiciens ont disparu spontanément. Paris a présenté le spectacle de l'inquiétude, de la douleur et du recueillement. Le jour de la mort du Roi, la plus grande partie des boutiques a été spontanément fermée.

» Le 16 septembre, à six heures, le nouveau Roi, accompagné de M. le duc et de Mme la duchesse d'Angoulême, qui prirent le titre de Dauphin et de Dauphine, et de Madame la duchesse de Berry, partit pour Saint-Cloud. Dans la soirée même, il y eut un conseil. Charles X dit aux ministres de continuer de le servir avec le même zèle et la même fidélité qu'ils avaient montrés à son frère : « Mes premiers moments, ajouta-t-il, ont été donnés à ma douleur; maintenant, je suis tout à mon devoir. »

Histoire de la Restauration.

HIPPOLYTE VIOLEAU

NOTICE BIOGRAPHIQUE

Hippolyte Violeau, né en 1818, est un enfant de la Bretagne. Les leçons du malheur, sans lesquelles aucune éducation n'est complète, ne manquèrent pas à son berceau. Dès son plus bas âge, l'enfant perdit son père, marchand voilier à Brest ; avec lui s'évanouissaient les ressources de la veuve et de sa petite famille. Voici la peinture que le poëte fait lui-même des premières années de son existence :

> Près d'un feu bien petit pour le froid de l'hiver
> Et le rude labeur d'une veille obstinée,
> En ce temps-là, ma mère, avec ma sœur aînée,
> Gagnait, à la lueur d'une lampe de fer,
> A force de travail, le pain de la journée.
> Mon autre sœur, enfant aussi,
> Partageait tour à tour mes jeux et leur ouvrage.
> . . . .

Ce fut auprès de cet humble foyer que le futur écrivain reçut d'une mère pieuse et sage les premières et ineffaçables impressions qui réagirent sur toute sa vie et inspirèrent ses compositions ; la lecture y contribua aussi ; mais dans ce sanctuaire de la famille ne pénétraient que de bons livres. Son grand-père, auquel Hippolyte servait souvent de lecteur, aidait à développer la solidité de son jugement et, guidé par le simple bon sens, commentait avec lui les poëtes classiques. Tels furent les seuls maîtres d'Hippolyte Violeau jusqu'à l'âge de douze ou treize ans. Il lui fallut alors entrer dans un atelier pour apprendre un état.

Sa vocation naissante et sa piété sincère lui rendirent cette nouvelle position fort pénible; d'abord le travail manuel contrariait les instincts de son esprit ; mais, ce qui lui était bien plus insupportable, la conduite et les discours de ses compagnons révoltaient sa foi et son innocence. En vain son dévouement filial le porta à dissimuler sa souffrance à sa mère, elle sut bientôt la pénétrer. Il lui fallut alors céder aux vœux réunis de sa famille alarmée ; il quitta la carrière entreprise et songea à chercher un petit emploi plus en harmonie avec ses dispositions et ses facultés.

Nous ne pouvons entrer dans le détail de toutes les démarches et de tous les mécomptes du jeune Violeau ; mais on pourra s'en faire une idée, quand on saura qu'il sollicita sans succès pendant plus de dix-huit mois une modeste place de quatre cents francs au bureau des hypothèques. Enfin, il obtint ce poste tant désiré, dont les émoluments devaient amoindrir la gêne de l'humble famille.

Pendant la longue attente qu'il lui avait fallu subir, le jeune homme ne s'était pas abandonné à un oisif découragement ; il avait cherché à augmenter la faible somme de ses talents ; et la bienveillance d'un commis de marine lui avait valu quelques leçons gratuites d'écriture.

Le poëte novice s'était cru en état de faire une pièce de vers et, dans l'espoir d'un succès, l'avait envoyée secrètement au bureau d'un journal de Brest. Le rédacteur, ne l'ayant pas jugée digne des honneurs de l'impression, eut du moins assez d'obligeance pour faire remarquer au jeune auteur les fautes de versification, et même de français, qui la rendaient inadmissible, en ajoutant à son refus quelques paroles encourageantes pour l'avenir.

Néanmoins la première impression d'Hippolyte fut celle du désespoir ; et Dieu sait quelles en eussent été les fatales conséquences, s'il n'avait cherché des consolations dans des motifs de résignation chrétienne.

Une réserve de vingt francs ! seul et unique trésor amassé lentement par le labeur assidu de sa mère et de ses sœurs, fut alors sacrifiée pour procurer au jeune homme trois mois de leçons qui devaient former le complément de son éducation littéraire.

Mais la nature avait richement compensé ce qui pouvait lui manquer du côté de l'étude ; et la foi, cette grande source d'inspirations, devait féconder toutes ses œuvres. *La Sainte Vierge*, *l'Ange de la prière*, tels furent les objets de ses premiers chants.

Longtemps retardée par les appréhensions de sa craintive modestie, la publication de son premier recueil, *Loisirs poétiques*, eut lieu à la fin de 1840. Alors on vit une chose vraiment extraordinaire : ce livre, sans être recommandé par aucun protecteur, aucun ami, aucun journal, eut un succès inespéré. Enhardi par cet heureux début, Hippolyte Violeau envoya une pièce de poésie au concours des jeux floraux et obtint la touffe de violettes d'argent léguée par Clémence Isaure. — Deux ans plus tard, il livrait au public ses *Nouveaux Loisirs*, et en 1845, il remportait à la fois deux nouveaux prix aux jeux floraux.

Bientôt, du fruit de ses travaux, il put acheter, près de Morlaix, un terrain planté d'arbres et y faire bâtir la petite maison qu'il avait rêvée. Il alla s'y fixer avec sa famille que vint compléter une épouse de son choix.

Le Livre des mères et *les Soirées de l'ouvrier* étendirent la réputation d'Hippolyte Violeau, et lui valurent les suffrages de l'Académie française, qui lui adjugea le prix Montyon.

Tant de beaux résultats n'enivrèrent pas le sage écrivain ; et, quelques avances qui lui fussent faites pour venir s'établir à Paris, il persista à vouloir vivre dans sa retraite, où il savait être heureux, plutôt que de venir chercher, au contact du grand monde, des avantages douteux et, dans tous les cas, trop chèrement achetés.

Veillées bretonnes, — *Paraboles et Légendes*. — *Pèlerinage de Bretagne*, — *Amice de Guermeur*, — *la Maison du Cap*, — *Souvenirs et Nouvelles*, etc., tels sont les principaux ouvrages d'Hippolyte Violeau. La nouvelle que nous allons citer n'est pas la plus importante ; il nous a fallu choisir une des plus courtes.

LES PETITS OUESSANTINS

Au mois de juin 1842, le jour où l'Eglise célèbre la fête des saints apôtres Pierre et Paul, trois enfants, dont le plus jeune avait neuf ans et les autres quelques années de plus, se rendirent ensemble sur la grève de l'île d'Ouessant, vers le point d'où cette grève n'est séparée de l'île Keller que par un bras de mer assez étroit. Il était environ sept heures du soir, et plusieurs marins, assis sur les galets, mettaient à profit la liberté du dimanche en causant à loisir de leurs voyages, de leurs travaux et des divers intérêts de leurs familles. La journée avait été belle; mais depuis un moment l'horizon s'était chargé de nuages, et le vol inquiet des oiseaux semblait annoncer pour la nuit un temps moins sûr. Nos petits Ouessantins suivaient des yeux les corneilles de mer, et d'un pas furtif, avec cet air affairé et mystérieux qui laisse trop facilement deviner la mise à exécution prochaine d'un complot, ils se rapprochaient lentement d'une sorte de caverne creusée dans la falaise, et dans laquelle les oiseaux venaient chercher un abri. Les trois enfants s'entretenaient à voix basse, bien qu'on ne pût les entendre, et s'irritaient de compagnie contre les marins dont la présence gênait leur expédition. Il ne s'agissait de rien moins que de prendre un bateau pour aller s'emparer d'un nid que Louis Lenoret, l'un des trois amis, avait aperçu la veille. L'histoire, on le voit, commence par une action blâmable; poursuivons néanmoins : ce qui va suivre est de nature à faire oublier bien des torts.

Les marins finirent par s'éloigner, et dès que le dernier d'entre eux eut disparu, les enfants se précipitèrent du côté des barques. Là se trouvait un bateau bien frêle, surtout difficile à tourner, et qui servait uniquement à faire la petite pêche à la côte, dans les beaux jours. Le peu de sûreté de cette embarcation n'effraya point les trois amis; ils la choisirent de préférence, certains de la ramener en moins d'une heure, après avoir atteint le nid, objet de leur ambition.

Ils arrivèrent bientôt, en effet, devant la roche où la corneille avait caché son trésor. Ici des difficultés imprévus se présentèrent : peut-être des brisants au milieu desquels il eût été impossible de manœuvrer, peut-être une trop grande élévation dans un roc taillé à pic. L'oiseau n'avait rien à craindre pour ses petits, et ceux qui étaient venus là pour les surprendre commençaient déjà à regretter leur tentative inutile. Ils réunissaient leurs efforts pour changer la direction du bateau afin d'effectuer leur retour, lorsqu'une soudaine bourrasque enleva le chapeau de Marc Pennec. Que faire? comment se présenter au logis sans chapeau et sortir victorieux de l'enquête qui suivrait naturellement une perte aussi regrettable? Marc ne pouvait y songer, et Jean-Baptiste, son jeune frère, ne voyait lui-même qu'un parti à prendre, ramer, ramer vigoureusement pour rattraper au plus vite l'objet précieux, qui tantôt apparaissait sur le sommet des vagues, et tantôt glissait dans les creux qui les séparaient et devenaient plus profonds à chaque minute. D'abord les chances plus ou moins heureuses de la poursuite occupèrent toute l'attention de nos jeunes marins; mais tout à coup le bateau refusa d'obéir à la manœuvre, et Marc et Louis poussèrent en même temps un cri d'effroi. La petite embarcation avait rencontré un de ces courants terribles qui rendent la navigation si périlleuse aux abords de l'île d'Ouessant.

Pour bien comprendre la situation des deux frères Pennec et de leur camarade Louis Lenoret, il faudrait se représenter cette multitude de rochers à fleur d'eau, ces innombrables écueils semés autour de leur île, et dont les crêtes ou les flancs acérés, de concert avec le formidable remous formé par la rencontre de plusieurs courants, ont déjà causé tant de naufrages. Avertis du péril, comme l'étaient les deux aînés au moins de nos voyageurs, d'autres enfants se seraient abandonnés au désespoir dès le moment qu'ils se seraient sentis entraînés vers la haute mer. Il n'en fut pas ainsi des trois Ouessantins, et si la frayeur les fit pâlir un instant, l'instant d'après ils s'étaient partagé la besogne avec un courage viril. Marc tint le gouvernail ou prit la rame; Louis s'occupa de vider l'eau qui pénétrait dans la barque; et Jean-Baptiste, trop jeune encore pour être d'aucune utilité sous le rapport matériel, Jean-Baptiste fut chargé de prier ardemment, de prier de toute son âme le divin Jésus et la sainte Vierge sa mère.

La nuit était venue, et de longues files de nuages épais poussés par le vent, qui maintenant soufflait avec violence, donnaient au ciel une obscurité affreuse. Les vagues se précipitaient en avant, se roulaient sur elles-mêmes, élevaient, en se poursuivant les unes les autres, des montagnes d'écume que les enfants entrevoyaient dans les ténèbres autour du frêle rempart où ils continuaient vaillamment leurs prières et leurs travaux. Ils furent entraînés d'abord vers la pointe de Cadoran, à près d'une lieue et à l'est de l'île; puis le changement de marée les ramena vers l'ouest, à la pointe de Pern, à la distance d'environ deux lieues, et à travers le courant de Florus.

Vingt fois les abîmes plus redoutés s'étaient ouverts pour les engloutir ; cependant ils ramaient, ils priaient, ils voguaient toujours, et, perdus dans l'ombre, ils luttaient avec le courant que je viens de nommer, ce courant de Florus où, peu d'années après, devait sombrer en plein jour le navire du capitaine Trémintin de l'île de Baz. Je renonce à peindre les angoisses d'une pareille nuit. La pluie tombait à flots, le vent redoublait de fureur, les bruits de la tourmente allaient grossissant comme une épouvantable menace que les profondeurs de l'Océan adressaient à nos jeunes marins. Une lame de mer enleva l'écuelle de bois dont Louis se servait pour vider l'eau entrée dans la barque; Louis ôta son chapeau et l'employa au même usage sans se laisser un moment déconcerter par ce nouveau contre-temps. Ses occupations ne l'empêchaient pas, non plus que Marc, de répondre aux oraisons de Jean-Baptiste, qui, sans le savoir, remplissait, lui le pauvre petit, le rôle de Moïse sur la montagne dans une lutte contre des ennemis plus puissants que les Amalécites.

Après avoir récité une première fois le *Pater*, l'*Ave*, le *Credo*, le *Confiteor* et les litanies de la sainte Vierge, Jean-Baptiste s'était arrêté.

« Eh bien ! dit Marc, pourquoi ne pas continuer les prières ?

— Je n'en sais pas d'autres, répliqua l'enfant.

— Recommence alors, répète les mêmes prières, et vite, sans te décourager.

Le petit garçon recommença et répéta bien des fois l'Oraison dominicale, la Salutation angélique, et ces touchantes invocations à Marie, Secours des chrétiens, Consolatrice des affligés, Etoile du matin, Vierge puissante et pleine de bonté. Fatigué, à la fin, de revenir aux mêmes paroles, Jean-Baptiste se souvint que sa pieuse mère avait passé bien des soirs à lui apprendre l'histoire de la Passion de Jésus-Christ. Il s'interrompit donc au milieu des litanies, et demanda à son frère :

— Mais, je sais encore le saint évangile de la Passion : est-ce bon à dire ?

— Oui, oui, c'est très-bon, répondirent à la fois Louis et Marc, récite aussi la Passion de Notre-Seigneur.

Ils avaient raison, une pareille histoire était bonne à rappeler dans les horreurs de cette nuit terrible et en face de la mort. Où trouver ailleurs les mêmes enseignements sur la résignation chrétienne et les mêmes promesses pour un monde meilleur après celui-ci? N'est-ce pas au jardin des Olives qu'il a été dit : « Mon Père, que votre volonté s'accomplisse et non la mienne? » N'est-ce pas sur la croix que le divin Supplicié prononça ces autres paroles de consolation, d'espérance, et que chacun de nos petits insulaires pouvait s'appliquer au moment de périr : « Je vous le dis en vérité, vous serez aujourd'hui avec moi dans le paradis? »

La nuit s'écoula, l'obscurité devint moins profonde, et pourtant un sombre brouillard s'étendait sur l'Océan et allait s'épaississant en de vagues lointains. L'ouragan ne s'était point apaisé, et de grandes masses d'eau se précipitaient sur la barque, qui s'élevait et descendait avec elles, escaladée par les lames dont l'envahissement ne laissait pas au pauvre Louis un instant de repos. Tout à coup un point de l'horizon s'éclaircit, et les trois enfants reconnurent leur île bien-aimée à une distance malheureusement considérable. Cette vue délicieuse et navrante fut saluée par des cris de tendresse et par des sanglots. Ouessant, c'était la maison paternelle, c'était la famille, c'était la vie, et impossible à nos jeunes marins de s'en approcher. D'ailleurs, ce spectacle, à la fois si douloureux et si cher, dura fort peu; le ciel se couvrit de nouveau, et le bateau, entraîné deçà delà par les courants contraires, reprit sa course effrayante vers l'inconnu.

Toute cette journée du lundi se passa, comme la nuit précédente, à lutter contre la tempête. Epuisés de fatigue, Marc et Louis voulurent essayer de jeter l'ancre, ou plutôt une pierre qui servait au même usage, afin de se reposer un peu. La corde à laquelle cette pierre était attachée se trouva trop courte pour atteindre le fond là où ils avaient cru pouvoir mouiller. Il fallut continuer les manœuvres.

Vers le soir, l'ouragan avait baissé; mais, ballottés par la houle, sans savoir où il se trouvaient, les trois amis tombaient de lassitude et d'inanition. Ils n'avaient rien mangé depuis vingt quatre heures, et la besogne avait été rude. Incapables de veiller plus longtemps au gouvernail, de manier les rames, ils jetèrent un douloureux regard sur l'immensité et s'unirent une dernière fois dans une fervente prière. Les pauvres enfants avaient fait et au delà tout ce qu'il était humainement possible de faire pour échapper à la mort, et maintenant qu'ils se sentaient à bout de forces, qu'ils ne pouvaient plus rien par eux-mêmes, ils confiaient à Dieu, à Dieu seul, et sans se décourager encore, le soin de les protéger. Je dis qu'ils se confiaient uniquement à Dieu, et pourtant je n'étonnerai personne en ajoutant qu'ils imploraient le secours d'en haut par l'intercession d'une Mère. Qui de nous, surtout à l'âge de nos petits Ouessantins, à l'âge où le nom de notre mère terrestre se mêle à tous nos chagrins et vient le premier sur nos lèvres à l'heure du danger, qui de nous, dans la prière, ne s'est adressé d'abord à Marie, à celle que notre cœur ne se représente jamais mieux qu'avec son divin Fils dans ses bras ? Louis, Marc et Jean-Baptiste lui promirent de faire célébrer une messe d'actions de grâces à son autel, si la Providence les ramenait dans leur île chérie, où la Reine du Ciel est invoquée aujourd'hui sous le doux nom de Notre-Dame d'Espérance. La voix leur manquait. Le corps brisé, anéanti, ils se couchèrent l'un près de l'autre, et attendirent, plongés dans un lourd sommeil, ou la délivrance ou le naufrage.

. . . .

Et les deux familles, que devenaient-elles, tandis que les malheureux enfants erraient à travers ces courants et ces écueils, objets d'épouvante pour les plus hardis navigateurs ? Le dimanche, la nuit étant venu, et les parents ne voyant point paraître ceux qu'ils attendaient, on commença des recherches chez les voisins; puis, aidés de quelques indications, on arriva sur la grève, où la disparition d'un bateau fut reconnue, ce qui ne pouvait manquer d'exciter une vive terreur. Lenoret, Pennec et deux ou trois de leurs compagnons se jetèrent dans une embarcation et se rendirent à l'île Keller, qu'ils parcoururent avec anxiété, appelant cent fois et cent fois encore les imprudents voyageurs. Personne ne répondit ; et, comme la mer grossissait toujours, que les vagues annoncelées s'avançaient en mugissant sur les galets et battaient furieuses les flancs creusés des falaises, les deux chefs de famille revinrent à leurs foyers, le cœur rempli des plus sinistres prévisions. Je demande à toutes les mères, si facilement inquiètes dans leur amour, si agitées souvent pour des périls imaginaires lorsqu'il s'agit d'un fils, je leur demande si le supplice de deux femmes qui virent rentrer leurs maris seuls et désolés ne leur paraît pas plus horrible que la situation même de nos petits marins. Au milieu des bruits confus de la tempête, l'oreille cherchait à reconnaître un cri, un appel, et les portes des deux chaumières s'ouvraient à chaque instant et toujours en vain. Oh !

je crois bien volontiers M. l'abbé Picart, le vénérable curé de l'île d'Ouessant, lorsqu'il m'écrit que cette affreuse nuit ne fut que larmes et sanglots. Le lendemain matin, les deux mères étaient au pied des autels, tandis que leurs époux parcouraient tous les points du rivage, interrogeaient l'Océan, et cherchaient à distinguer dans le brouillard qui couvrait la mer, sinon les enfants eux-mêmes, du moins un débris de leur barque.

La nuit vint encore une fois, nuit moins tourmentée par le gros temps, mais plus affligeante, s'il est possible, puisque l'ombre d'espoir qu'on pouvait garder la veille devait s'effacer et disparaître maintenant que l'absence se prolongeait. Le troisième jour et la troisième nuit se passèrent aussi tristement. Enfin, le mercredi matin, M. l'abbé Le Roux, aujourd'hui recteur de Saint-Renan, et alors curé de l'île, consentit, sur les instances réitérées des deux familles, à faire aux trois enfants les touchantes funérailles en usage à Ouessant pour ceux qui périssent en mer.

Voici les détails qui m'ont été fournis sur cette cérémonie, à laquelle on a donné le nom de *Pro-ella*. Mais voyons d'abord les préliminaires, et laissons parler M. l'abbé Le Roux :

« Lorsqu'un marin de l'île meurt hors du pays, la nouvelle n'est jamais annoncée directement à sa famille; au moins elle ne l'est que le plus rarement possible. On l'adresse quelquefois au maire de la part de l'administration supérieure; mais ordinairement elle arrive par les marins qui ont été témoins de la mort de leur compatriote ou croient en avoir une connaissance certaine, et qui écrivent à leurs propres parents pour leur dire : « Un tel est mort tel jour, dans tel endroit et de telle manière. » Alors, soit le maire, soit les parents de ces marins viennent au presbytère avec la lettre qui fait connaître le malheur arrivé. Si le curé est fondé à croire que la nouvelle n'est que trop véritable, il fixe l'heure du *Pro-ella* pour le lendemain, sans que la famille du défunt en ait aucune connaissance. S'il y a doute, le curé refuse le service funèbre qu'on lui demande; je sais qu'il l'a fait au moins une fois, et avec raison, car il y avait eu erreur. Quand il consent à faire le *Pro-ella*, les personnes qui sont venues le trouver vont chercher un proche parent de la famille du défunt. Celui-ci garde le secret jusqu'au soir, et, lorsque la nuit approche et qu'il croit que tous les membres de la famille sont à la maison, il va avec un compagnon, parent aussi, déposer sur la table une petite croix qu'il a déjà préparée. C'est la première annonce du malheur, et l'on devine ce qui se passe alors. Le procédé paraît dur et en quelque sorte cruel ; mais il ne faut pas oublier que la population de l'île est pleine de foi et qu'elle sait admirablement se résigner à toutes les épreuves. »

Dans la circonstance qui nous occupe, cette douloureuse visite d'une amitié forte et vraiment chrétienne n'avait du moins rien d'imprévu pour les deux familles. Le reste se passa suivant les usages du pays. On prit les deux croix de l'église dans la maison des deux frères Pennec et dans celle du jeune Lenoret, et l'on disposa tout comme si les cadavres de Marc, de Jean-Baptiste et de Louis eussent été présents. Les dépouilles des trois enfants étaient figurées par autant de petites croix de bois, auxquelles on avait attaché de la bougie, et qui étaient placées sur des tables qu'on avait eu soin de recouvrir d'un drap blanc. Tout près était l'eau bénite avec une branche de buis ou de laurier pour servir de goupillon. Les parents, les amis, les voisins se rendirent à la veillée funèbre, et passèrent la nuit en prières, pleurant et gémissant avec les familles en deuil. Le lendemain, à l'heure fixée par le curé, les enfants de chœur vinrent prendre les deux convois, qui se rendirent à l'église, où, durant la messe et tout le service, les petites croix occupèrent la place où l'on aurait mis les cercueils. L'office terminé, les porteurs de ces croix, suivis de la foule entière, allèrent déposer dans un coffret, aux pieds d'une statue de saint Pol-Aurélien, patron de la paroisse, le triste et glorieux symbole de la douleur et aussi de l'espérance. « C'est une cérémonie unique, m'écrit encore M. l'abbé Picart, et qui arrache des larmes à tous les yeux. »

Oui, le *Pro-ella* est une cérémonie unique, et dont la pensée, profondément religieuse, me paraît sublime. Vantez, si vous l'osez, vos délicatesses et vos défaillances devant cette nouvelle de mort confiée à l'éloquence muette de la croix, devant cette même croix destinée à représenter un père, un époux, un fils mort dans l'absence, et qu'on ne reverra plus qu'au ciel !

***

Retournons vers la barque où nous avons laissé nos petits Ouessantins endormis. Combien dura leur sommeil ? Longtemps, sans doute, car, lorsqu'ils ouvrirent les yeux, le soleil brillait de tout son éclat.

Tandis qu'ils reposaient, la mer s'était calmée peu à peu, et maintenant la vague adoucie caressait mollement le bateau que la veille elle semblait vouloir briser. Les dormeurs se lèvent, regardent de tous côtés, et poussent à la fois un cri de surprise et d'admiration. La terre, le continent est là devant eux, à une distance très-rapprochée : voilà des champs, des maisons, des églises ; c'est Porspoder, Argenton, Landunvez peut-être ; c'est mieux encore, c'est la délivrance. Pourtant il faut gagner la côte, et nos jeunes marins ont beau redoubler de courage, exténués, mourant de faim et de soif, tremblant la fièvre, leur extrême faiblesse les trahit. Attention au gouvernail ! un effort ! un bon effort de rames !... O malheur ! la frêle embarcation s'engage dans un groupe de rochers, elle va se briser sur les écueils, et, après avoir échappé à tant de périls, les enfants l'ont compris, cette fois le naufrage est inévitable.

En ce moment suprême, un pilote de l'Aber-Benoît, un de ces cœurs chauds, héroïques, comme il en est tant d'ailleurs sous la veste du matelot breton, un de ces loups de mer que rien n'arrête lorsqu'il s'agit de risquer sa vie pour n'importe quel inconnu, se promenait sur la dune, suivant des yeux un navire qui s'éloignait. En ramenant son regard plus près de lui, il voit un bateau en péril, et vite il détache une embarcation, il se hâte, il vole au secours des naufragés. De vieux marins, qui connaissent ces passes dangereuses, ont dit que sans un miracle la petite barque eût été brisée vingt fois sur les rochers avant l'arrivée du pilote. Eh bien ! s'il fallait un miracle, le bon Dieu le fit pour sauver de pieux et intrépides enfants. Le pilote réussit à les atteindre, il put les conduire au port, et il eut la joie de remplir jusqu'au bout envers eux sa généreuse mission, en leur prodiguant tous les soins qui leur étaient nécessaires.

Il était environ midi quand les petits Ouessantins furent sauvés. Leur voyage au milieu des rochers, des courants, des fausses marées qui, les deux tiers de l'année, rendent l'île d'Ouessant presque inabordable, n'avait pas duré moins de quarante heures. Deux jours après, un navire qui faisait le commerce de la cendre avec l'île Molène, les conduisit dans cette dernière île, d'où un marin qu'ils connaissaient, s'empressa de les ramener à Ouessant. Ils arrivèrent donc chez eux le jeudi soir, et l'on se figure aisément la joie qui les accueillit. J'ignore si l'on tua le veau gras dans les deux familles ; mais l'une et l'autre pouvaient s'écrier, comme autrefois le père de l'enfant prodigue : « Mon fils était mort, et il est ressuscité ! »

Il est inutile de dire que la première pensée des enfants fut pour l'exécution de leur vœu. J'ai voulu savoir ce qu'ils étaient devenus depuis 1842, époque déjà loin de nous. Le petit Jean-Baptiste est mort à la mer dix ans après, et le *Pro-ella* a été fait pour lui une seconde fois. Marc et Louis vivent encore; ils naviguent aussi. Le dernier a conservé une telle impression de leur aventure, qu'il évite d'en parler, et se trouve peut-être moins fort aujourd'hui contre le souvenir qu'il ne l'était à l'âge de treize ans, dans la petite barque, en présence de la réalité.

*
* *

J'ai commencé cette histoire avec le sentiment d'un fils qui, voyant les jours de sa mère [1] mis en question, se tient près du lit de douleur et se rappelle amèrement les vertus de celle qu'il est menacé de perdre bientôt. Mon intention était de conclure, en interrogeant les progrès du luxe, l'adoration de la matière, l'abaissement des âmes, sur ce qu'ils nous réservaient en présence de nos vieilles mœurs.

A mesure que j'avançais dans mon récit, j'ai senti naître en moi d'autres idées, des idées moins décourageantes et plus utiles. Au lieu de s'abandonner à des plaintes stériles et de se laisser abattre par des lugubres prévisions, les Bretons, restés fidèles aux traditions de leurs pères, ne pourraient-ils imiter les petits Ouessantins, en se mettant hardiment à la manœuvre avec l'aide du Ciel? Une de nos grandes misères, c'est l'absence de toute énergie dans beaucoup de cœurs honnêtes et dévoués au bien. Cela vient d'un manque de confiance suffisante dans la protection d'en haut. Une pauvre servante bretonne, Jeanne Jugan, l'une des fondatrices de l'ordre des Petites Sœurs des pauvres, disait un jour, dans une réunion où j'étais, un mot bien vrai et bien profond : « Il y a des gens, s'écriait-elle, qui ont toujours peur que le bon Dieu ne soit pas assez riche! »

Cette femme avait raison : Dieu est assez riche et assez puissant pour nous secourir en toute occurrence ; seulement, nous venons d'apprendre de nos jeunes marins, qu'avant de nous remettre uniquement à Lui du soin de nous sauver, nous devons travailler courageusement sous ses yeux et jusqu'à l'épuisement de nos forces. C'est la morale d'une maxime bien ancienne et bien connue : « Aide-toi, le Ciel t'aidera. »

Souvenirs et Nouvelles.

[1] L'auteur, qui est breton, entend par sa mère la Bretagne menacée dans tout ce qui fait son originalité distinctive par les progrès d'une civilisation fausse et corruptrice.

HENRI MARTIN

NOTICE BIOGRAPHIQUE

M. Bon-Louis-Henri Martin est né le 20 février 1810, à Saint-Quentin, où son père, originaire de cette même ville, était juge au tribunal civil. Le futur historien eut de bonne heure à sa disposition une grande partie de la bibliothèque laissée par son aïeul maternel, grand amateur de livres, et fut conduit par le goût de la lecture aux études auxquelles il devait consacrer sa vie. Elevé par son père, il suivit comme externe les cours du collège de Saint-Quentin, puis fut destiné au notariat. Il préféra s'adonner à la carrière des lettres et débuta par des romans.

Les relations de M. Henri Martin avec M. Paul Lacroix (le bibliophile Jacob) l'amenèrent à aborder directement l'histoire. Ils conçurent ensemble le plan d'une *Histoire de France par les principaux historiens*, dont M. Mame, libraire à Tours, se fit l'éditeur (année 1833 et suivantes). Cette publication ne devait être, d'après le plan primitif, qu'une série d'extraits des principales histoires et chroniques, reliés par des transitions et des compléments, et confiés à plusieurs collaborateurs; mais bientôt ces collaborateurs laissèrent M. Henri Martin continuer tout seul le travail.

Plus tard il voulut substituer à cette étude une œuvre personnelle, et donna, avec le concours plus ou moins direct du bibliophile Jacob, la première édition de son *Histoire de France*, qui devint l'œuvre capitale de toute sa vie. Cette première édition était à peine terminée, que l'infatigable auteur se mit à la reprendre en sous-œuvre avec des matériaux plus abondants et sur un plan plus vaste. Ce remaniément l'occupa dix-sept ans, c'est-à-dire depuis 1837 jusqu'en 1854, et porta l'ouvrage à dix-neuf volumes in-8°. C'était là une troisième édition, car la première avait eu un second tirage. Les tomes x et xi ont obtenu, en 1844, de l'Académie des inscriptions le premier prix Gobert; et en 1851, l'Académie française, qui maintenait depuis plusieurs années son premier prix Gobert à M. Augustin Thierry, a décerné aux tomes xiv-xvi le second prix pendant cinq ans, jusqu'à ce que la mort de M. Thierry lui permit, en 1856, d'adjuger le premier à M. Martin. Une quatrième édition, encore augmentée, fut complétée en 1860.

Aujourd'hui M. Henri Martin publie par livraisons une *Histoire de France populaire illustrée*. La lucidité, l'intérêt avec laquelle elle est racontée, en feraient une œuvre excellemment appropriée à sa destination, si certaines idées préconçues de l'auteur ne le rendaient quelquefois injuste malgré sa droiture naturelle, et s'il ne se faisait trop facilement l'écho de quelques calomnies séculaires dirigées contre l'Eglise. M. Henri Martin, quoique spiritualiste, et se distinguant par une âme honnête et par un esprit élevé, n'a pas le bonheur d'être chrétien ; il serait digne de l'être ; et nous regrettons de le voir écrire dans un journal tel que le *Siècle*, dont les rédacteurs habituels sont si fort au-dessous de lui comme caractère et comme talent.

Parmi les œuvres diverses de M. Henri Martin, nous signalerons un travail sur *Daniel Manin*, — *la Russie et l'Europe*, et une très-belle tragédie lyrique, *Vercingétorix*, dans laquelle, tout en interprétant le noble caractère de son héros, l'auteur met en action les curieux usages celtiques qui ont été l'objet de ses plus chères études. Cette pièce, à la scène, ferait sans doute un splendide effet; mais elle n'a pas encore été représentée, les sujets manquent pour en remplir les principaux rôles.

Il ne faut pas confondre M. Henri Martin, l'historien, avec son homonyme, M. Th. Henri Martin, auteur de plusieurs ouvrages de philosophie très-estimés.

ORIGINES, MŒURS ET COUTUMES DES GAULOIS

Au commencement, les Gaulois, nos ancêtres, habitaient, au centre de l'Asie, une terre qui s'appelait *Arie*.

Cette terre avait la Sibérie au nord, la Chine à l'orient, l'Inde et la Perse au midi, à l'ouest la mer Caspienne : on l'appelle à présent Tartarie, elle est aujourd'hui envahie par l'empire de Russie.

Les Gaulois vivaient sur cette terre avec les Germains, ancêtres des Allemands et des Scandinaves, et avec les ancêtres des Grecs et des Romains, et avec ceux des Persans, et avec ceux des Slaves, qui sont les pères des Polonais, et des Bohêmes et des Serbes, et d'une partie des Russes. Les Italiens sont sortis du mélange des Romains, des Grecs, des Gaulois et d'autres peuples encore; quant aux Anglais, ils sont issus, beaucoup plus tard, du mélange des Gaulois et des Germains.

Tous ces peuples n'étaient alors qu'un seul peuple, et tous se nommaient les Aryas : ce sont les mêmes que la Bible appelle les fils de Japhet.

Ils avaient autour d'eux, entre l'occident et le midi, les fils de Sem, qui sont les Juifs, et les Arabes, et les Syriens; au midi, les fils de Cham, auxquels appartinrent et Babylone et l'Egypte, et bien d'autres contrées; à l'orient, les Chinois; au nord, les Touraniens, desquels proviennent les Turcs et la plus grande partie des Russes.

Quand les Aryas se furent multipliés, ils se divisèrent en plusieurs peuples et s'en allèrent en divers sens chercher des terres nouvelles.

Les Gaulois marchèrent devant eux vers le soleil couchant, à travers l'Asie et l'Europe, jusqu'à ce que les plus avancés eussent rencontré la mer d'Occident.

Les plus avancés ne s'arrêtèrent pas devant la grande mer : ils passèrent les détroits dans des barques et occupèrent les îles qui sont aujourd'hui la Grande-Bretagne et l'Irlande.

Les Gaulois s'étendirent ainsi depuis les monts Caucase et la mer Noire jusqu'à la mer d'Ecosse et d'Irlande.

Et ils s'étendirent aussi dans le Nord jusque la mer Baltique et la mer de Norvége.

Les terres d'Occident n'étaient pas entièrement vides, lorsque les Gaulois y arrivèrent.

Les Gaulois trouvèrent là d'autres hommes : vers le Nord, des Lapons et des Finnois ; vers le Midi, des Espagnols, autrement appelés Ibères.

Les Lapons et les Finnois venaient du nord de l'Asie ; ils étaient de la famille des Touraniens. On ne sait pas bien d'où venaient les Espagnols, et la plupart des savants croient qu'ils n'étaient pas de la famille des Aryas. De nos jours, on découvre dans les cavernes, on découvre dans les lacs, on découvre dans le sol des landes et des brandes, nombre d'outils, nombre d'armes, nombre d'objets en bois, en os et en pierre, qui doivent provenir des plus vieux Gaulois et aussi de ces Lapons et de ces Espagnols des anciens temps.

Les hommes d'autrefois ont tracé sur l'os, sur le bois et sur la pierre, les images des animaux de leurs vallons et de leurs forêts : de ces animaux, les uns n'existent plus dans nos contrées, les autres n'existent plus nulle part sur la terre.

Les hommes d'autrefois ont connu le fort taureau sauvage, le bison d'Europe, appelé aurochs, dont les derniers descendants ne se montrent plus que dans une forêt de Pologne ; ils ont connu le renne et le cerf géant, dont les squelettes énormes se voient au musée de Dublin en Irlande, et le grand ours des cavernes, et le rhinocéros primitif, et l'éléphant colossal, couvert d'une longue crinière, dont on retrouve parfois le corps intact dans les blocs de glace de la Sibérie.

. . . .

Les hommes que les Gaulois trouvèrent dans le pays qui est aujourd'hui la France, et dans la plupart des pays d'Occident, n'étaient pas sans doute bien civilisés ni puissants : ils se mêlèrent avec les Gaulois, et prirent leur langue et leur religion et leurs coutumes ; et nous ne savons plus rien d'eux. Dans les Basses-Pyrénées seulement on reconnaît un reste des Espagnols primitifs, et ils gardent encore aujourd'hui leur langue des premiers jours, qui est la langue basque. La langue des Gaulois, elle aussi, a subsisté jusqu'à présent : les Bas-Bretons la parlent encore parmi nous, et d'autres la parlent aussi en divers lieux des îles Britanniques, à savoir, dans le pays de Galles, la haute Ecosse et l'ouest de l'Irlande ; et c'est pour cela qu'il faut conserver avec soin, parmi nous, la langue des Bas-Bretons, afin qu'il reste quelque chose de la parole de nos pères et que nous ne perdions pas toute mémoire des siècles lointains.

La langue des Gaulois, qu'on nomme celtique parce que les Gaulois étaient aussi appelés Celtes, a subsisté chez les Bas-Bretons, et le caractère des Gaulois a subsisté chez nous tous, comme leur sang a passé de génération en génération jusques dans nos veines. Il y avait en eux beaucoup de choses diverses et contraires. Ils étaient enthousiastes et moqueurs, mobiles en apparence, obstinés au fond, sociables et querelleurs, faciles à vivre et intraitables sur le point d'honneur, généreux et envahissants, cruels à la guerre et sensibles aux plaintes des malheureux, et toujours prêts à secourir le faible contre le fort; éloquents dans les assemblées, ils aimaient les combats de la parole comme les combats de l'épée, et ils n'avaient aucune peur de la mort.

Leurs femmes étaient de belle apparence et de grand courage, bonnes conseillères de leurs maris, bonnes éducatrices de leurs enfants. On les prenait parfois pour arbitres dans les différents entre les nations. On cite d'elles nombre de traits d'une héroïque fidélité

La jeune fille avait droit de choisir son mari à sa volonté, tandis que chez d'autres peuples, la fille était donnée et quelquefois même vendue par son père.

Les premiers Gaulois étaient de grands hommes blonds, aux yeux bleus; mais ils amenèrent avec eux d'Asie d'autres tribus de la famille aryenne qui se firent gauloises, et ils se mêlèrent aussi plus tard avec les restes des populations plus anciennes qu'eux en Occident, surtout avec les Espagnols dans le Midi; et c'est apparemment à cause de cela que nous sommes aujourd'hui, pour la plupart, moins grands qu'eux, et chatains, et non plus blonds.

Les Gaulois avaient amené d'Asie le bœuf domestique, le cheval et le mouton : ils avaient apporté d'Asie le blé froment et le seigle; ils nourrissaient dans leurs forêts de grands troupeaux de porcs.

Ils vivaient dans des maisons rondes ou ovales, en terre, aux grands toits de bois et de chaume; on voit encore, ça et là, au fond des bois, des creux de forme ovale qui étaient les celliers de leurs maisons : on les appelle des *mardelles*. Ils avaient, sur les hauteurs ou dans les marais, des places fortes où ils se retiraient, en temps de guerre, avec leurs familles et leurs troupeaux; il s'en rencontre encore quelques restes. Près de Dieppe, autour de la falaise de Limes, on suit longtemps le grand boulevard en terre du camp des Gaulois. La mer, qui longe la falaise, a dévoré, dans le cours des siècles, une partie de cette antique enceinte. A l'intérieur du rempart, on voit, d'un côté, de petits tertres qui sont des tombeaux ; d'un autre côté, on reconnait les celliers d'un certain nombre de maisons : les fouilles qu'on y a faites ont montré que l'une de ces maisons était celle d'un fabricant de haches de pierre. Outre les boulevards en terre, il se voit aussi sur les montagnes, particulièrement dans les Vosges et dans les Alpes, de longues murailles en pierres sèches qui ferment des défilés ou enclosent des cimes.

Les Gaulois des anciens temps portaient des épées et des lances de bronze ou de cuivre, des haches de pierre et de bronze, des flèches de silex : leurs casques ronds étaient surmontés de cornes ou de hautes crêtes et avaient de larges jugulaires qui leur couvraient les joues. Les chefs se paraient de colliers et de bracelets d'or et d'ambre ; les simples guerriers, de colliers et de bracelets de bronze, ou même simplement d'os ou de bois. Ils combattaient leurs longs cheveux flottant au vent, et nus jusqu'à la ceinture, pour montrer leur mépris des blessures et de la mort. Les druides, qui étaient leurs savants, leurs juges, leurs professeurs et leurs prêtres, portaient des colliers de jaspe, de turquoises et d'autres pierres fines, et des couronnes de chêne.

Les Gaulois étaient partagés en nations, en cantons et en tribus. Communément chaque nation élisait un chef civil et un chef militaire. Les chefs de nation, de canton et de tribu, avaient pour conseillers les anciens du pays, et répondaient de leurs actions devant l'assemblée du peuple. Les Gaulois, suivant la tradition conservée dans le pays de Galles, disaient que, « selon l'ordre et le droit primitif, une nation est au dessus d'un chef. » La vieille loi des Celtes d'Irlande, frères des Gaulois de France, dit qu'un roi injuste et un chef qui ne remplit pas ses devoirs peuvent être dégradés.

Quand les nations gauloises se confédéraient contre l'ennemi, elles élisaient un chef suprême pour le temps que durerait la guerre. Plusieurs de ces nations eurent des rois qui succédaient à leurs pères ; mais ces rois ne durèrent pas longtemps, et l'on en revint à élire les chefs.

Les sénats, ou conseils des anciens, étaient formés des représentants des divers cantons. Le gouvernement appelé représentatif remonte ainsi jusqu'aux Gaulois. Chaque tribu était une grande famille, et se gouvernait par la loi de la famille ; la terre était aux familles plutôt qu'aux individus, bien que chacun eût son lot; l'égalité était entre les enfants mâles, si ce n'est que le dernier-né avait la maison paternelle, comme étant le plus faible. Les filles avaient part à l'héritage des biens mobiliers, mais point de la terre, parce la loi de ces temps guerriers était que celui-là seul eût la terre, qui avait l'épée.

La loi de la tribu, comme on le voit dans la vieille loi des Celtes d'Irlande, était bonne et protectrice pour les faibles, pour les vieillards, pour les femmes et pour les petits enfants.

Il y avait communauté de biens entre mari et femme, mais dans des conditions qui différaient en quelques façons de celles du Code civil français.

A côté de la loi de la famille, il y avait la loi du patronage et la loi de l'*amitié*. Les faibles se mettaient sous le patronage des forts et les servaient pour être protégés par eux; les vaillants faisaient ensemble des *amitiés*, des *confréries*, où il n'y avait ni supérieurs ni inférieurs; d'autres vaillants se mettaient dans l'*amitié* d'un chef, et faisaient avec lui *confrérie* pour vivre et pour mourir : si le chef était tué, tous mouraient avec lui.

Chez ce peuple guerrier, il existait cependant un grand corps d'hommes très-respectés qui ne faisaient point la guerre. Ce corps se partageait en trois ordres : les druides, vêtus de blanc, qui vivaient dans les retraites des bois, étudiaient la théologie et l'astronomie, enseignaient la jeunesse et rendaient la justice; les bardes vêtus de bleu, qui chantaient, dans leurs vers, les dieux et les héros et les révolutions des astres, et dont les chants enflammaient les guerriers et leur inspiraient le mépris de la mort; enfin, les ovates, vêtus de vert, qui célébraient les sacrifices et guérissaient les maladies.

Les guerriers, eux, portaient des vêtements rayés de rouge et d'autres couleurs éclatantes, comme font encore les montagnards écossais qui descendent des Gaulois.

Il existait aussi des communautés de femmes consacrées à la Divinité : on les nommait druidesses; elles vivaient retirées dans les îles de la mer et des fleuves, et le peuple les croyait douées du pouvoir de soulever et d'apaiser les vents et les flots, de prendre à volonté toutes sortes de formes d'animaux et d'oiseaux, et de prédire l'avenir. Dans la mémoire du peuple, leur souvenir se confond avec les contes de fées.

Les Gaulois n'avaient point d'idoles ni de temples somptueux comme les Egyptiens, les Grecs et les Romains. Ils adoraient la Puissance invisible sous la voûte sombre des forêts de chênes : le chêne leur semblait l'image du Dieu Fort, qu'ils nommaient Esus, et le gui, lorsqu'il croît sur le chêne, était pour eux, à ce qu'on peut penser, l'image de l'homme uni à Dieu. C'est sans doute pour cette raison que le gui de chêne était leur plante sacrée.

Les Gaulois, mêlant la religion à toutes choses, offraient les sacrifices, tenaient les conseils de guerres, les cours de justice, les assemblées d'élection, dans des cercles de pierre consacrés, image du monde et du cercle de l'existence qui n'aura point de fin. Ces cercles étaient situés dans les clairières des forêts de chênes, et on les nommait le sanctuaire du chêne. On déposait aussi dans ces cercles les enseignes militaires, qui étaient le sanglier d'airain, le dragon rouge, le taureau, et un animal fantastique appelé le cheval marin. C'est là qu'on venait chercher les enseignes, en grande cérémonie, aux jours des dangers publics et des grandes guerres.

Comme les anciens Persans, les Gaulois croyaient qu'on ne doit point enfermer la Divinité dans des temples; comme Moïse et les anciens Juifs, ils croyaient qu'on ne doit point élever d'autre monument au Seigneur, sinon avec des pierres que la main de l'homme n'a point taillées.

Et c'est pour cela qu'ils ne nous ont laissé que des monuments de pierre vierge.

Nous avons gardé des Gaulois quelques débris de cercles consacrés et d'autels, quelques avenues de pierres levées, dont les restes immenses étonnent le voyageur sur les grèves de Brétagne, et qui, selon toute apparence, se rapportaient à la religion. A Carnac, dans le Morbihan, non loin de la presqu'île de Quiberon, il subsiste onze lignes de pierres levées, qui partent d'un cercle de très-hautes pierres et qui se prolongent pendant trois kilomètres. A Erdeven, à peu de distance de Carnac, il y a encore treize autres lignes qu'on peut suivre pendant un quart d'heure. Il y en avait là autrefois bien davantage. Il en existait aussi en Périgord et ailleurs qui ont été détruites.

Nous avons encore quelques autres pierres levées et des buttes qui ont pu marquer les limites des tribus et des nations; nous avons aussi, mais rarement, une espèce de monument très-extraordinaire :

c'est un immense bloc de pierre, posé en équilibre sur une autre roche, de sorte qu'en le touchant par un certain point, le doigt d'un enfant fait remuer cette prodigieuse masse. Si l'on touche la pierre en tout autre endroit, les bras des géants ne l'ébranleraient pas.

Le plus grand nombre, parmi les monuments gaulois qui n'ont pas été détruits par les révolutions des religions et des gouvernements et par le défrichement de la terre, le plus grand nombre, et de beaucoup, sont reconnus aujourd'hui pour être les tombeaux de nos aïeux, soit qu'ils consistent en pierres levées, en grottes à découvert, formées de quelques blocs énormes, ou en monceaux de terre ou de pierres renfermant d'autres grottes ou caveaux funèbres. Il existe dans un rayon de huit ou dix kilomètres autour des alignements de Carnac, un grand nombre de ces tertres funéraires, les uns encore debout, les autres effondrés. Il semble qu'il y ait eu là comme une ville de morts, et que les druides et les chefs des Gaulois se soient fait inhumer là autour d'un lieu sacré. Anciennement les tertres funéraires étaient surmontés d'une haute pierre, probablement l'emblème du Dieu suprême, et, d'habitude, entourés d'un ou de plusieurs cercles de pierres, parce que le cercle, qui est la forme de la terre et du soleil et de tous les mondes, était considéré comme une forme sainte et mettait les tombeaux sous la protection de la Divinité.

On ne rencontre le plus souvent, quand on les fouille, que des objets en pierre : peut-être faut-il reconnaître encore ici la même pensée religieuse qui portait les Gaulois à ne construire que des monuments en pierre vierge. Quelquefois, cependant, on trouve des armes de bronze, ou des colliers, ou des bracelets d'or, ce qui indique les sépultures de chefs de guerre et non de druides.

Parmi les pierres plantées debout auprès des tertres funéraires, il y en avait d'une hauteur prodigieuse et d'un poids énorme. A Loc-Mariaker, à huit kilomètres de Carnac, on voit à terre, brisé en quatre morceaux, un obélisque de granit d'un seul bloc, aussi long et deux fois plus gros que l'obélisque de la place de la Concorde à Paris. On n'en voit plus de si grands qui soient restés debout; cependant il y a encore, dans la lande de Saint-Renan, à quelques lieues de Brest, une haute pierre, un *menhir*, comme on dit dans la langue des Bretons, qui s'élève de douze mètres au-dessus de la terre.

Les tombeaux étaient les vrais temples de ce peuple qui n'avait point de temples. La foi des Gaulois en l'immortalité était telle, qu'ils vivaient, pour ainsi dire, d'avance dans l'autre vie. La mort n'était pour eux qu'un voyage; les rapports des vivants avec les trépasssés ne leur semblaient interrompus que pour quelques jours; ils chargaient les mourants de leurs commissions pour les morts, et ils y en avaient qui se prêtaient de l'argent à rembourser dans l'autre monde; car ils croyaient que la vie future garde les mêmes relations que celle-ci, qui aurait elle-même succédé à une autre vie dont nous n'aurions pas le souvenir. Ils espéraient que la vie future serait meilleure que celle-ci et qu'on y retrouverait le souvenir des existences passées; ils croyaient que cela dépend de nous et que nous réglons notre sort futur en choisissant librement entre le bien et le mal, et ils avaient foi à une existence sublime, destinée aux héros et aux sages qui auraient su s'en rendre dignes, et de laquelle on ne retomberait plus jamais dans le mal ni dans la mort.

C'était cette croyance qui, au dire des Grecs et des Romains, faisait des Gaulois « le peuple qui n'a pas peur de la mort. »

A cette croyance se rapportait une coutume cruelle, qui était commune aux Gaulois et à beaucoup d'autres peuples : les sacrifices humains. Les Gaulois ne prenaient pas, comme les Phéniciens et les Carthaginois, les enfants à leurs mères pour les immoler à d'impitoyables divinités; mais ils sacrifiaient les criminels à la Justice divine, et parfois les ennemis vaincus au dieu de la guerre; et ils sacrifiaient aussi des innocents qui s'offraient volontairement à la mort, et qui croyaient, par ce dévouement, détourner le courroux céleste de leur patrie ou de leurs amis. Cette sorte de dévouement était connue aussi des Romains. C'est celle de Curtius et de Décius dans l'histoire romaine; mais chez les Romains, c'était un accident et une exception : chez les Gaulois c'était une coutume.

D'après les traditions conservées dans le pays de Galles, les Gaulois croyaient que les innocents qui s'offraient en sacrifice par dévouement s'en allaient tout droit au ciel, et que les criminels qui acceptaient le sacrifice pour racheter leurs crimes, s'ils n'allaient pas encore au ciel qu'ils n'avaient pas mérité, évitaient du moins de tomber, après leur mort, dans une suite d'existences basses et misérables.

Certains des usages des Gaulois étaient barbares; mais leur âme était grande.

La principale maxime des Gaulois était celle-ci : « Honorer la Divinité, ne pas faire de mal aux hommes, cultiver *la force*, c'est-à-dire la force de l'âme, le courage. »

Les vieilles lois gauloises punissaient les attentats à l'honneur comme les attentats à la vie. La loi des Celtes d'Irlande dit que la loi a trois objets : le gouvernement, l'honneur et l'âme. Le gouvernement, dit-elle, appartient aux chefs, l'honneur et l'âme appartiennent à tous.

Histoire de France populaire.

MADAME BOURDON

NOTICE BIOGRAPHIQUE

Les recueils biographiques contemporains, fort mal renseignés en ce qui concerne les femmes auteurs de notre temps, négligent de parler de Mme Bourdon, qui, plus que bien d'autres, eût mérité d'y avoir place. Nous ignorons la date et le lieu de sa naissance. Nous la croyons née en Belgique. Tout annonce en elle l'éducation la plus complète, une intelligence étendue et un savoir peu commun. Mariée très-jeune à un écrivain français, M. Froment, elle a dû être à même de développer ses facultés dans cette union, qui fut traversée par bien des épreuves. Défenseur d'une noble cause, M. Froment fut exilé de France sous le gouvernement de juillet. Durant une longue maladie qui le conduisit à la mort, il était dévoré du désir de rentrer dans sa patrie, et ce vœu put être réalisé par suite de la révolution de 1848. Cette consolation ne put lui sauver la vie, ni lui épargner les difficultés qui devaient naître de l'état d'infirmité d'un homme dont le travail était la principale ressource. Dans ces circonstances sa femme eut à faire preuve d'un grand courage, mais la force que la religion donne aux grandes âmes ne lui manqua pas. — Devenue veuve, elle trouva une ressource, d'abord médiocre, dans de petits travaux littéraires, publiés sous le voile du pseudonyme et de l'anonyme. Mais un livre plus important, *la Vie réelle*, qui à un mérite remarquable joignait un titre des plus heureux et fut lancé par un éditeur habile, tira de l'obscurité Mme Mathilde Froment, qui le signa en toutes lettres et obtint un des prix décernés par l'Académie française. Ce fut vers ce temps qu'elle épousa M. Hercule Bourdon, juge au tribunal de Lille.

Mme Bourdon a pu connaître par expérience, au début de sa carrière littéraire, quelque chose des amertumes et des mécomptes qu'elle sait si bien décrire : c'est même probable. Mais depuis le succès qu'a obtenu *la Vie réelle*, la littérature ne lui a point été marâtre, et ses ouvrages sont fort recherchés. Sa plume, étonnamment féconde, accuse toujours un esprit solidement chrétien ; le talent, l'érudition, l'élévation des pensées, le charme des tableaux, le sentiment vrai et pur, tout se réunit dans ses œuvres pour justifier leur vogue et pour élever leur auteur au-dessus de la plupart des écrivains de son sexe.

Outre une part considérable à la rédaction du *Journal des demoiselles*, dont elle fait le grand succès, et de sa collaboration à quelques autres revues, Mme Bourdon a publié, depuis dix ans surtout, un grand nombre de livres, que nous allons essayer d'indiquer ; ce sont, outre *la Vie réelle* et *les Souvenirs d'une institutrice* : *la Charité* ; — *les Béatitudes* ; — *le Droit d'aînesse* ; — *Lettres à une jeune fille* ; — *Onze Nouvelles* ; — *Tableaux d'intérieur* ; — *Quatre Nouvelles* ; — *la Ferme aux Ifs* ; — *Léontine (histoire d'une jeune femme)*, — *la Femme d'un officier* ; — *Mademoiselle de Neuville* ; — *Denise* ; — *les Trois Sœurs* ; — *Une Faute d'orthographe* ; — *Pulchérie* ; — *Nouvelles historiques* ; — *Abnégation* ; — *Souvenirs d'une famille du peuple* ; — *Histoire de Marie Stuart* ; — *les Servantes de Dieu* ; — *Heures de solitude* ; — *Marcia*, etc. — Plusieurs volumes d'études populaires et quelques ouvrages de piété doivent s'ajouter à cette nomenclature.

LES MÉCOMPTES DE LA LITTÉRATURE

Lassée de la carrière de l'enseignement, et de la condition de sous-maîtresse, par laquelle il lui avait fallu débuter, une jeune fille, ayant reconquis sa liberté, veut essayer de la profession littéraire, qu'elle croit plus agréable et plus avantageuse ; elle est venue à Paris dans cette intention. C'est dans une petite chambre meublée, de la rue Jacob, qu'elle écrit le journal intime qui renferme ses impressions de chaque jour. En voici quelques fragments.

Paris, novembre 18...

Ce matin, je me suis habillée avec soin, j'ai pris mon recueil d'élégies, et le cœur tremblant, *saisi*, comme disent les petites filles, je suis allée jusqu'à la porte d'un éditeur qui publie beaucoup de recueils de vers. J'ai posé la main sur le bouton de la serrure, mais je n'ai osé ouvrir; à plusieurs reprises, j'ai passé devant ce brillant magasin où les productions nouvelles étalaient leurs titres séduisants et leurs fraîches couvertures; mais longtemps le courage m'a manqué. Enfin, prenant sur moi-même, et par un violent effort de volonté, j'ai ouvert la porte et je suis entrée. « Que désire madame? » m'a dit un commis dont le regard assuré m'a fait baisser les yeux. « Je voudrais parler à M. E... — Impossible, il déjeune en ce moment. — Pourrai-je revenir dans une demi-heure? — Si vous le voulez, madame. »

Je sortis, et vraiment j'étais enchantée de ce délai, de ce moment de grâce, que d'autres, peut-être, auraient trouvé bien importun. Je marchai quelque temps dans la rue, et quand la vieille montre de mon pauvre père m'eut avertie que la demi-heure était écoulée, je retournai. « Désolé, madame, mais M. E... vient de partir pour Saint-Mandé. Il ne reviendra que vers le soir, à l'heure du dîner. »

Je respirai de nouveau, car mon pauvre cœur battait à m'échapper, et je revins chez moi. Je relus quelques-uns de mes vers, je corrigeai, je redressai, j'ajoutai même une strophe à mon élégie *l'Anniversaire*, et vers le soir, je retournai, car je voulais poursuivre résolument mon entreprise, quelles que fussent mes craintes et les souffrances que me causait ma timidité. Je venais d'entrer dans le magasin, un des commis s'avançait vers moi avec une figure négative, si je puis m'exprimer ainsi, lorsqu'un monsieur, entré après moi, me dit poliment : « Vous me demandez, madame? — Oui, monsieur, je désirerais avoir avec vous un moment d'entretien. »

Il me fit entrer dans un cabinet de travail, meublé avec une élégance extrême : tableaux, bronzes, objets d'art, raretés venues des pays lointains éblouissaient les yeux. Je m'assis et lui présentai mon manuscrit en le priant d'en prendre connaissance. Il y jeta les yeux : « Des vers! dit-il en faisant une moue un peu dédaigneuse, des vers! nous sommes bien peu poétiques en ce moment, mademoiselle! Et, je le vois, vous n'avez traité que des sujets de jeune fille, une spécialité (et il feuilletait du pouce), les titres le disent : *Souvenirs*, *le Mois de mai*, *les Fleurs des champs*. De la poésie à la crème, rien de hardi, rien de cavalier, c'est le genre qui plaît aujourd'hui.... Cependant, mademoiselle, si vous êtes décidée à courir la fortune, je serais heureux d'être votre éditeur. Vous publieriez à vos frais, et les bénéfices, comme de raison, vous appartiendraient... — Mais, monsieur, dis-je timidement et en rougissant beaucoup, telle n'était pas ma pensée... j'espérais... je me figurais qu'après avoir lu ce petit recueil, vous auriez consenti... à me l'acheter... je n'aurais pas été exigeante...

— Oh! mademoiselle, répondit-il en réprimant à demi un sourire, les éditeurs sont des marchands et non pas des clients.... Nous faisons des affaires avec des auteurs dont le nom est connu, dont le talent est goûté du public; mais nous ne pouvons, en bonne conscience, encourager des débuts. Siècle d'argent, siècle de fer, mademoiselle, que voulez-vous!... Je ne doute nullement du mérite et de la grâce de vos poésies; tel auteur, tel vers, mais il me serait impossible de publier ceci à mes frais.... Désolé, en vérité. »

En parlant ainsi, il me rendit mon manuscrit proprement roulé et me salua. Je me levai, la gorge serrée, et quand je fus hors du magasin, parmi cette foule turbulente, indifférente, qui se croisait dans la rue, je sentis profondément que j'étais seule et sans appui, et des larmes montèrent de mon cœur à mes yeux.... Pourtant faut-il se désespérer pour un premier échec? Afin de me distraire de ma tristesse, j'eus recours à ma plume, ma confidente, mon trésor; j'ai écrit, et une nouvelle élégie, *Seule dans Paris*, est venue augmenter mon recueil.... J'irai demain chez un autre éditeur, au Palais-Royal.

Paris, novembre 18...

Nouvelle tentative, nouvelle déception! L'éditeur auquel je me suis adressée ne ressemble guère à M. E..., si élégant et si beau diseur, pas plus que son vieil et sombre taudis, encombré de livres anciens et nouveaux, ne ressemble au splendide magasin, étincelant de marbres et de dorures, où la veille j'étais entrée avec tant d'inquiètes espérances, et d'où je suis sortie abattue et découragée. M. Gervais est vieux comme sa boutique; affublé d'une houppelande brune, coiffé d'un bonnet de velours, il m'a fait penser, je ne sais pourquoi, au Nicolas Flamel des légendes; pourtant, j'étais moins embarrassée devant lui qu'en présence de M. E..., dont l'attitude et les paroles, si gracieuses qu'elles fussent, me gênaient beaucoup. Il m'écouta d'un air de bonhomie, parcourant des yeux mon manuscrit, et parfois, en s'arrêtant sur certains passages, il hocha la tête d'une façon approbative; puis, après un assez long silence, il me dit d'un ton vraiment paternel : « Ma chère demoiselle, nous ne pouvons imprimer cela : les vers ne se vendent guère et se paient encore moins, probablement parce qu'ils sont impayables, disait une femme d'esprit.... Croyez-moi, renoncez à cela, je vous parle au nom de ma vieille expérience, c'est un métier creux et qui ne mène à rien! Cependant, si vous êtes en fonds, et que vous désiriez vous voir imprimée, en beaux caractères, sur papier vélin, avec couverture gris de lin, afin de pouvoir offrir des exemplaires de vos œuvres à vos oncles, à vos tantes, à vos amis, voire même à M. le préfet du département, nous pourrions traiter ensemble.... Vous seriez contente du pauvre Gervais.... Il a fait la fortune de plus d'un auteur...

— M. Gervais, je ne suis pas assez riche pour faire imprimer mes vers à mes frais... J'espérais que ce petit recueil aurait pu me faire connaître... — J'entends : nous sommes venus à Paris pour y trouver de la gloire et de l'argent : c'est une illusion, ma chère enfant, si vous me permettez ce nom, car je suis assez vieux pour être votre grand-père ; plus d'un joli papillon, plus d'une belle demoiselle, si vous aimez mieux, sont venus se brûler à la chandelle... Ecoutez un bon conseil : faites des vers pour vous-même, cachez-les dans le tiroir de votre secrétaire, mais ne comptez pas là-dessus pour vous faire des amis ou de l'argent... On ne veut plus de vers : voyez mon magasin, il est tout rempli de ces recueils de poésies ; qui est-ce qui en demande?... Voilà un Delille qui se moisit; voilà madame Dufrenoy et madame la princesse de Salm dédaignées dans un coin; voilà des *hymnes poétiques*, des *cantiques*, des *fleurs de l'âme*, des *cordes de la lyre*, des *rêveries*, des *odes*, des *ballades*, qui, je vous en réponds, n'iront jamais à la postérité ; on ne veut plus que de la prose ! — Mais, moi aussi j'ai écrit de la prose : j'ai fait deux nouvelles... Les voici... »

M. Gervais prit mon second manuscrit, affermit ses lunettes, et lut les titres à haute et intelligible voix : *Julienne du Guesclin*, chronique; *Aurélie*, récit... C'est fort bien... De la diversité... L'histoire et l'imagination... Voyez-vous, mademoiselle, ceci convient à une *Revue*... Portez-moi bravement ces jolies nouvelles à quelque recueil périodique, joignez-y une ou deux pièces de vers, les meilleures, car le public est un monsieur très-friand... C'est l'unique moyen de se faire peut-être, si la Providence le permet, une petite réputation... Mais, avant tout, croyez-en le vieux M. Gervais : si le bon Dieu vous a octroyé quelque fortune, tricotez-vous des bas; si vous avez une bonne profession, exercez-la, mais ne demandez à la plume ni repos, ni plaisir, ni richesse... — Vous n'êtes pas encourageant, M. Gervais. — Je suis vrai, vous le reconnaîtrez un jour... — Je tenterai une nouvelle démarche. — Frappez à la porte d'une revue alors! — Je suivrai votre conseil. Adieu, monsieur. — Votre serviteur, mademoiselle... Quand vous voudrez acheter des livres, n'oubliez pas M. Gervais... »

Je m'en allai, moins découragée que la veille, quoique j'emportasse également un refus : l'air paternel du bonhomme m'avait rassurée. A demain les *Revues!*

Paris, novembre 18...

. . . .

J'ai recommencé mes pérégrinations avec un nouveau courage, de nouvelles espérances, et, une fois de plus, je ne rapporte au logis que de tristes déceptions. Je me suis présentée au bureau d'une *Revue* célèbre; un des directeurs m'a reçue; il était bien imposant dans sa robe de chambre de brocart; en le voyant si fier et si grave, je me suis involontairement souvenue de ce mot qu'on adressait à un grand personnage : — Vous êtes si froid et si sérieux! On n'est jamais à l'aise avec vous! — Mais, répondit-il, je ne tiens nullement à ce que l'on soit à l'aise avec moi...

Pour mon compte, je n'étais pas à l'aise avec cet autocrate de la presse. J'expliquai, en balbutiant, ce qui m'amenait, je présentai mon manuscrit... Il ne me fit pas l'honneur de le dérouler, et d'une voix flûtée et posée, il me dit : « Nous sommes inondés de manuscrits, mademoiselle, nos cartons en regorgent; vers, prose, tout s'y donne rendez-vous, et les maréchaux de la littérature nous prient, le dirai-je? à mains jointes, d'insérer leurs œuvres. Vous comprenez donc qu'un nom inconnu, arrivant de la province, n'a pas chance d'être accueilli... Nous avons des concurrents moins gâtés, peut-être, par les auteurs à la mode... Ils seraient heureux, sans doute, de s'enrichir de vos œuvres. »

En achevant ces mots, il se souleva à moitié derrière son immense bureau, chargé de papiers, de journaux, d'épreuves, et s'inclina légèrement. Je compris que c'était un congé, et ne me fis pas répéter : je sortis, le cœur un peu serré... La hauteur, les froids regards, les paroles sèches et mesurées sont comme des étaux qui serrent une pauvre âme, avide de bon accueil et d'encouragements.

Cependant j'essayai de me remonter, et j'allai frapper à la porte d'un autre journal, un *Magazine*, comme disent les Anglais, qui jouit d'assez de vogue. Un apprenti imprimeur, coiffé d'un bonnet de papier, et fredonnant je ne sais quel refrain, m'introduisit dans un premier bureau, où régnait un aimable désordre ; un fouillis de papiers, de registres, de gravures sur bois, de clichés, tout un matériel de journal enfin, qui semblait établi sur une grande table noire. Un jeune commis, qui achevait de déjeûner en lisant une pièce de théâtre, me montra une porte au fond en disant : « Voilà le bureau de la rédaction. » Je frappai et j'entrai assez résolument ; mais je faillis reculer en me voyant dans un salon où plusieurs jeunes gens, assis autour d'une table ronde, fumaient des cigares et remplissaient l'air d'une fumée dense et grise. Oh ! combien je regrettai en mon cœur le pensionnat et ma classe de jeunes filles ! combien je me sentis peu appuyée, peu protégée en ce moment !

On était venu au devant de moi, et je me trouvais, sans trop savoir comment, assise dans un fauteuil *sous le feu* de ces messieurs, qui me regardaient avec l'attention la plus embarrassante ; je fis un effort, et j'expliquai le motif de ma visite. Le plus âgé des rédacteurs prit mon manuscrit et le parcourut en silence... Pendant ce temps, ses collègues m'examinaient : je me sentais rougir de malaise et de dépit, et je trouvais alors bien bon et bien aimable l'homme de la *Revue*, dans sa majesté froide, qui m'intimidait sans me faire honte. Au bout de cinq minutes, qui me parurent un siècle, le rédacteur en chef me dit : « Cela pourrait nous convenir, moyennant quelques coupures, un peu de poudre d'or de style et d'esprit, saupoudrés çà et là... Me laisseriez-vous ce manuscrit, mademoiselle ?

Je m'inclinai : — Mille grâces, continua-t-il ; mais alors il faudra que nous nous revoyions pour en conférer. Oserai-je espérer votre visite ? »

Je levai les yeux, je crus surprendre un méchant sourire sur le visage des autres rédacteurs, je balbutiai quelques mots qui n'étaient pas un acquiescement, et je sortis de ce salon en laissant ma pauvre *Aurélie* aux mains de ces forbans... Voilà un gros mot, mais je ne l'effacerai pas, car il reproduit l'impression que m'ont faite ces jeunes gens aux regards insolents et hardis. . . . .

Paris, avril 18...

On m'a donné quelques lettres d'introduction pour des femmes auteurs, et, depuis deux jours, j'en ai fait usage. J'ai heurté à bien des portes, j'ai salué bien des noms connus, et j'avais un battement de cœur en m'approchant de celles dont les écrits m'ont si souvent émue. Mais, hélas ! qu'au fond de ces âmes il y a de découragement, et quel crêpe elles ont jeté sur mes illusions et mes espérances ! Ces muses, que je me figurais si riantes, n'ont que des accents désolés ; ces maisons, que je me représentais si poétiques, respirent, pour la plupart, la gêne mal déguisée par de vains efforts de luxe et d'élégance artistique. Toutes, en apprenant que, comme elles, je désirais écrire, et que je voulais, ainsi que l'a dit une femme poëte,

M'élancer seule, libre et la lyre à la main !

toutes m'ont désapprouvée et ont appuyé leur blâme des réflexions les plus désenchantantes du monde. L'une se plaignait de la calomnie, l'autre de la pauvreté ; une troisième maudissait ce travail de l'intelligence qui rend l'esprit difficile et le cœur exigeant, et qui trop souvent dégoûte d'une position modeste et d'une affection ordinaire ; une autre, plus franche, me disait :

« Je suis arrivée, mais au prix de quels efforts ! On achète maintenant mes nouvelles, un ouvrage de morale que j'écris a déjà trouvé un éditeur, l'horizon s'éclaircit ; mais savez-vous que je travaille depuis dix ans, que j'ai usé ma jeunesse dans des labeurs arides, que, pour soutenir mon mari malade et mes jeunes enfants, j'ai accepté les travaux les plus ridicules et les plus rebutants ? J'ai traduit de l'allemand un *Manuel de l'artilleur*, et de l'anglais, un *Traité des conserves alimentaires* ; j'ai fait des syllabaires pour les petits enfants, un dictionnaire de botanique, et des tables alphabétiques, analytiques, chronologiques de la vie des saints, travail digne des Mabillon et des Ruinart ; j'ai corrigé des épreuves ; j'ai lavé le *linge sale*, pardonnez-moi le mot, de quelques auteurs en renom, et ces travaux ennuyeux, sans charme, sans avenir, étaient si peu rétribués, que souvent je me demandais s'il n'eût pas mieux valu raccommoder les blouses de mes enfants ou faire des chemises pour les magasins ! Voilà les débuts de la carrière... Combien d'entre nous restent en chemin ! Je connais une femme qui a fait des traductions de l'anglais, et qui était si mal payée, qu'elle préfère ourler et marquer des mouchoirs à tant la pièce...

— Mais j'ai quelque protection, murmurai-je toute découragée.

— Vous ont-elles fait trouver un éditeur ? Vous êtes le *lion* de quelques salons, mais cela durera-t-il ?... Pardonnez-moi, mademoiselle, de vous parler avec tant de franchise, vous avez l'âge de ma fille, et l'intérêt que votre jeunesse m'inspire, fait que je voudrais vous épargner les peines et les déceptions dont j'ai été abreuvée. Le succès est venu pour moi, mais trop tard, car il ne me cause plus de plaisir ; un espoir si longtemps différé use la joie... et s'il me reste de la force pour travailler, il ne me reste plus de sève pour être contente...

Une autre dame, plus douce et plus sympathique, me disait :

— Pauvre enfant, je vous plains! C'est une carrière bien âpre que celle des lettres, quand on est, comme vous, seule, orpheline et sans fortune... Il faut beaucoup de temps pour parvenir, si l'on parvient ! Il n'y a que le scandale ou le génie, qui, dès l'abord, font une réputation. Vos livres ne seront pas un scandale, mais avez-vous du génie?

— Non certes, dis-je.

— Que ferez-vous en attendant que vos travaux percent la couche d'indifférence glaciale qui étouffe tant de jeunes esprits? Vous travaillerez, mais à des travaux mal payés; vous souffrirez horriblement de la gêne et de l'isolement ; si vous vous mariez, si vous épousez un homme qui, comme vous, ne possède que son intelligence, vous voudrez contribuer aux charges du ménage, et vous serez tout à la fois, épouse, mère, ménagère, garde-malade, au besoin, et par dessus tout, femme auteur. Serez-vous au niveau de cette quadruple tâche? Vous avez une heureuse inspiration; les idées vous viennent, se revêtent dans votre cerveau d'une forme harmonieuse... Vous voudriez écrire, mais votre enfant se plaint, mais votre mari a besoin de vous, mais votre maison réclame des soins indispensables... Vous voilà partagée entre des affections sacrées et les devoirs d'écrivain, de soutien de famille, que vous avez acceptés... C'est une rude carrière et dont l'issue n'est pas facile à prévoir; car, pour un talent qui arrive, combien échouent avant d'atteindre le port! Et cependant, ces jeunes filles, ces femmes que je pourrais vous nommer, Elisa Mercœur, madame Dupin, et tant d'autres, avaient aussi le feu sacré, et elles sont mortes à la peine! Croyez-moi, chère demoiselle, une route tout unie, cachée, laborieuse, est plus facile, plus douce mille fois que ce travail incessant de l'imagination, qui exalte toutes les facultés et n'en satisfait aucune. — C'est triste ! — Oui, mais c'est vrai!

Elle continua longtemps sur ce ton, et lorsque je lui citais une femme auteur dont la réputation et la fortune me semblaient dignes d'envie, elle me racontait aussitôt les commencements pénibles, les sentiers étroits et laborieux qu'il lui avait fallu franchir, et à ces pieds chaussés du brodequin de pourpre de la muse, elle me montrait la trace sanglante des ronces du chemin. . . . . . *Souvenirs d'une institutrice.*

LE GÉNÉRAL TROCHU

NOTICE BIOGRAPHIQUE

Louis-Jules Trochu, né dans le Morbihan en 1815, fut élève de Saint-Cyr et de l'école d'application du corps d'état-major. Il fut attaché au maréchal Bugeaud en qualité de lieutenant, puis de capitaine en Algérie. Successivement chef d'escadron et lieutenant-colonel, il fut aide-de-camp du maréchal Saint-Arnaud en Crimée, où il conquit le grade de général de brigade, et dans la guerre d'Italie celui de général de division, sans parler des plus hautes dignités de la Légion d'honneur. L'expérience qu'il acquit dans ces diverses expéditions militaires lui a dicté sur l'organisation de l'armée un précieux travail qui a été fort remarqué et comme œuvre littéraire aussi bien que comme œuvre de science pratique. Le chapitre intitulé *le Combat* est un tableau de grand maître.

LE COMBAT

Sursum corda.
Elevez vos cœurs.

Le combat, dans sa réalité, est un drame saisissant. Il remue profondément l'âme humaine, et la soumet, alors même qu'elle est préparée par de généreuses aspirations, par l'éducation, par l'habitude, à des épreuves multipliées, variables, imprévues. Celles qui viennent assaillir les officiers chargés du commandement, à ses divers degrés, avec une responsabilité proportionnelle, diffèrent de celles qui atteignent la foule des combattants; mais tous en ont leur part, et la plus lourde pèse naturellement sur le commandant en chef.

Devant ces épreuves, les hommes sont très-inégaux entre eux. Et souvent il arrive qu'ils sont très-inégaux par rapport à eux-mêmes, c'est-à-dire par rapport à ce qu'ils ont été dans d'autres combats. C'est que le ressort, l'entrain, la bravoure, l'intelligence elle-même, ont leurs bons et leurs mauvais jours. Des préoccupations de famille ou d'affaires, l'état du moral, l'état de la santé, l'excès du froid, l'excès du chaud, la fatigue, la faim, la soif, influent invinciblement sur les dispositions que chacun apporte dans la lutte. On sait que dans les guerres du premier empire, on distinguait entre la valeur, l'empereur présent, et la valeur, l'empereur absent, de certains généraux, et que la confiance des soldats, dans les mêmes circonstances, s'exaltait ou s'affaiblissait. Enfin, de grand revers, dont les effets moraux sont redoutables, parce qu'ils sont généralisés et s'étendent à tout le monde, introduisent, avec le doute, la tiédeur dans l'esprit et quelquefois dans les efforts des troupes.

Je résume ces observations en disant : qu'aucun homme de guerre dirigeant, fût-il à l'épreuve de cent combats, ne peut, sans excès, répondre absolument d'avoir, à un jour donné, la pleine et entière possession de ses facultés directrices; qu'aucun exécutant n'est assuré de se ressembler toujours à lui-même et de rester toujours au-dessus des impressions qui peuvent le saisir. Et ma conclusion, que j'ai déjà exprimée ailleurs, c'est que, entre toutes les qualités d'un homme de guerre, celle qui témoigne le plus hautement de la solidité de son caractère et de la réalité de sa valeur, *c'est la modestie*.

D'un autre côté, le combat enflamme le patriotisme, le courage, le dévouement, les ambitions. Toutes ces causes certaines d'excitation, et les causes possibles d'affaiblissement que j'ai énumérées, se partagent les esprits et les agitent en des sens différents. Il semble que par l'intensité comme par la diversité des sentiments, des émotions, des intérêts, des passions, que provoque l'attente de la crise, on puisse à l'avance en mesurer la grandeur.

Cette agitation des esprits, soigneusement contenue, reste latente pendant le cours des mouvements qui précèdent le combat ; et lorsque la troupe arrive à cette zone, où le sifflement des premiers boulets lancés de loin et encore inoffensifs ou à peu près l'avertit que le péril est proche, ses impressions ne se manifestent que par un silence profond. C'est le moment pour les hommes qui commandent, d'agir sur l'esprit des troupes françaises, auxquelles il faut montrer un visage serein et faire entendre des paroles enflammées que leur porte une voix vibrante. C'est à ce moment que l'empereur Napoléon, parcourant le front des lignes prêtes à s'engager, trouvait des mots qui électrisaient le soldat : « En avant, la France vous regarde ! »

C'est aussi l'heure de manœuvrer, c'est-à-dire de prendre les formations tactiques que conseillent les dispositions du terrain, les mouvements de l'ennemi et les circonstances. Car les troupes sont encore tout entières à leurs généraux, elles ont les yeux sur eux, elles attendent tout d'eux, et elles obéissent silencieusement à leurs paroles. Encore un instant, et leurs voix et toutes les voix du commandement seront dominées par la tempête du combat. Le canon se rapproche et tonne, la fusillade éclate. Les boulets passent en trouant les lignes ; les balles pleuvent en blessant et tuant ; des ondes de mitrailles dessinées sur le sol par les mouvement réguliers d'une poussière épaisse cheminent en ricochant vers les rangs, les atteignent et les renversent. L'atmosphère est tourmentée par mille bruits à la fois sourds et aigus. Le terrain se couvre de morts, de mourants qui expirent dans d'intraduisibles convulsions, de blessés qui se traînent péniblement cherchant l'abri des haies, des fossés, des murs de clôture, pour échapper aux pieds des chevaux et aux roues de l'artillerie. Partout des amas d'armes, de coiffures, de havre-sacs ; partout des chevaux étendus ou qui errent épouvantés sans maître, annonçant à l'infanterie immobile que la charge vient de passer près d'elle ! Des soldats accumulés en nombre toujours excessif autour de leurs officiers blessés les transportent sur les derrières, cherchant le drapeau rouge des ambulances et réclamant des secours. Des groupes dépareillés qui ont subi des pertes extraordinaires désertent le combat la tête égarée, annonçant que l'ennemi les suit, que tous leurs camarades ont été tués, que tout est perdu. D'autres groupes réguliers venant des réserves opposent aux premiers le contraste de leur confiance et de leur ardeur ; ils courent en avant, s'excitant mutuellement à une offensive résolue.

O vous tous, hommes de gouvernement et de commandement, qui

avez été les témoins de ces crises indescriptibles, dites, pensez-vous *qu'à ce moment*, l'appât de la gloire pour quelques-uns, des récompenses pour quelques autres, suffit à soutenir les cœurs soumis à de telles épreuves ? Non, il faut un plus noble excitant. Il leur faut le haut sentiment des grands devoirs et du sacrifice. C'est alors que, dans leur liberté, ils marchent fermement et dignement à la mort. Et parmi eux, ceux-là seulement ont la sérénité, qui croient à une autre vie.

Au milieu de ce désordre et de cette destruction, qui sont comme le chaos, les individualités même les plus grandes dans la hiérarchie semblent disparaître. Les troupes ne voient plus leur chef, lui-même ne les aperçoit plus que dans un ensemble tumultueux et confus. Les officiers porteurs de ses ordres n'arrivent pas tous à sa destination, ou ne reviennent pas tous à leur point de départ. Quelques-uns ont été tués, blessés, pris, ou se sont égarés. Les nouvelles manquent. Si elles abondent, celles qui sont défavorables et inquiétantes priment le plus souvent les bonnes, particulièrement quand l'action est incertaine et longtemps disputée. Les officiers qui sont jeunes, inexpérimentés, impressionnables, sont là « de vrais enfants terribles. » Un premier accourt effaré, il annonce que la droite plie ; un deuxième, que le centre est menacé d'un gros orage de cavalerie ; un troisième, que la gauche est tournée. Tous se font l'écho des instances des commandants particuliers, lesquels ne se préoccupent que de leur propre situation, et n'apercevant pas les exigences de l'ensemble, demandent des renforts. Si le chef se laissait aller aux premiers mouvements provoqués par les observations et avis qui se succèdent autour de lui, toutes les réserves auraient marché avant l'heure, et, au moment décisif, il serait désarmé. Il faut qu'il reste froid, étudiant, jugeant, attendant qu'une éclaircie se fasse au milieu de ces obscurités, qu'un apaisement momentané de la lutte se produise par un commencement de retraite de l'ennemi ou par d'autres circonstances. Alors il parcourt les lignes, rétablit l'ordre, prescrit des dispositions, ressaisit enfin le *commandement personnel* et poursuit le combat.

Ainsi, pendant la crise, les troupes seraient à peu près abandonnées à elles-mêmes, si elles n'étaient soutenues, encouragées, dirigées par les officiers, par les sous-officiers et par l'ensemble des chefs inférieurs qui fonctionnent autour du rang et dans le rang. Et c'est ici que se montre dans tout son éclat le rôle des cadres, en apparence si modeste, en réalité si grand ! Les échanges de chaque jour, les habitudes de la vie et du devoir en commun, ont créé entre ces hommes et le soldat une précieuse solidarité. Il connaît leur voix, il obéit à leur geste ; ils sont ses tuteurs, ses éducateurs ; et s'ils lui ont appris à honorer leur caractère, à se confier à leur expérience, il les suit dans le péril *et ne sépare jamais sa fortune de la leur.* Les cadres sont la force des armées ; et l'éducation *morale et professionnelle* des cadres, en vue de la guerre, devrait être la constante préoccupation des généraux vraiment dignes et vraiment capables de remplir leur mission auprès des troupes.

* *
*

Je crois utile de placer ici des observations que j'ai recueillies avec beaucoup de suite et de soin, et qui forment une intéressante étude psychologique militaire.

Dans les armées, à propos de la guerre, beaucoup d'hommes, conseillés par l'amour-propre professionnel qui est très-vif, se font, souvent de bonne foi, une physionomie, des habitudes, un langage particuliers. C'est un ensemble en quelque sorte artificiel, qui s'efface *irrésistiblement* pendant le combat, pour faire place à l'*attitude vraie* que comportent les instincts naturels de chacun. Là, des hommes bien trempés et réellement braves montrent avec éclat cette qualité, à laquelle le sentiment public militaire ne manque jamais de rendre hommage. On en voit qui, ordinairement loquaces sur la guerre et ardents à la parole, tombent dans un silence morne et accablé ! Des matamores, qui ont dans la paix l'épée toujours prompte, et qui se sont acquis une réputation théorique de vaillance, se montrent profondément troublés ; quelques-uns même, incapables de céler leur émotion et d'en mesurer les effets, disparaissent honteusement pendant l'action. D'autres, bien que livrés à une douloureuse agitation, la contiennent à force de caractère ; mais ils ne voient rien, n'entendent rien, ne peuvent rassembler leurs idées, et sont également incapables de conduire et d'être conduits. Des hommes froids, doux, souvent jugés timides dans la garnison, montrent un courage entraînant et sont du meilleur exemple. Des étourdis, dont on tient la tête pour mal équilibrée, font preuve d'un calme, d'une solidité de jugement, d'une aptitude directrice inattendue. En tout, le combat est un infaillible critérium, une pierre de touche, qui donne exactement la mesure, à leur insu et comme malgré eux, de la valeur professionnelle des hommes de guerre et de leurs aptitudes spéciales. Et on doit bien comprendre à présent pourquoi, depuis que les armées existent, il s'y est rencontré des amitiés dont la solidité est restée proverbiale. C'est que le lien formé entre deux hommes qui ont appris à se connaître et à s'estimer, en se prêtant réciproquement l'assistance militaire, au milieu des périls et des émotions du combat, est plus durable que tous les liens connus. Il n'est peut-être pas de parenté plus étroite que cette parenté du champ de bataille.

Après le combat, par un revirement dont les effets sont singuliers, la plupart, parmi les survivants, reviennent graduellement à l'attitude qui leur était habituelle auparavant, sans paraître avoir souvenir des transformations qui s'étaient opérées en eux pendant la crise. Un spectacle nouveau s'offre alors à l'observation philosophique. Chacun, dans la mesure de sa situation, s'efforce d'attirer à soi les bénéfices du succès ou d'écarter de soi les responsabilités de la défaite. L'amour-propre, l'orgueil, l'ambition s'engagent dans des agissements qui ne sont pas toujours sincères ni avouables. On est loin des émotions du combat où l'on servait, à visage forcément découvert, comme je l'ai dit, un grand intérêt public. C'est actuellement la bataille des intérêts personnels. Plus d'un habile se présente avec un masque devant l'opinion, et cherche à tenir d'elle une part de ses faveurs, avec une place au bulletin et dans les récompenses. Aussi, que d'actions d'éclat douteuses qui ont les honneurs de la publicité! Que d'actes vrais de bravoure et de dévouement que leurs auteurs n'ont pas trompettés ou qu'ils ont payés de leur vie, ce qui arrive trop souvent, ou auxquels ils doivent de graves blessures qui les tiennent éloignés, demeurent ignorés ou ne sont connus que trop tard!

Ces choses je les ai souvent vues et toujours j'en ai été attristé. *C'est l'exploitation de la guerre*, où les morts, les blessés disparus et les modestes ont tort, pendant que les survivants, les présents et les audacieux ont raison.

Sic vos non vobis fertis aratra boves.

Je ne parle, bien entendu, que des pauvres gens qui appartiennent à la foule, et non des personnages militaires qui ne sont oubliés dans aucun cas. Mais j'en ai dit assez pour montrer quel grand devoir c'est pour le commandement de rechercher et de démêler la vérité, au milieu de ce conflit des ambitions et des prétentions. On ne concède jamais aux généraux, après le combat, que *quelques heures* pour cet important travail, qui exigerait plusieurs jours de recherches, d'informations contradictoires et d'examen ! C'est une abberration traditionnelle que je déplore, et contre laquelle, autant que je l'ai pu, je me suis toujours élevé. C'est à la guerre qu'on reconnaît la valeur de cet aphorisme que j'ai exprimé à propos des travaux de la paix : « L'état moral des armées se rattache directement à l'influence que les rémunérateurs ont sur l'esprit des masses militaires, *et au jugement qu'elles en portent.* »

D'ailleurs, au milieu des injustices ou des erreurs des hommes et de la destinée, la vérité et les honnêtes gens rencontrent les sérieuses consolations que la Providence, outre le sentiment du devoir accompli, met en réserve pour le soutien des âmes. La vérité chemine dans la foule moins vite que l'erreur, mais elle va toujours et elle va sûrement. Elle s'élève vengeresse contre *les exploitants de la guerre*, à un moment donné de leur carrière, en les destituant, devant leurs pairs et devant leurs subordonnés, de cette *autorité morale* sans laquelle, dans les armées, le commandant est virtuellement frappé d'impuissance.

L'Armée française en 1867.

MÉRY

NOTICE BIOGRAPHIQUE

Rien dans la vie et les écrits de M. Méry ne semble justifier sa présence dans ce recueil, où ne devraient se rencontrer que des écrivains recommandables à la jeunesse chrétienne ; aussi ne citons-nous que comme une exception le dernier ouvrage de cet auteur, publié après sa mort, par une librairie sévèrement catholique.

Malgré ses principes et ses écrits révolutionnaires, malgré sa vie désordonnée, Joseph Méry, né aux Aygalades le 21 janvier 1798, avait reçu dans son enfance une éducation chrétienne, et conservé, des leçons d'un vieux prêtre qui fut son premier instituteur, des notions religieuses qui ne s'effacèrent jamais. Son dernier travail le prouve. Voici ce que dit de lui quelqu'un qui l'a particulièrement connu :

« C'était l'homme de la conversation, le causeur et le conteur par excellence. Il suffisait que d'un mot on lui donnât la réplique ; l'esprit éclatait vif et pétillant comme l'étincelle électrique ; c'était comme un feu croisé de traits éblouissants qui lançaient de tous côtés le paradoxe, la satire et l'ironie. On riait et on applaudissait de si bon cœur !

» Je battais des mains, comme tout le monde, aux éclats de cette verve méridionale. Mais ce fut dans mes entretiens avec Méry que je sentis naître les vives sympathies et l'amitié qui n'ont fait que pousser de plus profondes racines dans mon cœur jusqu'à son dernier jour. Il se laissait aller dans ces causeries plus intimes à une sorte d'abandon candide qui me touchait et me charmait. Son âme se découvrait et me montrait des aspects bien inattendus. Ce n'était plus le langage du sceptique moqueur : il traitait sérieusement les choses sérieuses. Le railleur spirituel qui travestissait tout à l'heure d'une façon si comique les héros de Corneille et les tirades solennelles de Racine, parlait des beautés de la Bible et des écrits des saints Pères avec la respectueuse admiration d'un croyant.

» C'est qu'en effet, au milieu des dissipations de sa vie littéraire, Méry avait conservé la foi et les chrétiennes impressions de son enfance. Ses premiers succès de poëte, dès son entrée dans la carrière des lettres, décidèrent de sa préférence pour la littérature légère et les œuvres de l'imagination. Une sorte d'attrait mystérieux ramenait souvent son esprit à des études plus graves : l'histoire, la philosophie, la religion occupaient souvent les méditations solitaires de ce frivole écrivain qui semblait ne se nourrir que des fictions du roman. Il m'a souvent paru qu'il serait sorti volontiers du domaine fleuri de la fantaisie pour explorer d'autres terres d'un plus rude labeur. Lorsque je lui demandai son concours pour une publication religieuse dont je venais de prendre la direction, il me l'accorda non-seulement avec le gracieux empressement d'un ami qui veut obliger, mais avec la joie d'un écrivain qui embrasse par goût un nouveau genre de travail.

« C'est à cette tardive collaboration que je dois le charmant opuscule des *Fleurs mystérieuses* qu'il appelait aussi les *Fleurs du bon Dieu*. Ces pages trop courtes sont les dernières que Méry ait écrites : sa plume achevait à peine les fines ciselures de ce petit chef-d'œuvre, quand elle est tombée de sa main glacée par la mort. Il se proposait de continuer cette délicieuse peinture des fleurs : le cadre était tout préparé pour un plus grand tableau. . . . .

Il me l'a dit lui-même, il n'a travaillé avec autant de soin et d'amour à aucune de ses œuvres [1]. »

Pour nous qui n'avons pas d'attrait pour sa *Némésis*, ni pour d'autres œuvres que leurs titres ainsi que la réputation de l'auteur nous ont fait juger peu édifiantes, nous n'avons jamais cherché à lire les ouvrages de Méry. Cependant la diffusion des feuilletons a fait tomber en nos mains deux nouvelles qui ne nous ont pas paru mauvaises. *Les Adeptes de l'immortalité* sont un assez étrange récit, mais qui renferme une pensée philosophique d'une haute portée morale, ce qui se reconnaît surtout à la conclusion. — *Une Révolte au Louvre* est une bouffonnerie très-amusante qui prouve la fécondité de la verve de l'écrivain.

[1] J.-T. de Saint-Germain.

De ce que nous ne trouvons rien à blâmer dans ces deux nouvelles, qui, dans tous les cas, ne conviennent pas dans les mains de la jeunesse, il ne s'ensuit pas que nous donnions un passe-port aux autres ouvrages de Méry, au sujet desquels nous sommes, au contraire, fondés à faire de très-grandes réserves.

LES FLEURS MYSTÉRIEUSES

Dans un poëme sur la création, on trouve ces vers :

> L'homme arrive, et bientôt à son côté se lève,
> Avec toutes les fleurs, la fleur vivante d'Eve ;
> Alors les chants d'oiseaux, l'hymne des arbres verts,
> Mélodie inconnue, et soudain entamée,
> Annoncèrent partout que la femme était née,
> Donnant la vie à l'univers.

La science, d'accord avec la Genèse, et divisant en six époques les six jours de la création, a prouvé, par des témoignages irrécusables, exposés dans les musées des fossiles, que la vie végétale s'est progressivement manifestée sur notre globe, avant la vie humaine, et que la fougère, par exemple, dans des proportions colossales, comme on peut le voir dans notre cabinet de minéralogie, a couvert de ses feuilles le sol encore tiède de la planète, bien avant l'éclosion des fleurs. La vie végétale s'essayait ; elle préparait la mousse féconde, où le souffle de l'Infini allait déposer les germes d'une création charmante et embaumée, qui devait meubler l'Eden, ce terrestre paradis.

C'est ce qu'indiquent ces vers du même poëme :

> Le grand travail se fait... Que de siècles encore
> Avant que notre sol se calme et se décore
> Pour recevoir enfin l'homme qui doit venir,
> Et trouver, en naissant avec la race humaine,
> Des arbres généreux pour son premier domaine,
> Des fleurs pour l'embaumer, et Dieu pour le bénir !

Dans un récent voyage dans le Wurtemberg, je me suis arrêté à

Louisbourg, pour visiter un superbe château, qui a joué un grand rôle dans l'histoire du dix-huitième siècle, et qui est aujourd'hui désert, car il est habité par un seul concierge. La description de ce château n'entrant point dans le plan de cet ouvrage, je me bornerai à raconter la seule chose qui puisse se rattacher au chapitre présent.

Les jardins du château de Louisbourg sont magnifiques et d'une étendue immense; et ils sont déserts aussi, et empreints de cette majestueuse tristesse qui environne toujours les grands parcs royaux lorsqu'ils ont perdu, comme Versailles, leurs anciennes fêtes. Les plus beaux arbres y associent leurs feuilles et leurs voûtes : le cèdre, le charme, le tremble, le *tulipifera*, le *pinus-cembra*, le sapin, l'orme, le sycomore de plaine, tous les géants de la création végétale, se rencontrent là et ne s'ombragent qu'eux-mêmes. C'est une forêt honoraire comme une forêt vierge du Brésil; elle se pare pour les oiseaux qui chantent sa beauté, car ils sont moins ingrats que l'homme souvent.

J'ai remarqué plusieurs fois que la nature abandonnée à elle-même se plaît à donner parfois, selon la nature du sol, un spécimen de la création primitive : elle fera éclore des plantes et des fleurs dans les formes les plus simples, bien qu'il ne lui coûterait pas plus d'efforts pour s'occuper de travaux plus compliqués. Or, dans les massifs les plus sombres de ces belles solitudes, croissent de larges fougères qui semblent vouloir annoncer la venue du monde végétal avant l'époque adamique. A leur ombre s'épanouissent avec une grâce naïve les marguerites des prés : les unes blanches comme l'ivoire, les autres à feuilles d'or et rayonnantes comme les étoiles du ciel. Autour, la mousse, et pas une fleur de plus. En beaucoup d'autres endroits, j'ai remarqué la même association de la fougère et de la marguerite agreste; j'ai même vu cette liaison intime dans les serres de la Wilhemma, soit que le jardinier ait laissé faire la nature, soit qu'il ait voulu l'imiter dans ses fantaisies. On serait donc autorisé à conclure de là que si la fougère est la première fleur brute que le souffle de Dieu a mise au monde, la marguerite est la seconde, mais avec un progrès dans la confection. Il semble que cette fleur d'oracle a été créée pour la première femme, et qu'Eve a demandé à ses feuilles arrachées une à une le secret de son avenir.

Huit jours après ma visite à Louisbourg, je traversai la vallée sauvage et déserte qui conduit, d'abîmes en abîmes, de la cascade de Gerolsau, au joli village de Steinbach, patrie d'Erwin, l'immortel créateur de la cathédrale de Strasbourg. Ce chemin abrupte, taillé entre deux chaînes de montagnes, n'offre aucune trace de culture et semble attendre la venue de l'homme : c'est un terrain primitif. Là aussi, les tertres de mousse sont couverts de fougères, et, par intervalles, lorsque le sol cesse d'être ferrugineux, la marguerite rayonne, et réjouit seule ces forêts ténébreuses, faites de nefs infinies, où l'architecte Erwin venait demander à la nature les secrets de son art merveilleux. Ainsi, les plus petites choses, un brin d'herbe, une fleur naïve, associées pour vivre ensemble sur une glèbe de mousse, peuvent transporter la pensée dans ces époques de prodiges, où Dieu préparait l'ameublement de l'homme, sur ce même globe, où son souffle éteignait des volcans. On arrive ensuite de la forêt à la ville; on entre avec une sorte de terreur dans le musée minéralogique du Jardin des plantes, et on se recueille devant ces énormes fougères fossiles, contemporaines des grands monstres sauriens, et retrouvées avec eux sous les orteils des montagnes volcaniques, où des milliers de siècles ont pétrifié les feuilles et les ossements.

La verveine a son côté mystérieux aussi; c'est une plante dont la fleur, le parfum, la feuille conseillent la rêverie; on dirait qu'elle garde un secret, celui des dolmens bretons et des pierres druidiques. Elle a une mauvaise réputation de magie qui fait reculer la main, et un charme singulier qui l'attire. La vierge de l'île de Sayne se couronnait de verveine; la sibylle la tenait en prédilection; le nécroman la cueillait sous l'influence d'une lune maligne; elle jouait un rôle dans les sacrifices humains, et se mariait au gui du chêne, sous l'arbre sanglant de Teutatès; elle mêlait son parfum à la liqueur de Circé l'enchanteresse, aux cérémonies secrètes des temples d'Isis et de la crypte druidique de l'île de Gozzo. Souvent la verveine s'élance de la lézarde d'un vieux mur de clôture ou d'une fissure de roc, à côté d'une large plante de caprier, couverte de fleurs. Le caprier est charmant aussi, mais sa renommée et son utilité bourgeoise lui portent un grand préjudice; on ne lui accorde pas l'aumône d'un regard : il a le tort de porter un fruit réservé aux ragoûts; mais la verveine, sa voisine, malgré sa mauvaise réputation, et à cause d'elle peut-être, absorbe tout l'intérêt du passant, avec sa grâce hypocrite et son parfum de sorcellerie; on se décore avec sa feuille et sa fleur, et la couronne de verveine a souvent orné des fronts charmants qui dédaignaient la rose. Quant au caprier et à sa jolie fleur, on l'abandonne aux lézards verts du Midi. Soyez utile aux hommes, après cela!

La *fleur de la passion* garde son mystère et n'a jamais dit le mot de sa sainte énigme aux botanistes incrédules. On n'a nullement besoin d'y mettre de la bonne volonté pour trouver sur cette fleur singulière tous les instruments de la passion de Jésus-Christ : elle existait, sans nul doute, avant le sacrifice du Calvaire ; c'est donc la fleur prophète ; elle annonçait la rédemption après la faute originelle, sur les pelouses de l'Eden. Ceci pourtant n'est qu'une pieuse croyance qui n'aura jamais la gravité d'un article de foi. Dans les ménages rustiques de notre Midi, ces demeures patriarcales où le scepticisme n'est pas encore entré, la fleur de la passion est vénérée comme une relique végétale tombée du ciel ; les murs extérieurs en sont tapissés, et les mères s'en servent comme d'un livre pour apprendre à leurs enfants la sublime histoire du Golgotha. Il y a quelque chose de touchant dans ces leçons du soir, faites aux étoiles, sous une treille ; les enfants, toujours si disposés à ravager les fleurs, touchent avec un religieux respect celle qui leur parle des souffrances du Calvaire en langage si clair pour eux, et quand le Jeudi-saint arrive, ils la récoltent par gerbes pour en orner le *reposoir* de la Passion.

A côté de ces larges tentures vertes, où s'arrondit la fleur de la passion, on voit toujours des espaliers prudemment exposés au soleil, où brille une autre fleur, chère aux Méridionaux, et tout à fait inconnue dans les latitudes du Nord et même dans les serres chaudes : c'est la *cassie*. Hommes, femmes et enfants se dédommagent sur elle des privations que leur impose la fleur du Calvaire. Chaque matin, le cassier de la Bastide subit une spoliation complète, et grâce à la fécondité de la tige, la perte est réparée le lendemain. La cassie est ronde et d'un jaune d'or ; sa houpe est douce au doigt et à la lèvre comme un duvet de cygne ; son parfum a une suavité enivrante, et lorsque, dans la nuit, il se marie aux émanations du genêt et du thym, on ressent un charme inexprimable comme si un ange invisible traversait la campagne, apportant avec lui tous les baumes des jardins du ciel. La cassie est la fleur du dimanche. Le paysan et l'ouvrier ne manquent jamais de la mettre à leur boutonnière ou de la placer au coin des lèvres, à leur première sortie, le jour du Seigneur. Les marchandes de bouquets présentent aux passants endimanchés des faisceaux de cassies, au prix le plus minime, et à midi, toute la population des villes et des campagnes porte cette décoration végétale. En parlant d'un homme heureux et oisif, le peuple provençal se sert de cette locution :

Il peut se promener tout le jour la cassie à la bouche. Par malheur, depuis quelque temps, le cigare remplace un peu trop cette charmante fleur. Le progrès a parfois son mauvais côté.

S'il est, au monde des fleurs, une pauvre créature dédaignée et livrée au mépris des concierges et des jardiniers, c'est la fleur nommée *girasol* ou *tournesol*. Le mystère qui enveloppe sa forme n'est pas un sujet d'étonnement. S'il n'y avait sur la terre qu'une seule tige de cette innombrable famille, on ferait des voyages lointains pour la voir, et les académies des sciences proposeraient des prix en son honneur. Il y en a trop, la nature a eu le tort de prodiguer le tournesol sous toutes les zones, même dans les pays où le soleil ne brille que par son absence et par cette fleur. Elle pousse partout; elle s'accommode de tout terrain; elle naît sans semence et sans culture comme l'ortie et le chardon. Si les jardiniers la laissaient faire, elle couvrirait les campagnes, la terre serait un jardin de tournesols.

Cette fleur a la grâce, la beauté, l'éclat, la forme sphérique; elle ne ment pas à son nom : elle suit du regard le soleil dans son voyage aérien; elle se détache de la terre avec une pensée continuelle dirigée vers le ciel. Son attitude est noble et majestueuse; elle s'élève bien au-dessus de ses compagnes, comme si elle cherchait un observatoire d'astronomie; elle réjouit les yeux, elle rayonne autour des humbles chaumières; elle illumine le petit jardin du pauvre; et, malgré toutes ses vertus, toutes ses qualités, elle ne jouit d'aucune considération; ce n'est pas une fleur de bonne compagnie; on l'exclut du salon et du bouquet ! Il faut le dire encore, *les fleurs ont aussi leur destin.*

Le tournesol est contemporain de la fougère et de la marguerite; dès que le premier rayon d'un soleil tiède tomba sur la terre inhabitable, la fleur du soleil a dû s'épanouir; c'est la première fille de l'astre du jour; c'est son plus admirable caprice; elle ne mérite pas le dédain dont notre fierté l'accable. Hélas! personne n'aura jamais le bonheur de la réhabiliter et de lui donner un rang honorable dans la société florale! le préjugé ancien et invincible la repousse, et son antiquité même ne peut rien en sa faveur. Lorsque le premier homme sortit des mains de Dieu, son regard se tourna sans doute vers l'astre brillant qui était le roi de son paradis terrestre; quelle admiration le jeune Adam dût donner à ce radieux soleil, levé sur la montagne et parcourant l'azur de l'infini! puis, il abaissa son regard autour de lui et vit une fleur, image du soleil, une fleur animée qui semblait partager avec l'homme l'admiration pour le soleil et le suivre dans son ellipse immense. Ce fut alors un jour de triomphe pour le tournesol ; ce fut le premier présent qu'Adam donna à son Eve, ne pouvant lui donner le soleil. Les siècles se sont écoulés ; la civilisation commença immédiatement après la chute de notre père, et le tournesol tomba en disgrâce dans les jardins de la Mésopotamie.... Il ne s'est plus relevé.

On voit, à la droite du chemin, sur la route de Stuttgard, une citadelle qui fut autrefois une prison d'Etat. Voici ce qu'un jardinier de Louisbourg m'a conté à ce propos.

« Sous le régime du duc Frédéric, un jeune braconnier, nommé Deck, fut enfermé dans une cellule de cette citadelle, où il trouva toutes les horreurs de la captivité. Ce malheureux, doué d'une activité fiévreuse comme tous ceux de sa profession, avait à peine quatre pieds carrés pour ses mouvements, et, pour toute perspective, une noire saillie de tourelle, entrevue par une étroite lucarne garnie de barreaux de fer. C'était là son horizon. Eh bien! ce pauvre braconnier était, disait-il, destiné à mourir bien avant le terme fixé pour sa condamnation, qui était de dix ans, lorsqu'il fut sauvé de la nostalgie mortelle par un tournesol. La brise du mois de mars, qui éparpille çà et là les germes et les baies de tout ce qui fleurit en ce monde, pour amuser notre ingratitude humaine, la brise de la Providence, pour mieux dire, laissa tomber un atome de graine sur un atome de lichen, incrusté dans une lézarde de la tourelle, qui était l'horizon du prisonnier Deck. La graine fit sa tige, la tige fit sa fleur, et un jeune et gracieux tournesol se balança aux derniers rayons du mois de mai. Cette fois, la fleur vulgaire reprit ses antiques honneurs aux yeux du solitaire. Le jeune chasseur, qui assistait régulièrement à tous les levers du soleil, par habitude d'état, vivait dans l'ombre depuis trois longues années, et, ce qu'il regrettait davantage, c'était de ne plus voir le grand astre adoré des Perses et des chasseurs. Le tournesol providentiel ranima son courage éteint et lui donna les distractions les plus salutaires ; ce fut son médecin moral. Le prisonnier souriait à la fleur, et la fleur semblait lui rendre ses sourires ; chaque matin et chaque soir, il croyait voir le lever et le coucher du soleil en miniature. Les prisonniers ont inventé les illusions.

». Le tournesol avait besoin du soleil pour vivre, exécuter ses évolutions, nécessaires à son existence, et l'astre ne se montrait qu'une heure par jour dans l'abîme du préau de la citadelle. Cette fleur a la vie dure; elle lutta longtemps contre les ombres ennemies; mais, à la fin de l'été, elle languit à vue d'œil, éteignit ses rayons d'or, et un matin, le soleil ne se leva plus pour réjouir le pauvre prisonnier.

» Deck alors éprouva cet horrible désespoir qui saisira l'univers lorsque le soleil s'éteindra au dernier jour du monde; il poussa des hurlements si affreux que le gouverneur du château-fort accourut, se croyant pris d'assaut par l'ennemi. Deck, questionné, donna le motif de son désespoir, et le vieux militaire, ému aux larmes, dit entre ses dents : « Ce criminel doit être un honnête homme ! » Rapport fut fait au duc Frédéric, qui ordonna la mise en liberté du prisonnier en disant : « Il mérite de voir lever le soleil. »

Cette histoire m'a été contée dans le jardin du *Gasthaus*, qui est sous la gare du chemin de fer de Louisbourg. Il va sans dire que ce jardin est une forêt de tournesols, très-méprisés, excepté par le petit-fils de Deck, chef de gare, dans le Wurtemberg.

Les Fleurs mystérieuses.

Mgr DUPANLOUP

NOTICE BIOGRAPHIQUE

Mgr Dupanloup, l'un des plus éminents prélats de l'épiscopat français, est né à Saint-Félix dans le diocèse de Chambéry, en 1802, alors que, sous le nom de département du Mont-Blanc, ce pays appartenait à la France, à laquelle depuis il devait être de nouveau réuni. Français de cœur, ainsi que l'avaient été saint François de Sales et les frères de Maistre, il vint étudier à Paris, où il fut amené dès l'âge de huit ans, et fut élève des séminaires Saint-Nicolas et Saint-Sulpice. Ordonné prêtre en 1825, il fut d'abord attaché à la paroisse de l'Assomption et y fit les catéchismes pendant plusieurs années. En 1827, il devint confesseur du duc de Bordeaux; en 1828, catéchiste des jeunes princes d'Orléans, et, quelques mois avant la révolution de juillet, aumônier de Madame la Dauphine.

En 1831, l'abbé Dupanloup fonda pour les jeunes gens l'académie de Saint-Hyacinthe. En 1834, il fut chargé d'ouvrir les conférences de Notre-Dame. La même année, il fut nommé supérieur du petit séminaire de Paris; mais il refusa et n'accepta que la charge de préfet des études. En 1835, il passa à Saint-Roch en qualité de premier vicaire et y prêcha deux carêmes. Au mois d'octobre 1837, nommé de nouveau supérieur du petit séminaire, il céda à tant d'insistance. (Il avait auparavant refusé deux des principales cures de Paris.) En même temps Mgr de Quélen le nomma vicaire général. N'oublions pas de dire que ce fut lui que Talleyrand malade appela à son lit de mort.

Mgr Affre chargea l'abbé Dupanloup d'une mission délicate auprès de la cour de Rome, en lui laissant le titre de grand vicaire. En 1841, l'abbé Dupauloup, appelé à faire en Sorbonne un cours d'éloquence sacrée, vit bientôt ce cours suspendu, par suite des mouvements tumultueux qui accueillirent ses paroles sur Voltaire.

Nommé évêque d'Orléans en 1849, Mgr Dupanloup déploya, sur son siége épiscopal, une extrême activité, unissant le travail de la prédication au soin de l'administration, surveillant de près tout l'enseignement de son diocèse, soutenant dans son petit séminaire la concurrence contre les établissements laïques, ouvrant école même dans son palais, et se mêlant par ses écrits à toutes les questions qui intéressent l'éducation publique. Sentinelle avancée de la foi, il met une ardeur au moins égale à signaler tous les dangers, tous les abus même politiques, qui peuvent lui porter atteinte; il est sans cesse sur la brèche, et rien n'échappe à sa vigilance.

Illustre à tant de titres que nous venons d'énumérer, Mgr Dupauloup se fait surtout remarquer par cette admirable et courageuse polémique au moyen de laquelle il combat avec un talent si supérieur les doctrines erronées subversives de l'ordre moral et social. C'est vraiment là le bon pasteur qui ne craint pas de trop crier au loup alors que celui-ci menace de déchirer son troupeau. Entre les nombreuses lettres pastorales et particulières qu'il a écrites et publiées à cette fin, nous en avons choisi une singulièrement touchante en même temps qu'éminemment logique, et qui accuse autant de cœur que d'esprit.

Au mois de mai 1854, l'illustre prélat avait été élu membre de l'Académie française.

LETTRE DE Mgr DUPANLOUP

Cette lettre répond à un jeune homme qui avait écrit à l'éminent prélat en lui développant des doctrines matérialistes qui n'ont malheureusement que trop de cours aujourd'hui.

« Monsieur,

» J'ai reçu la lettre que vous m'avez adressée, et je suis heureux que cette occasion me permette de vous dire ce qui est le sentiment très-sincère de mon cœur; car la profonde tristesse que m'inspirent vos erreurs ne m'empêche pas, monsieur, d'aimer en vous ce que vous avez le malheur de n'y pas voir vous-même, une âme.

» Vous me rappelez ce que j'ai dit de votre « inintelligence des matières philosophiques. » Cette inintelligence, qu'accusaient trop manifestement les plus étranges confusions d'idées et de mots dans les premières pages de votre thèse, vous paraissez la reconnaître vous-même, et c'est là, il faut l'avouer, une grande et bien triste lacune dans l'éducation d'un homme. Cette lacune toutefois, chez un matérialiste, est fort naturelle : ne croyant qu'aux choses du corps, comment ne seriez-vous pas étranger aux réalités de l'esprit? Mais, à un mal, il y a encore remède, surtout à votre âge : vous êtes jeune, monsieur; pourquoi ne consacreriez-vous pas un peu de loisirs de votre vive jeunesse à l'étude de cette noble partie du savoir humain? Vous n'y trouveriez pas, soyez-en sûr, de moindres charmes ni de moins grands maîtres que dans l'étude des muscles, des nerfs et du sang.

« Votre père, » me dites-vous, « était matérialiste et libre-penseur, et vous êtes matérialiste et libre-penseur comme lui. » Par quelle inadvertance vous arrive-t-il, monsieur, de ne pas voir la contradiction étrange qui se trouve ici dans les termes mêmes? Car si la pensée n'est qu'un produit de la matière, comment pourrait-elle être libre? Un matérialiste ne saurait être un penseur libre à aucun titre; c'est évident : et j'ajoute qu'il ne saurait être non plus un grand penseur, car le domaine le plus vaste de la pensée humaine lui demeure fermé. Un matérialiste n'est et ne sera jamais qu'un penseur borné dans le plus étroit des horizons.

» Monsieur votre père était matérialiste; » mais vos pères ne l'étaient pas. Je ne voudrais certes rien vous ôter du juste respect que vous devez à l'auteur immédiat de vos jours; mais vos ancêtres, durant tant de siècles, n'ont-ils donc tous été que des ignorants ou des imbéciles, et ne méritent-ils aucun respect, parce qu'ils croyaient à leur âme, et n'avaient pas encore fait cette belle découverte, que nous sommes tous des molécules agrégées et mues par des forces aveugles et fatales, rien de plus?

» Vous parlez de cette croyance à l'âme comme « d'un passé qui s'écroule. » Il a été bien long déjà ce passé, mon cher monsieur, et bien illustre aussi, puisqu'il comprend tous les âges, tous les grands génies et toutes les civilisations de l'humanité. Non, si la croyance à l'âme est le passé, c'est aussi le présent, et malgré les enseignements de la faculté de médecine de Paris, ce sera l'avenir. Ne voyez-vous pas que ce « passé qui s'écroule » n'est, dans votre esprit, qu'un de ces grands mots, vides de sens, avec lesquels vos maîtres vous égarent, en caressant vos ambitions, et en vous faisant croire que vous êtes « les hommes de l'avenir; » quand vous n'êtes pas même les hommes du présent?

» Vous ajoutez que vous êtes « révolutionnaire en même temps que matérialiste, « et vous en donnez pour raison que les libres-penseurs ne savent par être inconséquents. » Comme la révolution politique est faite, ce n'est désormais que de la révolution sociale qu'il peut s'agir dans votre pensée. Voilà donc où tendent votre matérialisme et ce que vous appelez la libre-pensée. Et vous vous étonnez qu'on ne laisse pas de telles thèses passer sans réclamation! Mais la société se défend, voilà tout; c'est son droit. Ce dont je m'étonne, moi, c'est qu'elle ait la bonté d'instituer et de payer des professeurs, pour vous enseigner de telles doctrines, dont les conséquences logiques sont de préparer des meneurs et des agents pour la plus odieuse des révolutions, s'il vous était donné de réussir.

» Vous reproduisez cette question, que j'ai posée quelque part dans mon écrit : « Qui donc parmi vous se dévoue à vingt-cinq ans à vivre dans un hameau, pauvre, solitaire, calomnié, dans la société des indigents, des malades et des agonisants? » Et vous répondez : « Le médecin ! » Soit ! mais vous ajoutez : « Les événements si pressés et si imprévus de cette époque me permettront-ils cette vie de mon choix? ne m'appelleront-ils pas *à une vie plus agitée?* » Eh bien, monsieur, permettez-moi de vous le dire, voilà une préoccupation et une ambition que peuvent avoir, même au fond d'un village, ces jeunes gens dont on fait à Paris, par un détestable enseignement, des matérialistes et des révolutionnaires, mais qui ne trouble guère nos bons prêtres des campagnes au fond de leurs modestes presbytères.

Je vous écris tout ceci, monsieur, croyez-le bien, sans nulle amertume; mon indignation s'adresse plus haut et à d'autres; pour vous, comme pour toute cette pauvre jeunesse française, élevée de la même sorte que vous et dans les écoles de l'Etat, je ne puis avoir que de la compassion.

» Vous me dites que j'ai pu vous nuire et que vous me serez sacrifié. Oh! vous savez bien que tel n'est pas mon dessein, et vous savez aussi que M. le ministre de l'instruction publique ne cherche pas à m'être agréable. Mais au point où en sont les discussions publiques et avec des doctrines comme celles que vous étalez, pouvez-vous être surpris que j'aille droit aux faits, au lieu de me perdre dans les nuages de ces grands mots : *liberté de la pensée, émancipation des masses, progrès de la science*, qui sont des mots de passe, vraiment indignes d'un jeune homme sincère comme vous.

» Puis, monsieur, dites-moi, si je vous fais du mal en défendant notre foi, êtes-vous bien sûr que vous ne faites de mal à personne en propageant la vôtre ?

» Et tenez, vous êtes touché de la vie et de la mort de monsieur votre père. Vous ne dites pas un mot de madame votre mère, je ne sais pourquoi. Mais votre père a vécu pauvre, sincère, dévoué, il est mort au chevet d'un malade : cela vous émeut! Pourquoi, s'il n'y a point d'âme, et s'il n'obéissait qu'à une force aveugle et fatale? Mais croyez-vous donc qu'il ait dit à ce pauvre malade : « Tu souffres, ta vie a été pénible, ta mort est dure, et tu n'as rien à attendre au-delà, car il n'y a pas de Dieu, pas de vie future, pas de ciel, et nul ne se soucie de tes maux, les vers vont manger ton corps comme le corps d'un chien : telles sont les lois de la matière. » Non, non, je ne veux pas le croire ; monsieur votre père n'a pas porté ce coup à un malade ; il valait mieux, j'aime à le penser, que ses doctrines, et, comme tant d'autres en France, il avait les vertus de la foi qu'il niait.

» Et vous aussi, après une longue expérience, monsieur, vous n'appellerez plus *réaction* la croyance à des vérités qui sont de tous les temps, car la vérité est toujours jeune ; et, en mourant un jour, bien des années après que je ne serai plus, vous ne maudirez pas, face à face avec l'éternité, la main que je tends en ce moment vers vous pour vous donner une bénédiction que vous n'avez pas pu recevoir de votre père, et que vous ne refuserez pas d'un vieillard, sinon d'un évêque ; je ne dis pas d'un ami, vous ne me croiriez pas, et cependant cela est vrai.

MADAME CRAVEN

NOTICE BIOGRAPHIQUE

Nous ne savons rien de Mᵐᵉ Augustus Craven que ce qu'elle nous en dit elle-même dans ce *Récit d'une sœur*, souvenirs de famille auxquels elle se trouve mêlée et dans lesquels elle s'efface pour mettre en relief les objets de ses pieux souvenirs. Rien de plus attachant que ces deux volumes, qui ensemble ont près de mille pages et qui ont été à juste titre couronnés par l'Académie française. On y trouve un mélange de détails pieux et mondains, qui charme tout d'abord, et qui fait généralement accepter cette lecture, même par les personnes frivoles. Mais, dans ce fidèle tableau de la vie réelle, l'épreuve, qui est la loi de l'humanité, vient perfectionner la vertu qui s'était épanouie parmi les roses; cette vertu se transforme et devient sublime en gravissant le Calvaire. A côté des principaux rôles, on contemple avec bonheur, dans le déshabillé de la vie intime, plus d'une illustration, entre autres, M. de Montalembert, qui joue un grand rôle dans ces mémoires. Le comte de la Ferronnays, père de l'auteur, est célèbre aussi à plusieurs points de vue : ancien ministre de Charles X, il est resté dans l'exil le fidèle ami comme il avait été dans la fortune le serviteur dévoué de son roi. — Ceux qui connaissent les détails de la conversion miraculeuse de M. Alphonse Ratisbonne savent la part surnaturelle qu'y a eue ce même M. de la Ferronnays mourant et mort. Cette seule circonstance suffirait pour prévenir tous les cœurs catholiques en faveur de cette intéressante famille avec laquelle on aime à faire plus ample connaissance.

Encouragée par le prodigieux succès de cette œuvre, qui en est au moins à sa vingtième édition, Mme Craven a publié un autre livre, sous le titre d'*Anne Séverin*. On y reconnaît du mérite; mais, en général, il a trouvé moins de sympathies que son premier ouvrage, qui a sur celui-ci tout l'avantage de la réalité sur la fiction, de l'histoire sur le roman; d'autant plus que cette histoire, indépendamment de son côté sérieux, offre, par un heureux privilège, tous les agréments du roman même.

CHARME DES SOUVENIRS

« Rendez-moi la joie avec la douleur, et je veux bien vivre comme j'ai vécu, aimer comme j'ai aimé! » Voilà à peu près en quels termes un des poëtes de notre temps a exprimé un sentiment analogue à celui qui nous fait accepter les plus douloureux souvenirs plutôt que l'oubli qui anéantirait ensemble l'amertume et la douceur du passé. Cette manière de sentir est la mienne, et je ne trouve point de vérité générale aux vers fameux du Dante :

.... Je ne sais pas de plus grande douleur que de se souvenir du temps heureux dans la misère.....

Oh! non, je ne désire l'oubli ni des joies ni des peines que j'ai connues. Je bénis Dieu des unes et des autres, et je le bénis encore de la disposition qu'il m'a donnée à revenir sans cesse sur les traces qu'ont laissées après eux ceux avec lesquels il m'a été si doux de vivre. Le souvenir des jours heureux passés ensemble est demeuré pour moi une joie et non une douleur; et, bien loin de désirer l'oubli, je demande au Ciel de me conserver toujours la mémoire vive et fidèle des jours évanouis, et la faculté de faire comprendre quels furent ceux avec lesquels s'écoulèrent ces jours, et quel fut le bonheur qu'y répandit leur présence. Penser à eux et parler d'eux m'a été doux depuis qu'ils ne sont plus, comme il m'était doux de leur parler et de vivre près d'eux quand ils étaient là. Aussi l'occupation favorite de ma vie a-t-elle été de lire et de rassembler les lettres et les papiers de tout genre dans lesquels est demeurée gravée l'empreinte fidèle de leurs âmes. Ce n'est pas sans un tendre orgueil que je les ai parfois fait connaître à d'autres, et que j'ai vu même des indifférents s'attendrir ou s'émerveiller en lisant quelques-unes des pages que j'entreprends aujourd'hui de réunir d'une façon plus complète. Je voudrais, je l'avoue, que la mémoire de ceux qui les ont écrites répandît son doux parfum un peu au-delà du cercle de ceux qui les ont aimés, et je voudrais les faire aimer de ceux qui les ont vus passer sans les connaître, mais non sans les remarquer peut-être. Et s'il s'en trouve à qui l'amour de Dieu soit étranger, ces pages pourront peut-être leur inspirer le désir de connaître le divin sentiment qui les remplit et qui s'y mêle à tout. J'ose croire qu'ils y trouveraient d'ailleurs quelque intérêt et quelque charme, et qu'ils n'achèveraient pas cette lecture sans se demander s'il est bien vrai, comme quelques-uns le prétendent, que les pieuses habitudes de la vie catholique « nuisent au développement de l'intelligence, asservissent l'âme [1] » ou refroidissent le cœur; s'il n'est pas certain, au contraire, que ces personnes si agréables à Dieu auraient perdu, même humainement, le plus grand de leurs charmes en perdant cette piété qui a tout vivifié en elles. Oh! oui, je conviens encore qu'il me serait doux que ceux qui, de nos jours, font des portraits si repoussants (et qu'ils croient si fidèles) du cœur des femmes, pussent lire attentivement ce recueil, où se trouvent exprimées toutes les émotions qui viennent agiter la jeunesse. Trouveraient-ils que ces cœurs si remplis de Dieu aient manqué de tendresse pour ceux qu'ils aimaient sur la terre, ou d'enthousiasme pour les beautés de la nature et de l'art? Trouveraient-ils que la pensée des choses de l'autre vie ait troublé leur gaieté ou leur naturel; qu'elles aient été austères ou ennuyeuses enfin, ces chères créatures dont le charme extérieur a frappé tant de personnes qui ignoraient leurs âmes? Sous ce rapport, et précisément parce qu'elles ont vécu, non dans un cloître, mais au milieu du monde, et parce qu'elles ont éprouvé et exprimé les sentiments les plus ordinaires et les plus vifs de la vie, je pense que ces pages peuvent être utiles à quelques-uns de ceux que des exemples plus héroïques effraient et découragent. C'est pourquoi j'ai osé dire, en commençant, que je consacrais ce travail à Dieu plus encore qu'à ceux dont je vais parler, mon espérance étant de servir leur amour pour lui, encore plus que de satisfaire ma tendresse pour eux. *Récit d'une sœur.*

---

[1] Lord John Russel : *Lettre à l'évêque de Durham.*

COMTESSE HAHN-HAHN

NOTICE BIOGRAPHIQUE

La comtesse Ida Hahn-Hahn, née le 22 juin 1805, à Tressow, dans le grand-duché de Mecklembourg-Schwerin, est fille du comte Charles-Frédéric Hahn, célèbre par sa bizarre passion pour le théâtre, et qui dissipa sa fortune à monter des troupes, faire bâtir des salles et parcourir l'Allemagne en jouant la comédie. Ida passa une enfance triste et abandonnée au milieu des privations que lui imposait le délabrement de la fortune paternelle. Ayant épousé son parent, le comte Frédéric-Adolphe Hahn-Hahn, la jeune comtesse ne rencontra point dans cette union le bonheur qui avait manqué à ses premières années, et les tribunaux prononcèrent le divorce en 1829. Ida chercha des consolations dans la culture des lettres et publia un grand nombre de poésies et des relations de ses voyages. Ses études et ses observations l'ayant amenée à apprécier l'excellence de la religion catholique, elle l'embrassa avec conviction et désormais consacra sa plume à la glorification du catholicisme.

Parmi les ouvrages inspirés par ce zèle éclairé, il faut citer : *Babylone et Jérusalem*; confession d'une néophyte; — *Une Voix de Jérusalem*; — *Une Histoire des premiers siècles de l'Eglise*, dans laquelle la ruine de Jérusalem est admirablement décrite; — *Eudoxia*, roman historique du Bas-Empire; — *les Deux Sœurs*, étude de mœurs actuelles pleine du plus vif intérêt et du plus haut enseignement; — *Doralice*, étude contemporaine également remarquable; — *Pérégrin*, qui ne nous est pas connu, etc... Ces ouvrages ont été traduits en français par divers auteurs.

UNE SALLE DE JEUX A BADE

Deux sœurs, filles du comte de Murheim, ont suivi deux voies bien différentes. L'une d'elles, fille sage et docile, a eu le bonheur d'épouser un excellent chrétien, et ses heureux instincts se sont développés sous cette favorable influence. L'autre, Richenza, a quitté furtivement la maison paternelle pour épouser un artiste pauvre qu'elle n'a pas su rendre heureux. Cette première faute n'est pas la seule dans laquelle tombe cette femme, sortie du droit chemin, et retenue par l'orgueil dans ses voies dangereuses. Elle ne veut se faire reconnaître de ses parents que quand la fortune lui aura souri; et après avoir épuisé ses ressources, c'est au jeu qu'elle demande la fortune qui la fuit. Son fils, mal élevé, et nourri de ses funestes exemples, glisse avec elle sur cette pente fatale, qui doit les conduire à l'abîme. Plus heureuse, sa fille Stella a trouvé asile chez les parents de sa mère, en qualité de demoiselle de compagnie, laissant ignorer le lien si proche qui l'unit à cette famille. Cette explication était nécessaire à l'intelligence de la scène qui va suivre.

Richenza continuait à jouer, tantôt délaissée par la fortune et tantôt exposant tout ce qu'elle avait gagné. Aussitôt qu'une chance heureuse lui avait amené un gain tant soit peu considérable, elle retombait dsns sa manie des spéculations : elle posait la somme entière de façon qu'un gain facile était possible, mais contre-balancé par une chance de perte bien plus forte. Puis elle perdait et ne conservait souvent que quelques florins qu'elle mettait de côté avec une fiévreuse anxiété, non pour payer un dîner, mais pour pouvoir recommencer à jouer le lendemain.

Stella, en vrai fille d'Eve, était très-curieuse et désirait ardemment de pouvoir entrer, une seule fois au moins, dans la salle des jeux; mais la comtesse Meerheim, étant d'avis que c'était absolument contraire au bon goût, ne voulait point en entendre parler. Stella sut cependant gagner le comte à son brûlant désir. Un soir que la comtesse était en train de faire des visites avec Grâce, tandis qu'Emmanuel était absent pour une partie de campagne, le comte mena Stella au Cursaal et la fit entrer dans la salle des jeux.

« Auriez-vous envie de tenter la fortune à la roulette? lui demanda le comte.

— Ah! de tout cœur! » s'écria Stella.

Ils percèrent la foule compacte qui entourait la roulette, et parvinrent au premier rang.

« Tenez, voici une bonne place, dit le comte à Stella ; vous y pourrez suivre le jeu, et vous convaincre qu'il n'est pas si énormément attrayant que votre petite tête se le figure. »

Il y avait une chaise vacante, le comte s'assit et jeta une poignée de florins sur le tapis vert. Stella, debout à côté de lui, regardait le jeu. « Faites votre jeu. — Le jeu est fait. — Rien ne va plus. » Ces paroles d'introduction, le banquier les prononçait machinalement et sans intonation ; puis la petite boule blanche commençait sa rotation, amenant perte ou gain, suivant le numéro sur lequel elle s'arrêtait ; et avec le même calme machinal les croupiers jetaient l'argent gagné et retiraient celui qui avait été perdu, pendant que le banquier recommençait son monotone « Faites votre jeu. » Bientôt Stella détourna son attention du jeu pour la diriger sur les joueurs.

« Mon Dieu, quelles physionomies glacées et souflées, ces banquiers et ces croupiers ! dit Stella à voix basse au comte.

— Je le crois bien, répondit-il, ces gens là sont intérieurement réduits en cendres, et extérieurement des murs écroulés. »

Il se fit un mouvement autour de la table.

« Mais mon ami ! s'écria d'une voix presque glapissante, une jeune femme très-élégante dont les belles boucles noires étaient couvertes d'un gracieux petit chapeau.

» Une scène de famille ! regardez Stella, dit le comte. La jeune femme a vingt sept ans ; c'est une princesse russe, immensément riche, mère de trois enfants ; elle joue sa fortune et celle de son mari. Voyez-vous, le prince l'emmène.... presque de force. Elle disparait parfois de sa maison, les domestiques, les enfants, tous la cherchent. Le pauvre prince va tout droit à la salle de jeu ; il est sûr de la trouver. »

Personne ne s'était laissé déranger par cet incident. Que peut faire à des joueurs un ménage troublé de plus ou de moins ? Les yeux de Stella s'arrêterent sur un homme âgé, dont la chevelure mince et grise retombait sur des joues creuses, et dont les regards, empreints d'un indicible désespoir, demeuraient attachés sur les derniers restes de son avoir, que le croupier retirait pour la banque. Il se leva, tremblant de tout son corps et portant ses mains crispées à sa tête, prise de vertige. Un gémissement rauque s'arracha de sa poitrine, et il tomba chancelant sur un canapé, naufragé qu'engloutissait le tourbillon de la mer.

A côté de la place que le vieillard venait de quitter, était assis un jeune homme dont les yeux flambloyaient comme des charbons ardents, tandis qu'une tension convulsive tordait sa bouche et que son teint passait alternativement du rouge pourpre au gris cendré. On voyait qu'il était novice dans le jeu, que l'irréflexion l'avait entraîné dans un péril imminent, et qu'il voulait à tout prix se sauver en regagnant son argent. Mais ses efforts furent vains. Il perdit coup sur coup. Il ne lui restait plus qu'un seul florin, le minimun de la mise qu'accepta la banque de Bade. Il fut englouti avec le reste. Il n'avait plus qu'à s'en aller; mais où? — Où aller? que devenir? Telle fut la question que l'angoisse de son regard semblait exprimer, tandis que ses lèvres s'efforçaient de sourire avec cette légèreté feinte par laquelle on cherche parfois à cacher au monde la misère à laquelle on est en proie. Peine inutile, car personne ne se souciait du malheureux; Stella seule le regardait avec une curiosité mêlée de compassion.

Elle éprouvait un certain malaise au milieu de tous ces tableaux déchirants. En tournant ses regards du côté de la table de jeu, elle sentit son cœur tressaillir, et une chaleur brûlante passa sur ses traits. Elle avait reconnu sa mère, sa mère parmi les joueurs! Voilà donc le motif du secret dans lequel elle s'enveloppait, des précautions qu'elle lui avait tant recommandées. C'était comme un éclair qui lui découvrait tout l'abîme de la déplorable passion de sa mère.

« Désirez-vous faire encore une mise, Stella? lui demanda tranquillement le comte.

— Non, je vous remercie, monsieur le comte, répondit-elle d'une voix oppressée, et je serais heureuse de partir.

— Il faut d'abord que vous jetiez encore un regard sur rouge et noire, » lui dit-il en la prenant par le bras pour la conduire à l'autre table.

Mais le regard de Stella ne s'arrêta pas sur le jeu; il était tombé sur Tristan, qui poursuivait son rouge avec toute l'aisance d'un joueur d'habitude et sans la moindre agitation nerveuse. Il était en train de perdre, mais sa confiance n'en paraissait pas le moins du monde troublée. Ayant levé les yeux de ses cartes, il reconnut sa sœur, et après l'avoir saluée par dessus la table avec une familiarité hardie, se leva et alla la rejoindre au grand étonnement du comte.

Monsieur le comte de Meerhein, n'est-ce pas? dit-il en s'adressant à ce dernier. J'ai l'honneur de connaître depuis bien des années monsieur votre fils, le comte Emmanuel; j'ose donc me présenter à vous; je suis Tristan Saint-Clair, quasi frère de mademoiselle Stella, qui doit à mon entremise le bonheur d'avoir été admise dans votre maison.

— Ah! ah! enchanté... Vous avez eu bien de la bonté, répondit le comte, surpris de cette présomptueuse façon de se présenter soi-même et peu charmé de l'aspect général de la nouvelle connaissance qui portait évidemment le cachet d'un grand dépérissement moral.

— Tu te trouves comme l'oiseau au milieu du chenevis, n'est-ce pas petite sœur? dit Tristan à Stella sans la moindre gêne, et comme je ne pourrais en dire autant de moi en ce moment.

— Monsieur, dit le comte en l'interrompant d'un air sévère, on n'importune pas les jeunes dames par de pareilles affaires. Vous voyant sans chapeau et sans gants, j'en conclus que vous êtes chez vous ici; je crois donc convenable de ne pas vous déranger plus longtemps de vos occupations. »

Il le salua froidement, et s'éloigna avec Stella, qui ne revenait pas de son saisissement.

« Vieux grison arrogant! murmura Tristan en tournant sur son talon, et en s'approchant de la roulette, où il parvint à force de prières soufflées à l'oreille de sa mère, à décider cette dernière à partager avec lui ce qui lui restait d'argent.

A peine entrée dans la voiture, Stella éclata en larmes. Après une séparation de deux années elle retrouvait inopinément sa mère et son frère; mais où et comment! C'était donc sur les chances d'un jeu de hasard que reposaient les brillantes espérances qu'avait exprimées la dernière lettre de sa mère! Puis la conduite inconvenante de Tristan!... Stella se sentait mortellement blessée, affligée, humiliée, et pour rien au monde elle n'aurait voulu avouer que c'étaient sa mère et son frère qu'elle avait trouvés dans la salle de jeu. D'un autre côté, après s'être un peu remise de sa terrible surprise, elle n'était pas fâchée de trouver la clef de la vie de sa mère. Elle ne se doutait pas que cette clef n'ouvrait qu'un seul tiroir et que plus d'un autre demeurait fermé.

« Mademoiselle Stella, lui dit le comte avec bienveillance mais d'une voix résolue, je vous déclare que vous ne pouvez rien faire de mieux que de rompre formellement avec votre quasi-frère, ou cousin ou tout ce qu'il pourra être; car c'est un hardi et léger sire:

— Ah! qu'il est changé! soupira Stella. Que de talents, quel air intéressant il avait autrefois!

— Ce sont précisément ceux-là qui tournent le plus mal quand ils ont quitté la bonne voie. Ils ont l'étoffe pour devenir quelque chose de comme il faut; mais s'ils la mettent à l'envers, ils en font quelque chose de radicalement mauvais. Mais n'allez pas vous chagriner pour ce petit vaurien. Peut-être que l'expérience le ramènera dans le bon chemin.

Les Deux Sœurs.

Cette espérance du comte ne devait pas se réaliser : Tristan et sa mère allaient faire une fort mauvaise fin, tandis que la famille d'Euphrosine sa sœur, perfectionnée par de cruelles épreuves, s'élevait aux plus sublimes vertus. Peut-être pourrait-on désirer parfois que la traduction française de ce roman fût mieux écrite; mais les hautes leçons morales qu'il renferme, et dont nous n'avons pu donner qu'un échantillon très-borné, le placent au rang des œuvres du premier mérite. En général, dans le choix de nos *Perles*, nous avons consulté la valeur intrinsèque bien plus que la forme, dont l'éclat est souvent trompeur.

FIN

TABLE

Avant-propos		v
Chateaubriand	Préparatifs d'une bataille des Francs et des Romains.	7
J. de Maistre	Portrait de Voltaire.	15
X. de Maistre	L'Ame et la Bête. — Minuit.	21
Mme de Stael	Eruption du Vésuve. — Pompeia. — De l'esprit de conversation.	28
H. de Poligny	Deux Messes pendant la Terreur.	35
A. Guiraud	La Dernière Nuit d'un condamné.	42
A. de Lamartine	Une Education.	58
C. Nodier	De la prose française.	79
W. Scott	La Clairière, Gurth et Gamba.	83
Mme Tarbé des Sablons	Une Conversion.	90
La Mennais	Etablissement du Christianisme.	98
A. Rio	La Mère bretonne	103
A. Thierry	Une Résidence mérovingienne.	112
Lacordaire	La Retraite d'un héros chrétien.	121
Montalembert	S. Columba, apôtre de l'Ecosse.	126
Walsh	Les Deux Frères.	145
Guizot	Une des causes de la chute de l'empire romain. — Exécution de Charles Ier roi d'Angleterre. — Des grands hommes.	151
Villemain	Auguste. — Louis XIV. — Napoléon Ier.	161
Thiers	Passage de la Bérézina.	165

TABLE

Silvio Pellico	Soliloques d'un prisonnier.	184
Topffer	Le Lac de Gers.	191
Lavillemarqué	Episode de l'apostolat de S. Patrice.	204
Wiseman	Dans les Catacombes.	219
Dickens	Comment on parvient à se faire une position.	227
L. Gozlan	*Mea culpa*	230
J. Janin	Lettre d'un romancier à un séminariste.	241
L. Veuillot	L'Epicier. — L'Ouvrier, le Bourgeois. — Amour fraternel	246
E. de Guérin	Fragment du Journal d'Eugénie de Guérin à son frère Maurice.	255
X. B. Saintine	Picciola.	264
Comte de Falloux	Naissance, Jeunesse et Education du Roi-martyr.	274
Le P. Félix	La Puissance du livre.	286
A. Nettement	Derniers Moments et Mort de Louis XVIII.	298
H. Violeau	Les Petits Ouessantins.	305
H. Martin	Origines, Mœurs et Coutumes des Gaulois.	317
Mme Bourdon	Les Mécomptes de la littérature.	328
Général Trochu	Le Combat	337
Méry	Les Fleurs mystérieuses.	344
Dupanloup	Lettre de Mgr Dupanloup à un jeune homme.	353
Mme Craven	Charmes des souvenirs.	358
Comtesse Hahn-Hahn	Une Salle de jeux à Bade.	361

— LILLE. TYP. J. LEFORT. MDCCCLXX. —

CHEZ LE MÊME ÉDITEUR

OUVRAGES DE M POUJOULAT
ornés d'un magnifique portrait de l'auteur, gravé sur acier

SOUVENIRS
D'HISTOIRE ET DE LITTÉRATURE

1 volume gr in-8° br. : **4 fr.**

percaline tranche dorée. . . **6 fr.**
demi-reliure, plats percaline, tr dorée **7 fr**

ÉTUDES ET PORTRAITS

1 volume in-8° **2 fr. 50**

riche percaline, tranche dorée **3 fr. 50**

VARIÉTÉS LITTÉRAIRES

1 volume in-8° . **2 fr 50**

riche percaline, tranche dorée **3 fr. 50**

Ces trois volumes renferment en quelque sorte une histoire de la littérature en France depuis une quarantaine d'années. Les écrivains et leurs œuvres sont analysés, jugés avec toute l'autorité qui s'attache au nom de M. *Poujoulat*, avec toute la garantie que présente un de ces esprits, malheureusement si rares à notre époque, qui ne connaissent qu'une chose, la vérité; qui n'ont jamais écouté qu'une voix, celle de l'Église — Nous ne saurions trop faire l'éloge du style dans lequel ces pages sont écrites; style concis et entraînant, coulant d'une source féconde, on sent que la vérité n'a besoin ni d'antithèses recherchées ni de phrases sonores.

www.ingramcontent.com/pod-product-compliance
Lightning Source LLC
Chambersburg PA
CBHW070433170426
43201CB00010B/1068